《庐山文化研究丛书》

主编

陈春生

副主编

陈晓松　李勤合

江西省2011协同创新中心"庐山文化
传承与传播协同创新中心"项目成果

陶渊明北方从军考

吴国富　著

江西人民出版社
Jiangxi People's Publishing House
全国百佳出版社

图书在版编目（CIP）数据

陶渊明北方从军考 / 吴国富著 . -- 南昌 : 江西人民
出版社，2024.6
（庐山文化研究丛书 / 陈春生主编）
ISBN 978-7-210-14285-0

Ⅰ . ①陶… Ⅱ . ①吴… Ⅲ . ①陶渊明（365-427）—
人物研究 Ⅳ . ① K825.6

中国版本图书馆 CIP 数据核字（2022）第 217070 号

陶 渊 明 北 方 从 军 考
TAO YUANMING BEIFANG CONGJUN KAO

吴国富　著

组 稿 编 辑：李月华
责 任 编 辑：邓丽红
特 约 编 辑：张丽华
装 帧 设 计：同异文化传媒

江西人民出版社　出版发行
Jiangxi People's Publishing House
全国百佳出版社

地　　　　址：江西省南昌市三经路 47 号附 1 号（330006）
网　　　　址：www.jxpph.com
电 子 信 箱：jxpph@tom.com web@jxpph.com
编辑部电话：0791-86898702
发行部电话：0791-86898815
承 印 厂：南昌市红星印刷有限公司
经　　　　销：各地新华书店

开　　　本：880 毫米 ×1230 毫米　1/32
印　　　张：12
字　　　数：240 千字
版　　　次：2024 年 6 月第 1 版
印　　　次：2024 年 6 月第 1 次印刷
书　　　号：ISBN 978-7-210-14285-0
定　　　价：68.00 元
赣版权登字 -01-2024-169

跃上葱茏

——《庐山文化研究丛书》总序

陈春生

"一山飞峙大江边，跃上葱茏四百旋。"毛泽东同志的壮丽诗篇使人们心潮澎湃，令庐山增色添辉。

钟灵毓秀的赣北大地，东襟浩渺鄱湖，北枕滔滔长江。在风云际会、气象万千的江河湖水之间，矗立着千古名山——庐山。九江的 152 公里长江岸线，是由楚入吴的咽喉之地；上通赣江的鄱阳湖，是从中原到南粤的必经之路。纵横的江湖成为控扼七省的通衢，秀美的山川雄视着中国的东南半壁。自古至今，这里政要云集，商贾往来，人文荟萃，孕育并催生了灿烂的庐山文化。早在三国两晋时期，周瑜在宫亭湖驻军，慧远在东林建寺，陶渊明在柴桑归隐，庐山就迎来了第一个文化高峰。而从三国到近现代，有无数的文化巨匠、政治贤达、民族精英在这里留下了丰富的文化踪迹。1996 年，庐山作为"世界文化景观"被列入《世界遗产名录》，受到联合国教科文组织世界遗产委员会的高度评价：庐山的历史遗迹，以其独特的方式融入具有突出价值的自然美之中，形成了具有极高美学价值的、与中华民族精神和文化紧密联系的文化景观。

大学和庐山管理局的通力合作，九江学院成功申报获批江西省"庐山文化传承与传播"协同创新中心。

编纂出版《庐山文化研究丛书》是庐山文化研究中心的一项重任。《庐山文化研究丛书》以挖掘庐山及赣北地区的历史文化资源为内容，致力于九江地域文化与中国传统文化关系的传承与传播，重点关注其中八个研究专题：

1. 九江历史上的重大政治、军事、经济等事件的研究，包括三国、东晋、南朝在江州发生的重大历史事件，南宋岳飞在九江的活动，太平天国在九江的历史，民国政治与庐山，毛泽东与庐山等研究，以及九江的米市、近代的开埠、九江与鄱阳湖黄金通道的关系等研究；

2. 庐山的宗教文化研究，包括东林寺净土宗佛教，云居山佛教，庐山太平宫道教，近代庐山基督教、伊斯兰教等研究；

3. 庐山的教育文化研究，包括周敦颐的濂溪书院、朱熹与白鹿洞书院、宋代书院与宋明理学、明代书院与阳明心学等研究；

4. 庐山山水旅游文化研究，包括以谢灵运、李白、白居易、苏轼等为代表，历史上众多文人名士游览庐山的佳篇为主要内容的山水旅游文学的研究；

5. 陶渊明诗文、思想、生平、文化影响研究和以陶渊明为代表的隐逸文化的研究；

6. 地方文化名人及其典籍的系列研究，例如黄庭坚、陈寅恪等地方文化名人的研究；

7. 建筑文化的系列研究，例如庐山近代别墅的研究，具有地方文化特色的建筑风俗研究；

8. 九江地区民风民俗、民间文化的研究，如湖口青阳腔、瑞昌剪纸艺术、武宁打鼓歌等民间艺术的研究。

《庐山文化研究丛书》以开放的研究平台和精诚合作的研究机制，吸纳国内外精英人士参与庐山文化传承与传播，并支持出版他们的研究成果，努力打造具有较多学术创见和研究特色的学术精品。每一部收入《庐山文化研究丛书》的著作，应具有专题明确、资料丰富、挖掘深入的学术品格，同时要具有兼顾学术性与可读性的特点。《庐山文化研究丛书》计划每辑推出五部学术专著。第一辑于 2007 年 12 月出版，包括《慧远法师传》《湖口青阳腔》《陶渊明寻阳觅踪》《点击大师的文化基因——庐山新说》《白鹿洞书院艺文新志》五部专著。第二辑于 2009 年 8 月出版，包括《庐山文化大观》《庐山文化读本》《瑞昌剪纸》《陶渊明与道家文化》《黄庭坚诗歌传播与接受研究》五部专著。第三辑于 2011 年 9 月出版，包括《〈论语〉的公理化诠释》《庐山道教史》《武宁打鼓歌》《早期庐山佛教研究》《鄱阳湖地区古城镇的历史变迁》五部专著。第四辑于 2014 年 3 月出版，获 2014 年度国家出版基金资助，包括《〈孟子〉的公理化诠释》《朱子白鹿洞规条目注疏》《庐山与明代思潮》《朱熹庐山史迹考》《庐山佛教史》五部专著。第五辑于 2016 年 10 月出版，包括《〈老子〉的公理化诠释》《九江濂溪志》《庐山近代外来宗教文化研究》《庐山藏书史》《陶渊明的映像》五部专著。第六辑于 2019 年 1 月出版，共包括《陶渊明年谱考辨》《赣北古史考》《社会文化史视野下的庐山文献研究》《庐山古代游记汇编》《陈寅恪研究》五部专著。

作为庐山文化传承与传播的系统工程之一，《庐山文化研究丛书》的编辑出版成为九江地方文化建设的一个凸显亮点，成为高校参与地方经济文化建设的一种有益实践；同时也为打造九江学院的人文精神奠定了扎实的基础。本丛书应具有丰富的内容、开阔的视野、高远的目标，既显示庐山文化的大气，也显示九江学院努力追求的目标和境界。

文化是一个国家、一个民族的灵魂。2016 年 11 月 30 日，习近平总书记在中国文联十大、中国作协九大开幕式上的讲话中指出："历史和现实都表明，一个抛弃了或者背叛了自己历史文化的民族，不仅不可能发展起来，而且很可能上演一幕幕历史悲剧。"2021 年 7 月 1 日，在庆祝中国共产党成立 100 周年大会上明确指出，"坚持把马克思主义基本原理同中国具体实际相结合、同中华优秀传统文化相结合。""四个自信"中文化自信是更基础、更广泛、更深厚的自信，是更基本、更深沉、更持久的力量。没有高度的文化自信，没有文化的繁荣兴盛，就没有中华民族的伟大复兴。中国特色社会主义文化源自中华民族五千多年文明历史所孕育的中华优秀传统文化，熔铸于党领导人民在革命、建设、改革中创造的革命文化和社会主义先进文化，植根于中国特色社会主义伟大实践。发展中国特色社会主义文化，就是以马克思主义为指导，坚守中华文化立场，立足当代中国现实，结合当今时代条件，发展面向现代化、面向世界、面向未来的，民族的科学的大众的社会主义文化，推动社会主义精神文明和物质文明协调发展。要坚持为人民服务、为社会主义服务，坚持百花齐放、百家争鸣，坚持创造性转化、创新性发展，不断铸就中华文化新辉煌。我们要深入挖掘中华优秀传统文化蕴含的思想观念、人文精神、道德规范，结合时代要求继承创新，让中华文化展现出永久魅力和时代风采。

这对我们的文化传承创新工作提出了更高要求和更明确指导。2018年7月15日，中国共产党九江学院第一次代表大会胜利召开，会议号召全校师生为把学校建设成为特色鲜明区域领先的综合性应用型大学而努力奋斗。《庐山文化研究丛书》的编纂工作是我校践行高等学校文化传承创新使命，落实中共中央办公厅、国务院办公厅《关于实施中华优秀传统文化传承发展工程的意见》、教育部《完善中华优秀传统文化教育指导纲要》和学校《在党史学习教育中开展"提高办学水平和提高服务地方高质量发展能力"大讨论活动实施方案》的重要举措，也是我们贯彻习近平新时代中国特色社会主义思想，增强文化自信的切实行动。感谢江西人民出版社对《庐山文化研究丛书》的高度关注和厚爱，同时感谢各位专家学者特别是丛书作者与审稿专家对九江学院庐山文化传承与传播事业的支持和帮助。我们衷心期待：通过我们的共同努力，为中华优秀传统文化的传承发展增添新的光彩。我们共同期望：庐山文化传承与传播事业，能够如群峰竞秀，跃上葱茏，屹立于长江之滨、鄱湖之畔。

前 言

在历史上，陶渊明作为隐逸诗人，以田园诗闻名于世，在政治、军事上并没有多大作为，与此相关的经历，在当时及后世都很少有人关注。史书记载其年轻时代的经历，以"弱年薄宦，不洁去就之迹"一句草草带过；颜延之《陶征士诔》介绍其青年时代的经历，也语焉不详，并没有多少具体的叙述。基于上述缘故，宋代以来学者在注解《陶渊明集》的时候，面对陶渊明的青年时代，大抵采取视而不见的态度，与史书对这一段经历的忽视保持一致。虽然陶渊明在诗文中对自己青年时代的活动及仕宦有不少描述，但因于史无据，研究者多不敢采信。通过多方探究，著者认为陶渊明青年时曾在北方从军十年。这一观点，在《陶渊明五子年龄及诗人早年仕宦探隐》《陶渊明早年北方仕宦考》及《陶渊明北方从军再考》三篇文章中已经初步提出①，兹予以进一步研究，并期望与学术界的同仁共同努力，以解决陶渊明研究中这一重大问题。

---

① 分别见《九江学院学报》，2015 年第 3 期；《铜仁学院学报》，2018 年第 1 期（人大复印资料《中国古代、近代文学研究》2018 年 7 期全文转载）；《九江学院学报》，2018 年第 2 期。

从客观上来看，陶渊明北方从军，并非一段完全无法考证的历史，陶渊明在诗歌中也并未对它进行刻意隐瞒。然而纵观学术史，从未有人正视过这一问题，更谈不上对它进行全面考证了。之所以出现这一现象，是因为人们在主观上存在巨大的障碍，是"史学藩篱""印象藩篱""学术藩篱"三者相互交织的结果。在历史上，"陶渊明是一个隐士"的印象不断得到渲染、强化以至于固化，与隐逸无关的事迹很少得到人们关注，相关的史料不断散佚，因循已久，这些很少被人关注的事迹也就变成"不存在"了。

　　陶渊明在生前被列入"寻阳三隐"，在南朝时被称为"隐逸诗人之宗"。人们在叙述其生平之时，都比较关注他的隐逸事迹。直到唐朝，在这方面还呈现出润色加工之势。沈约撰写《宋书》，上距陶渊明去世不过六七十年。他把陶渊明收入"隐逸传"，集中笔墨描写其隐逸风范，并未完全采用所有的史料。自南朝至唐朝，陶渊明的隐士风范持续得到人们的关注，很多没有被沈约采用的史料也陆续呈现于世，例如萧统《陶渊明传》增加了陶渊明在彭泽任上"送一力给其子"并写信嘱咐一事，还有"江州刺史檀道济往候之"一事。《晋书·隐逸传》补充了归田之后"唯至田舍及庐山游观而已"一事，"岂敢以王公纡轸为荣"一段话，与王弘相见时"弘顾左右为之造履"一事，还有抚琴时所说的"但识琴中趣，何劳弦上声"等。唐代许嵩《建康实录》又记载了义熙末年"散骑常侍陆子真荐豫章雷次宗、寻阳陶潜、南郡刘凝之"一事。东晋张僧鉴《寻阳记》记载了陶渊明的"醉石"，这也得到后人的重视和传播。这些也表明陶渊明的隐士形象不断得到润色和加工，而且力度很大。

在上述史料中，沈约的《宋书》及萧统的《陶渊明传》完成于齐梁时期，《晋书》《南史》完成于初唐时期，许嵩的《建康实录》大约完成于唐肃宗即位以前。这些完成于不同时代的史籍，大都增补了一些新的内容，足以反映还有一些陶渊明轶事散见于民间书籍之中。又如署名唐代冯贽的《云仙杂记》，收录了《渊明别传》的三则故事："渊明尝闻田水声，倚杖久听，叹曰：秫稻已秀，翠色染人。时剖胸襟，一洗荆棘，此水过吾师丈人矣。"（卷二）"陶渊明得太守送酒，多以春秫水杂投之。曰：少延清欢数日。"（卷三）"陶渊明日用铜钵煮粥，为二食具。遇发火，则再拜曰：非有是火，何以充腹？"（卷六）①《四库全书总目提要》说《云仙杂记》所引书籍"皆历代史志所未载"，《直斋书录解题》又说"其记事造语，如出一手"。据余嘉锡考证，此书"填注书名，出于随意支配"，但所记载的故事，也并非全无来历，有不少故事可以找到出处，有不少书名也是可以查到的。②据此看来，《渊明别传》可能不是一部书的名字，而是笼统指史籍之外的陶渊明轶事。宋人严有翼《艺苑雌黄》云："比观《南部新书》云：《晋书·渊明本传》：潜少怀高尚，博学善属文，尝作《五柳先生传》以自况。先生不知何许人，不详姓字，宅边有五柳树，因以为号焉。则非彭泽令时所栽，人多于县令事使五柳，误也。岂所谓先得我心之所同然者欤。"③《南部新书》，北宋初钱易著，有人就据

①　（唐）冯贽：《云仙杂记》卷二，《丛书集成初编》，中华书局 1985 年版，第 9 页、第 23 页、第 47 页。
②　余嘉锡：《四库提要辨证》，湖南教育出版社 2009 年版，第 895 页。
③　（晋）陶渊明著，（清）陶澍注，龚斌校点：《陶渊明全集》卷四，上海中央书店 1935 年版，第 82 页。

此书把《晋书·陶渊明传》称为《渊明本传》。又清代郎廷极《胜饮编》卷四记载陶渊明"钱送酒家"故事，云出自《渊明本传》；记载"我醉欲眠"故事，云出自《渊明别传》。[①] 这两个故事不见于《晋书·隐逸传》，因此可知《胜饮编》所说的《渊明本传》及《渊明别传》，都不是指《晋书·陶渊明传》。按唐人所能见的晋代史书很多，一般称有十八家，实际有二十几家，后来都亡佚了。[②] 为陶渊明作传的史书，为数当有不少，叙述也都有所不同。根据上述情况，可知一般人取一种史书称为"本传"，而其他史书中的传记则统统称为"别传"。正因有许多"别传"存于世，所以唐人能不断挖掘出新的史料，以丰富陶渊明的隐士形象。

然而相比之下，与隐逸无关的仕途经历却很少得到关注，相关的资料记载也在不断减省、散佚，以至于不复可见。沈约在《宋书》里集中笔墨描写陶渊明的隐逸事迹，对其仕宦经历已经作了高度简化，浓缩成"弱年薄宦，不洁去就之迹""起为州祭酒""州召主簿""复为镇军、建威参军""以为彭泽令""义熙末，征著作佐郎"等。不仅如此，还有很多内容被沈约省略掉了。如"祖茂，武昌太守"这一段家世（《晋书·隐逸传》），"博学，善属文，颖脱不群，任真自得"（萧统《陶渊明传》）及"为乡邻之所贵"（《晋书·隐逸传》）等，都没有采入《宋书》。沈约之后，与隐逸无关的仕途经历也是有减无增，如萧统《陶渊明传》及《晋书·隐逸传》均省去了"弱年薄宦，不

①　（清）郎廷极：《胜饮编》，《丛书集成初编》，中华书局 1991 年版，第 15 页。
②　白寿彝主编：《中国通史》第五卷《中古时代·三国两晋南北朝时期》，上海人民出版社、江西教育出版社 2015 年版，第 4 页。

洁去就之迹"之语，萧统《陶渊明传》还省去了"征著作佐郎"一事，以"不应征命"之语一笔带过。《南史·隐逸传》记载的仕履较为完整，但只是照抄，没有任何补充。值得注意的是，《晋书·隐逸传》中的有些内容，是根据陶渊明的诗文增补的，如"其亲朋好事，或载酒肴而往，潜亦无所辞焉"以及"自谓羲皇上人"等。但陶诗中对青年时期仕宦情况的叙述，却没有引起史学家的关注。总之，上述史料刻意突出其隐逸风范并简化其仕途经历，非常不利于人们了解陶渊明的出仕情况。

盛唐以降，山水田园诗蓬勃发展，取得了辉煌成就。这类诗歌或咏陶，或效陶，继承和发展了陶渊明创立的诗歌传统，使陶渊明作为"隐逸诗人之宗""田园诗人之祖"的地位变得愈发不可动摇，也使人们更加关注他的隐逸风范。这样就逐渐形成了一个"印象藩篱"，使人们觉得陶渊明除了隐逸及写作田园诗之外，是不大可能去做其他事情的。与此同时，史书记载的隐士形象也逐渐"凝固"起来，形成了一个难以突破的"史学藩篱"。两者交互作用，导致人们只能在史书划定的框架内探究陶渊明的生平，新的诠释或对史料的补充显得殊为困难，也很难引起人们的兴趣了。

到了宋代，陶渊明的隐士形象再一次大放光彩。人们除了仿效陶诗之外，开始大量刊刻《陶渊明集》，撰述《陶渊明年谱》，并为陶诗作注。既然为陶诗作注，就不得不诠释每一首诗歌的主旨，揭示每一首诗歌的现实含义；而想做好这一点，又必须以较为清晰的生平事迹及诗歌系年为基础。但是，南朝以来的史书注重叙述陶渊明的隐逸事迹，不断省略与此关系不大的生平仕履，导致陶渊明的生平中出现了很多疏漏和空白点，其青年时代尤其如此。在许多诗歌系年无从确定又不得不作出判断的情况下，学者们就通常把它们和已知事迹尤其是归田以后的事迹联系起来，人为造成了归田以后创作甚多、此前创作甚少、青年时代几乎没有什么创作的主观印象。即便陶诗中有些提示非常明显，也因为在史书中找不到依据而被忽视。另一方面，受到唐诗及理学的巨大影响，宋人对陶渊明的诠释渐渐形成了一统之势，不约而同地指向了"隐士""忠节"等内容。这种观念导致大量陶诗被归入晋宋易代之际，用于诠释陶渊明的隐士风范、"不仕二姓"的节操。客观上的缺失，主观上的偏向，造就了独特的系年方式和诠释路径，形成了早期的学术传统，后来学者都基本上遵循这一传统而不敢有所违背，并且不断把没有明确系年的诗歌解释成归田以后的作品。例如杨勇作《陶渊明年谱汇订》中，系于义熙元年（405）以后的陶诗超过94首，占全部陶诗的76%；而系于此前的陶诗只有30多首，仅占全部陶诗的24%。① 在这种情况下，宋人创立的学术传统就变成了一种"学术藩篱"，想突破这种藩篱进行一些新的探索，就显得极为困难了。

在陶渊明现存诗文中，大多数没有明确创作年份。对于这些作品而言，宋代以前没有人对它们进行系年，而宋代以来的系年，可作为定论的也并不太多。宋代以来，人们把大多数没有明确创作年份的诗文系于隆安四年（400）以后，系于这一年之前的作品寥寥无几。如清代丁晏将《怨诗楚调示庞主簿邓治中》系于太元九年（384）；杨勇《陶渊明年谱》将《命子》

① （晋）陶潜著，杨勇校笺：《陶渊明集校笺》附录，上海古籍出版社2007年版，第400—467页。

诗系于太元十六年（391），将《五柳先生传》系于太元十七年（392）①；古直《陶靖节年谱》将《桃花源记》系于太元十八年（393）②；宋代王质《栗里谱》把《归田园居》系于太元十九年（394）。而更多的作品，就极少有人敢于把它们系于隆安四年以前了。习惯于把系年往后推而不是往前挪，这似乎已成为一个心照不宣的惯例，却也隐含着一个巨大的悖论：在许多作品系年难以定论的情况下，为什么习惯于把它们放到隆安四年以后，而且更多地把它们放到义熙元年以后？言下之意是："陶渊明在四十一岁以前很少创作或留下诗歌，在三十六岁以前则几乎没有诗文作品。"但这一结论的依据是什么，却没有人给予说明。

萧统《陶渊明传》说："渊明少有高趣，博学善属文，颖脱不群，任真自得。尝著《五柳先生传》以自况。"陶渊明《始作镇军参军经曲阿作》说："弱龄寄事外，委怀在琴书。"《五柳先生传》说："常著文章自娱，颇示己志。"《辛丑岁七月赴假还江陵夜行涂口》说："闲居三十载，遂与尘事冥。诗书敦夙好，园林无世情。"这些都表明陶渊明在青年时代就喜欢写诗撰文。同时，又没有证据表明陶渊明曾经"焚其少作"，或因为巨大变故而导致早年诗歌全部散佚。事实上，在现存诗文中找出一些早期作品，并非天方夜谭，只是对学术史的成见有些触动罢了。

陶渊明《与子俨等疏》说："吾年过五十，少而穷苦，每

---

① 杨勇：《杨勇学术论文集》，中华书局 2006 年版，第 302—303 页。
② （宋）王质等：《陶渊明年谱》，中华书局 1986 年版，第 2 页、第 12 页、第 49 页、第 186 页。

以家弊，东西游走。"少而穷苦"且"东西游走"，显示他青年时有过较长较远的行役经历；这与沈约《宋书》说的"弱年薄宦，不洁去就之迹"形成一种呼应。而《杂诗》的"遥遥从羁役""慷慨思南归""边雁悲无所，代谢归北乡""泛舟拟董司""荏苒经十载"，又显示陶渊明在北方行役颇久，甚至长达十年。又如《拟古》写自己从"张掖至幽州"，描述行役途中"饥食首阳薇，渴饮易水流"，又看到了伯牙、庄周之墓；又《饮酒》说自己"在昔曾远游，直至东海隅"；这些都与《与子俨等疏》《杂诗》的叙述互相关联。历来研陶者或认为陶渊明不可能在北方行役，诗中涉及北方的叙述都是想象之辞；或认为陶渊明的北方叙事不可理解，无从印证。然而陶诗中的北方叙述相互勾连，互为阐释，具有"一虚俱虚""一实俱实"的关系。全部认定为虚，显然缺乏证据；而一旦有些是实在的叙事，则其他相关叙述也就具有真实性。一旦将陶渊明的北方叙事综合起来考察，就能发现这是一段完整经历，而不是一个个孤立的片断叙述。若能清晰描述陶渊明北方从军十年的事实，则许多作品都可以安放在青年时代，且往往若合符契，不必穿凿附会，曲为解说。

明了陶渊明青年从军之事实，还能很好地解释他积极入世的一面，且足以澄清后人的许多误会之词。在南朝人心目中，积极入世、阳刚豪迈是陶渊明固有的一面。如萧统《陶渊明集·序》说他"横素波而傍流，干青云而直上"，钟嵘《诗品》说陶渊明"又协左思风力"，都表现陶渊明兼有入世之豪与隐逸之高。然而，由于史书把他放在"隐逸"一类人物之中，忽略了他的入仕事迹，且人们多从隐逸、田园一方面去歌咏陶渊明，导致其形象显得阴柔有余而刚烈不足，而他自己有关刚劲、豪迈一面的叙述，也被有意或无意地忽略了。如果补充完善其北方从军的事实，则这种状况会大有改观。

大致以 1900 年为界，中国社会实现了从古代向近现代的跨越，有关陶渊明的学术研究与文化传播也进入了一个新的时期。在这一百多年内，陶渊明已成为文史哲研究、文科教学研究、报刊宣传以及海外汉学研究的热点。粗略说来，自1900 年至现在，中国有关陶渊明的学术论文至少有 6000 篇，有关陶渊明的教学研究文章至少有 1500 篇，与陶渊明相关度较高的报刊宣传文章至少有 1000 篇，有关陶渊明的论著大约有 500 种，笺注、译注类的书籍大约有 100 种；而日本、韩国及欧美有关陶渊明的论文论著则有 600 多部（篇）。毫无疑问，陶渊明已经成为现代社会不可或缺的一种文化元素。在这种情况下，尽量剔除其中的"伪知识"，接近这一文化传统的真相，就显得很有必要；而研究陶渊明北方从军的历史，也就可以体现出它的意义了。

目 录

第一章 家世隐情考

探究陶渊明的早年事迹，就不得不讨论他与陶侃的关系，但在这方面又存在很多问题。合理的解说应当是：陶渊明的母亲是陶侃的外孙女，父亲是陶侃的曾孙，两人行辈不同，因此陶渊明既是陶侃的外曾孙，也是陶侃的玄孙。其父亲早死，应该与蜀中兵败有关；家族讳言其人其事，因此陶渊明自少年时便依照母亲的辈分，对外自称为陶侃的曾孙。但在家族内部，仍然应当按照父亲的行辈来排序，故而称陶侃的孙子、袭爵长沙公的陶弘为族祖。

第一节 长沙公族祖与陶潜世系

陶渊明的《赠长沙公族祖》，宋元以来的学者大多以为作于晚年，又因"族祖"指谁难以确定，故而多以为传抄有误。事实上，《赠长沙公族祖》应该是陶渊明现存最早的一首诗，当时淝水之战刚刚结束，已经成年的陶渊明急于入仕，故作此诗以求长沙公援引。长沙公为陶弘。因父母为跨行辈的婚姻，陶渊明从母则为陶侃外曾孙，从父则称长沙公陶弘为"族祖"，两者并无扞格之处。

一、曾祖陶岱、祖父陶茂

史书记载陶渊明为大司马陶侃的曾孙，应该是可靠的记载，不宜轻易否认。陶渊明有《赠长沙公族祖》一诗，序云："长沙公于余为族祖，同出大司马。"此小序聚讼纷纭，但无论怎么解说，都能表明陶渊明为大司马陶侃的后裔，与《命子》诗所叙的"桓桓长沙，伊勋伊德"一致。陶渊明出生于兴宁三年（365），上距陶侃去世的咸和九年（334）不过三十一年，此时陶侃的子孙健在者尚多，为官者不少，假如陶渊明不是陶侃的后人，他是没有这个胆量去伪托、冒充的。又据《晋书·陶侃传》等记载，陶侃生于寻阳，"父母旧葬，今在寻阳"，担任广州刺史之后，以平叛之功"封柴桑侯，食邑四千户"。陶侃之后，其家族遂以寻阳为郡望，称为"寻阳陶氏"。唐代郑素卿《西林寺水阁院律大德齐朗和尚碑》："大师号齐朗，生报身于寻阳陶氏，承大司马侃之后。侃舍宅作西林寺，其孙累有人继前志。"陶侃封为长沙公，封地在长沙，陶渊明及其祖父、父亲因不属于陶侃嫡长子一系，故而没有继承封爵的资格。但对于陶氏家族而言，寻阳乃是集祖宅、祖墓、产业、郡望为一体的地方，而陶渊明一系无疑是寻阳陶氏的"祖业继承人"。在重视家族、郡望的六朝时期，寻阳的综合影响比长沙要大得多，但这也使得陶渊明浸润在家族文化之中，很难摆脱家族的影响，家族荣耀、家族理想都会在他身上生根发芽，这在《命子》诗中有很鲜明的体现。

陶渊明不仅因父系而接受了陶侃的影响，也因母系而接受了陶侃的影响。据陶渊明的《晋故征西大将军长史孟府君传》及《晋书·孟嘉传》，陶渊明的外祖父孟嘉为"吴司空宗曾孙"，而陶侃的父亲陶丹为东吴的扬武将军，因此孟嘉与陶侃同为亡吴之后。在陶侃执掌荆州时期，孟嘉还很年轻，尚未建功立业，但在当地已经很有名望，为此"娶大司马长沙桓公陶侃第十女"，成了陶侃的女婿。陶渊明的母亲为孟嘉的第四个女儿，也就是陶侃的外孙女。父系和母系的双重影响，对铸造陶渊明孩提时代的心灵世界起到了重要的作用。

论及陶渊明的家世，又不得不涉及陶茂麟的《家谱》。元代庐陵人李公焕作《笺注陶渊明集》，于《命子》一诗篇末引赵泉山云："靖节之父，史逸其名，惟载于陶茂麟《家谱》。"于"肃矣我祖"四句之下注云："陶茂麟谱以岱为祖，按此诗云'惠和千里'，当从晋史以茂为祖。陶茂为武昌太守。"[1] 元代陈仁子《文选补遗》卷三十六《命子》篇有相同的注释，当即出自李公焕注本。[2] 陈仁子，字同俌，号古迂，茶陵东山人，咸淳十年（1274）漕试第一，宋亡不仕，生活到元成宗大德十年（1306）以后，著有文集《牧莱脞语》，曾编撰《文选补遗》四十卷。[3]

赵泉山、李公焕提到的陶茂麟《家谱》，乃是记载陶渊明父亲名字、官职的唯一文献，故而难以回避。清代陶澍《靖节先生年谱考异》详录邓名世《古今姓氏书辩证》"陶氏"条、《昌邑陶氏族谱》的李庆孙序，专门就此进行了论述。[4]

据李庆孙序文，陶茂麟为陶渊明的后代，家住浔阳，生活在五代十国时期，曾在吴王杨溥手下任江州左威毅裨将。见陶

---

① （元）李公焕：《笺注陶渊明集》卷一，中国国家图书馆藏元刻本。
② （元）陈仁子：《文选补遗》卷三十六，影印文渊阁《四库全书》本第1360册，上海古籍出版社1987年版，第572页。
③ 参见张珊《陈仁子〈文选补遗〉考论》，《中国文学研究》，2018年第4期。
④ （宋）王质等撰，许逸民校辑：《陶渊明年谱》，中华书局1986年版，第61—64页。

侃坟寝年久失修，百姓任意在其中樵采，遂于大和五年（933）九月五日上书节度使、中书令杨彻，请求明令禁止。陶茂麟的祖上留下了不少文献，如"家藏数世诏书纶诰约十通"，"唐颜鲁公、白太傅、孔侍郎、李中丞，前后贤达经过，悉留诗榜"等，但到唐末，因子孙不珍惜及兵火战乱等情况，大部分散佚不传。陶茂麟搜罗旧闻，拾遗补缺，对陶氏世系进行了编录整理。到北宋仁宗时期，陶茂麟的孙子陶鉴给江州从事李庆孙出示了一份残卷，就是陶茂麟编录的陶氏世系。陶鉴请李庆孙作序，李庆孙便将残存的文字一一记录下来，写进序文。陶鉴将序文刻在石碑上，后来南昌一带的陶氏家族编撰《昌邑陶氏族谱》，又将序文完整抄录下来。

江州从事李庆孙自称赞皇人，但地方志记载他是福建惠安人，宋真宗咸平元年（998）进士，嘉靖《惠安县志》卷十二记载："李庆孙，江州推官。咸平元年孙仅榜。"亦见明代黄仲昭《八闽通志》卷五十、何乔远《闽书》卷八十九。李庆孙有文名，时有"洛阳才子安鸿渐，天下文章李庆孙"之语（元代盛如梓《庶斋老学丛谈》卷四）。

南宋末，文天祥为《昌邑陶氏宗谱》作序，复述了李庆孙序的许多说法，又说："我宋有诠者，徙居昌邑，渐益荣盛，十一传而得叔量公，与余同第宝祐进士，又属桑梓，臭味倍投，怆深世变，急流勇退，重修陶氏族谱；仰稽上古之流传，俯记后人之嗣续。"① 陶诠徙居昌邑，传至南宋末年，其后裔陶叔量重修《陶氏族谱》，这就是《昌邑陶氏宗谱》的来历。这篇谱序是不是文天祥写的，难以确定，但其中的内容却不乏可靠之处。

_____

① 陶江：《陶姓史话》，江西人民出版社 2004 年版，第 38 页。

如谱序中提到的陶叔量，为宋理宗宝祐四年（1256）进士，豫章人，其弟入佛门，法名释道璨，尝主持饶州荐福寺，作《先姚赠孺人吴氏圹志》云："赠孺人吴氏，豫章进士陶跃之妻，迪功郎赣州赣县丞叔量之母。"释道璨在他的文集《无文印》中多次提到自己是陶渊明的后裔，如《勋节堂记》："昔我先桓公仗节南方，任居天下之半……三传而靖节先生出，冲澹静晦，薄彭泽不为……至今柴桑、栗里间，云来犹有存者。"①昌邑，即今南昌新建。据文天祥之序，可知昌邑陶氏从浔阳分出，十一传而到陶叔量，其始迁当在北宋早期，与陶鉴刻碑立石的时间接近。

陶渊明去世之后，其子孙后代陆续分迁各地，但居住在柴桑故里的仍有不少。据南宋晚期编纂的《江州志》（全书已佚，部分内容尚见于《永乐大典》之中），陶渊明的旧居在德化县楚城乡，唐代白居易为江州司马时，曾到这里拜访渊明子孙，留下题咏，即《访陶公旧宅》，有云："柴桑古村落，栗里旧山川。不见篱下菊，但余墟中烟。子孙虽无闻，族氏犹未迁。"这里旧有靖节祠，两宋时期曾四次重修，《江州志》收录了其中潘希杰、王必成、林宋伟三篇修祠记。②据潘希杰《修祠记》，潘希杰的家族世代居住于庐山之北的楚城乡，其姻舅骁卫公陶鉴是陶渊明的后裔，居住在甘山一带，与楚城乡相距百里。"甘山陶姓数百，先生之裔也"，其世次"历历存谱牒焉"。③因此，陶茂麟就

① （宋）释道璨：《无文印》卷四，《宋集珍本丛刊》，线装书局 2004
年版。
② 详见吴国富《陶渊明寻阳觅踪》，江西人民出版社 2007 年版，第
257—261 页。
③ 《永乐大典》卷六七〇〇，中华书局影印本 1986 年版，第 13 页。

是居住在这里的陶渊明后裔。其孙骁卫公陶鉴，文献中也有一些记载，如《续资治通鉴》卷第三十七："初，堰度舟，岁多坏，而监真州排岸浔阳陶鉴、监楚州税元城王乙，并谓置水闸堰旁，以时启闭。及成，漕舟果便，岁省堰卒十余万。乃诏发运司，它可为闸处，令规画以闻。鉴、乙并优迁。"此事亦见沈括《梦溪笔谈》卷十二："天圣中，监真州排岸司右侍禁陶鉴始议为复闸节水，以省舟船过埭之劳。"又南宋岳珂《桯史》卷二："九江陶氏有骁卫将军鉴，墓于石龙山之原。"[①]

从上述情况来看，陶渊明的柴桑故里，从南朝到两宋尚有子孙后代在这里居住，也有不少家族文献保存下来，到晚唐五代，因社会动荡，家族文献才出现较为严重的散佚情况，幸而陶茂麟及时予以编录，才不至于完全湮灭。以此而言，陶茂麟编录《家谱》，还是有较多依据的，不能以"谱牒不足信"一语轻易否认之。

陶澍指出，陶茂麟《家谱》中记载陶渊明祖父、父亲的内容，早在北宋仁宗时期即已残缺，故而不见于李庆孙序文。邓名世的《古今姓氏书辩证》成书于南宋绍兴四年（1134），比李庆孙序文晚出八十年，却记载云："侃生员外散骑岱，岱生晋安城太守逸，逸生彭泽令、赠光禄大夫潜。"陶澍说这些内容"似皆非鉴谱所有"，颇可怀疑，"岂当日更有别本，据以成书耶？"李文初《地区性陶渊明研究述评》也说，陶茂麟《家谱》不见有陶渊明及其父、祖的记载。《古今姓氏书辩证》的成书距陶鉴勒石约八十余年；李公焕的活动年代比邓名世更晚（当生活在宋

---

① （宋）岳珂：《桯史》卷二，《四库全书子部精要》，天津古籍出版社1998年版，第824页。

元之际），他们看到的茂麟《家谱》，居然比陶鉴、李庆孙辈看到的更详备。这在今天看来，自然都是汗漫难考的悬疑。①

北宋陶鉴给李庆孙出示的数纸残文，应当是陶茂麟的手迹，属于陶氏家藏的原始文献。从陶茂麟编次世系的五代十国时到李庆孙作序的宋仁宗至和元年（1054），历时一百余年，我们不能贸然认定期间陶氏家族绝对没有这一家谱的传抄本。事实上，陶澍猜测的"当日更有别本"的情况是存在的。

南宋陈振孙《直斋书录解题》卷八："《陶氏家谱》一卷，怀州教授陶直夫录，侃之后也。"② 陈振孙为著名藏书家、目录学家，生活在宋宁宗、理宗时期，比邓名世晚出七八十年，却亲眼看到了陶侃后裔、怀州教授陶直夫抄录的《陶氏家谱》一卷。作"录"而不作"撰"，表明《陶氏家谱》是陶直夫抄写的，而不是他编撰的。元代马端临《文献通考》卷二百零七："《陶氏谱》一卷，陈氏曰：怀州教授陶直夫录，侃之后也。"清代黄虞稷《千顷堂书目》卷十："陶直夫《陶氏谱》一卷。陶侃裔，鄱阳人。"③ 这两条资料均应出自《直斋书录解题》。又同治《饶州府志》卷三十二："陶直夫，侃裔，鄱阳人，仕居怀州教授，尝著《陶氏谱》一卷。"④

陶直夫是陶鉴的曾孙，其生平详见宋徽宗政和二年（1112）葛胜仲所作的《著作佐郎陶公墓志铭》。文章略曰："晋著作佐

---

① 李文初：《汉魏六朝文学研究》，广东人民出版社 2000 年版，第 244 页。

② （宋）陈振孙撰：《直斋书录解题》卷八，《丛书集成初编》本，中华书局 1985 年版，第 223 页。

③ （清）黄虞稷撰，瞿凤起、潘景郑整理：《千顷堂书目》卷十，上海古籍出版社 2001 年版，第 292 页。

④ （清）石景芬：《饶州府志》卷三十二，（台湾）成文出版社 1975 年版，第 3350 页。

郎陶渊明之后十六世，有孙曰直夫，字次汲，仍居浔阳，仕宋亦佐著作。大观三年，年四十七，二月庚寅，以疾卒官。陶氏本鄱阳人，吴平，徙庐江之浔阳，有名丹者为吴扬武将军，是生晋荆州刺史、长安郡公侃，于渊明为曾祖。而公之曾祖鉴为左监门卫大将军，祖稷，大理寺丞，父舜咨，第进士，终宣德郎。"陶直夫中进士之后，历任建昌军司户参军、雄州防御推官、亳州录事参军、怀州教授、徐州教授、太学正、监察御史、著作佐郎等职。政和元年二月，"葬于江州德化县先生乡之原"。平生"谈经受业"，弟子众多，"有文数百篇"。（《丹阳集》卷十四）[①]

　　陶直夫所录的《陶氏家谱》，其内容虽然不可复见，但葛胜仲《著作佐郎陶公墓志铭》称陶直夫为陶渊明的十六世孙，其依据应当就是陶直夫所录的《陶氏家谱》。陶直夫出生于宋仁宗嘉祐八年（1063），去世于宋徽宗大观三年（1109），他在怀州教授任上抄录《陶氏家谱》，比李庆孙为陶鉴作序晚了四十来年，又比邓名世撰写《古今姓氏书辨证》早了三四十年，而他抄录的《陶氏家谱》一卷，直到邓名世去世百年之后还在流传，因而得以被陈振孙所著录。又邓名世编次的陶氏世系，与陶直夫自称陶渊明十六世孙完全相符。《古今姓氏书辨证》记载陶潜之后依次为陶熙之、陶测、陶闵、陶元安、陶琼、陶处寂、陶先期、陶光廷、陶如革、陶进金、陶茂麟、陶若思、陶鉴；加上葛胜仲《著作佐郎陶公墓志铭》所说的陶稷、陶舜咨、陶直夫，恰好为十六世。因此，陶直夫《陶氏家谱》一卷本的存在，足

① 曾枣庄、刘琳主编：《全宋文》第143册，上海辞书出版社、安徽教育出版社2006年版，第91—92页。

以反映邓名世不必依靠陶茂麟《家谱》的原本或李庆孙的序文就可以编撰完整的陶氏世系。

陶直夫所录的《陶氏家谱》一卷，是不是陶茂麟《家谱》原模原样的抄本，当然无从确定。但据上所叙世系，可知在陶茂麟《家谱》残缺之前，陶氏世系的完整记录早就存在了，这也是陶直夫得以抄录家谱的基础。又据李庆孙的序文，在陶茂麟之前，陶氏保存有不少家族文献，但对世系还缺乏完整系统的编次，因此可以认为陶直夫所录的《陶氏家谱》一卷，其来源就是陶茂麟《家谱》的一种完整抄本。陶鉴请李庆孙作序之时，并没有看到这个抄本，但事实上它是存在的。

按邓名世《古今姓氏书辨证》卷十一所载，虽然与李庆孙序保留的《家谱》残文有很多相同之处，且记载了陶茂麟的名字，但两者差异极多，明显有不同的来源。例如李庆孙序记载陶茂麟为"江州左威毅裨将"，而邓名世记载陶茂麟的官职则为"淮南威毅第二十将"。李庆孙记载的世系，止于陶茂麟的"祖如革，考进金"，兼及"叔祖祥"。而邓名世记载陶氏世系，连陶茂麟在内比李庆孙所记多了三代，一直延续到陶茂麟的孙子陶鉴："如革生进金，进金生淮南威毅第二十将茂麟，茂麟生中卫将军若思，若思生左骁卫将军鉴。"按陶茂麟上书请求禁止在陶侃坟寝樵采，时值大和五年（933），下距至和二年（1055）陶鉴请李庆孙作序，足有一百二十二年。李庆孙又说："有孙曰鉴，仕圣朝为左班殿直，公暇，因出数纸示仆。"表明陶鉴此时尚在"左班殿直"任上，未及致仕之年，充其量也不过六十多岁，因此陶鉴的出生年份最早也就在995年前后，上距陶茂麟上书足足有六十多年。又陶茂麟的叔祖陶祥，为唐僖宗乾符四年（877）的江州刺史。设此时陶祥为五十岁，则陶茂麟的祖

父陶如革当在 50 岁以上，而此时陶茂麟也应当出生了，因此到
933 年上书之时，陶茂麟已年近六旬，不可能再活 60 多年，等
到其孙子陶鉴出生。如此看来，陶茂麟撰写家谱之时，陶鉴已
经出生的可能性极小，家谱中出现陶鉴的名字，自然是后人补
上去的；而邓名世所见，自然就不是陶茂麟《家谱》的原本，而
是另外一种传抄补录本，或者就是陶直夫所录的《陶氏家谱》
一卷本。

在李庆孙的序中，并没有将陶茂麟所编的家谱明确称为
"陶茂麟《家谱》"。陶直夫抄录的家谱也没有这样的署名，反
映他所见的原始抄本并无明确的题名、署名。据此看来，陶茂
麟编录的家谱，原本没有题名，因此在传抄过程中就出现了不
同的题名和署名。题为"陶茂麟《家谱》"的，就是李公焕、
赵泉山所见的本子。《宋史·艺文志》作"陶芟麟《陶氏家谱》
一卷"（"芟"与"茂"形近，当为传抄之误），应当就是李公
焕、赵泉山所见的本子，与"陶直夫录《陶氏宗谱》"的题名
不同。

综上所述，陶澍猜测陶茂麟《家谱》"当日更有别本"的情
况应当存在的。陶茂麟《家谱》编撰于五代十国时期，很早就
在家族内部传抄，到了北宋时期，至少出现了三种本子：第一
种是稿本，它已经残缺，且没有明确的题名、署名，残存文字
见于李庆孙的序文，序文先由陶鉴刻碑立石，后来收入《昌邑
陶氏宗谱》之中。第二种是加上明确题名、署名的抄本，称为
"陶茂麟《家谱》"，陶鉴对此并不知情，它应当保留在其他陶氏
子孙手上，到南宋末及元朝还有人看见，包括赵泉山、李公焕
及《宋史·艺文志》的编撰者等。这个本子应当抄录于原本残
缺之前，其内容是完整的，也有明确的卷数。第三种是没有题

名、没有署名的抄本，保留在其他陶氏子孙手上，后来为陶直夫所得并被抄录下来，陶直夫给它加上了"《陶氏家谱》，陶直夫录"的题名及署名，又补充了陶茂麟之后的世系。这个本子到南宋晚期犹在，为陈振孙所见并著录。邓名世所见，应当就是后两种抄本之一。这三种本子，当然会有一些文字上的差异，但在叙述陶侃、陶岱、陶逸、陶潜等先祖世系时，假如没有别的依据，自然是不会轻易改动的。

总而言之，五代十国时期的陶茂麟《家谱》是根据家藏文献编成的，稿本虽然残缺，抄本却在陶氏家族内部传承了400年左右，宋元时期仍有人见过，应该是比较可靠的；陶渊明父亲曾任姿城太守一说也是有根据的，不能轻易否认。

《命子》曰："肃矣我祖，慎终如始。直方二台，惠和千里。"这是对其祖上的正面叙述，值得关注。据《中国历史大辞典》，"二台"为东汉御史台与尚书台的合称。《后汉书·陈忠传》："言事者见杜根、成翊世等新蒙表录，显列二台。"李贤注："谓杜根为侍御史，成翊世为尚书郎也。"侍御史与尚书郎分隶御史、尚书二台。[1]魏晋时期，御史、尚书二台皆承担"纠弹不法"之职责。《宋书·百官志》："御史丞，一人。掌奏劾不法。秦时御史大夫有二丞，其一曰御史丞，其二曰御史中丞。殿中兰台秘书图籍在焉，而中丞居之。外督部刺史，内领侍御史，受公卿奏事，举劾按章。"《初学记》卷十一："尚书丞，秦官也……魏晋以来，左丞得弹奏八座，故傅咸云：斯乃皇朝之司直，天台之管辖是也。《宋书·百官志》曰：晋宋之世，左丞主台内禁令，

---

① 《中国历史大辞典》编纂委员会：《中国历史大辞典》第1册，上海辞书出版社2010年版，第7页。

宗庙祠祀，朝仪礼制，选用署吏，纠弹不法；右丞掌台内库藏庐舍，凡诸器用之物及刑狱兵器。"《宋书·百官志》："二台奏劾，则符光禄加禁止，解禁止亦如之。禁止，身不得入殿省，光禄主殿门故也。""二台奏劾"，就是指御史中丞、尚书左丞有所弹劾。《宋书·何承天传》记载何承天为御史中丞，"与尚书左丞谢元素不相善，二人竞伺二台之违，累相纠奏。"两人一为御史中丞，一为尚书左丞，任弹劾之责，因为结有私怨，便经常在对方的台司中找碴子，互相攻击。

"二台"一作"三台"。古直以为宜作"三台"，《文选》引《风俗通义》云："尚书为中台，谒者为外台，御史为宪台，谓之三台。"[①] 按"三台"为两晋时期的常用词，如《晋书·舆服志》："笏者，有事则书之，故常簪笔，今之白笔是其遗象。三台五省二品文官簪之，王、公、侯、伯、子、男、卿尹及武官不簪，加内侍位者乃簪之。"《晋书·刘暾传》："惠帝复阼，暾为左丞，正色立朝，三台清肃。寻兼御史中丞，奏免尚书仆射、东安公繇及王粹、董艾等十余人。"《晋书·司马冏传》："坐拜百官，符敕三台，选举不均，惟宠亲昵。"《晋书·夏侯湛传》："充三台之寺，盈中书之阁。"从这些例子看来，"三台"乃是朝中大臣的统称。

"直方"一语，古直以为出自《周易》："六二，直方大，不习无不利。"两汉之时，多以"直方"形容刚直不阿的气节。《后汉书·杨震传》："延、光之间，震为上相，抗直方以临权枉，先公道而后身名，可谓怀王臣之节，识所任之体矣。"《后

---

① 古直笺，李剑锋评：《重定陶渊明诗笺》卷一，山东大学出版社 2016年版，第 28 页。

汉书·尹勋传》:"勋为人刚毅直方。少时每读书,得忠臣义士之事,未尝不投书而仰叹。"魏晋之时,又多用"直方"赞美御史中丞、尚书左丞这类"准绳之官"忠于职守,执法不阿。如缪世应《太尉石鉴碑》:"君为治书侍御史,朝廷以公雅节不群,直方其道,仍授准绳之官,频居爪牙之任,鹰跱虎视,而庶僚风靡。"(《北堂书钞》卷六十二)《晋书·苟晞传》:"拜尚书右丞,转左丞,廉察诸曹,八坐以下皆侧目惮之。"苟晞为尚书左丞,持法严峻,也堪称"直方"。

根据上面的考察,"直方二台""直方三台"的意义是不同的。如果作"直方三台",就可能有两种解释:一是陶渊明的祖上在朝中为官,在"三台"官员(也就是所有的朝臣)中以"直方"著称;二是在"三台"官员心目中,陶渊明的祖上以为官"直方"著称。言下之意,其祖上差不多算得上"名满朝野、声闻九州"了,其影响似乎比"专征南国"的陶侃还要大。然而无论是散骑侍郎陶岱还是武昌太守陶茂,都不足以当此盛誉,因此作"直方三台"是不妥的,颇有虚夸太甚之嫌。

如果作"直方二台",也可能有两种解释:一是陶渊明的祖上任御史中丞或尚书左丞而执法不阿,堪称"直方";二是在御史中丞、尚书左丞的心目中,陶渊明的祖上以为官"直方"著称。相比之下,第二种解释也不妥当。因为陶岱是散骑侍郎,属于"不典事"的闲散官员;武昌太守陶茂是地方官,接触朝廷权贵的机会不多;两人都很难与"直言敢谏""不畏强权"的"直方"之节联系起来。

总结起来,"直方三台"语意不妥,还应该作"直方二台",其意应当指陶渊明的祖上曾任御史中丞或尚书左丞,执法不阿,堪称"直方"。又因"直方"一词常用于赞美"准绳之官",所以这种解释应该是最合理的。

接下来再看"直方二台"与"惠和千里"的搭配情况。这两句可以指同一人的事迹,也可以指两个人的事迹。如果是指一个人,则等于分别介绍了他在两任官职上的事迹,一是在御史中丞或尚书左丞任上的事迹,一是在太守任上的事迹。《命子》一诗叙述列祖列宗的事迹,采取了以点带面的写法,重点突出了愍侯陶舍"启土开封"、长沙公陶侃"专征南国"等辉煌业绩。相形之下,其祖父的"直方二台""惠和千里"根本算不上什么,有什么必要一书再书?以此而言,"直方二台"与"惠和千里"极有可能是指两人,分别叙述曾祖任御史中丞或尚书左丞,忠于职守,有"直方"之称;祖父曾任太守,有"惠和千里"之政绩。因为曾祖、祖父属于近亲,提到他们的业绩是必要的;但他们的业绩比较平凡,只能点到为止,不可反复铺陈,以免画蛇添足,徒遭讥笑。

《晋书·陶侃传》记载陶侃之子陶岱为散骑侍郎,但没有说陶岱是陶渊明的祖父。《晋书·陶潜传》又说陶渊明的祖父为武昌太守陶茂。邓名世《古今姓氏书辨证》云:"侃生员外散骑岱,岱生晋安城太守逸。逸生彭泽令、赠光禄大夫潜。"三者说法不一,殊难取舍。

据《晋书·成帝纪》,陶侃薨于咸和九年(334)六月。在《晋书·陶侃传》记载的陶侃子侄之中,陶洪早卒,陶瞻为苏峻所害,陶旗"咸和末,为散骑侍郎",陶斌在陶侃刚刚去世之时被陶夏所杀,而陶夏也旋即病卒,陶臻"咸和中,为南郡太守、领南蛮校尉、假节",陶舆早年"与杜弢战",受伤而死;此七人所任职务,皆在陶侃生前。陶侃死后,仅有两个儿子的任职情况得到记载,一是陶称任南中郎将、江夏相,咸康五年被庾亮所杀；但这一记载，显然有故意抹黑陶侃之嫌，可以算是例外。二是陶范"太元初，为光禄勋"。按陶范曾捐建庐山西林寺，欧阳询《西林寺碑》说释慧永得"晋光禄卿浔阳陶范"捐助，建造了庐山西林寺，"是岁太和之一年，永公化缘将尽……奄然终谢，年八十三"[1]。可知"太元初"当为"太和初"。按理东晋人不大可能将"太和"误写为"太元"，因此这个错误有可能是唐人修史时造成的，而陶范"太元初，为光禄勋"一语，也是唐人据庐山西林寺其他史料补上去的，东晋史家并未记载陶范的任职情况。按《世说新语·文学篇》记载，"袁宏始作《东征赋》，都不道陶公。胡奴诱之狭室中，临以白刃，曰：'先公勋业如是，君作《东征赋》，云何相忽略？'"胡奴即陶范。袁宏乃东晋著名的史学家，他对陶侃功业的有意忽略，颇能反映当时史学界的主观倾向。陶侃尚且被有意忽视，何况是他的子孙后代？据此看来，《晋书·陶侃传》记载陶琦任司空掾，陶岱任散骑侍郎，这两人也应当任职于陶侃生前。

不仅如此，《晋书·陶侃传》除了记载长沙公、彬县伯依次袭爵的情况之外，没有一处提到陶侃孙子及曾孙的仕履情况。在诸子及侄子之中，曾任太守或位至太守者均有记载，但曾任武昌太守的陶茂却不在其中。这一点显示陶茂应当不是陶侃的儿子，而是陶侃的孙子。又据上述分析，陶侃的子侄担任各种职务，均在陶侃生前，陶岱任散骑侍郎也不例外；而《晋书·陶侃传》并未记载陶茂任武昌太守之事，可知此事应当在陶侃去世之后。又陶侃去世之后，其子孙饱受庾亮的打压，直到永和元年（345）桓温执掌荆州之后，才有了一些抬头的机会，因此

---

[1] 袁慧光笺注：《欧阳询诗文笺注》，岳麓书社 2014 年版，第 15 页。

陶茂任武昌太守，就应当在永和元年以后，上距陶岱任散骑侍郎已有一二十年之久，如此陶岱、陶茂同为一人的可能性就更小了。

在魏晋南北朝时期的职官制度中，有"加官"一说，即在本官（正官）之外另加一官职或官号。在各种"加官"之中，散骑常侍、散骑侍郎（各有通直、员外之分）是一种特定的"加官"，它一般不反映加官者的秩阶，而表示对加官者的一种格外优宠，具有"不典事"且"常为显职"的特点。（见《晋书·职官志》）梁武帝天监六年（507）诏曰："在昔晋初，仰惟盛化，常侍、侍中，并参帷幄。员外常侍，特为清显。"（《隋书·百官志》）这段话也反映了这一点。散骑常侍为三品，但在东晋之时，加散骑常侍者多为三品或三品以上官员，如尚书省官员、地方长官、禁卫武官、重号将军、九卿等，足以反映散骑常侍重点在于表示优宠，而不在于体现官阶。[①] 因此，通常只有五品的郡太守，加以散骑常侍之号，就显得格外优宠。如《晋书·魏舒传》记载魏舒为宜阳、荥阳二郡太守，"甚有声称。征拜散骑常侍。出为冀州刺史"。又如《晋书·周处传》："寻除楚内史，未之官，征拜散骑常侍。处曰：'古人辞大不辞小。'乃先之楚。"内史相当于太守，周处之语，足以反映"散骑常侍"比太守荣贵得多。加散骑侍郎略次于散骑常侍，但同样有优宠之意，如《晋书·吉挹传》记载吉挹任晋昌太守，"以距坚之功，拜员外散骑侍郎"。在陶侃诸子中，有一人加散骑常侍，《晋书·陶侃传》："瞻，字道真，少有才器，历广陵相，庐江、建

---

① 董劭伟：《魏晋隋唐职官制度专题研究》，东北大学出版社2016年版，第36—43页。

昌二郡太守，迁散骑常侍、都亭侯。"两人加散骑侍郎："旗，历位散骑常侍、郴县开国伯。咸和末，为散骑侍郎。""岱，散骑侍郎。"其他如陶称为江夏相，陶臻为南郡太守，位至太守，但均无"散骑常侍""散骑侍郎"的加官。由此可见，陶茂任武昌太守，若有散骑侍郎的加官，也就应当得到记载；反之则显示他与任散骑侍郎的陶岱不是同一人。

综上所述，不妨认为陶岱是陶渊明的曾祖，曾任散骑侍郎，大约于陶侃去世之后不久转任御史中丞或尚书左丞，故而陶渊明称之为"直方二台"。《晋书·司马无忌传》："建元初迁散骑常侍，转御史中丞，出为辅国将军、长沙相，又领江夏相，寻转南郡、河东二郡太守，将军如故。"陶岱的迁转就与之相似。陶茂是陶渊明的祖父，他在桓温执掌荆州之后任武昌太守，故而陶渊明称之为"惠和千里"。陶岱任御史中丞或尚书左丞、陶茂任武昌太守，均在陶侃去世之后，所以也就没有得到《晋书·陶侃传》的记载。又陶侃去世于咸和九年六月，时年七十六，上述诸子绝大多数在他生前已至"显位"，且大抵已至中年，这也应当包括陶岱在内。到"宋受禅"之时，长沙公、郴县伯均已传至陶侃的玄孙一代。长沙公陶延寿，于义熙四年（408）为咨议参军，随刘裕北伐南燕慕容超，其年龄就应当与陶渊明相仿。假如陶渊明出自陶岱一系，则他与陶延寿同为陶侃玄孙的可能性是很大的。

陶渊明《赠长沙公族祖》一诗中有"昭穆既远""礼服遂悠"之语，也能间接反映他与长沙公的亲属关系。如果陶渊明是陶侃的曾孙，则此时的长沙公乃他祖父的亲兄弟，关系也还不算远，应当称为"伯祖"或"叔祖"（晋人多有此称呼），称为"族祖"是很不妥当的。反之，如果陶渊明是陶侃的玄孙，则长沙公与他祖父是堂兄弟的关系，已经处于礼服的边缘，称为"族祖"是合适的，也可以用"昭穆既远""礼服遂悠"来形容。

二、父母行辈不同

陶渊明《赠长沙公》一诗，宋代以来各种《陶渊明集》均作《赠长沙公族祖》。小序又称："长沙公于余为族祖，同出大司马。"《晋书·陶侃传》云：

> 瞻，字道真，少有才器，历广陵相，庐江、建昌二郡太守，迁散骑常侍、都亭侯。为苏峻所害，追赠大鸿胪，谥愍悼世子。以夏为世子。及送侃丧还长沙，夏与斌及称各拥兵数千以相图。既而解散，斌先往长沙，悉取国中器仗财物。夏至，杀斌。庾亮上疏曰："斌虽丑恶，罪在难忍，然王宪有制，骨肉至亲，亲运刀锯以刑同体，伤父母之恩，无恻隐之心，应加放黜，以惩暴虐。"亮表未至都，而夏病卒。诏复以瞻息弘袭侃爵，仕至光禄勋。卒，子绰之嗣。绰之卒，子延寿嗣。宋受禅，降为吴昌侯，五百户。

按照史书，陶渊明是陶侃的曾孙，则上述袭爵为长沙公的诸人之中，陶弘为陶渊明的族叔，陶绰之为陶渊明的族兄弟，陶延寿为陶渊明的族侄，没有一个是陶渊明的族祖。因此，学者对于《赠长沙公族祖》中的"族祖"一词颇有疑问。如宋代吴仁杰《陶靖节先生年谱》云："诗题当云《赠长沙公族孙》，而云族祖者，字之误也。"清人陶澍《陶靖节年谱考异》引用明人杨时伟的观点，认为应该将"长沙公于余为族"作为一句，将"祖同出大司马"作为一句，而标题中的"族祖"两字，"乃后人误序文之句读，因而妄增也"。又一种说法将"长沙公于余为族祖"当作"余于长沙公为族祖"，如逯钦立注《陶渊明集》所云。龚斌先生对各种说法作了梳理和考辨，值得参考。[1]

著者曾在《陶渊明寻阳觅踪》一书中指出，这位长沙公应该就是陶弘，为陶侃第三子陶瞻的儿子。[2] 陶瞻死于苏峻之乱，儿子陶弘承袭长沙公爵位时尚属幼小。从陶弘袭爵到陶渊明二十岁，历时 51 年，此时陶弘也不过六十多岁，完全有可能健在。但这种解释还面临一个问题，即按照《晋书·陶侃传》的记载，陶弘应当是陶渊明的族叔，不是族祖。因此，陶渊明应当是陶侃的玄孙，如此才可以称陶弘为族祖。此事尚有进一步阐述的必要。

（一）陶渊明《赠长沙公族祖》序云："长沙公于余为族祖，同出大司马。"陶渊明所见的长沙公，乃是他的族祖，这一点并没有充分的证据可以推翻。"族祖"之称，常见于两晋，其意就是同族中祖父辈的人。如魏晋时期的《袁子正论》云："族祖、祖父缌麻而曾祖三月乎？"将族祖与祖父并列（严可均《全晋文》卷五十四）。蔡谟《答族父是姨弟为服问》："今甲之父与乙于班为族祖，则其妻亦有祖母之名。"（严可均《全晋文》卷一百十四）都说明族祖就是祖父的兄弟辈。更何况标题与小序中两次出现"族祖"，显然不是笔误。解释不通，可以存疑；妄加改动，显然就很不严谨。

（二）《晋书·陶侃传》对陶侃子孙袭爵为长沙公的情况说得很清楚。长沙公依次为陶侃、孙子陶弘、曾孙陶绰之、玄孙

---

① 龚斌:《陶渊明年谱考辨》，江西人民出版社 2018 年版，第 27—42 页。
② 吴国富:《陶渊明寻阳觅踪》，江西人民出版社 2007 年版，第 43—53 页。

陶延寿，没有其他证据表明其中存在错误。

（三）《晋书·陶潜传》记载："陶潜，字元亮，大司马侃之曾孙也。祖茂，武昌太守。"陶渊明《命子》诗："肃矣我祖，慎终如始。直方二台，惠和千里。"可为祖父担任武昌太守的佐证。《晋书·何曾传》："郡守之权虽轻，犹专任千里，比之于古，则列国之君也。上当奉宣朝恩，以致惠和，下当兴利而除其害。"这几句话颇能说明"惠和千里"之意，表明陶渊明的祖父陶茂曾任太守是实。

（四）《晋书·陶侃传》："侃有子十七人，唯洪、瞻、夏、琦、旗、斌、称、范、岱见旧史，余者并不显。"其中担任过太守的有陶瞻、陶称、陶臻等人，没有陶茂。或以为史传漏载陶茂，或以为陶茂不是陶侃之子，因此陶茂与陶侃的关系也还是不确定的。但既然陶渊明为陶侃的后代，则其祖父也是陶侃的后代，这一点应该没有问题。

（五）陶渊明《晋故征西大将军长史孟府君传》说自己的外祖父孟嘉"娶大司马长沙桓公陶侃第十女"，为陶侃的女婿。陶渊明的母亲就是陶侃的外孙女，按照母亲一系来排序，陶渊明乃是陶侃的外曾孙，这一点也是确定的。

将这五条记载综合起来，无论如何解释都会出现矛盾之处。考虑到陶渊明的外祖母、祖父皆为陶侃的后人，这种"亲上加亲"的关系很容易导致称呼混乱、世系混淆的情况。但这五条记载也还是可以得到合理解释的。

其一，史传记载"侃有子十七人"，但其中没有陶茂，因此陶茂很可能不是陶侃的儿子，而是陶侃的孙子，其父亲就是"十七人"之中的一个。如此一来，按照父系来排序，则陶渊明为陶侃的玄孙。如果陶渊明为陶侃的玄孙，则他完全可以称陶弘为"族祖",《赠长沙公族祖》一诗也可以得到合理解释。

其二，如果陶茂是陶侃的孙子，则孟嘉之妻（陶侃第十女）与陶茂的父亲（陶侃的十七子之一）为兄妹关系，孟嘉第四女（陶渊明的母亲）与陶茂为表兄妹关系，与陶渊明的父亲为表姑侄关系。这种可能性是存在的，因为没有任何证据表明陶渊明的父亲与母亲一定是平辈的表兄妹关系。

如果陶渊明的父母在名分上属于表侄和表姑的关系，那么他们之间就形成了跨行辈的婚姻。这种不同行辈的婚姻在魏晋南北朝很常见，算不上乱伦。如《宋书·蔡兴宗传》记载蔡兴宗"妻刘氏早卒，一女甚幼。外甥袁觊始生彖，而妻刘氏亦亡。兴宗姊即觊母也，一孙一侄，躬自抚养。年齿相比，欲为婚姻……兴宗以女适彖。"蔡兴宗生有一女，他的外甥（姐姐的儿子）生有一子，两人年龄相仿，长大之后欲结为夫妻，蔡兴宗便同意了这桩婚事，这对夫妻恰好就是表侄和表姑的关系。周一良先生在《魏晋南北朝史札记》一书专列《婚姻不计行辈》一条说："盖当时婚姻不计行辈，高门大族如济阳蔡氏与陈郡袁氏亦不例外。中国自古有同姓不婚之习惯，唐以后并见诸法律。然行辈不同者不禁止婚姻，汉代已如此。汉惠帝娶其姊之女，孙吴时孙休亦娶姊女。汉代婚姻取上辈或下辈女子之例，屡见不鲜……《通典》六八载东晋冯怀答或问，已有因婚姻不计行辈，'尊卑无序'，从而难于称呼之事例，但并未目为非礼。盖迄唐时此类婚姻关系不足为奇，且多见于与皇室联姻时。赵宋以后道学流行，重视所谓伦常秩序。王鸣盛《十七史商榷》六一论蔡兴宗以女嫁姊之孙，以为'断非事实'。王懋竑《南史记疑》谓兴宗所为'实有不可解者'。皆狃于伦常辈分，不知两晋南北朝时人固不以为意。"[1] 周一良先生还在文章中列举了当时帝王婚姻不计行辈者十数例，足以反映这一现象。因此，陶渊明的母亲作为表姑下嫁给表侄（陶渊明的父亲），在当时也只不过是一桩与蔡兴宗嫁女类似的普通婚姻而已，不足为奇。又考虑到陶侃妻妾成群，子女众多（儿子17个，女儿至少10个），所以孟嘉之妻（陶侃第十女）与陶茂的父亲（陶侃的十七子之一）多半也就是同父异母的兄妹。如此一来，相比蔡兴宗的女儿与他外甥的儿子，陶渊明母亲与父亲的亲缘关系还更差一些，结为夫妇也就更不会令人大惊小怪了。陶渊明《祭从弟敬远文》说："惟我与尔，匪但亲友。父则同生，母则从母。""从母"即姨母，据此可知，孟嘉的两个女儿分别嫁给陶渊明的父亲兄弟俩。孟氏和陶氏同为东吴之后，这种婚姻通常是出于政治上的需要。陶侃与周访结为儿女亲家，也出于同样的原因。

如果陶渊明的父母在名分上属于表侄和表姑的关系，那么相对陶侃而言，陶渊明就具有两种身份了。按照母亲一系来排列，他应该是陶侃的"外曾孙"；按照父亲一系来排列，他应该是陶侃的"玄孙"。以此而言，史书说他是陶侃的曾孙，略有含混之处，但也不算错误。假如换一个形式，陶渊明的母亲算是为陶氏接代的，那么说陶渊明是陶侃的曾孙就更加名正言顺了。外孙女以孙女的身份接代，这种情况很常见。不过就家族内部而言，还应当以父系为主。按父亲的辈分来排序，陶渊明应当是陶侃的"玄孙"。继承长沙公爵位的陶弘，与其祖父陶茂是堂兄弟关系，陶渊明理应称呼为族祖。

清人吴骞《拜经楼诗话》说："以《年谱》考之，夏袭爵

---

[1]　周一良:《魏晋南北朝史札记》，中华书局 1985 年版，第 176 页。

时，渊明尚未生，弘时，靖节尚少；诗中又有'在长忘同'之语，意所赠者乃延寿耳。"[1] 清人姚莹《与方植之论陶渊明为桓公后说》认为陶渊明与陶弘年不相接。[2] 其实陶渊明完全有可能在年轻时见到年老的长沙公陶弘。陶弘袭爵时还很幼小，所以史书称之为"瞻息"，《晋书·陶侃传》记载陶臻事迹之时，有"诸将请杀其丁壮，取其妻息"之语，其中"妻息"即相当于"妻孥"或"妻小"。陶弘后来"仕至光禄勋"，在两晋之时，"光禄勋"一般是用来优待老资格官员的荣誉性职位。《晋书·职官志》："光禄大夫……魏氏已来，转复优重，不复以为使命之官。其诸公告老者，皆家拜此位；及在朝显职，复用加之，及晋受命，仍旧不改，复以为优崇之制。"这一点足以反映陶弘"仕至光禄勋"时年事已高。《晋书·孝武帝纪》记载太元二年（377）春正月，"继绝世，绍功臣"。陶弘的"光禄勋"很可能就是在这时授予的。陶侃去世、陶弘袭爵在咸和九年（334），到陶渊明二十岁时的太元九年（384），相隔五十年。假如陶弘袭爵时十来岁，到太元九年（384）也不过六十来岁，尚在人世是不足为奇的，陶渊明也完全有可能在此时见到陶弘。总之，陶渊明《赠长沙公族祖》一诗所说的"族祖"应当就是陶弘，称之为"族祖"，乃是按照父亲一系来排列的辈分。

第二节　姿城太守陶逸

陶侃去世之后，庾亮代替陶侃领江、荆、豫三州刺史，都督七州诸军事。庾亮曾借助陶侃的力量平定苏峻之乱，但在陶

---

[1] （清）胡凤丹辑，许逸民校点：《六朝四家全集》第2册《采辑历朝诗话辩讹考异·陶彭泽》，辽宁教育出版社2000年版，第394页。

[2] 龚斌：《陶渊明年谱考辨》，江西人民出版社2018年版，第28页。

侃身后却大肆打压荆州人物及陶侃一族，例如陶侃的儿子陶称，历任南平太守、南蛮校尉等职，即被庾亮找借口斩杀。依附于扬州集团的文人和史学家，则肆意诬蔑陶侃，说他存有不臣之心。庾亮的打压，直接导致了陶氏家族的衰败，但反过来也激发了陶氏家族对建功立业的渴望之情。

永和元年（345），桓温接任荆州刺史，第二年便率部伐蜀。他在得不到朝廷支持、兵力严重不足的情况下，一举消灭了成汉，威震天下，所依靠的就是荆州百姓的支持、荆州将士的死力。在这种情况下，桓温大量起用荆州人士，陶氏家族、孟嘉一族以及陶侃的儿女亲家周访一族均在这一时期得到重用。陶渊明的外祖父孟嘉担任了桓温的参军，深得桓温的器重。史传记载陶渊明的祖父陶茂为武昌太守，也应该处于桓温当政时期。武昌为荆州重镇，担任武昌太守者，必为荆州刺史的心腹；而在庾亮等人执掌荆州时期，作为陶侃后代的陶茂，无疑在饱受猜忌、惨遭打压之列，不可能被任命为武昌太守。祖父陶茂和外祖父孟嘉在桓温当政时期的作为，使陶氏家族看到了再度振兴的希望。此后桓温又三次进行北伐，第一次攻入了关中，第二次收复了洛阳，第三次则大败而归。尽管三次北伐的效果并不理想，但它们的意义非常重大。五胡乱华始于西晋惠帝在位期间，到桓温执掌荆州时期，已经历时半个世纪；在此期间，胡人建立的割据政权互相攻战，恣意妄为，使北方人民饱受战乱之苦，却从未遭到过两晋朝廷的沉重打击。因此，桓温的伐蜀之役与三次北伐，第一次体现了东晋王朝对胡人政权的强大攻势，使他们受到沉重的打击，感到极大的震慑，也一度改变了内乱不休、软弱无力的东晋王朝形象，对凝聚人心、鼓舞斗志起到了积极的作用，为后来东晋军队尤其是荆州军队抗击前秦奠定了良好的基础。然而掌握话语权的扬州集团，却在桓温去世之后对他大加污蔑，《晋书》则把桓温、孟嘉都归于"叛逆"人物之列，始作俑者应当就是东晋时期的史学家。

如前所述，陶渊明既可以依照父亲一系又可以依照母亲一系称呼陶侃，但两种称呼的辈分不同。在这种情况下，他偏重于母亲一系，称自己为陶侃的曾孙，就反映个中存在隐情。又据前面所考，陶茂麟的《家谱》根据家藏文献编成，在陶氏家族内部传承了甚久，应该有较大的可信度，为此陶渊明父亲曾任姿城太守一说也是有根据的，不能轻易否认。

陶茂麟《家谱》称陶渊明的父亲陶逸任"姿城太守"，南宋邓名世《古今姓氏书辨证》则作"安城太守"，无论是"姿城"还是"安城"，均不知在何处。事实上，"安城太守"应当是误写，而"姿城太守"应当是"资城太守"；在古代常有"资"与"姿"混用的现象。

四川成都东南面的资中县，属于汉朝犍为郡资中县的核心范围。据说尧帝的第九个儿子资协助大禹治理沱江水患有功，尧帝便将资封于资中县一带，为此遂有资山、资水（即沱江）、资城之名，资中县亦因资水而得名，历代相传有"资中古城"的遗迹。[①] 唐代李吉甫《元和郡县图志》卷三十二记载资州资阳县云："在汉即犍为郡资中县地也。李雄之乱，夷獠居之。后魏废帝二年，析武康郡之阳安县置资州，取资水为名也。隋大业三年改为资阳郡，武德元年复为资州。"[②] 晋惠帝永安元年

---

① 政协资中县委员会资中县编史修志委员会：《资中县文史资料》第二辑，1993年，第3页。
② （唐）李吉甫：《元和郡县图志》卷三十二，影印文渊阁《四库全书》第468册，上海古籍出版社1987年版，第523页。

（304），资中县被成汉李雄的割据政权所占据。晋穆帝永和三年（347），桓温伐蜀，消灭了成汉，资中县纳入了东晋益州的管辖范围。宁康元年（373），前秦攻占了蜀地，资中又落入了前秦之手。

桓温灭成汉之后，视蜀中为自己的领地，在这里任命刺史，设置官员，皆独断专行，朝廷不敢过问。桓温令周抚长期镇蜀，周抚去世之后，又令周楚、周仲孙相继执掌蜀地。周抚、周楚、周仲孙均为寻阳周访的后代。周访是陶侃的同乡，两人同为东吴将军之后，又结为儿女亲家（周访的女儿嫁给陶侃的儿子陶瞻），在政治、军事上均为生死之交。与此同时，陶渊明的外祖父孟嘉入桓温幕，也深受器重。孟嘉的妻子为陶侃的第十女，而孟嘉的第四女则嫁给了陶渊明的父亲。根据这些盘根错节的关系，陶渊明的父亲陶逸应该就在周氏镇蜀期间，在资中做过"资城太守"。

两汉时期，资中属于犍为郡，但这里地处连接成渝的水上交通要道，地理位置重要，时常有部队戍守，西魏时期便在这里设立了州郡，隋唐因之。周氏镇蜀后期，前秦大军压境，形势颇为危急，应当是当时的益州刺史周仲孙在资中设立了临时的郡治，以保卫出川的通道，而在这里任职的太守也就可以称为"资城太守"了。不久之后，蜀地便被前秦攻占，周仲孙逃跑，为此"资城太守"也就没有留下任何印记。

史书记载前秦攻陷蜀中的年份颇有出入。一种说法是在宁康元年。《晋书·孝武帝纪》记载："宁康元年……十一月，苻坚将杨安陷梓潼及梁、益二州，刺史周仲孙帅骑五千南遁。"一种说法是在宁康三年（375）。《宋书·五行志二》："宁康三年冬，旱。先是，氐贼破梁、益州，刺史杨亮、周仲孙奔退。明年，威远将军桓石虔击姚苌垫江，破之，退至五城。"综合起来，苻坚部将杨安攻陷梓潼，是在宁康元年十一月，但他不可能在两个月的时间内将梁、益二州全部占领，为此周仲孙逃走、蜀地全部沦陷，应当到了宁康三年。如果陶渊明的父亲在资中担任太守，也应该就在宁康三年逃离了蜀地。

陶渊明在诗文中从来不愿明言其父亲，或有苦衷。袁行霈先生说："（陶渊明之父）果系太守，如祖父，不当不言及也。或渊明有苦衷，不愿述明，亦未可知。"①所言诚是。陶渊明对家人的感情很深，程氏妹、从弟敬远去世之后，他都写过祭文，从弟仲德去世之后，他也写过《悲从弟仲德》一诗。母亲去世之后，他撰写了《晋故征西大将军长史孟府君传》，在介绍外祖父孟嘉的事迹之后，又直接表达了对母亲的追思："渊明先亲，君之第四女也。凯风寒泉之思，实钟厥心。"然而对于父亲，除了《命子》诗的几句含糊描述之外，他却没有任何表示哀悼、追念的词语。相形之下，他对于母亲的态度也有些奇怪。既然他可以为程氏妹撰写祭文，为什么不能给母亲撰写祭文？难道母亲在他心目中的地位还不如妹妹？在两晋时期，对于祭礼是比较重视的，而陶渊明又以孝道著称，不为母亲写祭文，似乎有点说不过去。但如果是有苦衷，这一点就比较好理解了。因为给母亲撰写祭文，就必然要叙及父亲；在母亲的祭文中不出现父亲是难以想象的。陶渊明撰写《晋故征西大将军长史孟府君传》，或许就出于这种考虑，他为外祖父立传，捎带表示一下对母亲的追念，就可以不提到父亲了。

---

① 袁行霈：《陶渊明年谱汇考》，见氏著《陶渊明研究》，北京大学出版社2009年版，第245页。

《命子》云："于皇仁考，淡焉虚止。寄迹风云，冥兹愠喜。"这几句话是现存陶渊明诗文中唯一正面介绍其父亲的言辞，为此很值得关注。《命子》诗用大部分篇幅历述陶氏先祖的功德，用以激励儿子，垂范后代，在形式上体现了颂赞体的特征，必定要极尽美化之能事，对于父亲来说尤其如此。但陶渊明介绍其父亲的这几句话，却显得颇为含混，与列祖列宗的赞美之词很不相称，让人弄不清楚他父亲到底做了些什么。

宋代王质《栗里谱》就《命子》诗介绍其父亲的几句话议论说："陶氏自侃以武功擅世，后裔稍袭故风，多流乱歧。盖折翼之祥，发之旁派，传淡，传君父子，皆以隐德著称。"[①]认为这几句话显示他父亲是一个隐士。然而考察当时的文献，可知在膜拜老庄、崇尚玄虚且有"清谈误国"之讥的两晋时期，陶渊明所说的几句话都是用来形容"官德"而不是"隐德"的，与"凤隐于林，幽人在丘"这种对隐士的赞美之词有极大的不同。如晋成帝《谥王导册》评价王导说："迈达冲虚，玄鉴劭邈；夷淡以约其心，体仁以流其惠。"（《晋书·王导传》）庾亮评价王述说："怀祖清贞简贵，不减祖、父，但旷淡微不及耳。"（《晋书·王导传》）王敦推荐杜夷说："夷清虚冲淡，与俗异轨，考槃空谷，肥遁匿迹。盖经国之良宝，聘命之所急。"（《晋书·杜夷传》）总之，在当时人眼里，有"清虚冲淡"之风者足以为官，居官而有此风度，则足以为"上品"。因此，"淡焉虚止"不是对隐士的赞美之词，而是对"官德"的描述。

"冥兹愠喜"一句，各家注解大致相同。如王瑶注解说，"寄

---

① （元）陶宗仪撰，李梦生校点：《南村辍耕录》卷十六，上海古籍出版社2012年版，第176页。

迹风云"是指身涉仕途。《论语·公冶长》:"令尹子文三仕为令尹,无喜色。三已之,无愠色。""冥兹愠喜"是说"无喜愠之色",因知陶渊明的父亲当也作过太守一类的官职,但或仕或已,不以为意。① 台静农说据此判断其父亲"亦尝仕宦,而系天性淡泊之人"②。这些说法都有一定的道理,但依然让人不得要领。因为与楚国"令尹"有相同的风度,就从这一典故中得出"陶渊明的父亲当也作过太守一类的官职"的结论,或者用这一典故来证明五代陶茂麟《家谱》所说的"姿城太守",这在逻辑上是说不通的。春秋战国时期,"令尹"为楚国的最高官职,相当于"相国"。理论上诸侯国的"相国"不过是各地诸侯的辅佐之臣,地位不高;但当时周天子已经徒有虚名,各诸侯国的独立性很高,其"相国"或"令尹"实际上已经类似于后代的"丞相"或"宰相",因此在魏晋时期,"相国"就用来指称"宰相",而不用于指称郡守级别的"相"。如《晋书·王祥传》:"相国诚为尊贵,然是魏之宰相。"《晋书·宗室列传》:"及愍帝即位,以保为右丞相,加侍中、都督陕西诸军事。寻进位相国。"因此,令尹子文的典故只能表明陶渊明的父亲有类似的风度,但却无法证明其父做过太守一类的官职。考察当时的用语习惯,"愠喜"一典通常用于形容官德,如南朝宋傅亮《司徒刘穆之碑》:"翼翼素心,亮终如始。夷情升降,一色愠喜。"(《艺文类聚》四十七)又如《北齐书·魏收传》:"自我及物,先人后己。情无系于荣悴,心靡滞于愠喜。不养望于丘壑,不待价

<hr />

① 王瑶编:《陶渊明集》,氏著《王瑶文集》第一卷,北岳文艺出版社1995年版,第399页。
② 台静农:《中国文学史》上册,上海古籍出版社2012年版,第184页。

于城市。""冥兹愠喜"与"一色愠喜"及"心靡滞于愠喜"的意义相同,为此可知这是一句赞美官员的套话。

在《宋书·隐逸传》中,"寄迹风云,冥兹愠喜"作"寄迹夙运,冥兹愠喜"。北宋类书《册府元龟》卷八百十六也作"寄迹夙运,冥兹愠喜"。从版本学的角度来看,《宋书·隐逸传》载录的《命子》诗应当体现了最早、最原始的面貌,但这处异文却很少有人关注。

按"夙运"之"夙"本来是"早"的意思,在东晋南朝时期已经产生"先天注定"的引申意义,如戴逵《答周居士难释疑论》:"性分夙定,善者自善,非先有其生,而后行善,以致于善也。"(《广弘明集》二十)又如《宋书·符瑞志》:"于穆不已,显允东储,生知夙睿,岳茂渊虚。"在佛教兴盛的东晋南朝时期,"夙"的这个引申意义与佛教"宿世""宿命"的"宿"字非常接近,因而出现了两者通用的情况,并逐渐出现了"夙运"一词,表示前生已经注定的命运。这个词语最晚到唐朝已经成为固定词语,如唐代高僧窥基《观弥勒上生兜率天经赞》卷下:"凡夫行多庸鄙,能超恶境,祈彼净方,夙运不殚,生为上品。"宋元时期的道教典籍《灵宝领教济度金书》卷九十九:"今斋主某,幸因夙运,获际真乘。"因"夙""宿"通用,佛门中又多用"宿"字,故而一般将"夙运"写作"宿运",这样更容易被人理解。如梁朝陶弘景《真诰》卷十六:"其中宿运先世有阴德惠救者,乃时有径补仙官,或入南宫受化,不拘职位也。"又如敦煌变文《叶净能诗》:"男女盖缘宿运,净能何以求之?"

"夙运"之"运",乃是"运程""命运"之意。陶渊明很关注"运程",其诗文中涉及这一问题的地方有一二十处,如《命子》诗的"运当攀龙""运因隆寙"以及《连雨独饮》的"运生会归尽"、《赠羊长史》的"人乖运见疏"等。在东林寺僧人大谈前生、宿命的地方文化氛围中，陶渊明关注这一问题是很自然的。但陶渊明所说的"夙运"，与佛教所说的"夙运"还是有些区别的，它更多接近于传统的"天命"，表示"先天注定的个人命运"。

综合上述，"于皇仁考，淡焉虚止。寄迹夙运，冥兹愠喜"这几句话集中反映了陶渊明父亲的"官德"和"官运"。面对先天注定的"官运"而"冥兹愠喜"，其表述重点不言而喻就在"丢官不怒"上面，"升官不喜"不过是一种衬托性的表述。正如《论语》所云："贫而无怨难，富而无骄易。"进一步而言，假如他父亲真的能做到"丢官不怒"，毅然退隐，那么陶渊明就应当突出其隐士的节操，而不必强调"夙运"了。如此看来，"寄迹夙运，冥兹愠喜"两句话十分接近于《形影神》所说的"纵浪大化中，不喜亦不惧"，《岁暮和张常侍》说的"穷通靡攸虑，憔悴由化迁"，都属于带着牢骚的宽解之词，表明其父亲丢官别有隐情，而且对自己的人生产生了重大影响。这一点，也成了陶渊明的心结。

事实上，陶渊明也曾暗示其父亲之死。陶渊明《祭程氏妹文》云："昔在江陵，重罹天罚。兄弟索居，乖隔楚越。伊我与尔，百哀是切。黯黯高云，萧萧冬月。白雪掩晨，长风悲节。感惟崩号，兴言泣血。"元代李公焕《笺注陶渊明集》卷八认为这段话写的是陶渊明母亲孟氏去世之时的情况，时值隆安五年（401）冬天，陶渊明在江陵任职。粗略一看，这种解释不无道理；细究之则不然。其理由有三：

其一，隆安四年（400），陶渊明作《庚子岁五月中从都还阻风于规林》云：“行行循归路，计日望旧居。一欣侍温颜，再喜见友于。”诗中“温颜”显然指他的母亲，逯钦立注：“温颜，指母面。”这时候母亲就住在寻阳家中，第二年母亲去世之时，也应该在家中，不可能在遥远的江陵。既然江陵只是陶渊明的为官之地，与母亲毫无关系，那么陶渊明何必强调这个地方对于母亲去世的意义？就祭文全篇而言，“昔在江陵”“慈妣早世”“我年二六”应当属于同一事件，与母亲孟氏的去世无关。

其二，依据一般说法，母亲孟氏去世之时，陶渊明已经三十七岁，程氏妹已经三十四岁。这时兄妹两人皆已有室有家，分别住在寻阳、武昌。陶渊明在《归去来兮辞并序》说自己“幼稚盈室”（《归去来兮辞并序》），在《祭程氏妹文》中说程氏妹“遗孤满眼”，足以反映两人几年前各自生有小孩，而且不止一个。妹妹出嫁之后，当然就必须以自己的家庭为主，也不可能长期住在娘家，与兄长朝夕相见。因此，将各自成家、各居一地的兄妹形容为“兄弟索居”，简直是词不达意。另外，母亲去世之时，陶渊明即便在江陵任职，也可以趁着职务之便，告假而归，乘船而下，很快就可以回到家中；而程氏妹从武昌到寻阳，则更近一些，因此也没有必要强调兄妹两人“乖隔楚越”，天各一方。

其三，祭文中“重罹天罚”一词，透露了不少信息，值得注意。《尚书·多士》：“惟时天罔念闻，厥惟废元命，降致罚。”《左传·昭公二十六年》：“若我一二兄弟甥舅，奖顺天法，无助狡猾，以从先王之命，毋速天罚，赦图不穀，则所愿也。”这应该就是“天罚”一词的来历，表示帝王遭受的患难以及对大逆不道者的惩罚。自两汉至于六朝，“天罚”一词也多用于这方面，如《宋书·礼志》：“臣侃、臣峤、臣亮等手刃戎首，龚行天罚。”

《晋书·孔坦传》："天罚既集，罪人斯陨，王旅未加，自相鱼肉。"王珣《孝武帝哀策文》："方融玄液，陶铸斯民……积祐莫应，天罚奄臻。"（《艺文类聚》卷十三）在魏晋时期，"天罚"也开始用在一般人身上，但通常表示天灾人祸叠加，语意很重。如戴逵《释疑论》："又有束修履道，言行无伤，而天罚人楚，百罗备婴。"（《广弘明集》卷十八）又如《晋书·刘颂传》："臣昔忝河内，临辞受诏。到郡草具所陈如左，未及书上，会臣婴丁天罚，寝顿累年，今谨封上前事。"这个"婴丁天罚"看起来是单指母亲去世，但从"寝顿累年"一词来看，刘颂在守丧期间还经历了其他灾难，以致"寝顿累年"，不能动弹。

逯钦立注《祭程氏妹文》云："重罹天罚，指陶母孟氏卒。罹，遭受。天罚，古人以为父母逝世，由于本人得罪上天，祸延于父母，故此以母死乃遭受天罚。又因庶母前已死亡，所以这里说重罹天罚。"[1] 根据祭文，陶渊明的庶母去世之时，他才十二岁；而根据注家的解释，孟氏去世之时，陶渊明已经三十七岁。两件事相隔二十五年之久，怎么能称为"重罹天罚"？又按《宋书·少帝纪》："王室不造，天祸未悔。先帝创业弗永，弃世登遐。义符长嗣，属当天位，不谓穷凶极悖，一至于此……及懿后崩背，重加天罚。"《宋书·前废帝纪》："孝武弃世，属当辰历。自梓宫在殡，喜容腼然。天罚重离，欢恣滋甚。"这两例中的"重加天罚""天罚重离"都是指皇帝、皇后接连去世，帝室的灾难接踵而至，其中的"重"读如"双重"之"重"，表示短时间内再次、累加的意思。如果两件事相距时间太长，毫无瓜葛，就不能这么说了。而陶渊明所说的"重罹天罚"，其意

---

[1]　逯钦立校注：《陶渊明集》卷七，中华书局 1979 年版，第 193 页。

义与"重加天罚""天罚重离"相似。既然如此，陶渊明的母亲在庶母去世二十五年之后才去世，是不能称为"重罹天罚"的。而单单是庶母去世，也不能称为"重罹天罚"。既然如此，"重罹天罚"就足以显示他的父亲也死于庶母去世之时。

《祭程氏妹文》又云："慈妣早世，时尚孺婴，我年二六，尔才九龄。"梁启超认为"慈妣"应作"慈考"，李文初亦赞同此说。[①] 不管如何，"慈妣"在字面上还应当指陶渊明的庶母；但这几句话很值得深究。假如十二岁那年只是庶母去世，嫡母和父亲都还健在，那么家庭受到的影响以及孩子受到的打击都不会太大。但陶渊明强调庶母去世之时自己才十二岁，妹妹才九岁，两人"抚髫相成"，意指"兄妹两人在相依为命的境况中长大"，这种描述孤儿情状的言辞，足以暗示其父亲也在这时去世了。综合起来，"昔在江陵，重罹天罚"一段话与"我年二六，尔才九龄"所说就是一件事，不能将前者解释为十二岁时发生的事情，后者又解释为三十七岁时发生的事情。

前面指出，陶渊明的父亲应当曾在蜀中担任资城太守。上述分析，与这一推论有较高的吻合度。宁康三年（375），蜀中失陷，刺史周仲孙逃走，残存的东晋将士必然有一大部分逃回了荆州的大本营江陵。《晋书·周虓传》记载："宁康初，苻坚将杨安寇梓潼，虓固守涪城，遣步骑数千，送母妻从汉水将抵江陵，为坚将朱肜邀而获之，虓遂降于安。"在前秦大举入侵蜀中之时，周虓守涪城，派人马将家属护送到江陵，结果在半路上就被前秦军队截获了。因此，从蜀中逃回江陵，也是陶渊明父亲的首选路径。到了第二年，即太元元年（376），陶渊明的父

---

① 李文初：《陶渊明论略》，广东人民出版社1994年版，第17—18页。

亲便死于江陵，这就符合《祭程氏妹文》所叙的情况了。

蜀中的失陷，使东晋朝野上下大为震惊。《魏书·司马睿传》云："朱彤至梁州，亮望风奔散，于是坚遂有梁益二州。昌明上下莫不忧怖。"此时桓温已经去世，继任的荆州刺史桓豁遭此惨败，感到颜面无存，十分不安。《晋书·桓豁传》："太元初，迁征西大将军、开府。豁上疏固让……坚陷涪城，梁州刺史杨亮、益州刺史周仲孙并委戍奔溃。豁以威略不振，所在覆败，又上疏陈谢，固辞，不拜开府。"当年桓温第三次北伐失败之后，因舆论压力太大，遂诿罪于豫州刺史袁真，导致袁真反叛。而桓豁以"威略不振，所在覆败"自责，固辞"大将军"之号，也应当严厉处罚了一批从蜀中逃回的将领，以树权威而塞众议。逃跑的益州刺史周仲孙旋即被免官，虽然事隔数年之后又给了一个"光禄勋"的虚衔，但周访一族却从此消沉下去，很少见到记载了。这反映在蜀中任职的周访后人普遍遭到了处罚。陶渊明的父亲及其庶母，或即由此而死于江陵。如此一来，"兄弟索居，乖隔楚越"之语也就可以落实：当时程氏妹随陶渊明的父亲及庶母在江陵，处于楚地，父母一死，她便成了孤儿；而陶渊明则随母亲住在寻阳，处于百越之地，父亲及庶母死在江陵，他们也就不得不历尽艰险前往奔丧。兄妹孤苦无依之惨状，用"百哀是切"等词来形容，也毫不过分。

综合起来，父亲居官有错而且早逝，家中以母亲为主，在这种情况下，陶渊明颇有难言之隐，自然会对父亲的事迹讳莫如深，从小到大都不提起，而别人也只知道他母亲是陶侃的外孙女，他自己是陶侃的曾孙；既然外曾孙也姓陶，也就不再属于"外"了。

第二章　始作镇军参军考

人们通常认为，《赠长沙公族祖》系陶渊明晚年所作。根据第一章的论述，此诗应当作于陶渊明青年时期，"族祖"应当是陶弘。进一步分析"进篑虽微"等语，又可知此诗为初仕求人之作。而《荣木》一诗则作于稍后，体现了渴望建功立业的初仕之志，并非四十岁时所作。随后他第一次踏上仕途，作《始作镇军参军经曲阿作》，史书所说的"弱年薄宦"，即从此时开始。

第一节　进篑之愿与初仕之志

陶渊明身为陶侃之后，生逢家世沦落之时，不出仕则有违家族意愿，欲出仕又攀援无方。太元八年（383），淝水之战爆发，东晋大获全胜，各路军马纷纷北进，收复失地，为朝廷大量用人、急速扩军之际，也是有志之士建功立业的大好时机。是年冬天，长沙公过寻阳，陶渊明遂作《赠长沙公族祖》一诗以求仕，总算得到了援引，踏上了初仕之路。有了仕进之途，渴望建功立业的情怀便不可遏制，这一点集中体现在《荣木》一诗里。

一、《赠长沙公族祖》与初仕求人

东晋在南方立国，是一个极为艰难的过程。在各种矛盾交织的情况下，东晋王朝一直处在内乱不休的状态之中。在王谢等北来家族的扶持下，晋元帝司马睿东晋王朝在扬州站稳了脚跟，在他身边也逐渐形成了以北方士族为主体的扬州集团。与此同时，荆、江两州的地方势力并不乐意接受东晋的统治，不断发动叛乱。在平息内乱、稳定政局的过程中，陶侃起到了至关重要的作用。他一方面有效抵御了北方来犯之敌，一方面多次协助朝廷平定叛乱，并在荆州建立了较为稳固的统治秩序。陶侃的父亲陶丹是东吴的扬武将军，陶侃麾下的将领也大都是东吴之后，因此在陶侃建功立业的过程中，以南方人物为主体的荆州集团也开始形成。如此一来，在东晋王朝趋向稳定的同时，扬州与荆州的矛盾也逐渐产生。

咸和九年（334），陶侃去世，主持朝政的庾亮兼领江、荆、豫三州刺史，都督七州诸军事，试图全面接管荆州，并倾力打压陶侃家族及荆州部将。这一举措导致了陶氏家族的急剧衰败，也严重激化了扬州与荆州的矛盾。在陶侃去世十多年之后，掌管荆州的桓温以平蜀、北伐等军功获得了盖世威名，由此招致了朝廷的忌惮和打压，迫使桓温更多地重用桓氏家族及南方人士，进一步激化了荆、扬两州的矛盾。

桓温去世之后，荆州人士的建功立业之心还在持续升温，这是内外两方面因素造成的。前秦君主苻坚即位之后，致力于治理内政，平定叛乱，恢复生产，其国家很快就强大起来。此后苻坚东征西讨，基本上统一了北方。太元三年（378），苻坚的前秦帝国开始从东西两个方向大举进攻东晋，东晋力弱难支，丢掉了大片土地。在此危急存亡之秋，执掌朝政的谢安与执掌荆州的桓冲联手，努力缓和扬州与荆州的矛盾，终于达成了共同抵抗外侮的局面。在这种情况下，桓温在荆州创建的军政班底基本上保留了下来，荆州人士在桓温时期产生的建功立业之心并未遭到打击，而且在抗击外敌的迫切需求下再一次得到强化。

太元八年，前秦君主苻坚动员了全国的力量，召集数十万兵马，大举南下，企图一举灭掉东晋。十二月，前秦与东晋决战于淝水，数十万前秦军队一战而溃，或被歼灭，或者逃散。苻坚在鲜卑人慕容垂的帮助下，收集溃兵十多万，回到长安。盛极一时的前秦帝国，很快就出现了分崩离析的局面，给东晋朝野上下带来了收复北方失地的莫大希望，更使荆州人士的建功立业之情空前高涨。荆州军队用了不到两年的时光，就收复了四川盆地、汉中地区、河南西部，并且进入陕西东部，取得了前所未有的战绩。刚刚进入青年时期的陶渊明，涌现出"猛志逸四海"的建功立业之情，踊跃投身于北伐，就是被时代潮流所激发、所裹挟的必然结果。如果说在这种局势之中，他还能安居田园，毫不关心外界，那就太有悖常理了。就在这种情况下，他创作了《赠长沙公族祖》，体现了强烈的求仕之心。

《赠长沙公族祖》组诗多处描写了同族疏远的情况，如："昭穆既远，以为路人。""同源分流，人易世疏。""礼服遂悠，岁月眇徂。""伊余云遘，在长忘同。"这些语句都反映继承长沙公封爵的陶侃后人与住在寻阳的陶渊明一系很少往来，或者几乎断绝了往来，两者关系变得冷淡而疏远，所以陶渊明有"山川阻远，行李时通"的说法，希望两者经常保持联系，以改变现状。这就产生了一个问题：造成这种疏远关系的主要责任在哪一方？是嗣爵的长沙公，还是寻阳的陶渊明一系？上述言辞是陶渊明的自责之辞，还是对长沙公的怨艾之辞？

诸家注解常以为长沙公是陶延寿之子，遂改"族祖"为

"族孙"，以牵合其说。① 逯钦立认可"长沙公是陶延寿之子"的说法，又注"在长忘同"云："长，尊长。同，同族。《逸周书·大聚解》：'合族同亲，以敬为长。'诗用此义，言长沙公居全族尊长地位，忘却陶渊明是同族之亲。又《左传》：'在上不忘降。'曹植诗：'在贵多忘贱。'与此句法同。"② 王叔岷《陶渊明诗笺证稿》则说："陶公于延寿为诸父行。延寿盖忘其同族，陶公谦言己忘之耳。"③ 袁行霈《陶渊明集笺注》说："意谓余与长沙公相遇，虽辈分为长，而竟忘同宗也。"④ 三位先生一致认同"长沙公是陶延寿之子"，但在注解"在长忘同"时却产生了严重的分歧，逯钦立认为是长沙公忘了陶渊明，袁行霈认为是陶渊明忘了长沙公，王叔岷则作骑墙的解释，说陶渊明表面上在自责，实际上是在埋怨长沙公。综合看来，逯钦立所注最为详细而合理。据他的注解，"在长"之"长"兼有尊贵、长辈之意，所指为谁，不难得知。因为陶渊明一生做得最大的官也不过是一个小小的彭泽令，与爵位尊贵的"长沙公"不可同日而语，自然不能、也不敢在长沙公面前自称"在长"。因此，"在长忘同"必然指"长沙公居全族尊长地位，忘却陶渊明是同族之亲"。同样，"长"兼有尊贵、长辈之意，也反映长沙公的辈分比陶渊明高，事实上长沙公就是陶渊明的"族祖"，并不值得怀疑。

　　"在长忘同"既然指长沙公，便可知《赠长沙公族祖》处处充满了埋怨与祈求的口气。诗中的"昭穆既远，以为路人"等

---

① 　袁行霈：《陶渊明集笺注》卷一，中华书局 2003 年版，第 18 页。
② 　逯钦立校注：《陶渊明集》卷一，中华书局 1979 年版，第 19—20 页。
③ 　王叔岷：《陶渊明诗笺证稿》卷一，中华书局 2007 年版，第 29 页。
④ 　袁行霈：《陶渊明集笺注》卷一，中华书局 2003 年版，第 22 页。

语，都是在反复直陈长沙公的薄情，埋怨长沙公不肯眷顾他这个同族子孙。"伊余云遘，在长忘同；笑言未久，逝焉西东"也反映长沙公来去匆匆，没有兴趣与陶渊明多谈。"款襟或辽，音问其先"又表明陶渊明没有机会跟长沙公倾诉自己的心怀，但他还是很不甘心，写了一首诗赠给长沙公。而"何以写心，贻此话言；进篑虽微，终焉为山"几句，则反映了陶渊明叹疏远、套近乎的目的，那就是希望长沙公给他创造一个进步的机会。说得直白一点，就是希望长沙公帮他一把，谋个小小的职务或差事。这在两晋时期属于一种很常见的求仕行为，并不值得奇怪。如孙统，"性好山水，乃求为鄞令"（《晋书·孙统传》）。温峤的儿子温放之，"以贫，求为交州，朝廷许之"（《晋书·温峤传》）。孙盛起家佐著作郎，"以家贫亲老，求为小邑，出补浏阳令"（《晋书·孙盛传》）。在没有背景、无人援引的情况下，求仕是没人理睬的。自幼孤贫、进身无门的陶渊明，不得不硬着头皮求助于这个素未谋面、从不往来的长沙公，其言辞充满了怨楚之意，其心情也可想而知，但因使用了四言诗的形式，就略显得古雅含蓄一些了。

诗中有"进篑虽微，终焉为山"之语，应指仕途之寸进，非指学业。陶渊明《读史述九章》："进德修业，将以及时。如彼稷契，孰不愿之？""进德修业"之目标，即等同于"进篑"之目标，即愿为稷契、建功立业之目标。晋人常用"覆篑"比喻建功立业，《晋书·乐志》："兴王坐俟旦，亡主恬自矜。致远由近始，覆篑成山陵。"①《晋书》卷八十七："或发迹于汧渭，或

① （唐）房玄龄等：《晋书》卷二十三，中华书局 1974 年版，第 708 页。本文所引《晋书》同出此版本。

布化于邠岐，覆簀创元天之基，疏涓开环海之宅。"又常以立功为"进德修业"之目标，如《晋书·潘岳传》："顾常以为士之生也，非至圣无轨微妙玄通者，则必立功立事，效当年之用。是以资忠履信以进德，修辞立诚以居业。"总之，陶渊明用此典故，所表达的意思与时人并无不同之处。

陶氏家族以军功起家，不以文章著称，常因缺乏文采风流而被人嘲笑。如《世说新语·容止》记载陶侃被人骂为"溪狗"；《晋书·陶侃传》说陶侃"望非世族，俗异诸华，拔萃陬落之间，比肩髦俊之列"；《世说新语·文学》记载袁宏始作《东征赋》，"都不道陶公"；《世说新语·方正》记载王修龄拒绝陶胡奴（陶范）所赠之米；《太平御览》卷二百四十九引沈约《俗说》，陶夔能写诗却被嘲笑为抄袭他人诗句。这些都足以说明陶氏家族无法在文章方面获得盛名。陶渊明在世之日，当然没有力量改变这一点。因此，《赠长沙公族祖》体现了陶氏家族的理想，无论对于袭爵的长沙公还是对于陶渊明而言，"进簀"之意都不过是指建功立业、追踪陶侃而已，不可能指文章方面的"名山事业"。笔者曾撰《陶渊明"以诗立言"辨析》[①]，指出当时之人，或以经史，或以子书，或以华丽的诗赋追求"立言"的目标，此外鲜有其他途径。而陶渊明一生作为，与上述的"立言"途径皆不吻合，将"进簀"解释为"学业方面的进步"显然是缺乏依据的，而应当解释为在"立功"方面的进步。

既然"进簀"指的是"功业"而不是"学业"，《赠长沙公族祖》就体现了振兴陶氏家族的期望，显示当时的时局颇有利

---

① 吴国富:《陶渊明"以诗立言"辨析》,《九江师专学报》, 2002 年第 1 期。

于陶氏，也颇有利于自己，属于特定时期的一种特定心态。有了这种了解，就可以进一步分析此诗的创作背景了：

（一）司马道子父子执掌朝政之时，不断排挤荆州势力，陶渊明自辞祭酒，不肯出仕，不会有在"立功"方面的"进篑"之心。陶氏家族也面临着与他相同的处境。

（二）桓玄当政之时，陶氏家族力量弱小，对全局影响甚微，不受重视。陶渊明虽然在此期间出仕，但也不受重视，情绪十分低落，从《庚子岁五月中从都还阻风于规林》等诗作中可见一斑。

（三）桓玄倒台之际，刘裕指挥大军，一路攻往荆州，大开杀戒，荆州、江州人士大都惶惶不安，不知所措，陶氏家族与荆州集团遭遇了"唇亡齿寒"的命运，当时长沙公能洗刷嫌疑、勉强自保已经不错，振作也就无从谈起。此时陶渊明乍一出仕，旋即归隐，也不可能产生"进篑虽微，终焉为山"的强烈愿望。

（四）彭泽归田以后，陶渊明自己当然不会有建功立业的期望。此时长沙公陶延寿也罕见有所作为，属于比较边缘化的人物。入宋之后，陶延寿由公爵降为侯爵，足以反映刘裕对他并不看重。因此，在刘裕篡晋期间，长沙公也不可能有强烈的"立功"之心。《韵语阳秋》卷二十："长沙公于渊明如此，而渊明乃以尊祖自任，其临别赠言之际，有'进篑虽微，终焉为山'之句。"这种看法是不合理的。在刘裕专权的时候，他能鼓励长沙公干些什么？

通过上述的排查和筛选，与"进篑虽微，终焉为山"相关的时局，应当出现在淝水之战以后。淝水之战的胜利，给荆州集团带来了前所未有的发展机遇，也给陶氏家族带来了巨大的希望，激起了陶渊明渴望建功立业的情怀。因此，可以将《赠长沙公族祖》系于太元八年年底或太元九年年初，亦即淝水之战刚刚结束之后。进而论之，"进篑虽微，终焉为山"表现的情怀应当是从未出仕而渴望出仕，这样就更符合"譬如平地，虽覆一篑，进，吾往也"的原意。面对长沙公，表达自己渴望出仕的心情，这自然就是希望长沙公给他"提携提携"了。

在已知的陶渊明仕履之中，江州祭酒、州主簿是江州刺史征召所致，与长沙公无关。从庚子岁（隆安四年）开始，他又开始出仕，断断续续做过几个人的参军，这些官职虽然可能与长沙公有关，但长沙公陶弘嗣爵于咸和九年（334），到隆安四年（400）已经历时六十六年，在世的可能性已经很小。更何况此前江州刺史征辟他为祭酒、主簿，显示他已经有一定的知名度，在这种情况下他想找个小小的差事并不十分困难，用不着像《赠长沙公族祖》那样，用充满哀怨的话语去刺激、祈求长沙公了。之后的彭泽令是他的家叔帮他谋来的差事，跟长沙公无关。陶渊明彭泽辞官以后，朝廷征召他为官，他都不愿接受，也就不会请长沙公给他帮忙找个官做。

总结起来，《赠长沙公族祖》最有可能创作于陶渊明的年轻时代，这时候陶渊明没有任何功名，而陶弘尚且在位。桓温在世之日，陶渊明还未成年；淝水之战以前，前秦大军压境，局势又过于危急，即便他想出仕，估计母亲也不会同意他去冒险；因此《赠长沙公族祖》最有可能创作于淝水之战刚刚结束的时候。这时候北伐的形势一片大好，各路军政大员急需用人，而谢安当政，对陶弘等功臣之后比较尊重，为此陶弘在朝廷里也有一定的话语权，能够帮忙说上话。因此，迫于母亲乃至亲族的压力，陶渊明硬着头皮给经过寻阳的长沙公写了这组诗，以求援引。长沙公读了这首诗之后，出于亲族之情，也就给陶渊明谋了个差事，陶渊明便开始了"弱年薄宦"的生涯。之所以到扬州的地盘上谋职，也可能与长沙公的考虑有关。鉴于陶氏家族以往追随荆州集团，饱受打击，长沙公陶弘便介绍陶渊明进入扬州，以淡化和荆州集团的关系。不过这种努力最终也是白搭，因为即便是功勋赫赫的朱序，也没有因为听命于扬州集团而得到厚待，更何况是陶渊明这样的无名小卒。

二、体现初仕之志的《荣木》

陶渊明《荣木》一诗，宋人吴仁杰《陶靖节先生年谱》，清人丁晏《晋陶靖节年谱》，逯钦立注《陶渊明集》、王瑶注《陶渊明集》、袁行霈《陶渊明集笺注》，均将它系于四十岁之时，以诗中"四十无闻，斯不足畏"而定。众口一词，似乎没有异议。但细究之则不然。如逯钦立注《荣木》说："晋元兴三年二月，刘裕起兵勤王，推倒桓玄。陶于本年夏季东下为镇军参军。此诗所写乃东下前情怀。"[①]而袁行霈注《荣木》又云："此诗念念不忘进业与功名，是渊明出仕前所作。"这一判断颇为有理，但四十岁的陶渊明已经有过很多仕途经历，早已不是"出仕前"，所以跟上述系年又是矛盾的。这种矛盾反映传统的系年可能存在问题，不足为据。

首先，"四十无闻"体现了青年时代的焦虑，而不是陈述四十岁时的状况。

"先师遗训，余岂之坠？四十无闻，斯不足畏。"这几句话出自《论语·子罕》："后生可畏，焉知来者之不如今也？四十五十而无闻焉，斯亦不足畏也已。""后生可畏"一语，历来均用来称道年轻人，如《魏书·李仲尚传》曰："仲尚仪貌甚

---

① 逯钦立校注：《陶渊明集》卷一，中华书局 1979 年版，第 17—18 页。

美，少以文学知名。二十著《前汉功臣序赞》及季父《司空冲诔》。时兼侍中高聪、尚书邢峦见而叹曰：后生可畏，非虚言也！"如果陶渊明作《荣木》诗时，有人用"后生可畏"来称赞他，那么他一定就只有二十来岁，不可能是四十岁。如果此诗重点在"四十无闻"，则分为两种情况：其一是担心"四十无闻"，但这是预料的情况，还没有发生。如果做出努力，则也有可能不会出现。其二，"四十无闻"既成事实，感慨系之，但已经无法改变。很显然，《荣木》诗属于第一种情况，诗人出于对"四十无闻"的担忧，便"脂我名车，策我名骥"，决心要远出闯荡，建立一番功业。由于通过努力取得成就，乃是一个渐进的过程，所以可知陶渊明担忧"四十无闻"之时，还远远没有到四十岁。如果临近四十，眼看无望，也就用不着再去折腾什么了。建功立业，岂是一朝一夕之事！正如嵇含《白首赋》云："余年二十七，始有白发生于左鬓，斯乃衰悴之标证、弃捐之大渐也。蒲衣幼齿，作弼夏后，汉之贾邓，弱冠从政。独以垂立之年，白首无闻！壮志蛆于芜途，忠贞抗于棘路；睹将衰而有川上之感，观趣舍而抱慷慨之叹。"（《艺文类聚》卷十七）陶渊明所感，与此赋极为类似，以此可知陶渊明作《荣木》时的年龄也不是四十岁，而是方当青年。如果已经到了四十而"业不增旧"，就不应该体现"斯不足畏"这种担忧心态，而应该抒发对既成事实的浩叹，强作自我宽解了。如元人张雨云："四十无闻，斯不足畏，知不能望惟贤希圣之域，宁不得为达生之归乎？"[1]

其次，"徂年既流，业不增旧"的"业"，应该指"功业"，

---

[1] （清）安岐著，郑炳纯等审定校点：《墨缘汇观点校本》，岭南美术出版社1994年版，第129页。

更具体地说，是指通过建功立业取得官位爵禄。这种强烈的求仕之心，也属于青年时代。正如袁行霈注《荣木》云："此诗念念不忘进业与功名，是渊明出仕前所作。"

古直《陶靖节诗笺》引《曲礼》："请业则起。"又引郑注："业，谓篇卷也。"杨勇注解云："业，兼云德业也。"[①] 袁行霈《陶渊明集笺注》将"业"注解为"学业"。粗略看来，《荣木》有"总角闻道，白首无成"及"先师遗训，余岂之坠"之语，这种解释也并无不妥。然而仔细阅读，就会发现另外一个问题：亦即遵从"先师遗训"，并不等于致力于学业和德业。"先师遗训"虽然很多，但在《荣木》中特指孔子说的："后生可畏，焉知来者之不如今也？四十五十而无闻焉，斯亦不足畏也已。"陶渊明引用这一经典名句的时候，也并没有完整采用孔子的原意，亦即"四十五十而（学业、德业）无闻焉，斯亦不足畏也已"的意思。因为"脂我名车，策我名骥。千里虽遥，孰敢不至"乃是渴求建功立业的明确写照，并不是对学业精进或德业有成的渴望。杨勇注解又云："时渊明抱经济之志，迈往图功，故不辞千里之遥，以振复宗国为己任。"是否要"振复宗国"，值得斟酌；但这几句表明陶渊明"抱经济之志，迈往图功"，则是毫无疑问的。既然如此，"业"不应当解释为"学业""德业"，而应当解释为"功业"。

进而论之，两晋之时，社会上各色人等大体分为"士农工商"，各执一业。傅玄《上疏陈要务》："臣闻先王分士农工商以经国制事，各一其业而殊其务……农以丰其食，工以足其器，

---

① （晋）陶潜著，杨勇校笺：《陶渊明集校笺》卷一，上海古籍出版社2007年版，第12页。

商贾以通其货。"其中"士"之"业"比较复杂,"自士已上子弟,为之立太学以教之,选明师以训之,各随其才优劣而授用之。""夫儒学者,王教之首也。尊其道,贵其业,重其选,犹恐化之不崇;忽而不以为急,臣惧日有陵迟而不觉也。"(《晋书·傅玄传》)傅玄所说的"士业",主要有两种:一种是"儒士之业",他们精通经典,以讲授教化为己任;一种是"学而优则仕",就是进入仕途,担任各种官职,以建功立业为目标。卫瓘《请除九品用土断疏》指出,"九品之制"侧重于"计资定品","使天下观望,唯以居位为贵,人弃德而忽道业,争多少于锥刀之末"。① 也指出了"德业"和"仕途"为士子的主业。

两晋之时,盛行玄学,崇尚清谈,擅长此道的人可谓"学业有成"。如裴颜《崇有论》:"遂薄综世之务,贱功烈之用,高浮游之业,埤经实之贤。"(《晋书·裴颜传》)"浮游之业"就是指清谈之类的"学业"。事实上,还有一种"德业"也可以成为士子的追求目标,亦即做一个隐士,体现高尚情操,也可以名垂青史、流芳后世。

在上述各种"业"之中,"工商"与陶无关,农业则与陶有关。《庚戌岁九月中于西田获早稻》:"开春理常业,岁功聊可观。"《杂诗》:"代耕本非望,所业在田桑。"两者皆指农耕之业。在属于"士子"的各种"业"之中,"玄谈"与陶渊明无关,但"功业""学业"与陶渊明的关系则值得关注。《命子》:"在我中晋,业融长沙。"《读史述九章》:"进德修业,将以及时。如彼稷契,孰不愿之?"这两例都是指"功业",与之密切关联的是官位和爵禄。《示周续之祖企谢景夷三郎时三人共在城北讲礼

<hr>

① (清)严可均辑:《全晋文》卷三十,商务印书馆1999年版,第292页。

校书》："周生述孔业，祖谢响然臻。"致力于钻研经典及讲学的周续之，是从事"儒业"的代表。《辛丑岁七月赴假还江陵夜行涂口》："养真衡茅下，庶以善自名。"这是隐士的"德业"。

总之，陶渊明关注过不属于"士子之业"的农耕，也关注过属于"士子之业"的"儒士之功""儒士之学""隐士之德"，而《荣木》中的"业"，也无外乎这四种。因孔子轻视农耕稼穑，诗中又提到"先师遗训"，故而《荣木》中的"业"不会是"农耕之业"。更何况农耕之业，年年一个样，也无所谓增与不增。崇尚老庄的玄谈，也不是诗中所说的"业"，陶渊明并没有从事过玄谈，不存在这方面的"业不增旧"的问题。"脂我名车，策我名骥"，自然也不会是追求隐士之业。在四十岁以前，陶渊明屡屡出仕，也无所谓从"小隐"到"高隐"的进步问题。至于儒学，陶渊明虽然也比较精通，但没有任何证据表明他在四十岁以前曾经致力于讲学，而且这期间他屡屡出仕，奔走四方，显然无助于，甚至还有损于学业的增进。如果他喟叹在学业方面没有长进，就应该停止奔走，像周续之那样潜心于学业了。如果说上文慨叹自己在"学业没有长进"，下文却又以"骑马驾车、从军作战"为追求"学业"的手段，这岂不是南辕北辙，显示他说一套做一套，口是心非？总之，《荣木》序文的"总角闻道，白首无成"虽然提到了与学业有关的"道"，但就全组诗歌而言，并没有描写对"道"的追求，不足以说明"业"就是指"学业"。

再次，诗中的"荣木""九夏"，隐喻了建功立业的大好时机。

明人杨慎认为"荣木"是梧桐，清人杭世骏亦云："荣木是梧桐。陶诗：枝条再荣。又云：冉冉荣木。上荣是荣华，下荣木是梧桐，橐鄂皆五，见《尔雅注》。人并以荣华解之，误也。"①
按《说文解字·木部》将"桐"训作"荣木"。《尔雅·释木》：
"荣，桐木。"

古直认为"荣木"系取《礼记·月令》"木堇荣"之义，"荣
木"即"木堇"。《礼记·月令》云："仲夏之月，木堇荣。"与诗
中的"日月推迁，已复九夏"对应。《说文解字》云："木堇，朝
生暮落者。"与诗中的"晨耀其华，夕已丧之"对应。

《淮南子·时则训》："仲夏之月……半夏生，木堇荣。"注
曰："木堇，朝荣莫落，树高五六尺，其叶与安石榴相似也。是
月生荣华，可用作㳄也。雒家谓之朝生。一名蕣，诗云'颜如
蕣华'也。"②颜延之《赤槿颂》："日御北至，夏德南宣。玉
蒸荣心，气动上玄。华缫闲物，受色朱天。是谓珍树，含艳丹
间。"（《艺文类聚》卷八十九）《初学记》卷三注"半夏生，木
槿荣"曰："木槿，玉蒸也。名蕣，一名椽。"《御定渊鉴类函》
卷四百零五引《罗浮山记》曰："木槿一名赤槿，花甚丹，四时
敷荣。"引《群芳谱》曰："一名玉蒸，一名朝菌，一名朝开暮落
花，木如李，高五六尺，多岐，枝色微白，叶繁密如桑叶，光
而厚，末尖而有桠齿，花五出，有深红、粉红、白色、单叶、
千叶之殊，自仲夏至仲冬开花不绝。"引《抱朴子》曰："木槿、
杨柳，断植之更生，倒之亦生，横之亦生，生之易者，莫过于
斯木也。"

袁行霈认为"荣木"一词并非专指木槿。荣木者，繁荣之

①　曾学文、徐大军主编：《清人著述丛刊》第1辑第26册《杭世骏集》5，
广陵书社2019年版，第531页。
②　刘文典：《淮南鸿烈集解》卷五，中华书局2013年版，第204页。

树木也，如《饮酒》其四："劲风无荣木，此荫独不衰。"① 相比之下，袁行霈所言较为妥当。因木槿花虽然有"朝开暮落花"的别名，但这种花"自仲夏至仲冬开花不绝"，不一定要趁着夏天开放。就这一点而言，"荣木"还更适合形容在夏天开放的梧桐花。但梧桐花没有"朝开暮落"的特征，不宜说"晨耀其华，夕已丧之"。因此，陶渊明所说的"荣木"，应当杂取了几种花的特征。

按陶诗中多处提到草木繁荣之景，常有比喻意义。《赠长沙公》："爰采春华，载警秋霜。"此"春华"显然比喻陶氏家族的繁荣景象，"秋霜"表示对这种繁华景象的摧残。《杂诗》："荣华难久居，盛衰不可量。昔为三春蕖，今作秋莲房。严霜结野草，枯悴未遽央。日月还复周，我去不再阳。眷眷往昔时，忆此断人肠。"这里的"荣华"是指荷花，可以比喻自己的青春年华。但是陶渊明"弱年薄宦"，并没有赫赫功名，单纯追忆青春年华，似乎不足以"断人肠"，因此这里的"荣华"还应该指陶氏家族的鼎盛时期。另一方面，"荣木"可以从"即将繁茂的树木""曾经繁荣的树木"两个层面去理解。"夕已丧之""慨暮不存"表明"荣木"不是"即将繁茂的树木"，而是"曾经繁荣的树木"。陶渊明此时自述"业不增旧"，功业几乎一片空白，无所谓"繁华"之时，也就无所谓"凋落"，这种感慨应当是针对陶氏家族的。草木之繁茂，在于夏季。诗中的"九夏"，象征了草木繁茂的大好时光。按一般的解释，"九夏"指夏天，《梁元帝纂要》曰："夏曰朱明，亦曰长赢。朱夏、炎夏、三夏、九夏。"（《太平御览》卷二十二）这种解释固然没有问题。但是，如果

---

① 袁行霈：《陶渊明集笺注》卷一，中华书局 2003 年版，第 14 页。

"荣木"具有比喻意义，"九夏"也会有相应的比喻意义。也就是说，夏天是草木繁茂的好时机，正如某个时机对自己、对陶氏家族十分有利一样。

《周礼·春官·钟师》："钟师掌金奏。凡乐事，以钟鼓奏九夏，王夏、肆夏、昭夏、纳夏、章夏、齐夏、族夏、祴夏、骜夏。"郑玄注云："九夏，皆诗篇名，颂之族类也。"杜子春云："王出入奏《王夏》，尸出入奏《肆夏》，牲出入奏《昭夏》，四方宾来奏《纳夏》，臣有功奏《章夏》，夫人祭奏《齐夏》，族人侍奏《族夏》，宾醉而出奏《陔夏》，公出入奏《骜夏》。"[1]"九夏"是上古时期的朝廷音乐，与《诗经》中的"周颂"类似，是用于歌功颂德的。北齐《刘子·辨乐》云："舜曰箫韶，禹曰大夏"，"此八代之乐所以异名也"，均属于"盛德之乐也"。[2]真正的"九夏"早已失传，后代仿作之时，只不过是沿用其名，到后来连名称也发生了变化。五代后汉张昭《请改十二和乐奏》："昔周朝奏六代之乐，即今二舞之类是也。其宾祭常用，别有九夏之乐，即肆夏、皇夏等是也。梁武帝善音乐，改九夏为十二雅。前朝祖孝孙改雅为和，示不相沿也。臣今改和为成，取韶乐九成之义也。十二成，乐曲名。祭天神奏豫和之乐，请改为禋成。祭地祇奏顺和，请改为顺成。祭宗庙奏永和，请改为裕成。祭天地宗庙登歌奏肃和，请改为肃成。皇帝临轩奏大和，请改为政成。王公出入奏舒和，请改为弼成。皇帝食举及饮宴奏休和，请改为德成。皇帝受朝皇后入宫奏正和，请改为

---

① （汉）郑玄注，（唐）贾公彦疏：《周礼注疏》卷二十四，（清）阮元《十三经注疏》本，中华书局1980年版，第162页。
② （北齐）刘昼著，傅亚庶校释：《刘子校释辨·乐章七》，中华书局1998年版，第62页。

宸成。皇太子轩悬出入奏成和，请改为允成。元日冬至皇帝礼会登歌奏照和，请改为庆成。郊庙俎入奏雍和，请改为骍成。皇帝祭享酌献读祝文及饮福受胙奏寿和，请改为寿成。"[①] 以此可知，晋朝之时，还沿用了"九夏"之名，到梁朝时，则改为"十二雅"，到五代时又改为"十二和"，连名称都变了。《刘子》卷二："九奏者，九夏也。九夏是曲名……亦云九歌，亦云九成。故曰：箫韶九成。"[②] 可知在魏晋南北朝之时，仿照"九夏"制定的朝廷音乐，亦名九歌、九成。《晋书·陆云传》："广乐九奏，必登昊天之庭；韶夏六变，必飨上帝之祀矣。"又《晋书·潘尼传》记载潘尼于元康三年（前63）作《释奠颂》云："舞以六代，歌以九成。"

西晋武帝之时，仿照《九夏》制定了朝廷音乐。张华奉命制作《食举东西厢乐诗》，共十一章，即体现了《九夏》之遗意，大多数可以和《周礼》所云的"九夏"对应起来。末章云："庆元吉，宴三朝。播金石，咏泠箫。奏九夏，舞云韶。迈德音，流英声。八纮一，六合宁。六合宁，承圣明。王泽洽，道登隆。绥函夏，总华戎。齐德教，混殊风。混殊风，康万国。崇夷简，尚敦德。弘王度，表遐则。"[③] 西晋之时，犹用"九夏"之名，故而张华曰"奏九夏，舞云韶"。"庆元吉"一章，分明能看出"混一华夷，万国来朝"的意思，与古老的"九夏"用于歌功颂德也是相似的。

---

① 周绍良主编：《全唐文新编》第4部第4册，吉林文史出版社2000年版，第10915页。
② （北齐）刘昼：《刘子》卷二，《道藏》第21册，第733页。
③ 苏晋仁、萧炼子：《宋书乐志校注》卷二，齐鲁书社1982年版，第171页。

马端临《文献通考》卷一百四十四:"然则禹奏《九夏》而王道成,齐、梁、后周亦奏之而王道衰者,非《九夏》之乐不善也,为其徒有禹乐之名,而无禹乐之实故也。"唐朝刘肱《对泽宫置福判》:"天圣嗣文,明时偃武。弧矢之利,可以训戎;礼容之规,于焉观德……既而工歌九夏,庭列三侯;决拾既似于雕弓,并夹则陈于扬矢。"①总结起来,"九夏"是歌颂太平盛世的乐章,循名责实,能歌"九夏"的时期,必然是天下一统、华戎混一的太平盛世。因此,陶渊明说的"时复九夏",隐喻着东晋王朝充满希望的太平盛世即将到来,惟其如此,陶氏家族才有可能成为再度繁荣的"荣木"。纵观东晋一百年的历史,华戎混一的希望仅出现在淝水之战以后,陶氏家族再度振兴的希望也仅出现在这一时期。这种对时局的判断,对时机的把握,也很明显地表现在《始作镇军参军经曲阿作》的"时来苟冥会"一语之中。天下一统在望,趁着机会建功,这在魏晋时期是一种很常见的士人心态,《荣木》所云,也就是如此而已。

综合起来,《荣木》组诗的前两首应当是感慨陶氏家族的衰败,后两首则表示自己趁良辰建功立业、再度振兴陶氏家族的决心,体现了趁机建功立业的急切之情,以及急于将"后生可畏"变为现实的心态。因此,这首诗应当作于《赠长沙公族祖》之后、《始作镇军参军经曲阿作》之前,是弱冠已至,从军生涯即将开始之时的作品,而不是四十岁之时的作品。诗中的"时复九夏",既是写实,也是隐喻,可以说明《荣木》一诗作于淝水之战以后的第一个夏天,也即太元九年(384)夏天。

---

① (清)董诰等编:《全唐文》卷四三六,中华书局1983年版,第4448页。

第二节　弱年初作镇军参军

太元九年，陶渊明从军入仕，作《始作镇军参军经曲阿作》。诗中的"弱龄"与"班生庐"，均显示这是"弱年"之作；镇军将军指王荟，这一点也可以基本确定；而史书所说的"弱年薄宦"，就从这一年开始。

一、镇军将军指王荟

陶渊明《始作镇军参军经曲阿作》说："弱龄寄事外，委怀在琴书。被褐欣自得，屡空常晏如。时来苟冥会，踠辔憩通衢。投策命晨装，暂与园田疏。眇眇孤舟逝，绵绵归思纡。我行岂不遥，登降千里馀。"在不受任何注家成见干扰的情况下理解此诗，可知陶渊明在二十来岁（"弱龄"）之前在家中居住，以耕种读书为事。而"时来苟冥会，踠辔憩通衢。投策命晨装，暂与园田疏"，则指"弱龄"时遇上一个好机会，暂时告别了田园，踏上了仕途。全诗写自己弱龄之时，投笔从戎，第一次担任了镇军参军，行役途中经过曲阿一带。很显然，这属于第一次出仕，根据诗题又可知初仕之职为"镇军参军"。

传统注解说此诗系陶渊明出任镇军将军刘裕的参军时所作，时在晋安帝元兴三年（404）[①]，不但于史无据，与诗意也扦格不通，有的学者就曾经指出过这一点[②]。在404年之前，陶渊明不但早已担任过江州祭酒，更是在桓玄手下任职甚久，与诗歌描

[①]　逯钦立校注：《陶渊明集》卷三，中华书局1979年版，第71页；最早提出这一点的是李善的《文选注》。
[②]　刘奕、邱爽：《陶渊明做过刘裕的参军吗》，《古典文学知识》，2013年第4期。

述的初仕情况完全不合。此时的陶渊明已经四十岁，诗歌的叙事从"弱龄寄事外"一下跳跃到四十岁，时间上跨了二十来年，也显得很别扭。

清代陶澍注《靖节先生集》卷三说："镇军未详何人……此诗按本集篇次，在隆安四年五月以前所作。"[①] 宋以前的诗集，通常都按照"分体编年"的方式予以排列。在较早的版本里，此诗列在隆安四年以前，与刘裕没有丝毫关系。如果是作刘裕的参军，则应当排在《乙巳岁三月为建威参军使都经钱溪》之前，不能排在庚子岁（400）、辛丑岁（401）两首诗作之前。而一旦排在庚子岁、辛丑岁之前，"始作镇军参军"的时间还得不断往前推，因为从隆安四年庚子岁以前上溯到太元二十年（395），都不能确证陶渊明做过"镇军参军"，在这十六年中他只是做了桓玄的参军，而史料又从无桓玄担任"镇军将军"的记载。因此，"始作镇军参军"还应当在太元二十年以前。

就字面意义而言，"始作镇军参军"可以有三种解释。一是担任镇军参军是一段漫长的经历，"始作"表示"刚刚开始担任镇军参军"的意思。二是"始作"表示刚刚进入仕途，相当于"始仕而作镇军参军"。三是"始作"相对于"继作"或"再作"而言，表示第一次担任镇军参军，因为还有第二次。第一种解释与诗人的生平经历不符合，或可排除。第三种解释可以解释史书中的"复为建威、镇军参军"，亦即陶渊明在青年时期的仕宦之后，可能有过第二次做镇军参军的经历。但它必须具备一个前提条件，即这首诗在写作之时并没有标题，标

---

① （晋）陶澍著：《陶澍全集》第 8 册，岳麓书社 2010 年版，第 74 页。

题是在若干年之后，尤其是再任镇军参军之后加上去的。相比之下，第二种解释最为妥帖，亦即表示"始仕而作镇军参军"的意思。

沈约《宋书》云："弱年薄宦，不洁去就之迹。"《陶征士诔》云："少而贫病，居无仆妾。母老子幼，就养勤匮。远惟田生致亲之议，追悟毛子捧檄之怀。"综合起来，两者皆指陶渊明青年时期的仕宦经历而言，与《始作镇军参军经曲阿作》可以互证，三者均反映了陶渊明年轻时的出仕经历。

袁行霈《陶渊明年谱》说："陶渊明此年（指二十岁时）开始游宦，以谋生路。沈约《陶渊明传》说：'弱年薄宦，不洁去就之迹。'与渊明自述对照，可知系指弱冠游宦谋生而言。《饮酒》其十九：'畴昔苦长饥，投耒去学仕。'即此事。《饮酒》其十：'在昔曾远游，直至东海隅。道路回且长，风波阻中途。此行谁使然，似为饥所驱。倾身营一饱，少许便有余。恐此非名计，息驾归闲居。'乃回忆此时之生活。然则渊明任州祭酒之前尝为生活所迫出任低级官吏，详情已不可考。"[1] 所论不虚。有人说，"不洁去就之迹"，盖指追随桓玄。[2] 然而跟随桓玄时，陶渊明早已不是"弱年"，所以这种说法可不考虑。

按照《晋书·桓玄传》及《晋书·安帝纪》，桓玄生于晋废帝太和四年（369），比陶渊明小四岁。其父桓温去世之后，朝廷"疑而未用"，一直没有给他授官。直到"年二十三，始拜太子洗马"，这是个没有实权的"素官"。此后又到太元末年，才"出补义兴太守，郁郁不得志"。此时陶渊明已经三十岁出

---

① 袁行霈：《陶渊明集笺注》附录二，中华书局 2003 年版，第 850 页。
② 朱光潜：《诗论》，武汉大学出版社 2008 年版，第 210 页。

头了。隆安二年（398），桓玄被任命为广州刺史，"受命不行"，与兖州刺史王恭、豫州刺史庾楷、荆州刺史殷仲堪、南蛮校尉杨佺期等人举兵攻击江州刺史王愉，王愉奔于临川。隆安三年（399）十二月，桓玄袭江陵，杀死荆州刺史殷仲堪、南蛮校尉杨佺期，继而"表求领江、荆二州"，朝廷被迫同意，这件事最早也应该到了隆安四年（400）。此后桓玄大量招揽人才，扩充军队，"树用腹心，兵马日盛"，与朝廷构怨日深。元兴元年（402），掌控朝政的司马元显下令讨伐桓玄，被桓玄击败。桓玄遂南下扬州，入主朝政。元兴二年（403），桓玄公开篡位，自立为帝，国号为楚。元兴三年（404）二月，建武将军刘裕率刘毅、何无忌等人"举义兵"讨伐桓玄，桓玄兵败，逃往荆州，五月被杀，时年三十六。

从陶渊明的生平事迹来看，他从太元十八年（393）开始，经历了"起为州祭酒，不堪吏职，少日自解归。州召主簿，不就。躬耕自资，遂抱羸疾"等一系列事件。这一段经历结束于隆安四年，有《庚子岁五月中从都还阻风规林》一诗可为佐证。根据上述，此诗所述是桓玄袭杀荆州刺史殷仲堪、南蛮校尉杨佺期，继而自领江、荆二州刺史之后的事情，表明陶渊明已经进入了桓玄的幕府。在此之前，桓玄未成气候，陶渊明也不可能到他手下任职。学者普遍认为，隆安五年（401），母亲去世，陶渊明回家守丧。这一点虽然还可以讨论，但诗歌《癸卯岁始春怀古田舍》《癸卯岁十二月作与从弟敬远》两首诗歌足以表明癸卯岁（元兴二年）陶渊明都在家中。元兴三年春，桓玄兵败，不久被杀。

综合起来，陶渊明在桓玄手下任职，就在隆安四年至隆安五年（401）这两年之间，其时陶渊明为三十六七岁，根本不能称为"弱年"。因此，"弱年薄宦"也不可能与桓玄有关。

颜延之的《陶征士诔》云："少而贫病，居无仆妾。母老子幼，就养勤匮。远惟田生致亲之议，追悟毛子捧檄之怀。初辞州府三命，后为彭泽令。"在这段话中，"田生""毛子"两个典故，也明显与陶渊明的早期仕宦经历有关。

"田生"的典故出自《韩诗外传》："齐宣王谓田过曰：'吾闻儒者亲丧三年，君之与父孰重？'田过对曰：'殆不如父重。'王忿曰：'则曷为去亲而事君？'田对曰：'非君之土地，无以处吾亲；非君之禄，无以养吾亲；非君之爵，无以尊显吾亲；受之于君，致之于亲。凡事君者亦为亲也。'宣王悒然，无以应之。"这个典故的关键之处在于三点：一是"丧亲"（父亲去世），二是"事君"（出仕为官），三是"养亲"（指母亲）。

"毛子"的典故出自范晔《后汉书》："庐江毛义，字少卿。家贫，以孝称。南阳人张奉慕其名，往候之。坐定而府檄适到，以义守令。义捧檄而入，喜动颜色。奉者志尚之士，心贱之，自恨来，固辞而去。及义母死，去官行服。数辟公府，为县令，进退必以礼。后举贤良，公交车征，遂不至。张奉叹曰：'贤者固不可测，往日之喜，为亲屈也。'"这个典故的关键之处在于三点：一是"家贫"，二是"养母"，三是"出仕"。

综合起来，"田生""毛子"两个典故，形成了四个叙事要素："家贫""丧亲"及"养母""出仕"，表明陶渊明有一段仕途经历与此非常吻合。最重要的是，这两个典故放在"初辞州府三命"之前，也就是说应当在二十九岁辞去江州祭酒之前，反映了他青年时代的出仕经历。辞去江州祭酒之后，他"躬耕自资，遂抱羸疾"（《晋书·陶潜传》），依靠躬耕养母，不在仕途之中。《晋书·阮裕传》："吾少无宦情，兼拙于人间，既不能躬耕自活，必有所资，故曲躬二郡。""躬耕自资"就等同于"躬耕自活"。三十多岁以后，他再度出仕，以仕代耕，但这时他已经成家，生有孩子，上有老下有小，都必须靠他赡养，与"田生""毛子"两个典故单提"养亲"的情况并不吻合。陶渊明《有会而作》说："弱年逢家乏，老至更长饥。"年轻时，父亲去世未久，母亲需要赡养，家中饥寒交迫，为此而出仕，最符合"远惟田生致亲之议，追悟毛子捧檄之怀"的原意，又足以和"弱年薄宦"、《始作镇军参军经曲阿作》形成互证。因此，《始作镇军参军经曲阿作》写的应当是第一次出仕的情况。

太元八年（383），著名的淝水之战爆发，东晋以少胜多，大败苻坚，前秦因此而陷入混乱，很快走向分裂与瓦解，东晋将官亦趁机收复失地，将疆域扩展到黄河流域。这正是朝廷大量用人、扩充军队之机，堪称"时来苟冥会"。建功立业的期望，以仕养亲的需求，促使他告别了田园，于太元九年（384）"投策命晨装""暂彊憩通衢"，进入镇军将军府，作了一个小小的参军。当时陶渊明二十岁，刚好处于"弱龄"。而《荣木》的"驾我名车，策我名骥"以及《杂诗》的"抚剑独行游"，都与当年从军的经历有一定关联，反映了诗人自备马匹兵器、应召入伍的情况。陶渊明将这次初仕看成是一个巨大的机会，心情十分激动；而"终返班生庐"表明建立功业之后回乡，相当于"功成不受爵，长揖归田庐"（左思《咏史》）之意。这些心态，与日后任何一个阶段的出仕心态都不相同。综合言之，是"时来苟冥会"导致陶渊明产生了"进篑虽微，终焉为山"的理想，故而《赠长沙公族祖》与《始作镇军参军经曲阿作》存在"心动"之后及时"行动"的关联性，可以将后者系于太元九年。前面又指出，《荣木》应当作于太元九年夏天，为出仕前夕的作品；而《始作镇军参军经曲阿作》应当作于太元九年秋天。

诗歌的创作背景如此，则镇军将军为谁也可以进一步推究。著者以为，镇军将军当指王荟。据《晋书·王荟传》，王荟为王导第六子，"除吏部郎、侍中、建威将军、吴国内史"。"徙尚书，领中护军，复为征虏将军、吴国内史。顷之，桓冲表请荟为江州刺史，固辞不拜。转督浙江东五郡、左将军、会稽内史，进号镇军将军，加散骑常侍。卒于官，赠卫将军。"

据《晋书·孝武帝纪》，太元四年（379）二月，襄阳被前秦攻陷，守将朱序被前秦俘虏，朝廷为之震撼。太元八年（383），荆州刺史桓冲组织了一系列的反攻。"夏五月，辅国将军杨亮伐蜀，拔五城，擒苻坚将魏光。秋七月，鹰扬将军郭洽及苻坚将张崇战于武当，大败之。"《晋书·苻坚载记》于"太元七年"又"明年"之后记载："王师败张崇于武当，掠二千余户而归。"与上述记载的时间吻合。苻坚见西线受挫，遂转而向东，从淮河流域来攻打东晋，"悉发诸州公私马，人十丁遣一兵"，倾其国力而来，"八月，苻坚帅众渡淮，遣征讨都督谢石、冠军将军谢玄、辅国将军谢琰、西中郎将桓伊等距之"。到了十月份，淝水之战爆发，以前秦大败而告终。

《晋书·桓冲传》有一段内容与上述记载是对应的："（苻）坚遣其将苻融寇樊、邓，石越寇鲁阳，姚苌寇南乡，韦钟寇魏兴，所在陷没。（桓）冲遣江夏相刘奭、南中郎将朱序击之，而奭畏懦不进，序又为贼所擒……冲率前将军刘波及兄子振威将军石民、冠军将军石虔等伐苻坚，拔坚筑阳。攻武当，走坚兖州刺史张崇。坚遣慕容垂、毛当寇邓城，苻熙、石越寇新野。冲既惮坚众，又以疾疫，还镇上明。表以'……寻阳北接强蛮，西连荆郢，亦一任之要。今府州既分，请以王荟补江州刺史'

诏从之。时荟始遭兄劭丧，将葬，辞不欲出。于是卫将军谢安更以中领军谢辎代之。冲闻之而怒，上疏以为辎文武无堪，求自领江州，帝许之。"

对照可知，太元四年前秦攻陷襄阳，守将朱序被俘。太元八年七月，"鹰扬将军郭洽及苻坚将张崇战于武当，大败之"。苻坚随即进行反扑，派慕容垂等将领大举入侵邓城、新野等地。桓冲"既惮坚众，又以疾疫，还镇上明"，随即上表请以王荟为江州刺史，但王荟以"始遭兄劭丧，将葬"为由，辞不赴任。因此《晋书·王荟传》说"桓冲表请荟为江州刺史，固辞不拜"，其时间就在太元八年七月以后。之后王荟"转督浙江东五郡、左将军、会稽内史，进号镇军将军，加散骑常侍。卒于官，赠卫将军"。

两晋之时讲究孝道，为兄服丧的情况很常见。晋惠帝时，司隶荀恺从兄丧，荀恺不去奔丧而去拜见辅政大臣杨骏，遂遭到傅咸弹劾，说他"急诏媚之敬，无友于之情"，为此"宜加显贬，以隆风教"（《晋书·傅咸传》）。顾炎武《日知录》卷十五《期功丧去官》指出汉晋之时"以兄丧去官"的例子很多。王荟既然以兄丧为由而辞江州刺史之职，则也应当把这个理由做足一点，为此他"转督浙江东五郡、左将军、会稽内史，进号镇军将军"也应该在服满"期功丧"之后，也就是太元九年七八月之间，此时其兄长王劭已经去世一年了。也就在这时，陶渊明出仕为镇军参军。

按《晋书·王蕴传》，王蕴"为都督浙江东五郡、镇军将军、会稽内史"，"太元九年卒，年五十五"。1957年，段熙仲先生在《陶渊明事迹新探》一文中指出："镇军将军非刘裕，亦非刘牢之，而有可能是王蕴，地点则在会稽，年代是晋孝武帝太元九年，其年渊明年二十岁。"范子烨教授指出："近半个世纪以来，此说一直默默无闻，未引起学术界的重视，但段氏治学严谨，功力深厚，其说当深可留意。"[①] 此说足以表明"始作镇军参军"有可能是太元九年的事情。不过根据《荣木》一诗来分析，陶渊明"始作镇军参军"当在太元九年夏季以后，其时王蕴可能已经去世，陶渊明应当为继任者王荟的参军。

王荟担任会稽内史，卒于官，其去世时间不详。考《晋书·谢玄传》及《晋书·孝武帝纪》，太元十一年（386），丁零人翟辽据黎阳而叛，执太守滕恬之，又泰山太守张愿举郡而叛，引起"河北骚动"，负责这一带防务的谢玄引咎自责，请求辞去一切职务。太元十二年（387）正月，朝廷令朱序接替了谢玄的军务，镇守淮阴。谢玄还朝之后，以身患重病为由，屡次请求辞职，朝廷先是让他移镇东阳城，"久之，乃转授散骑常侍、左将军、会稽内史。""玄既舆疾之郡，十三年，卒于官，时年四十六。"据此可知，谢玄担任会稽内史，就在太元十二年、十三年（388）这两年之内。查阅史料，在王荟、谢玄两任会稽内史之间，未见有其他人担任会稽内史的记载。虽然史料记载可能会有所阙略，但将王荟担任会稽内史的时间断为太元九年下半年以后的两三年之内，应该是没有问题的。陶渊明初仕为镇军参军，时在太元九年，恰好与王荟担任镇军将军的时间吻合。大约在太元十年（385），陶渊明就转入了朱序的军府之中，这可能就与王荟的去世有关。

会稽内史是个很重要的职务，很多担任过这一职务的人在

---

① 段熙仲：《陶渊明事迹新探》，《文学研究》，1957 年第 3 期；范子烨《悠然望南山：文化视域中的陶渊明》，东方出版中心 2010 年版，第 99 页。

《晋书》中都有记载。《纂修四库全书档案》收录有乾隆四十七年（1782）三月初十日的《军机大臣奏遵旨考证王羲之兼衔情形片》，云："考晋《职官志》，郡置太守，诸王国以内史掌太守之任，当时会稽有王封，故以太守为内史，其加右军将军，乃晋代兼衔之制。《晋书》所载，如陶侃为鹰扬将军，江夏太守温峤为建威将军，上党太守顾荣为右将军，丹阳内史郗愔为辅国将军，会稽内史王述为建威将军。会稽内史若此类者甚多。详核史传，当时太守亦不尽兼将军之号。其地居险要及控厄边塞者，特加此号，以为威重。会稽为濒海要地，故前后居此任者，率有加衔。"[①] 会稽是"濒海要地"，封为会稽王的多为帝室，如司马昱、司马昌明（即后来的孝武帝）、司马道子等，担任会稽内史的也多为帝室重臣，历任会稽内史都会加将军之号，而且是比较高级别的将军名号。因此，王荟担任会稽内史，进号镇军将军，乃是东晋的惯例，不是说他进号镇军将军之后就离开了会稽，而他"卒于官"也就是卒于会稽内史任上。

笔者在分析《搜神后记》中各类故事的产生地时，发现产生于扬州的故事有 26 篇，而其中产生于会稽郡的就有 10 篇（下文将对《搜神后记》进行集中阐述）。这一点，为陶渊明跟随王荟之推论提供了一些佐证。而陶渊明跟随王荟的时间，大约就在太元九年到太元十年。此时东晋军队已经将战线推到黄河流域，陶渊明虽曰从军，却待在远离前线的会稽，因初出家门，好奇心强烈，又多闲暇，他便开始收集奇闻逸事，《搜神后记》中不少关于扬州的故事就是在此时采撷而成的。

---

① 中国第一历史档案馆编：《纂修四库全书档案》下册，上海古籍出版社1997 年版，第 1547 页。

二、"班生庐"指弱冠读书之庐

陶渊明《始作镇军参军经曲阿作》，末句为"聊且凭化迁，终返班生庐"。通过考证，可知"班生"指"班嗣"，在魏晋时期，"班生庐"常指"弱冠读书之庐"，因此陶渊明用此典故，更足以佐证此诗创作于"弱冠"时期。

以往诸家对"班生庐"的解释多半相同，例如：（一）逯钦立注：班生庐，班固所说的仁庐。《幽通赋》："里上仁之所庐。"返上仁所庐，即《辛丑岁七月赴假还江陵》所谓"养真衡茅下，庶以善自名"。（二）《文选》注："言考能自保己，又遗我法则也。"[1]（三）王瑶注：班固《幽通赋》说："终保己而贻则兮，里上仁之所庐。"班生庐，借指隐居处所。[2]（四）唐满先注：班固在《幽通赋》中说："终保己而贻则兮，里上仁之所庐"。意思是说，（我父亲）能保自己而且还把法则留给我，要我选择仁者的茅庐居住。班生庐，指隐士的住所。这两句说：姑且听其自然而生活吧，我最终要回到仁者的住所隐居。[3]（五）袁行霈注：班生庐，指隐者隐居之所。[4]（六）孟二冬注：班生庐：指仁者隐居之处。班生指东汉史学家、文学家班固，他在《幽通赋》里说"里上仁之所庐"，意谓要择仁者草庐居住。[5]其他注本大致与上述相同，兹不赘述。

"班生庐"一作"班氏庐"，唐人亦有用之者。张九龄《初

---

① （梁）萧统编，（唐）李善注《文选》上册，太白文艺出版社 2010 年版，第 389 页。

② 王瑶编：《陶渊明集》，《王瑶全集》第一卷，河北教育出版社 2000 年版，第 402 页。

③ 唐满先选注：《陶渊明诗文选注》，上海古籍出版社 1981 年版，第 20 页。

④ 袁行霈：《陶渊明集笺注》卷三，中华书局 2003 年版，第 185 页。

⑤ 孟二冬：《陶渊明集译注及研究》，昆仑出版社 2008 年版，第 99 页。

发道中赠王司马兼寄诸公》："林隔王公舆，云迷班氏庐。"丘丹《奉酬重送归山》："猥蒙招隐作，岂愧班生庐。"张忠纲主编《全唐诗大辞典》解释说：汉班固《幽通赋》："终保己而贻则兮，里上仁之所庐。"后因以"班氏庐"指隐者之居室。[①]

以上解释，表面上看来颇为详尽，可仔细寻味，却是一头雾水。

首先，"班生庐"指仁者隐居之处而冠以"班生"之名，必然与某个姓班的人有关。按照上述解释，这个人无疑应当是班固。班固是东汉史学家，以著《汉书》而扬名后世；难道他的隐居之所也如此著名，以致被陶渊明当作典故来使用？这确实有点超乎人的想象，因为凭借《汉书》《后汉书》及其他汉魏六朝的文献，是得不出这种印象的。搜检《晋书》，提到班固的地方有 34 处；搜检严可均所辑《全晋文》，提到班固的地方有 31 处（两者有不少是重复的）；绝大部分都与班固的史学及文章辞赋有关，没有一处提到他的隐居事迹。

据《后汉书·班固传》及侯文学《班固年表》[②]，班固大约于十五岁入太学，直至二十三岁，其父班彪卒，遂回安陵，作《幽通赋》。约二十七岁时，他回到洛阳，入东平王刘苍幕；三十一岁再回安陵老家，旋即召为校书郎，自此至五十六岁皆在任上。其间官职虽有变迁，但都以著述为主。五十八岁随窦宪北征匈奴，此后一直在窦宪手下，至六十一岁窦宪败，受牵连而下狱，死于狱中。总之，班固只有在二十三岁至二十七岁这几年之间没有奔走于仕途，其他时间均在官场沉浮。就隐居

---

① 张忠纲主编：《全唐诗大辞典》，语文出版社 2000 年版，第 516 页。
② 侯文学：《班固年表》，《南京师范大学文学院学报》，2015 年第 4 期。

之所而言，也只能出现在这几年。但期间是什么"居庐"如此轰动世人，足以扬名后世？遍寻史料，可谓一无所知。如果《幽通赋》中这么一句话就能让他流芳百世，这也太令人费解了。而且，《后汉书·班固传》说："固不教学诸子，诸子多不遵法度，吏人苦之。"以子观父，班固与同时代的高士形象相去甚远。

其次，《幽通赋》相关的几句话是这样的："系高顼之玄胄兮，氏中叶之炳灵。飂凯风而蝉蜕兮，雄朔野以颺声。皇十纪而鸿渐兮，有羽仪于上京。巨滔天而泯夏兮，考遄愍以行谣。终保己而贻则兮，里上仁之所庐。懿前烈之纯淑兮，穷与达其必济。咨孤矇之眇眇兮，将圮绝而罔阶。岂余身之足殉兮？悍世业之可怀。"此赋的叙述方式抽象而晦涩，可对应的事实很少，理解起来非常困难。颜师古注"终保己而贻则兮，里上仁之所庐"两句曰："言其父遭时浊乱，以道自安，终遗盛法而处仁者所居也。《论语》称孔子曰：'里仁为美，择不处仁，焉得智？'故引以为辞。"[1]《文选》卷十四李善注："终保己而贻则兮，里上仁之所庐。终，犹竟也。言考能自保己，又遗我法则也。庄子曰：圣人其于人也，乐物之通而保己焉。曹大家曰：贻，遗也。里、庐，皆居处名也。言我父早终，遗我善法则也。何谓善法则乎？言为我择居处也。孔子曰：里仁为美。"

按照上面的注释，这个"上仁之所庐"不是班固的，而是其父班彪给他留下的，是一份带着"隐士生存法则"的遗产。如此一来，则不得不追究班彪其人其事。据《后汉书·班彪列

---

① （汉）班固撰，江建忠标点：《汉书·叙传上》，上海古籍出版社2003年版，第3044页。

传》，班彪"年二十余"就踏上了仕途，"时隗嚣拥众天水，彪乃避难从之"。因建言不从，遂避地河西，"河西大将军窦融以为从事，深敬待之，接以师友之道。彪乃为融画策事汉，总西河以拒隗嚣"。及窦融征还京师，"帝雅闻彪才，因召入见，举司隶茂才，拜徐令，以病免。后数应三公之命，辄去"。后来，"彪复辟司徒玉况府"。后来又为望都长，"吏民爱之。建武三十年，年五十二，卒官"。以此看来，班彪生活在王莽篡汉之际，虽曾一度家居，但参与政治的愿望很强烈。做隗嚣和窦融的幕僚时，就是十足的一个权谋之士，野心很大。入仕东汉朝廷以后，从徐令始，以望都长终，大部分时间待在司徒掾的位子上，又显得很平庸。①粗略言之，班彪从 20 岁以后就几乎没有闲居过，也好像没有以隐居而扬名的居庐。《后汉书·逸民列传》说王霸"隐居守志，茅屋蓬户"，如果班彪有这样一个茅屋，估计也会载入史册的；可是《逸民列传》中并没有班彪的影踪。

　　总之，"终返班生庐"呈现了陶渊明的理想，这个"班生庐"想必就有一些独特之处。然而通过上述考察，班彪、班固的居庐似乎无人提及，更谈不上是什么著名的隐居之所。

　　按照陶渊明《始作镇军参军经曲阿作》的陈述，"班生庐"必然与诗人当下所为相反，与当下所愧相反，一是既不离开田园，更不远行奔波，与"暂与园田疏"及"登降千里余"相反；二是做到像鸟儿、鱼儿那样不为人所羁绊，与"望云惭高鸟，临水愧游鱼"相反；三是做到"真想在襟"、委心事外，亦即"真想初在襟，谁谓形迹拘"；这才符合"班生庐"的特征。根据前面的介绍，班彪、班固父子或为官位所羁，或为远行所

_____

①　参见孟祥才《论班彪》，《东岳论丛》，2006 年第 1 期。

困，可谓是"被形迹所拘"的典型案例。如此一来，他们的居庐，又如何成为陶渊明的羡慕对象？

实际上，《昭明文选》卷二十六注"班生庐"的全文为：

> 班固《幽通赋》曰："终保己而贻则，里上仁之所庐。"《汉书》曰："班彪与从兄嗣共游学，家有赐书，杨子云已下，莫不造门。"

这条注释的后半部分提到了一个重要人物，即班嗣；然而这恰好被历来注家忽略了（杨勇《陶渊明集校笺》提到了班嗣，但未作解释），于是就产生了上述种种疑点。按《昭明文选》所引，见《汉书·叙传》，全文为：

> 彪字叔皮，幼与从兄嗣共游学，家有赐书，内足于财，好古之士自远方至，父党扬子云以下莫不造门。嗣虽修儒学，然贵老、严之术。桓生欲借其书，嗣报曰："若夫严子者，绝圣弃智，修生保真，清虚淡泊，归之自然，独师友造化，而不为世俗所役者也。渔钓于一壑，则万物不奸其志，栖迟于一丘，则天下不易其乐。不絓圣人之罔，不嗅骄君之饵，荡然肆志，谈者不得而名焉，故可贵也。今吾子已贯仁谊之羁绊，系名声之缰锁，伏周、孔之轨躅，驰颜、闵之极挚，既系挛于世教矣，何用大道为自炫耀？昔有学步于邯郸者，曾未得其仿佛，又复失其故步，遂匍匐而归耳！恐似此类，故不进。"嗣之行己持论如此。

班嗣是班斿之子，班彪的堂兄，班固的堂伯父。班嗣家藏赐书，虽修儒学，却特别尊崇老庄思想，主张"渔钓于一壑"，"栖迟于一丘"，过着"清虚淡泊"的日子，不愿为名缰利锁所束缚，更不愿意奔走仕途，为官场所约束。就言行而论，班嗣是一个典型的逸民、高士或隐士，而跟他"共游学"的班彪则不是。

考察到此，就可以知道班固在撰写《幽通赋》及《汉书·叙传》的时候，颇带了点"史学家的狡黠"，用玩弄笔法的方式达到了为其父亲班彪文饰的目的。

其一，班固叙述班嗣，却把他的事迹夹杂在班彪的事迹之中，貌似"幼与从兄嗣共游学"的班彪也是一个高士，而叙述班嗣是为了衬托班彪的高士形象。与此同时，班彪在王莽当朝时期的经历，班固却几乎没有做出正面描写，暗示班彪在王莽时期未必那么干净，但班固为了洗刷父亲不光彩的历史，就虚晃一枪，用班嗣烘托一下了事。如此一来，为班彪贴金的班嗣，也就无可奈何地成了班彪的"本色"。

其二，班固《幽通赋》云："巨滔天而泯夏兮，考遘愍以行谣。终保己而贻则兮，里上仁之所庐。懿前烈之纯淑兮，穷与达其必济。"这段话明显是在概述班彪的生平，因为其中出现的"考"字，就是指班固的父亲班彪。

根据《昭明文选》卷十四《幽通赋》的注释，"巨滔天而泯夏兮"一句指王莽篡国。应劭曰："王莽字巨君。"曹大家曰："滔，漫也。泯，灭也。夏，诸夏也。考，父。言父遭乱，犹行歌谣，意欲救乱也。诗云：'我歌且谣，象恭滔天。'行谣，言忧思也。"《汉书》张晏注"考遘愍以行谣"曰："彪遭王莽之败，忧思歌谣也。"颜师古注曰："滔，漫也，言不畏天也。泯，灭也。夏，诸夏也。考，班固自言其父也。"又参考汪荣宝《法言义疏》卷十九注疏曰:"滔天谓王莽。《汉书·莽传》云:'滔天虐民,穷凶极恶。'又叙传云:'巨滔天而泯夏兮。'又云:'咨尔贼臣,篡汉滔天。'"① 综合起来,"巨滔天"两句指王莽当朝时其父班彪的作为,应无问题。

颜师古注"懿前烈"两句曰:"固自言美前人之余业,穷则独善,达则兼济也。"说这两句是班固自叙。细究之,这种说法是错误的。因为前面"巨滔天"两句说到父亲,而根据上述的注解,"终保己"两句也是说父亲,由此形成了一种针对父亲的叙述倾向,但它们都没有提到父亲的仕宦经历。若就此而止,转而说起自己的经历,这就会成为一个"半拉子工程",在文法上是说不通的。无论如何,班固也应当把父亲的事迹叙述完整。若以"懿前烈"两句叙述完父亲的仕宦经历,再说自己的情况,这样就显得比较通畅自然了。另一方面,"穷达"一词必然与仕途有关,而班固在《汉书·叙传》中自称:"有子曰固,弱冠而孤,作《幽通之赋》,以致命遂志。"可知创作《幽通赋》之时,班固尚在弱冠之年,还没有步入仕途,也就无所谓"穷达";而细读全文,也没有关于班固仕途的描绘。综合起来,可以认定"懿前烈之纯淑兮,穷与达其必济"不是指班固的仕途经历,而是指班彪出仕的经历,具体而言就是班彪在王莽倒台之后跟随隗嚣、窦融,继而又得到光武帝召见的经历。后面的仕履并不重要,在这句话中寓含带过之意,倒是没有问题的(《汉书·叙传》对班彪后来的仕履也叙述得很简单)。

通过上述分析,就可以知道"考遘愍以行谣"以及"终

---

① 汪荣宝撰,陈仲夫点校:《法言义疏》卷十九,中华书局 1987 年版,第 523 页。

保己而贻则，里上仁之所庐"两句都是指班彪在"年二十，遭王莽败"之前也即在王莽当朝时的生平经历。而班固在《汉书·叙传》中叙述班彪这段时间的经历，实质性的内容只有"幼与从兄嗣共游学"一句话，其他都是虚套，没有更多的具体描述。既然如此，"终保己而贻则，里上仁之所庐"两句与班彪"幼与从兄嗣共游学"必然有密切联系。参考《汉书·叙传》，"保己而贻则"与班嗣说的"绝圣弃智，修生保真""不絓圣人之网，不嗅骄君之饵"意义非常相似，有非常明显的对应关系。鱼儿不入渔网，不上鱼钩，既能保全身体，又能保全天性，这当然是典型的"保己"了。《文选》卷十四李善注："言考能自保己，又遗我法则也。庄子曰：圣人其于人也，乐物之通而保己焉。"恰好说明"保己"出自《庄子》，与班嗣的"保真"同一来源而且意义相似。

"里上仁之所庐"与班彪"幼与从兄嗣共游学"也有明显的对应关系。《汉书》中的"游学"，一般指"游心于学"，相当于"潜心学习"，不是指"外出求学"，如卷六十四："臣结发游学四十余年。"卷八十七："时有好事者载酒肴从游学。"以此而言，班彪"幼与从兄嗣共游学"这句话可能会造成歧义，一种意思是班彪与班嗣一同"游学"（相当于同学关系），如此接下来就应当叙述两人游学所得。一种意思是班彪求学于班嗣（相当于师生关系），如此接下来就会叙述班嗣的情况。事实上应该按第二种意思去理解，因为在班彪"幼与从兄嗣共游学"之后，紧接着就开始叙述班嗣的情况，说"好古之士自远方至，父党扬子云以下莫不造门"，这种说法，显示班彪也是"造门"求学者之一。将"造门"求学形容为"里上仁之所庐"也没错（相当于"在老师家旁边搭个茅棚居住，以便随时请教"），却充满了"文章家的狡狯"，模糊了师生关系与同学关系的界限。通过上述分析，可以断定"终保己而贻则，里上仁之所庐"就是对班彪在王莽时期的经历亦即"幼与从兄嗣共游学"这一事实的高度概括。

从表面看来，"终保己而贻则，里上仁之所庐"好像说班彪有一个"上仁之所庐"；实际上加了一个"里"字，就完全不是那么回事了。因为在《论语》的"里仁为美"中，"里"是名词用作动词，表示"以某人为邻里"的意思，也就是"跟某人做邻居"。因此，"里仁为美"通常解释为"跟有仁德的人住在一起，才是好的"。既然如此，"里上仁之所庐"亦即跟"上仁"之人做邻居，不是说班彪乃上仁之人，而且有个著名的居所。因此，"里上仁之所庐"一句话，表面上是写实，实际上却起到了偷换概念的效果，强烈地暗示了这一判断：班彪"与上仁之人住在一起，那他也就是上仁之人了"（等于将"里仁为美"的判断偷换成了"里仁为仁"）。这样的言辞，实在是文饰多多，煞费苦心。

傅玄《傅子》说："吾观班固《汉书》，论国体，则饰主阙而抑忠臣；叙世教，则贵取容而贱直节；述时务，则谨辞章而略事实，非良史也。"（见《意林》及《史通·内篇》）班固为班彪作传，也有这些特点，隐瞒班彪在王莽时期的作为，可称"饰父阙"；津津乐道其父游走于隗嚣、窦融之间的经历，可称"贵取容"；记载父亲的言论多、行文时文饰多，但具体事实很少，可称"谨辞章而略事实"。因为班彪在王莽时期很难称得上脱俗，班固为之作传时，实在有太多的苦衷，故而百般粉饰之。《汉书·叙传》说"王莽少与稚兄弟同列，兄事斿而弟蓄稚"，足见班嗣的父亲班斿、班彪的父亲班稚这两兄弟与王莽的关系非常亲密。班固又说班稚在王莽执政时，不愿意奏报"祥瑞"以粉饰太平，因而被王莽冷落，由此"班氏不显莽朝，亦不罹咎"。用这一点来撇清班氏与王莽的关系，实在太无力了，不管如何都回避不了班氏为王莽服务的事实。此时真正能置身事外的，倒还是班嗣，他以读书闲居为事，不乐仕进，不附权贵，在当时不见得为族人所喜欢，但时过境迁，班氏却以出过这样一个拒绝和王莽合作的人物而自豪了，能沾一点光都是好的。以此看来，"里上仁之所庐"同样是为父亲文饰的典型例子。

相关的问题是班嗣的住所为何叫作"上仁之所庐"。在先秦两汉时期，"上仁"一词常用于形容帝王之德，如《老子》："上德无为而无以为，下德无为而有以为。上仁为之而无以为，上义为之而有以为。"又《文子·上仁篇》："上德者，天下归之；上仁者，海内归之；上义者，一国归之；上礼者，一乡归之。无此四者，民不归也。"又常用于形容隐士之德，如成书于两汉时期的《大戴礼记·曾子制言》曰："故君子无悒悒于贫，无勿勿于贱，无惮惮于不闻；布衣不完，疏食不饱，蓬户穴牖，日孜孜，上仁；知我，吾无欣欣，不知我，吾无悒悒。"这个"上仁"，指的是不乐仕进、不贪图荣华富贵的高尚节操，与班嗣所说的"不絓圣人之罔，不嗅骄君之饵"十分相似。又李善注"保己"引《庄子》曰："圣人其于人也，乐物之通而保己焉。"足以表明班固说的"保己"出自《庄子》，与班嗣所说的以无为而"修生保真"意义相同，可以补充解释"上仁"的含义。综合起来，"上仁之所庐"是指班嗣之庐，这个"班生庐"以标榜"无为"、"修生保真"、不乐仕进而著称，也就是高士、隐士之类的居所。"班生庐"与班彪、班固都没有关系，而是与班嗣密切相关。《文选》的注释提到班嗣是正确的，但没有说清楚；而后人断章取义，就只见班固而不见班嗣了。

在两晋之时，班彪、班固只是作为史学家、文章家得到推崇，而班嗣倒是屡屡被当作"高士"来称道。

钟嵘《诗品》说陶渊明诗"其源出于应璩，又协左思风力"。应璩有《与从弟君苗、君冑书》，前面一段描述了"北游"之乐，其中有"风伯扫途，雨师洒道，按辔清路，周望山野"的行游之乐，"亦既至止，酌彼春酒"的饮酒之乐，"逍遥陂塘之上，吟咏菀柳之下"的家居之乐，"弋下高云之鸟，饵出深渊之鱼"的鱼钓之乐。应璩感慨说："班嗣之书，信不虚矣！"就是指班嗣报桓谭书所描写的快乐。这篇文章反映，早在三国时期，班嗣就已经被当作隐士的典范来传颂。而从陶诗中，可以明显看到应璩这段话的影子，如"欢言酌春酒"（《读山海经》）类似于"酌彼春酒"，"五柳先生"类似于"吟咏菀柳之下"的形象等。

嵇康的《圣贤高士传赞》，树立了众多高士的形象，在两晋时期影响很大，其中就专门收录了班嗣的传记（见《艺文类聚》卷三十六）。按《隋志·杂传类》，《圣贤高士传赞》三卷，嵇康传，周续之注。周续之与陶渊明同为"寻阳三隐"之一，他为嵇康的《圣贤高士传赞》作注，则陶渊明看到此书自在情理之中。

王羲之对班嗣极为推崇。《晋书·王羲之传》："比当与安石东游山海，并行田视地利，颐养闲暇。衣食之余，欲与亲知时共欢宴，虽不能兴言高咏，衔杯引满，语田里所行，故以为抚掌之资，其为得意，可胜言邪！常依陆贾、班嗣、杨王孙之处世，甚欲希风数子，老夫志愿尽于此也。"王羲之希望像班嗣等人那样，在安静悠闲的田园生活中怡情养性，这种言论，足以影响当世。

谢灵运《山居赋》："仰前哲之遗训，俯性情之所便。奉微躯以宴息，保自事以乘闲。愧班生之凤悟，惭尚子之晚研。年与疾而偕来，志乘拙而俱旋。谢平生于知游，栖清旷于山川。"自注曰："谓经始此山，遗训于后也。性情各有所便，山居是其宜也。……班嗣本不染世，故曰凤悟；尚平未能去累，故曰晚研。想迟二人，更以年衰疾至，志寡求拙日乘，并可山居。日与知游别，故曰谢平生；就山川，故曰栖清旷。"[1] 谢灵运在赋中称道了班嗣不染于世、清虚安闲的高士品格，又在《斋中读书》用到了班嗣的典故："昔余游京华，未尝废丘壑。"李善注引《汉书》："班嗣书曰：夫严子者，渔钓于一壑，万物不干其志，栖迟于一丘，天下不易其乐也。"[2] 由此看来，谢灵运特别崇拜班嗣的风范。

嵇康、王羲之、谢灵运诸人都是引领魏晋至南朝初年文化风气的人物，从他们身上可以看到陶渊明所处的时代文化氛围。他们对班嗣的推崇，足以反映时人对班嗣故事耳熟能详，写作时可以信手拈来，而他人理解起来也毫无困难。

历史上的班嗣形象，与魏晋南北时期传颂的班嗣形象，两者存在不少差异，并不完全等同。细究之，魏晋南北朝时期传颂的班嗣，是一个经过拼接和加工以后形成的形象，在本来面目上添加了不少新的色彩。

班固是这种拼接的"始作俑者"，他有意识地将班彪、班嗣的事迹混在一起，从而引起了多重误解；这种误解在不断重复的

---

[1] （清）严可均辑，苑育新审订：《全宋文》，商务印书馆 1999 年版，第 297 页。

[2] 《昭明文选》卷三十，吉林人民出版社 1998 年版，第 579 页。

过程中逐渐定型，反而成了"正确的解释"。《汉书·叙传》说："彪字叔皮，幼与从兄嗣共游学，家有赐书，内足于财，好古之士自远方至，父党扬子云以下莫不造门。"如果单独看这一段，很多人都会以为"家有赐书"到"莫不造门"是在叙述班彪的情况。这种误解在后世比比皆是，如庾信《周大将军闻嘉公柳遐墓志铭》："昔马游志气，为马援所知；班嗣才学，为班彪见赏。"不说班彪沾了班嗣的光，反而说班嗣得到班彪的赏识，就是《汉书》误导所致。明代思想家李贽《初潭集》卷十二说："班彪家有赐书，好古之士自远方至，父党扬子云以下莫不造门。"又如明人张岱《夜航船》卷八云："班彪家有赐书，好名之士自远方至，父党扬子云以下，莫不造门。"至于现代人说"班彪家有赐书"的，就更是数不胜数了。事实上，直到出现"嗣虽修儒学，然贵老、严之术，桓生欲借其书，嗣报曰"这一句话，细心的读者才会明白"家有赐书"以下几句，都是在记载班嗣，与班彪毫无关系。如《北史·文苑传》记载许善心说："退屏无所交游，栖迟不求进益。假班嗣之书，徒闻其语；给王隐之笔，未见其人。"又李昶《答徐陵书》："仆世传经术，才谢刘歆，家有赐书，学匪班嗣，弱年有意，频爱雕虫，岁月三余，无忘肄业，户牖之间，时安笔砚。"（《文苑英华》六百七十九）这才是对"家有赐书"几句话的正确理解。接下来班固记载了班嗣的一段言论，用"嗣之行己持论如此"结束班嗣的故事，却又接上"叔皮唯圣人之道然后尽心焉。年二十，遭王莽败"这几句话，很容易使人认为班嗣的言论也体现了班彪的学养，而班彪也是一个潇洒出尘的人物。这又是一重误解。其实班彪崇尚儒家，与班嗣的学养大相径庭。"年二十"本来是班彪的年龄，因为上述拼接，又很容易使人认为这也是班嗣的年龄；其实班嗣的年龄并未得到记载。谢灵运《山居赋》说："班嗣本不染世，故曰夙悟；尚平未能去累，故曰晚研。""夙悟"就是"早悟"，具体而言就是青少年时代就已经"开悟"；如果到了中年才开悟，当然就不是"夙悟"了。这反映当时就存在一种误解，认为这个"年二十"也是指班嗣的年龄。总之，"年方二十""家有赐书""爱好老庄""不染尘世"是构建早期"班生庐"的四大要素，它是班固有意拼接起来的一种形象，其意图在"里上仁之所庐"一句话中表露无遗，他就是要造成一种移花接木的效果，为班彪文饰；事实上，这四大元素除了年龄之外，其他皆与班彪无关。

从前面王羲之、谢灵运等人的称道来看，班嗣在魏晋南朝之时被塑造成崇尚老庄的典范，也是一个爱读书、爱田园、爱山居、爱安闲的典范，但这是又一次对班嗣进行加工的结果，已经不完全等同于《汉书》的记载。历史人物一旦受到推崇，改造与加工便无可避免，这在后代也有很多表现，魏晋时期就更不用说了。例如班固说班嗣之居为"上仁之所庐"，而《大戴礼记》说："布衣不完，疏食不饱，蓬户穴牖，日孜孜，上仁。"魏晋时期就干脆把"极度贫困的生活处境"和"上仁"的思想境界糅合起来，变成了班嗣形象的一部分。事实上，班嗣"家有赐书，内足于财"，生活很是富足。班嗣渴望"渔钓于一壑"、"栖迟于一丘"，事实上他应该就居住在京师附近，跟山居、田园没有关系；但从王羲之、谢灵运的描述来看，魏晋时人想当然地认为班嗣就生活在大山里或者过着田园生活。经过这些加工，"班生庐"在早期四大要素的基础上又增加了两个要素，变成了"年方二十""家有藏书""爱好老庄""不染尘世""安于贫贱""酷爱田园山居"六大要素，形成了一个更加完美、更容易

被众多文人隐士接受的形象，也更加符合"魏晋风流"的文化
特征。

"班生庐"这一名词，就是陶渊明根据上述印象总结出来
的。受他的影响，唐诗也有"班生庐""班氏庐"的说法，指的
都是班嗣故事。不过到了后来，这一典故就用得较少了，尤其
到了两宋时期，陶渊明日益受到推崇，大量的隐士都被他的光
辉遮蔽，班嗣的故事渐渐变成了"僻典"，使用的频率不高，人
们也就觉得不好理解了。同时，《汉书》拼接班彪、班嗣两人的
事迹，本来就模糊了两者的界限，形成了班彪、班嗣合一的趋
势；而到了后来，作为史学家的班固，其影响十分巨大，后人
注解"班生庐"又无一例外引用了班固的《幽通赋》，使人们以
为"班生庐"的主人就是班固。这相当于父亲班彪夺走了"班
生庐"一半的"房产权"，而儿子班固则把"班生庐"的全部产
权占为己有，连父亲的名字都不留了。

总之，这个经过魏晋时期再次加工的班嗣形象，恰好就是
陶渊明《始作镇军参军经曲阿作》的膜拜对象。班嗣崇尚老庄，
而陶渊明也在这首诗中体现了浓重的老庄思想，自觉地把《庄
子》作为自己的行为规范，诸如"事外""真想""行迹拘""凭
化迁"之类，莫不脱胎于《庄子》（陶渊明酷爱《庄子》，相关
的学养很厚，关于这一点，已有很多研究者指出，本文从略）。
班嗣藏书很多，喜欢读书，而陶渊明也说："弱龄寄事外，委怀
在琴书。"班固说班嗣之居为"上仁之所庐"，而"布衣不完，
疏食不饱"又最能体现"上仁"的境界（据《大戴礼记》），故
而陶渊明也说："被褐欣自得，屡空常晏如。"班嗣渴望"渔钓
于一壑"、"栖迟于一丘"，而陶渊明也"目倦川途异"，很不乐
意奔走。班嗣很讨厌"关仁义之羁绊，系声名之缰锁"，不希

望被名缰利锁所束缚，而陶渊明则说"望云惭高鸟，临水愧游鱼"，也希望像鱼鸟那样自在无拘，不愿意过着"形迹拘"的生活。王羲之很渴望过着班嗣那样的悠闲生活，认为"语田里所行"颇能体现班嗣的风范，而陶渊明也很不乐意离开田园，一边行役，一边"心念山泽居"。在"户咏恬旷之辞，家画老庄之象"（嵇含《吊庄周图文》）的两晋时期，陶渊明这首诗显得十分时尚，一边念叨着"高士"、一边奔走于仕途的做法，也很"入主流"。

青少年时期的陶渊明，口读老庄之书，心羡班嗣之行，颇有些高士风节。而《始作镇军参军经曲阿作》体现了从军上路与素来所好的巨大矛盾，恰好反映"始作镇军参军"是陶渊明第一次出仕；假如是再仕，他就不会这么纠结了。因此，考察"班生庐"的来历和确切意义，对于判断该诗的创作年份，颇有启发意义。根据上面的阐述以及谢灵运《山居赋》的"班嗣本不染世，故曰夙悟"，李昶《答徐陵书》的"家有赐书，学匪班嗣，弱年有意，频爱雕虫"，可知在魏晋时期，"二十来岁的班生"与"班生庐"之间的联系已经固化（不管史实如何），说到"班生庐"就必然与"二十来岁"有关。以此而言，"弱龄寄事外"与"终返班生庐"乃是一个典故不可分割的两个部分，而"弱龄"足以成为该诗系年的证据。

第三章　初镇洛阳考

太元十年（385），陶渊明从镇军将军王荟手下转入朱序军中，千里西上，进驻洛阳，正式开始了北方从军的生涯。当时前秦帝国崩溃，北伐形势一片大好。陶渊明到达洛阳之后，席不暇暖，随即被派往河西走廊，联络在凉州起兵反秦的队伍。在长途跋涉中他经过商山、凤翔，看到了三良墓，《咏三良》即作于此时；又经过河关县，最终到达张掖，后来的诗句"晨去越河关""张掖至幽州"，就是对这一次行役的片断性回忆。

第一节　转从朱序及初镇洛阳

太元十年，镇军将军、会稽内史王荟卒于任上，陶渊明遂转入朱序军中。关于这一点，有不少线索可以追寻。随后陶渊明跟随朱序进驻洛阳，在秦岭以南、长安以东皆被晋军收复的情况下，远赴河西走廊，参与了策应凉州人士反秦的军事行动。

一、转入朱序军中

朱序，义阳郡平氏县（今河南桐柏西）人。《晋书·朱序传》："序字次伦，义阳人也。"《南史·朱修之传》："朱修之，字恭祖，义阳平氏人也。曾祖焘，晋平西将军。祖序，豫州刺史。父谌，益州刺史。"朱序的父亲朱焘，为桓温部将，功勋颇著。永和元年（345），荆州刺史庾翼以"司马义阳朱焘为南蛮校尉，以千人守巴陵"。庾翼去世之后，部将干瓒等作乱，朱焘与安西长史江彪、建武司马毛穆之、将军袁真共诛之。永和五年（349），桓温伐蜀，消灭了成汉。周抚为益州刺史，镇守蜀地。七月，范贲发动叛乱，龙骧将军朱焘随周抚击破范贲而斩之，以功晋爵，封建城县公。《晋书·朱序传》则说朱焘"以才干历西蛮校尉、益州刺史"。

朱序出身于名将之家，很早就建立了功业，累迁鹰扬将军、江夏相。兴宁三年（365）十月，梁州刺史司马勋趁益州刺史周抚去世之际发动叛乱，围攻新任益州刺史周楚于成都，桓温任命江夏相朱序为征讨都护，前往征讨，平定了叛乱，朱序以功拜征虏将军，封襄平子（《晋书·海西公纪》）。太和四年（369）四月，大司马桓温帅众北伐慕容暐，朱序为裨将，九月与慕容暐部将傅末波激战于林渚，大破之（《晋书·海西公纪》）。随后朱序迁任兖州刺史。宁康二年（374）十一月，钱步射、钱弘等据吴兴原乡山作乱，朱序兼任中军司马、吴兴太守，前往吴兴，讨平了这次叛乱（《晋书·孝武帝纪》），事后仍回兖州。

大司马桓温去世于宁康元年（373）。在桓温去世之前，东晋长期保持了对北方的攻势，偶有来犯之敌，也很快被击退。桓温去世之后，形势便急转直下。这时候苻坚的前秦帝国进入全盛时期，派兵攻打蜀地，占领了益州。太元元年（376），苻坚又派兵大举进攻凉州，桓冲令朱序及江州刺史桓石秀率军沿汉水而上，意图从南面攻击前秦，为凉州减轻压力。但凉州军队旋即为前秦所败，刺史张天锡也被前秦俘虏，东晋失去了牵掣前秦的重要力量，苻坚没有了后顾之忧，遂派兵大举南下，进攻豫西南，直接进逼荆州。太元二年（377），在荆州刺史桓豁的建议下，朝廷任命兖州刺史朱序为南中郎将、监沔中军事，镇守襄阳（《晋书·桓豁传》）。朱序镇守襄阳期间，将避乱南下的高僧释道安留在襄阳，《高僧传》卷五记载："朱序西镇，复请还襄阳，深相结纳。序每叹曰：'安法师道学之津梁，澄治之垆肆矣。'"

朱序镇守襄阳之后，旋即遭到前秦军队的围攻。他防守得力，屡次击退来犯之敌，其母韩夫人也在守城过程中起到了重要作用，传为佳话。太元四年（379），因兵疲力弱、叛徒出卖，襄阳被前秦攻占，朱序也被前秦俘虏。苻坚很敬佩朱序，任命他为尚书，与凉州刺史张天锡同朝为官。朱序在前秦待了四年。太元八年（383），淝水之战爆发，战前苻坚派朱序去游说东晋将领谢石，朱序反过来为谢石出谋划策，要他从速决战。谢石挑选了八千勇士，渡过淝水，向前秦军队发起攻击。苻坚指挥前秦军队稍稍后撤，但没想到朱序趁机在军队后面制造混乱，大喊："苻坚败了！苻坚败了！"导致前秦军队争相逃跑，以大溃败告终。朱序、张天锡趁乱逃回江南，朝廷任命张天锡为散骑常侍，朱序为龙骧将军、琅邪内史。太元十年（385），朱序转督扬州豫州五郡军事，任豫州刺史，起初戍守马头（《宋书·州郡志》），不久北上，镇守洛阳。

太元十一年（386）初，丁零人翟辽杀黎阳太守滕恬之以叛，朱序遣将军秦膺、童斌与淮泗诸郡共讨之（宋代袁枢《通鉴纪事本末》卷十六）。同年八月，翟辽进犯谯郡，龙骧将军朱序击走之。太元十二年（387）正月，朱序从豫州刺史转任青、兖二州刺史，进镇彭城，改镇淮阴。此时翟辽又遣其子翟钊寇陈、颍之地，朱序遣将军秦膺击走之（《资治通鉴》卷一百零七）。随后朱序拜为征虏将军。太元十三年（388）四月，朱序由青、兖二州刺史转任都督司、雍、梁、秦四州军事（《晋书·孝武帝纪》作"都督雍梁沔中九郡诸军事、雍州刺史"），再次戍守洛阳。"帝遣广威将军、河南太守杨佺期，南阳太守赵睦，各领兵千人隶序。序又表求故荆州刺史桓石生府田百顷，并谷八万斛，给之。"（《晋书·朱序传》）

太元十五年（390）春正月，慕容永率众南下，意图进犯洛阳，征虏将军朱序主动渡河迎击，败之于沁水，又一直追击到太行山，将慕容永打得大败而回。在关中湖陕一带聚众作乱的杨楷，慑于局势，主动向朱序投降。朱序追击慕容永，一直追到上党，因翟辽意图进犯洛阳而退兵，攻翟钊于石门，破翟辽于怀县，十月又与刘牢之大破翟辽于滑台（唐朝许嵩《建康实录》卷九）。其后东羌校尉窦冲叛晋，安定人皇甫钊、京兆人周勋等意图与之里应外合，梁州刺史周琼向朱序告急求救，朱序遣将军皇甫贞率众前往，平定了叛乱。太元十七年（392），朱序因为老病交加，累次要求卸任，朝廷不许，最终自动解职。太元十八年（393）去世，赠封左将军、散骑常侍。唐朝许嵩《建康实录》卷九记载朱序去世于太元十七年（392）："冬十二月，旱自秋不雨，至于是月。是岁，司、雍、梁、秦四州诸军事征虏将军朱序卒。"[①]

总结起来，朱序不愧为淝水之战以后的主要名将。他在谢氏家族全面隐退、荆州集团全面遭到排挤的情况下，依然能够有效地平定叛乱，稳固边防，使东晋的疆土扩大到了前所未有的范围。从他的一生经历来看，他在政治上并没有深度介入荆

---

① （唐）许嵩撰，张忱石点校:《建康实录》卷九，中华书局 1986 年版，第 290 页。

扬两派的斗争，也积极奔走于东西两线，是荆扬两派都比较看重也乐于接受的人物。但即便如此，朱序仍免不了遭受猜忌和排挤，甚至还因为他一度被苻坚俘虏，祖孙三代被称为"三世叛兵"。他的传记篇幅短小，错误颇多，与其功业也很不相称。

太元十年（385），镇军将军、会稽内史王荟卒于任上，陶渊明遂转入朱序军中。关于这一点，有不少线索可以追寻，而有两点是特别重要的。

其一，朱序任职和北上戍守洛阳、转战于各地，与陶渊明青年时从军北上、在北方各地行役，其时间与行踪都非常吻合；而跟随其他将军，皆不具备这种吻合性。据《晋书·朱序传》，淝水之战以后，朱序"拜龙骧将军、琅邪内史，转扬州豫州五郡军事、豫州刺史，屯洛阳"。《宋书·州郡志》："太元十年，（南豫州）刺史朱序戍马头。"可知在太元八年冬天至太元十年之间，朱序先为琅邪内史，后任豫州刺史；初戍马头，旋即屯驻洛阳。之后又监兖青二州诸军事，并领二州刺史；又加都督司、雍、梁、秦四州诸军事（《晋书·朱序传》）。这也就是说，从太元十一年到十七年，朱序掌管着相当于今天山东、河南、河北、山西、陕西、甘肃及四川、重庆部分地区的军事，管辖的疆域非常辽阔，而陶渊明在这段时间奔走于张掖、幽州以及东海之滨，与朱序的军事经略范围颇为一致。在同时征讨北方的东晋将领中，没有第二个人能与朱序的征讨范围相比；故而陶渊明在这期间跟随他人的可能性也较小。[①] 关于这一点，笔者将在下文继续展开论述。

---

① 参见吴国富《陶渊明北方从军再考》，《九江学院学报》，2018 年第 2 期。

其二，《宋书》的"不洁去就之迹"透露了两个信息。一是"去就"一词显示陶渊明"弱年薄宦"，不只跟随过一个将军。假如只是跟随一个人，则无所谓"去就"。《晋书·魏该传》："王敦之反也，梁州刺史甘卓不从，欲观该去就，试以敦旨动之。该曰：'我本去贼，惟忠于国。今王公举兵向天子，非吾所宜与也。'遂距而不应。"颇能说明有另投他人之行为才可以叫"去就"。因此可知，陶渊明始作镇军参军，之后又另投他人，在别的将军手下作了参军。二是"不洁"一词显示第二位将军连累了陶渊明，使他蒙受"不洁"之讥。也即第一位镇军将军没有污点，而第二位将军有污点，这样陶渊明就难免遭受"不洁去就"的讥讽。假如第一位镇军将军有污点，第二位将军没有污点，那就应当是弃暗投明、弃旧从新，而不是"不洁去就之迹"了。这恰好与陶渊明初从王荟、后随朱序的情况吻合。

东晋之时，扬州、荆州两派泾渭分明，前者享尽尊荣而后者饱受讥嘲。朱序的遭遇，就与这一点密切相关。朱序之父为朱焘，初为扬烈将军王允之的司马，继而为荆州、江州刺史庾翼部下（见《晋书·庾翼传》）。王允之为王导从侄、王舒之子（见《晋书·王舒传》），庾翼为庾亮之弟，都属于扬州一系。然而后来朱焘投靠了益州刺史周抚（见《晋书·穆帝纪》），便属于桓温一党，成为荆州一系的人物。有此一节，朱焘必然会遭到扬州派系的鄙视。朱序初为荆州猛将，属于桓温、桓冲的亲信。襄阳沦陷之后被俘，作了前秦的官员，就留下了污点。淝水之战中，朱序趁乱逃回，没有重返荆州，而是任职扬州，成了扬州一派的人，但扬州派并不完全信任他。朱序的儿子朱谌，为益州刺史，事迹不明。又有朱略，见《晋书·朱序传》，事迹亦不明。朱序之孙朱循之（一作朱修之）初为南朝宋官员，升任荆州刺史，在北魏南伐时被俘而投降，深得北魏皇帝拓跋焘的宠信，后来又叛逃回南朝（《宋书·毛修之传》）。唐朝林宝《元和姓纂》卷二："义阳，汉有朱穆，晋有朱序，序孙循之也。"①

有此种种，朱序一族在东晋南朝之时饱受讥嘲。《宋书·刘穆之传》记载刘穆之的孙子刘瑀于宋孝武帝孝建三年（456）致书颜竣曰："朱修之三世叛兵，一旦居荆州青油幕下……政恐匈奴轻汉耳。"根据上面所述，"三世叛兵"应该指朱焘、朱序、朱修之，或指朱序、朱谌、朱修之，但不管如何都会包括朱序。孙盛《魏氏春秋评》："夫诸侯之臣，义有去就，况丰与绍非纯臣乎！"以此评价朱序，足以说他不是"纯臣"。陶渊明跟随朱序，也就蒙受了"不洁去就"之讥。

事实上，朱氏家族也与陶氏家族存在千丝万缕的关系。朱焘与陶渊明的外祖父孟嘉同为桓温的部下。朱序则先为桓温部下，后为桓冲部下。桓温平蜀之后，指派周访之子周抚担任益州刺史。周访为寻阳人，陶渊明曾祖父陶侃的儿女亲家。益州有事，朱序均大力协助之。出于这些关系，陶渊明进入朱序军中，就有其必然性。又因为朱序是桓温旧党，深受朝廷猜忌，所以陶渊明投身朱序幕下，也不容易遇上升迁发迹的机会，一心报国而一无所成，可谓"坦至公而无猜，卒蒙耻以受谤"（《感士不遇赋》）。

陶渊明初仕为镇军将军王荟的参军，继而又转入朱序军中，这与当时政治格局的微妙变化有关。荆、扬两州的矛盾，滥觞

---

① （唐）林宝撰，岑仲勉校记：《元和姓纂》第一册卷二，中华书局1994年版，第255页。

于陶侃经略荆州之时，爆发于庾亮接管荆州之后，到桓温威逼朝廷时发展到高峰。桓温去世之后，主持朝政的谢安便有意缓和这一矛盾，以利维持大局。此时强敌压境，在前秦的攻击下，益州、梁州沦陷，荆州也不断被蚕食，客观上也促使荆州集团接受了谢安递过来的"橄榄枝"，努力谋求与扬州的和谐关系。桓冲推荐王荟担任江州刺史，也是这一意图的表现。但处于扬州核心圈的王荟并不愿意接受桓冲的推荐，显示扬州与荆州之间存在的隔阂始终是难以消除的。

对于陶氏家族而言，他们在政治上遭受了两次沉重打击，一次是陶侃去世之后，庾亮对陶侃子孙的打压；二次是前秦攻陷益州、梁州之后，依托于桓温伐蜀、周访家族经营益州而抬头的陶氏再一次在政治上遭到打击，其中就应当包括陶渊明的父亲。这些打击，使陶氏家族不得不更加依赖于荆州集团，以保护政治上的地位。然而陶氏家族与荆州的关系，却又显得有些尴尬。陶氏家族经过庾亮的打压之后，已经式微；桓温崛起之后，又有抬头之势；但这种抬头，是以陶侃旧部协助桓温伐蜀成功、周访的子孙世代镇蜀为基础的。益州、梁州纳入东晋版图之后，陶侃旧部有所抬头；但从另一方面来看，他们也已被桓温挤压到益州、梁州，而荆州的中心地位已经完全被桓氏占据。宁康元年，蜀地被前秦攻占，导致陶侃的残余势力在获得短暂发展之后又遭到了灭顶之灾，从此在荆州集团中彻底边缘化。继承长沙公爵位的陶氏，其势力不出湘中，仅足自保，对荆州大局并无多大影响。

上述情况应该可以说明陶渊明初仕为什么选择扬州而不选择荆州。在陶侃一系力量基本沉沦之后，陶渊明想去荆州求仕，荆州虽然不会排斥他，但也不会看好并重用他。对于桓氏而言，陶侃的"金字招牌"已经没有什么价值。这就迫使陶渊明转向扬州，试图进入扬州集团，在那里找到安身立命之所。但是，陶侃后裔的身份，又使他始终无法融入扬州集团，更不可能依托陶侃的名声获得晋升的机会。因此陶渊明就不得不改换门庭，进入朱序的军中，毕竟出身于荆州、主要依靠荆州支持、与周访后人及陶氏家族有较多联系的朱序，还可以顺理成章地接受陶渊明的身份。朱序与陶侃一系存在千丝万缕的联系，尤其是在周氏镇蜀期间，与周氏的关系十分密切，在桓氏入主荆州之后，朱序已经属于核心圈之外的人物，只是因为作战勇猛、战绩辉煌才得到器重。襄阳沦陷之时，朱序做了前秦的俘虏，这与桓冲的救援不力有关，也为朱序脱离荆州埋下了伏笔。淝水之战以后，朱序便不再返回荆州，而是听命于扬州；但荆扬两州的隔阂，自己与荆州割不断的关系，又使他始终得不到扬州的高度信任。因此，朱序在荆扬两州都属于政治上的边缘人物，而陶渊明跟随朱序，也就决定他在政治上不会有太大成就。这种处境，贯穿了陶渊明的整个仕途。他后来曾追随桓玄，但并不受重用；桓玄倒台之后，他一度在扬州担任建威参军，但始终存在的政治隔阂又使他很快离去。总而言之，东晋的政治格局决定了陶渊明在政治上是不会有太大出息的，这就是他为什么感慨"万族各有托，孤云独无依"（《咏贫士》）的原因。

　　二、初镇洛阳与凉州形势

　　太元十年，洛阳光复。因这里是西晋皇陵所在地，事关朝廷颜面，朱序遂奉命北上，进驻洛阳。据《晋书·朱序传》，淝水之战以后，朱序"拜龙骧将军、琅邪内史，转扬州豫州五郡军事、豫州刺史，屯洛阳"。《晋书·谢安传》记载谢安疾笃之际，上疏"命龙骧将军朱序进据洛阳，前锋都督玄抗威彭沛"。

上疏之后，谢安旋即去世，时为太元十年。《宋书·州郡志》："太元十年，（南豫州）刺史朱序戍马头。"可知太元十年朱序起初戍守于马头，后来奉命进驻洛阳。《晋书·谢玄传》记载："玄欲令豫州刺史朱序镇梁国，玄住彭城，北固河上，西援洛阳，内藩朝廷……会翟辽据黎阳反，执滕恬之，又泰山太守张愿举郡叛，河北骚动，玄自以处分失所，上疏送节，尽求解所职。"又据《晋书·孝武帝纪》，翟辽俘滕恬之，泰山太守张愿反叛，皆在太元十一年。由此可知，朱序于太元十年、太元十一年皆在豫州刺史任上。又据《晋书·孝武帝纪》，太元十一年六月，"以前辅国将军杨亮为西戎校尉、雍州刺史，镇卫山陵"。因翟辽反叛，朱序紧急奉命东征，遂由杨亮接替朱序，镇守洛阳。又据《晋书·孝武帝纪》记载，太元十二年正月，"以豫州刺史朱序为青、兖二州刺史，镇淮阴"。因此，朱序第一次镇守洛阳的时间为太元十年到太元十一年六月。

朱序第一次镇守洛阳之时，前秦帝国已经名存实亡，从前秦分裂出来的几股势力，一则力量不强，二则相互攻杀，基本上没有形成抵抗东晋进攻的有效力量。东晋军队全线出击，在敌方力量空虚的地带不断发动攻势，收复了大片失地。

淝水之战以后，丁零人翟斌起兵叛秦，攻打洛阳，苻坚令慕容垂出兵平叛。慕容垂早已存有二心，此时便借机脱离前秦，渡过黄河，四处招降纳叛，集兵二十万，对驻守邺城（在今河南安阳）的前秦长乐公苻丕展开了围攻。这次围攻起始于太元九年初，延续了一年零八个月，直到太元十年八月苻坚被杀，苻丕退到山西境内，邺城这才落入慕容垂之手。慕容垂占据邺城之后，腾出手来往东北方向扩张，占据了渤海郡、辽东郡等地，定都于中山。慕容垂新建立的后燕政权并不稳固，其部下建节将军馀岩据守武邑，发动叛乱，占领了蓟及令支等地，慕容垂花了很大力气才将叛乱平息下去。慕容垂的崛起，对东晋刚刚收复的鲁南、豫东地区形成了一定的威胁，但总体来说威胁不大。

慕容垂叛秦之后，鲜卑人慕容泓、慕容冲亦起兵叛秦，两军随即合为一股，进攻长安。不久慕容泓被部将所杀，慕容冲成为首领，从太元九年九月起开始围攻长安。羌族人姚苌奉命征讨慕容泓，因兵败畏罪，逃往渭北，纠集当地势力叛秦，建立后秦，占据了长安西北面的地区，与苻坚的前秦军队展开鏖战。困守长安的前秦君主苻坚，此时不但要对付长安以东的慕容冲，还要对付长安以西的姚苌，既没有能力应对东晋军队的反攻，也无法号令、组织各地官吏抵抗东晋的进攻。慕容冲围攻长安，多次被苻坚的军队击退，苻坚亦陷入了孤立无援的境地，以至城中大饥，到了"人相食"的地步。太元十年五月，苻坚终于扛不住慕容冲的猛攻，弃城而走，旋即被姚苌的部下擒获，不久被杀，长安城落入了慕容冲手中。此时苻坚的长子的苻丕在慕容垂的围攻下困守邺城，他听说苻坚被杀，遂自立为帝，抛弃邺城，退到山西境内，继续指挥前秦军队与慕容冲、姚苌作战。在前秦军队的攻击下，姚苌的后秦始终局限于长安以西地区，没有多大作为。

太元十一年，慕容冲占据长安，旋即又被部下所杀。之后慕容冲的部将慕容永帅鲜卑男女四十余万人离开长安而东去，在山西闻喜筑燕熙城以自居。此时长安城已经空虚，随即被姚苌占据。姚苌派兵进入陇城（在今甘肃天水市），遭到前秦军队的攻击，大败而回。前秦君主苻丕又率部与慕容永展开大战，遭遇惨败，苻丕出逃，企图攻打洛阳，在半路上被东晋扬威将军冯该截杀而死。苻登继任前秦君主，继续攻打后秦姚苌。

综合起来，太元九年至十一年的形势对东晋十分有利。慕容垂长期围攻邺城，其兵力集中在晋冀豫的交界地带，对黄河下游以南的地区无暇顾及。慕容冲、姚苌倾全力攻打长安，也没有力量顾及黄河中游以南的地区。太元十年，远征西域的前秦将领吕光回到凉州，武威太守彭济执前秦凉州刺史梁熙以降吕光。吕光进入姑臧（在今甘肃武威），自领凉州刺史，凉州郡县闻风皆降，但酒泉太守宋皓、西郡太守索泮坚守城池，拒不投降。鲜卑人乞伏国仁自称大都督、大将军、单于，建都于勇士城（在今甘肃榆中）。这些表明酒泉东南的广大区域仍不在吕光的控制范围之内。

趁着前秦境内几股力量互相厮杀之际，东晋军队开始发动了全面的攻击。晋军的攻击分为东、西两线，大致以洛阳、许昌一线为界，西边是荆州军队的攻击范围，东边是扬州军队的攻击范围，两者颇有"井水不犯河水"的味道。荆州军队的攻击积极而主动，向三个方向展开，且推进很快。在西北方向，上庸太守郭宝攻占了前秦的魏兴（今陕西安康、湖北郧县一带）、上庸（今湖北竹山一带）、新城（今湖北房县一带）三郡。将军杨佺期进据成固（在陕西汉中），击走了前秦的梁州刺史潘猛。在北面，竟陵太守赵统攻占了襄阳，前秦的荆州刺史都贵逃往鲁阳（在今河南省鲁山县）。将军刘春旋即攻占鲁阳，都贵奔还长安。东晋荆州刺史桓石民随即挥师北上，镇守鲁阳，遣河南太守高茂北戍洛阳。在西面，东晋梁州刺史杨亮率众五万伐蜀，击败了前秦的巴西太守康回。此后蜀郡太守任权攻拔成都，斩前秦益州刺史李丕，收复益州。东晋朝廷任命广州刺史罗友为益州刺史，镇成都。总之，在不到两年的时光之内，荆州军队已经全面收复了巴蜀、陕南、豫西地区。

相比之下，扬州军队却迟迟没有动静。太元九年上半年，鹰扬将军刘牢之出兵攻占了谯城（在今安徽省亳州市），但除此之外未见其他作为。眼见荆州军队进展迅速，执掌朝政的谢安也坐不住了，遂奏请朝廷全力北伐，得到批准。太元九年八月，担任前锋都督的谢玄帅豫州刺史桓石虔等伐秦，攻占了下邳（在今江苏睢宁县）、彭城（在今江苏徐州）。九月，东晋彭城内史刘牢之攻占了鄄城（在今山东菏泽市），河南城堡皆望风归附。刘牢之又攻占了碻磝（在今山东茌平县），进至枋头（在今河南浚县），因贪功追击，遭到慕容垂的伏击，大败而回，旋即被朝廷召还。东晋济阳太守郭满占据了滑台（在今河南滑县），将军颜肱、刘袭攻克了黎阳（在今河南浚县）。十月，东晋阴陵太守高素攻占琅邪（在今山东临沂），前秦青州刺史苻朗投降。至此扬州军队已经推进到黄河下游的沿岸地区，收复了豫东、豫南、苏北及鲁南地区，取得了空前大捷。总的说来，在太元九年、十年两年之内，潼关以东、黄河以南的地区已经基本上被东晋军队收复。

苻坚依靠强大的军事力量建立了前秦帝国，这个国家类似于一个政治上的暴发户，其统治基础很不稳固。一旦战败，就会丧失大量的人力物力，产生雪崩一般的效应。淝水之战以后，这个庞大的帝国旋即分崩离析，虽然君主犹在，各地官员犹在驻守，但已经无法凝聚人心、收拾残局。经过两汉的漫长统治以后，文化上的正统观开始形成；而在特别强调族属、亲缘及地缘关系的两晋时期，饱经五胡之乱的北方汉族大多会选择倒向东晋一边，这对东晋征讨北方是非常有利的。因此，东晋军队进行反攻，便可以在武力攻击的同时，大量招降地方势力，随时随地补给，以期达到战略目标。晋军往北方推进的速度很快，但因为兵力有限，又散布在长达两千里的东西战线上，所以很难集中优势兵力打大仗、硬仗，一般来说都会避开劲敌，乘虚而入。从太元九年的情势来看，当时的劲敌主要集中在长安周边及山西、河北境内，还有不少地区敌方兵力空虚，颇有收复的希望。例如凉州一带，在吕光远征西域尚未返回之际，以及在吕光返回凉州之初、四处平叛之际，是有望被晋军收复的。而山东的东北部及渤海之滨，也没有强大的势力，晋军可以乘胜前进。

如前所述，陶渊明先从王荟，后随朱序，随即跟着朱序北上，到了洛阳。《拟古》诗追忆了当年在洛阳所见："迢迢百尺楼，分明望四荒。"又云："一旦百岁后，相与还北邙。"洛阳百尺楼，魏文帝曹丕所建，北魏时期尚存，见《洛阳伽蓝记》卷一："城东北角有魏文帝百尺楼，年虽久远，形制如初。"北邙又名邙山，位于洛阳城北，自东汉以来，王侯公卿多葬于此。登百尺楼，望北邙山，乃是实情实景，并非虚构想象之词。注家对"百尺楼"一词多不注释，实在是遗漏了很重要的信息。关于这一点，下文再予详细论述。

陶渊明《拟古》"少时壮且厉"一首，写自己青年时从甘肃的张掖到达幽州，途中经过首阳山、易水、伯牙墓、庄周墓等地。沈德潜《古诗源》说："首阳、易水，托意显然。"但说它是假托，并没有任何证据。笔者认为，陶渊明的张掖之行是真实的叙述。因为朱序镇守洛阳之时，其身份是豫州刺史，但也兼有经营雍州、凉州、秦州军务之责，而陶渊明此次张掖之行与朱序的关系非常密切。

雍州、凉州、秦州地处陕甘宁青一带，其中雍州设立最早，凉州是从雍州分出来的，而秦州又是从雍州、凉州分出来的。据《晋书·地理志》："晋初于长安置雍州，统郡国七，县三十九。"东汉时，从雍州分出凉州，主要有河西五郡，即张掖、酒泉、敦煌、武威、金城。西晋因袭之，后来又从雍州、凉州分出秦州。《晋书·武帝纪》："（泰始五年）二月，以雍州陇右五郡及凉州之金城、梁州之阴平置秦州。"五胡乱华之后，雍州、秦州均被胡人占领，百姓纷纷南逃，有不少逃到荆州的襄阳，为此晋孝武帝在襄阳侨置了雍州，由襄阳守将朱序兼任雍州刺史。后来襄阳被前秦攻破，朱序被俘，侨置的雍州亦告沦陷。淝水之战以后，襄阳收复，朝廷重新任命朱序为雍州刺史。《南齐书·州郡志》："朱序为雍州，于襄阳立侨郡县，没苻氏。氐败，复还南，复用朱序。"太元十四年，朱序又兼管起秦州的军事。《南齐书·州郡志》记载："至太元十四年，雍州刺史朱序始督秦州，则孝武所置也。"

凉州在永嘉之乱以后，一直由张轨及其后嗣掌控着，这个家族在名义上一直归属于晋朝。后来张天锡篡夺凉州刺史之位，自封为凉州牧："（兴宁元年）张天锡弑凉州刺史、西平公张玄靓，自称大将军、护羌校尉、凉州牧、西平公。"两年以后，朝廷认可了他的官爵："太和元年春二月己丑，以凉州刺史张天锡为大将军、都督陇右关中诸军事、西平郡公。"（《晋书·海西公纪》）凉州孤悬于西北，曾多次联合东晋以自保，而东晋也没有放弃凉州，曾多方予以救援，具体军务则由荆州负责。

荆州兼管凉州事务，由来已久。晋成帝咸康年间，庾翼担任荆州刺史，就与凉州联络，图谋北伐。《晋书·庾翼传》："又遣使东至辽东，西到凉州，要给二方，欲同大举。"桓温担任荆州刺史时，亦与凉州刺史张天锡密切往来，互相策应。《晋书·张天锡传》："时苻坚强盛，每攻之，兵无宁岁。天赐甚惧，乃立坛刑牲，率典军将军张宁、中坚将军马芮等，遥与晋三公盟誓，献书大司马桓温，克六年夏誓同大举。"桓冲继任荆州刺史之后，采取了更为积极的军事行动，派朱序等人率领部队沿汉水而上，攻击前秦，以声援凉州。《晋书·桓豁传》："坚又寇凉州，弟冲遣辅国将军朱序与豁子江州刺史石秀溯流就路，禀节度。豁遣督护桓黑与序等游军沔汉，为凉州声援。"《晋书·桓冲传》："既而苻坚寇凉州，冲遣宣城内史朱序、豫州刺史桓伊率众向寿阳，淮南太守刘波泛舟淮泗，乘虚致讨，以救凉州……会张天锡陷没，于是罢兵。"桓冲担任荆州刺史之时，为了救援凉州，多次策划攻击前秦的军事行动，而朱序是实施这一战略的主将。

荆州对凉州的重视，乃是保卫东晋的战略需求所致。当时前秦盘踞关中，兵强马壮，一旦凉州沦陷，前秦没有了后顾之忧，必然倾力往南攻打蜀中、荆州地区，而早已危如累卵的荆州势必不保。淝水之战爆发的重要原因之一，就是凉州已经沦陷，对前秦的掣肘之势不复存在，所以苻坚敢于倾巢出动，往东南攻击东晋。这种战略形势，历史上不乏先例。如《后汉书·虞诩传》记载汉安帝永初四年（110），大将军邓骘欲弃凉州，虞诩以为不可，曰："凉州既弃，即以三辅为塞；三辅为塞，则园陵单外。此不可之甚者也。彦曰：'关西出将，关东出相。'观其习兵壮勇，实过余州。今羌胡所以不敢入据三辅，为心腹之害者，以凉州在后故也。"对于东晋而言，其战略形势与之一致。宁康三年（375），苻坚寇凉州，桓冲上疏请求发兵攻击前秦，以减缓凉州的压力："臣辄较量畿甸，守卫重复，又淮泗通流，长江如海，荆楚偏远，密迩寇仇，方城、汉水无天险之实，而过备之重势在西门。"他指出，凉州一旦失守，秦军必然大举南下，而荆州与前秦之间缺乏天险，难以防御，必然不支。孝武帝答曰："辄询于群后，敬从高算。"他认为桓冲的战略措施是正确的，极力予以支持。故而桓冲在荆州刺史任上，倾全力策应凉州，虽然最终因为凉州坚守不力而导致这一战略失败，但毕竟迟滞了前秦南进的脚步，其意义是重大的。

淝水之战以后，东晋收复了洛阳，同样面临着来自于关中的威胁，如果能收复凉州，则洛阳的安全系数大大提升。除此之外，凉州的骑兵极为强劲，在北方作战属于上乘。《后汉书·章帝纪》："诏有司省减内外厩及凉州诸苑马。"《晋书·段灼传》："昔伐蜀，募取凉州兵马、羌胡健儿，许以重报，五千余人，随艾讨贼，功皆第一。"如果能收复凉州，军事实力会大大提升。从这些角度来看，淝水之战以后，朱序相继掌管了雍州、秦州的军事，必然要掌管凉州的军事。太元元年，凉州刺史张天锡守土不力，为苻坚所败，成了前秦的凉州刺史。淝水一战，苻坚大败，随军征战的张天锡趁机跑回东晋，史称他"及归朝，甚被恩遇"，其西平郡公爵及凉州刺史之职均得到认可，如此朝廷就不能再封朱序为凉州刺史了。但张天锡归晋之后，一直待在建康（今南京市），起不到实质性的作用，因此凉州一带的军务，实际上还是由朱序来掌管。

淝水之战胜利之初，前秦军队因伐晋而大量出关，关中兵力空虚，桓冲借机命令部队从蜀中、豫西两个方向出击，长安以南的地区多被收复。《晋书·桓石民传》："寻而苻坚败于淮肥……石民遣将军晏谦伐弘农，贼东中郎将慕容爽降之。始置湖陕二戍。获关中担幢伎，以充太乐。"《晋书·地理志》："弘农郡汉置。统县六，户一万四千……弘农、湖、陕、宜阳、黾池、华阴。"可知淝水之战以后，弘农郡即已被晋军收复。又据《资治通鉴》卷一百零五，太元九年正月，"桓冲遣上庸太守郭宝攻秦魏兴、上庸、新城三郡，拔之。将军杨佺期进据成固，击秦梁州刺史潘猛，走之……（十一月）秦梁州刺史潘猛弃汉中，奔长安。"可知汉中亦为晋军收复。

从汉中通往长安，要穿越横亘于陕西省南部、渭河与汉江之间的秦岭。《读史方舆纪要》卷五十二引《元和志》："南山，西接岐州，东抵陕虢。其谷之大者有五：曰子午谷、斜谷、骆谷、蓝田谷、衡岭谷也。"自古以来，子午谷等都是沟通陕南与关中的重要通道，而东晋立国以后，子午谷大部分时间又都掌握在晋军手中。如咸和九年（334），陶侃去世，庾亮接管了陶侃的军队，都督江、荆、豫、益、梁、雍六州诸军事，兼领江、荆、豫三州刺史，移镇武昌，遂有"开复中原"之谋，令辅国将军毛宝、西阳太守樊峻戍守邾城，令陶侃之子陶称率部入沔中，"以武昌太守陈嚣为辅国将军、梁州刺史，趣子午"。（《晋书·庾亮传》）又如永和十年（354），桓温率军北伐前秦。《晋书·桓温传》："温遂统步骑四万发江陵，水军自襄阳入均口。至南乡，步自淅川以征关中，命梁州刺史司马勋出子午道。"两条史料均反映子午谷当时为晋军所据。前秦势力强盛之时，汉中一度被其占领；而淝水之战以后，荆州刺史桓冲指令晋军大举反攻，不但收复了汉中，子午谷这一通道也重新回到了晋军手中。按《晋书·郗恢传》，朱序在洛阳镇守已久，因年老而辞职，朝廷遂委派郗恢接替了他的职务。郗恢到任之后，随即移镇襄阳，改使河南太守夏侯宗镇守洛阳。不久之后，后秦君主姚苌命其子姚略率军攻打晋军的湖城、上洛两处营地，又派将领杨佛嵩围攻洛阳，"恢遣建武将军辛恭靖救洛阳，梁州刺史王正胤率众出子午谷，以为声援。略惧而退"。可见在郗恢接替朱序之初，子午谷仍在晋军掌控之中。

朱序初镇洛阳之时，面临着东晋经营西北的最好时机。此时前秦经过一连串的叛乱，已经分崩离析，行将彻底覆亡。鲜卑人慕容垂在东征过程中叛秦，自立为燕王；羌族人姚苌起兵反叛，最终将苻坚杀死。由前秦分裂出来的各股势力，聚集在中原、华北等地混战，而关中相对来说兵力空虚，一度处于失控状态。因汉中、子午谷均被晋军所得，通往凉州的道路已无障碍，在此情况下，凉州人遂拥戴张天锡的儿子张大豫及其部将王穆为首领，策划了起兵反秦的军事行动。就荆州的一贯策略来看，此次起事必然得到了晋军的支持和策应，甚至有可能就是在晋军的鼓动及组织下开展的。因为史料匮乏，我们很难了解这次事件的更多细节。但有一点是可以肯定的，亦即张大豫、王穆起事的最佳时机，应该在淝水之战刚刚结束之后不久。但他们一直到太元十一年才起兵，说明他们起事的力量以及决心都不足；很可能是在东晋军队的促动下才组织起来的。而促动此事的又很可能是朱序，因为朱序此时已经奉命镇守洛阳，而此前在作战中逼近西北一线的东晋军队，也只有等朱序到了之后，才算有了实至名归的"司令官"。

据《晋书·吕光载记》，淝水之战以后，张天锡逃到东晋，他的世子张大豫则被长水校尉王穆藏了起来。太元十一年二月，魏安人焦松、齐肃、张济等人聚集数千人，迎立张大豫为首领，攻克吕光的昌松郡（治今甘肃武威东南）。吕光派辅国将军杜进前往讨伐，被击败。张大豫转逼姑臧（今甘肃武威市）。王穆向张大豫进言说："吕光粮丰城固，甲兵精锐，逼之非利。不如席卷岭西，厉兵积粟，东向而争，不及期年，可以平也。"（《晋书·吕光载记》）张大豫不纳。此时建康太守李隰和祁连都尉严纯起兵响应，张大豫军发展至三万人，保据杨坞（在今甘肃武威西）。太元十一年四月，张大豫自杨坞进至姑臧城西，长史王穆及秃发思复鞬之子秃发奚于率部众三万人进驻姑臧城南。吕光率军出击，斩秃发奚于等两万余人，张大豫从此一蹶不振，率部自西郡（今甘肃永昌西北）入临洮，驻守俱城（今甘肃岷县境内），在逃亡路上被俘，斩于姑臧市。太元十一年九月，吕光得知苻坚被后秦主姚苌所杀，下令三军缟素，自立为帝，国号凉（史称后凉），建元为太安。王穆为吕光所败之后，逃往建康（今兰州一带），此后又起兵袭据酒泉，并与张掖太守彭晃、西平太守康宁及吕光的叛将徐炅等人联手，任命索嘏为敦煌太守，继续攻击吕光。但后来王穆又与索嘏闹起了内讧，互相攻击，被吕光趁机击败，王穆在逃亡过程中被杀。王穆的最后失败，就在太元十二年，《晋书·吕隆载记》："吕光以孝武太元十二年定凉州，十五年僭立。"

　　张大豫、王穆恢复凉州，颇有名正言顺的味道。《晋书·郭瑀传》记载凉州名士郭瑀起兵响应张大豫、王穆时说："临河救溺，不卜命之短长；脉病三年，不豫绝其餐馈；鲁连在赵，义不结舌，况人将左衽而不救之！"可见张大豫、王穆起兵，名义上是为了让凉州百姓免于"左衽"（也即落入胡人之手）的命运，回归东晋。《十六国春秋》说张大豫改元"凤凰"，则是自立为帝之意，此事不可信。清代全祖望《鲒埼亭集外编》卷四十三《答史雪汀问十六国春秋书》："宋龚颖《运历图》载前凉张寔改元永安、张茂改元永元、张重华改元永乐、张祚改元和平、张天锡改元太清、张大豫改元凤皇，谓出鸿书。晁公武曰：晋史张轨世袭凉州，但称愍帝建兴正朔。其间惟张祚篡窃，改建兴四十二年为和平元年，祚诛后复奉穆帝升平之朔。不知颖何所据。"① 所论颇为有理。据情理推测，当时张天锡在东晋，深得孝武帝信赖，如果张大豫自立为帝，威望有限，陇西一带不会纷纷响应；而且此举突破了东晋的底线，留居建康的张天锡必然遭受连累。因此，张大豫、王穆起兵，就应当打出为东晋收复失地的旗号，且有可能在张天锡的努力下，就近争取东晋军队的支持。

在张大豫、王穆起兵反秦之际，负责雍州、秦州并实际上兼管凉州军务的朱序，理应大力协助。因此朱序派遣人前往凉州，与张大豫、王穆进行沟通联络，甚至派出军队策应，皆在情理之中。这一点可以从《晋书·郗恢传》中得到佐证："会朱序自表去职，擢恢为梁秦雍司荆扬并等州诸军事、建威将军、雍州刺史、假节，镇襄阳。恢甚得关陇之和，降附者动有千计。"关陇指关中和甘肃东部一带地区。这一记载表明，掌管关陇一带的军事，招降这一带的叛军，是继任者郗恢的应有职责，当然也就是前任朱序的应有职责了。郗恢接任不久，湖城、上洛及洛阳均遭到后秦的围攻，郗恢派兵救援，秦军退却，"恢以功进征虏将军，又领秦州刺史，加督陇上军"。"督陇上军"指"督陇上诸郡军事"。《宋书·天文志》："（太元）十二年，慕容垂寇东阿，翟辽寇河上，姚苌假号安定，符登自立陇上，吕光窃据凉土。"郗恢"督陇上诸郡军事"颇能反映朱序在任时，有"督陇上军"的实际职责但没有正式的名号，直到郗恢到任之后，才给予了正式的名号。

因此，应该就在张大豫、王穆等人起兵于凉州之时，实际

---

① 余嘉锡：《四库提要辨证》，湖南教育出版社 2009 年版，第 335 页。

上兼督陇上诸郡军事的朱序派人前去联络，身为朱序参军的陶渊明，也就作为军中使者之一到了张掖；为此有了"张掖至幽州"的回忆性诗句。同时，张大豫起兵、朱序初次镇守洛阳，与陶渊明北方从军早期，处于一个时间节点上，共同构成了陶渊明张掖之行的背景。

第二节　三良、河关与张掖之行

太元十一年，张大豫、王穆等人起兵反秦，意图收复凉州。朱序在荆州时曾多次策应凉州的军事行动，此时负责西北军事，理当派人去凉州联络乃至派兵协助。就在这种情况下，陶渊明作为军中使者之一前往张掖，《拟古》追忆了这次张掖之行："少时壮且厉，抚剑独行游。谁言行游近？张掖至幽州。"此行所经之处，见于《咏三良》及后来的回忆之辞。

一、《咏三良》与凤翔三良墓

太元十年下半年，朱序进驻洛阳。是年冬天或第二年春天，陶渊明奉朱序之命前往凉州，到张大豫、王穆军中联络反秦之事，于是就到达了张掖一带。

陶渊明从洛阳出发前往凉州，必须经过陕西境内，而商山、三良冢等古迹就处于他经行的路线上。陶诗中有"黄绮之商山""路若经商山"等句子，又有《咏三良》一诗，这些都不是简单的想象之词，而是与他的亲身经历有关。

陶渊明《赠羊长史》云："贤圣留余迹，事事在中都。岂忘游心目？关河不可逾。九域甫已一，逝将理舟舆。闻君当先迈，负痾不获俱。路若经商山，为我少踌躇。"两晋之时，"中都"即指洛阳，如《晋书·五行志》："永嘉后，刘、石遂篡中都。""及怀愍之世，王室多故，而此中都丧败，元帝以藩臣树德东方，维持天下。""贤圣留余迹，事事在中都"表明他对洛阳的古迹非常熟悉，例如《拟古》中的"百尺楼"，《杂诗》中的"东崖"等（详见第五章）。而诗中的"路若经商山，为我少踌躇"，或反映他没去过商山一带，为此很想羊长史经过之后给他介绍一二；或反映他早年去过此地，为此很想羊长史留意一下，看看印象中的商山是否有什么变化。而从下面"多谢绮与角，精爽今何如？紫芝谁复采？深谷久应芜"几句话来看，问得非常具体，为此曾经亲历此地的可能性更大。另外，在南北隔绝的情况下，自幼生活在南方的陶渊明，如果没有到过关中，是不大可能知道羊长史此行是一定要经过商山的。此外，《桃花源诗》云："嬴氏乱天纪，贤者避其世。黄绮之商山，伊人亦云逝。"再一次提到了商山。这些都反映陶渊明对商山的印象很深，应当不是纸上谈兵所致。

陈寅恪《桃花源记旁证》提出桃花源应在北方之弘农或上洛一带，而桃源之人所避之秦乃苻秦而非嬴秦。学者对这一观点议论甚多，可否不一。事实上，这一观点很值得重视，因为它颇能应对《桃花源诗》存在的一些疑点。

其一，联系陶渊明的其他诗文，指斥"嬴氏乱天纪"无疑是《桃花源诗》的主要目的。陶渊明在诗中多次提到秦朝，如《咏荆轲》《咏三良》及《饮酒》的"漂流逮狂秦"，《桃花源诗》的"嬴氏乱天纪"、《桃花源记》的"避秦时乱"等。在诗人笔下，秦朝被称为"狂秦""强嬴"，是制造"时乱"及"乱天纪"的罪魁祸首。又《饮酒》的"漂流逮狂秦"，并不局限于指斥秦朝的"焚书坑儒"，更重要的是指秦朝扰乱纲常，导致了"礼崩乐坏"的局面。自汉武帝"罢黜百家，独尊儒术"以来，儒学的主要政治功能就是维护"三纲五常"，而废弃儒学就意味着废弃纲常。君主受辱，臣子作乱，兵连祸结，百姓遭殃，这都是纲常扫地带来的一系列恶果。《晋书·束皙传》："存道德者，则匹夫之身可荣；忘大伦者，则万乘之主犹辱。""大伦"即纲常，维护纲常才能维护天子的权威，安定天下百姓。纲常扫地，导致陶渊明感慨万分，或发誓要像荆轲一样刺杀秦王，以铲除扰乱纲常的元凶大恶，大济苍生；或发誓要独善其身，像商山四皓及桃源中人一样避入深山。

然而历史上的秦朝与诗人笔下的秦朝差异很大。秦始皇结束了春秋战国数百年诸侯混战的局面，建立了大一统的国家，为汉朝确立纲常奠定了基础。秦朝虽然贬黜儒术，却不是"乱天纪"的罪魁祸首，反而是汉朝"天纪"的奠基者。天下统一之后，大部分百姓都能安居乐业，又是秦朝结束了"贤者避世""百姓流离"的乱局。以此而论，陶渊明反复提到的"狂秦""强嬴""嬴氏"，并不等同于历史上的秦朝；否则他就是在刻意歪曲历史。在陶渊明生活的年代，对东晋威胁最大的外敌莫过于前秦，"乱天纪"最甚的也莫过于前秦，而其他北方敌国都尚未强大到这一程度。若说桃源之人所避之秦乃苻秦而非嬴秦，所往之地在前秦境内而非东晋境内，就可以说明陶渊明笔下的秦朝为什么会与历史上的秦朝不同，也可以较好地解释以桃花源隐喻现实的意义。

其二，商山四皓虽因秦乱而隐居，却更以"义不为汉臣"而扬名（见《史记·留侯世家》），在他们身上，隐逸、养生的色彩很浓，却没有铲除战乱、扶植"天纪"这类积极用世的色彩。故而曹植《商山四皓》云："嗟尔四皓，避秦隐形。刘项之争，养志弗营。不应朝聘，保节全贞。应命太子，汉嗣以宁。"（《艺文类聚》卷三十六）因此，商山四皓只能作为避乱而隐居者来描述，不能作为反对战乱的人物来描述，否则有违诗人指斥"嬴氏乱天纪"之旨。又《桃花源诗》云："黄绮之商山，伊人亦云逝。"若是桃花源在南方，与商山相距甚远，将两者放在一起来叙述又很不合理。综合起来，这两句诗应当暗示桃花源与商山相距不远，两者具有地域上的关联性，故而放在一起来叙述。如此一来，联袂而去的商山四皓及桃源中人就很像东晋时期在北方大地上据坞堡以自守的百姓，具有了反抗割据分裂的积极意义。而这种思路，也只有将"秦"解释为苻秦才能得到很好理解。

陈寅恪先生指出，《搜神后记》中的《桃花源记》，"实陶公草创未定之本"。① 这个"草创本"记载了太元年间发生的事情，相比之下，《搜神后记》记载其他太元年间的故事，又多半采自洛阳及周边地区（详见第五章），两者具有时空上的类同性，暗示陶渊明也应当是在洛阳期间听到这一故事的。因此，如果陶渊明在北方从军期间，曾经过商山并在这一带听到桃花源的故事，就可以使上述情况得到较为合理的解释。一则"嬴氏乱天纪"及"秦时乱"都可以落实为前秦之乱，不必考虑它们与嬴秦的差异；二则"晋太元中"武陵人误入桃源，稍后数年陶渊明到了洛阳，又在商山一带听到这个故事，两件事具有时间上的衔接性及地域上的吻合性。三则桃源与商山相距不远，故而《桃花源诗》将两者连带起来叙述是合理的。诗人将前秦处理成"嬴秦"，将北方见闻者处理成捕鱼为业的"武陵人"，拉开了时空距离，导致这一故事带上了虚幻的色彩。但如果撇开这一点，

① 北京大学中文系编：《古典文学研究资料汇编：陶渊明卷》上编，中华书局 1961 年版，第 344 页。

桃花源俨然就是一个写实的故事。总而言之，上述分析均表明陶渊明曾经到过商山，而商山又应当是张掖之行所经过的地方。

陶渊明前往张掖，沿着秦岭北麓一路前行，经过了商山，又经过了位于凤翔县的三良墓，有感而作《咏三良》。到了凤翔，就已经接近凉州地界了。

明朝刘於义等《陕西通志》卷七十一记载凤翔府凤翔县有三良冢，"在城南半里许，有碑记。文公六年，秦伯任好卒，以子车氏之三子奄息、仲行、针虎为殉，皆秦之良也，国人哀之，为之赋黄鸟"。引《括地志》云："三良冢在岐州雍县一里故城内。"在历史上，对三良墓的歌咏之作也比较常见。三国时，阮瑀作《咏史诗》歌咏三良："误哉秦穆公，身没从三良。忠臣不违命，随躯就死亡。低头窥圹户，仰视日月光。谁谓此可处，恩义不可忘。路人为流涕，黄鸟鸣高桑。"建安十六年（211），阮瑀随军西征关中，诗歌应当作于此时，为见古迹而怀古之作。唐朝刘禹锡《三良冢赋并序》："吾西游汧、渭，出于岐、雍之间，于古道傍得三良冢，心甚哀之。"辞曰："昨宿岐城，晓涉渭东。霜凌雪结，飞沙乱蓬。中野踟蹰，届此古墟。野人曰：即车氏之冢。"（《全唐文》卷五百九十九）更可见三良冢的具体位置非常清晰，而且位于古道旁边。按三良墓今在陕西凤翔县城南的翟家寺村东，处于雍城遗址之中，尚存有清代巡抚毕沅所书的碑刻。

《陶渊明集》中的"三咏"，即《咏二疏》《咏三良》《咏荆轲》三首，属于魏晋时期常见的咏史诗，诗意比较明白，不难理解，但对于作品系年却是一个很大的挑战。很多注本在这一点上都采取了回避的态度，并不明言它们作于何时。强为之说者亦有之，如明代黄文焕《陶元亮诗析义》说这三篇作于晋宋易代之后："以诗旨揣之，大约为禅宋后。"①

朱自清在《陶诗的深度》中指出，历来以"忠愤"论陶的，除了引《述酒》诗为证之外，还以《咏荆轲》《咏三良》及《拟古》诗为证据，参用《杂诗》助成其说。汤汉说："三良与主同死，荆轲为主报仇，皆托古以自见。"其实据他分析，"三良"与"荆轲"都是魏晋诗人的熟题目，如曹植有《三良诗》，王粲《咏史》诗也咏"三良"；阮瑀有《咏史》诗二首，咏"三良"及荆轲事。"三良"也是魏晋时期常用的典故，如潘岳《寡妇赋》："感三良之殉秦兮，甘捐生而自引。"《晋书·殷浩传》："存亡有非命之分，九泉无自诉之期，仰感三良，昊天罔极。"所以朱自清认为："渊明作此二诗，不过老实咏史，未必别有深意。"

朱自清说"未必别有深意"，不一定妥当，但指出"三咏"与刘裕无关，倒是合乎情理的。其一，用《拟古》《杂诗》来证明《咏荆轲》《咏三良》的"忠愤"之意，是很不恰当的。因为《拟古》中的"少时壮且厉，抚剑独行游"等语，最为豪迈，也最能体现与《咏荆轲》类似的情怀；但这两句明确指出是青年时期的情状，与刘裕篡国毫无关系。而《杂诗》云："忆我少壮时，无乐自欣豫。猛志逸四海，骞翮思远翥。荏苒岁月颓，此心稍已去。"清晰地描绘了自己的心态变化。少年时，陶渊明满怀猛志，谈不上什么退隐之心；年老之时，虽然也有"刑天舞干戚，猛志固常在"之类的冲动，但毕竟以安闲之心为主。偶尔思及现实，也是悲伤居多，愤慨居少。其二，以《述酒》《咏荆轲》《咏三良》来证明"忠愤说"，同样是矛盾重重的。《述酒》

---

① 王运生：《陶诗及东坡和陶诗评注》，云南教育出版社 1991 年版，第 305 页。

无疑有眷恋哀伤东晋之情怀，但并没有表露要去讨伐刘裕之意，也没有表露为晋恭帝殉葬之情。即便如注家所说有"忠晋愤宋"之情，也显得十分隐晦，显示作者并不愿意明言（著者认为《述酒》旨在叙述东晋历史，与刘裕无关，详见第七章）。既然如此，他又怎能在《咏荆轲》中如此直白地说要去"刺杀秦王"（按"忠愤说"，"刺杀秦王"则相当于刺杀刘裕），在《咏三良》中如此直白地说"殉君"（按"忠愤说"，"殉君"就等于要跟晋恭帝一块去死）？假如诗人真的毫无忌讳，《述酒》就不必写得如此隐晦了。

正如朱自清所论，魏晋时人经常使用"三良"的典故。综合起来，其含义大致有三：（一）以"三良"比喻国家栋梁。《晋书·陆玩传》："寻而王导、郗鉴、庾亮相继而薨，朝野咸以为三良既没，国家殄瘁。"（二）以"三良"殉葬比喻君王自坏栋梁。《晋书·刘聪载记》："陛下方隆武宣之化，欲使幽谷无考盘，奈何一旦先诛忠良，将何以垂之于后！昔秦爱三良而杀之，君子知其不霸。"（三）歌颂"三良"重信义。《汉书·匡衡传》云："秦穆贵信而士多死。"应劭注云："公与群臣饮酒酣。公曰：'生共此乐，死共此哀。'奄息、仲行、针虎许诺。及公薨，皆从死。"清代赵翼在《陔余丛考》卷二指出，"三良"殉葬乃是三子自殉，"而非穆公之乱命矣"。葛立方《韵语阳秋》卷九指出，王粲、陶渊明之诗"皆不以三良之死为非"。到了唐朝，有李德裕批评"三良"未能死得其所，与"社稷死则死之"不可同日而语。苏东坡和陶诗亦云："顾命有治乱，臣子得从违。"意指"三良"妄从乱命，死得不值。事实上，魏晋时期并没有类似于李德裕的观点，但李德裕的观点却颇能排斥"忠晋愤宋"的意思。因为"三良"之死完全不同于"社稷死则死之"。就陶渊明的《咏三良》而言，意在歌咏三良的信义之节，与时人一致。《晋书·左芬传》："嗟余鄙妾，衔恩特深。追慕三良，甘心自沈。何用存思？不忘德音。"王粲《咏史诗》："生为百夫雄，死为壮士规。黄鸟作悲诗，至今声不亏。"（《文选》卷二十一）而陶渊明《咏三良》云："厚恩固难忘，君命安可违？临穴罔惟疑，投义志攸希。"就恰好等于把左芬、王粲的意思糅合到了一起。

在陶渊明的诗文中，反复歌咏信义的只有《感士不遇赋》，如："夫履信思顺，生人之善行。""发忠孝于君亲，生信义于乡间。推诚心而获显，不矫然而祈誉。""留诚信于身后，恸众人之悲泣。"《陶征士诔》："睦亲之行，至自非敦。然诺之信，重于布言。"重信义，重然诺，这些都与《咏三良》表现的思想一致，但在他归田以后的诗文中则几乎没有任何表现，表明它反映了陶渊明的早期思想。

与左思的咏史诗相似，《咏三良》也兼有"咏怀"的特点。为了咏怀，诗人也就不得不对历史进行一定的加工，以便表现自己的创作主题。例如"弹冠"常用于表示"释褐出仕"或"初仕"的意思。《晋书·贺循传》："夫百行不同，故出处道殊……烛之武乘缒以入秦，园绮弹冠而匡汉，岂非大雅君子卷舒合道乎！"《宋书·檀道济传》："夫弹冠出里，结组登朝，道申于夷路，运艰于险辙，是以古人裴回于出处，交战乎临岐。"《梁书·沈约传》："或辞禄而反耕，或弹冠而来仕。"按"三良"为子车氏之子，以前是否隐居，随从秦穆公之时是否为初仕，史无明文。因此，陶渊明在"三良"故事中附加"弹冠乘通津，但惧时我遗"这一点，就应该暗喻自己"初仕"，其情怀则类似于"三良"。"三良"应当是武将，也不见有出谋划策之事。因此，"箴规向已从，计议初无亏"也没法在"三良故事"中找到出处。陶渊明加上这两句话，应当是暗示自己为"参军"，承担了"参议"之事。"初仕"而常常出谋划策，这与他始作镇军参军、转入朱序军中仍为参军的"初仕"情况是吻合的。借三良之事表达自己意图建功但又"常恐功愈微"的情怀，这与初仕而未有寸功的情况也是吻合的。初仕而抱有与"三良"一样为君殉死的情怀，又与前往张掖时的处境吻合。因为此去脱离后方，深入敌境，生死难测，故而诗人表达了以死殉国之志，名为咏史而实为咏怀。

就"老实咏史"而言，《咏三良》与其他人的作品没有太大区别；但颇有些借咏史以咏怀的特点，体现了陶渊明年轻时的从军心态。当时陶渊明一腔热血，致力于报效国家，其忠诚之心，天日可鉴；然而面对三良冢，他又感到伤怀，因为在虎狼遍地、九死一生的情况下，他不得不做好"殉国"的打算，堪称"忠臣不违命，随躯就死亡"。淝水之战以后，有志之士致力于收复失地，拯救苍生，在北方从军的陶渊明也不例外；而从二十九岁以后，陶渊明历次出仕，都已不再面临此种绝境，也不再具有这种心境。在权臣醉心于内斗的情况下，已经无所谓收复失地、大济苍生的国家大业；而且在君庸臣乱的情况下，君也不值得忠，臣也不值得死。总而言之，以往对"三咏"的系年是不妥的。事实上此诗应当作于陶渊明北方从军之时，而且是在前往张掖、经过三良墓的情况下创作的。从诗艺来说，《咏三良》的模拟痕迹较为明显，不够圆融自然，这与陶渊明当时只有二十来岁的情况也是吻合的。

总结上述，陶渊明的张掖之行经过了陕西的商山及凤翔。商山位于秦岭的东段，凤翔位于秦岭的西段，为此可知他是沿着秦岭北麓一路西行的。当时晋军已经收复弘农郡以及汉中，陶渊明此行避开了长安附近的敌寇，应该还是比较安全的。他离开凤翔之后，再往西走，就到达了天水一带，进入凉州境内，经过了位于今甘肃永靖县境内的河关，此后便进入河西走廊，直奔张掖而去。

二、"晨去越河关"与甘肃河关县

陶渊明《拟古》云："东方有一士，被服常不完。三旬九遇食，十年著一冠。辛苦无此比，常有好容颜。我欲观其人，晨去越河关。青松夹路生，白云宿檐端。知我故来意，取琴为我弹。上弦惊别鹤，下弦操孤鸾。愿留就君住，从今至岁寒。"这首诗如同一幅写意画，描绘了一个孤傲、清高的隐士形象。

北宋苏轼认为这个"东方一士"是陶渊明的自我写照。他说："此东方一士，正渊明也。不知从之游者谁乎？若了得此一段，我即渊明，渊明即我也。"[1]明代黄文焕《陶诗析义》卷四："东晋祚移而举世无复为东之人矣，特言'东方有一士'，系其人于东也。鸾孤鹤别，岂复有耦哉。嗟夫！真能为晋忠臣者，渊明一身而已，自喻自负。"黄文焕说"东方一士"为陶渊明自喻，又说这一人物形象隐含矢志为东晋守节之意。清代邱嘉穗《东山草堂陶诗笺》卷四："此公自拟其平生固穷守节之意，而托言欲观其人，愿留就耳。"意见相似。有一些学者则认为"东方一士"的原型是魏晋时期的隐士，如清代蒋薰评《陶渊明诗集》卷四："伊何人哉，其孙登之流耶？是神仙而无铅汞气者。"孙登是魏晋之交的著名隐士，见《晋书·隐逸传》："孙登，字公和，汲郡共人也。无家属，于郡北山为土窟居之，夏则编草

---

① （宋）苏轼著，李之亮笺注：《苏轼文集编年笺注》第11册附录一，苏轼诗集卷三十二，巴蜀书社2011年版，第602页。

为裳，冬则被发自覆。好读《易》，抚一弦琴，见者皆亲乐之。"清代陈沆《诗比兴笺》卷四说此诗为"渊明自咏"，但又说："欲观其人，从至岁寒，其余不欲观之也。若刘遗民辈，殆其俦亚。"① 认为"东方一士"可能是刘遗民一类的人物。总结起来，说"东方一士"指某一人物，未免穿凿；但说这个形象糅合了多个隐士的特征，则应该是没有问题的。

现代学者受"文学虚构"思维的影响太深，认为"东方一士"是陶渊明心目中的理想形象，没有写实成分，如袁行霈《陶渊明集笺注》云："此东方之士乃设为理想中人，非固定指某人，亦非自指。"② 说他完全是虚构的形象，与任何历史人物都毫无瓜葛，未免过于虚无，颇有"唯心"色彩。实际上，学者引用种种典故来注释"东方一士"，就已经肯定这个人物有一定的参照系，并非纯粹的臆想。

南宋汤汉注《陶靖节诗》卷四指出，"东方一士"跟袁旌目的典故有关。③ 按《册府元龟》卷八百零五："袁旌目，东方之士也。将有所适而饥于道，狐父之盗丘见之，下壶飡以与之。袁旌目三哺而能视，仰而问焉：'子谁也？'曰：'我狐父之盗邱也。'袁旌目曰：'嘻，汝乃盗也。何为而食我以吾不食也？'两手据地而呕之，不出，喀喀然，遂伏地而死。"此故事见于《吕氏春秋·介立》、刘向《新序·节士》以及《列子·说符》。又据古直所解，"三旬九遇食，十年著一冠"两句，出自《庄

---

① 以上均见王运生《陶诗及东坡和陶诗评注》，云南教育出版社 1991 年版，第 230 页。
② 袁行霈：《陶渊明集笺注》卷四，中华书局 2003 年版，第 328 页。
③ （晋）陶潜撰，（宋）汤汉注：《宋刊陶靖节诗》卷四，福建人民出版社 2008 年版。

子·让王篇》所叙的曾子故事，此故事说曾子居卫，"三日不举火，十年不制衣"，贫困至极，却拒绝出仕，以致"天子不得臣，诸侯不得友"。[①] 这些注解反映"东方一士"的形象中，多少有一些袁旌目、曾子之类的影子在内。

"东方有一士"一诗画面鲜妍，气韵盎然。就创作原理而言，此诗应当有一些现实生活为基础，很可能在陶渊明一生中有一个类似于"东方一士"的人物曾跟他面对面交流过。相比之下，袁旌目、曾子乃至于孙登之类的人物，都作古已久，不能给陶渊明带来直观而鲜活的感受，还不足以建构"东方有一士"一诗的意境。刘遗民与他同列"寻阳三隐"之内，时常来往，缺乏新奇感，也缺乏"东方有一士"一诗描述的距离感。因此，在"东方一士"的原型之中，应当有一个是与陶渊明同时的隐士，他是陶渊明深表敬佩的人物，但却不是寻阳或寻阳附近的人物。关于这一点，可以就"晨去越河关"一句展开讨论。

"晨去越河关"一句，看起来通俗易懂，故而大多数注家都不加注释，但这样做很容易忽略其中的重要信息。因为其中的"河关"一词，还是很值得考证的。

汉晋之时，"河关"多指地名，即河关县。河关县始设于西汉，属凉州金城郡（治所在今兰州西）。《汉书·地理志》："河关，积石山在西南羌中，河水行塞外，东北入塞内。"《后汉书·郡国志》："河关，故属金城。积石山在西南，河水出。"《后汉书·董卓列传》记载，汉灵帝中平元年（184），"北地先零羌及枹罕、河关群盗反叛"，杀护羌校尉泠征，劫持金城人边章、韩

---

① 古直笺，李剑锋评：《重定陶渊明诗笺》卷四，山东大学出版社 2016 年版，第 153 页。

遂，"使专任军政，共杀金城太守陈懿，攻烧州郡"。《后汉书·西羌传》："西羌之本，出自三苗，姜姓之别也。其国近南岳。及舜流四凶，徙之三危，河关之西南羌地是也。滨于赐支，至乎河首，绵地千里。"三国之时，蜀国姜维曾自狄道攻拔河关。又《通典》卷一百五十一："魏将郭淮讨叛羌，其羌师屯河关、白土故城，据河拒官军。"延及西晋，河关县犹在，归属于秦州的狄道郡。《晋书·地理志》："惠帝分陇西之狄道、临洮、河关，又立洮阳、遂平、武街、始兴、第五、真仇六县，合九县，置狄道郡，属秦州。"

河关县得名，与其地望有关。《山海经·西山经》："积石之山，其下有石门，河水冒以西流。是山也，万物无不有焉。"北魏郦道元《水经注》卷二："河水重源，又发于西塞之外，出于积石之山。《禹贡》所谓导河积石山也。山在西南羌中，烧当所居也。河水屈而东北流，迳析支之地，是为河曲矣。应劭曰：《禹贡》析支，属雍州，在河关之西。东去河关千余里，羌人所居，谓之河曲羌也。东北历敦煌、酒泉、张掖南。"《地理志》曰："汉宣帝神爵二年，置河关县，盖取河之关塞也。"由上述中的"石门""河之关塞"等语可知，"河关"是黄河关隘的意思，县名即由此而来。

河关县治位于何处，历代人有不同意见。有人认为在青海省贵德县境内[①]，陈新海《汉河关县地望考》则将它定位在黄河南岸、洮水西岸的赤岸附近（在今甘肃永靖县境内，距离现代修建的刘家峡水库不远），此说应当较为合理。从河关渡河之后，经今甘肃永靖县，便可以进入位于西宁、张掖之间的小湟

---

① 李士发：《贵德风情》，远方出版社 2010 年版，第 146—147 页。

中。^① 如《三国志·魏书·夏侯渊传》："渊别遣张郃等平河关，渡河入小湟中，河西诸羌尽降，陇右平。"所描述的行军路线与陈新海的结论比较吻合。小湟中环山带水、森林茂密、水草丰美，是西北一带极为重要的地区，而河关则成为进入小湟中的关隘之地。总之，在两汉、西晋之时，陕甘宁一带靠近统治的核心区域，河关县是关中地区的边陲屏障，又处在通往陇右的交通要道上，地理位置十分重要。

从汉至晋，文献中的"河关"多半指"河关县"，东晋晚期至南朝，"河关"的意思逐渐发生了一些变化，这应当与汉人政权长期处于南方、"河关县"长期被胡人政权占据有关。如鲍照《拟行路难》："君不见少壮从军去，白首流离不得还。故乡窅窅日夜隔，音尘断绝阻河关。朔风萧条白云飞，胡笳哀急边气寒。"诗中的"河关"不再具体指"河关县"，但却代表朔方与内地的分界线，与河关县仍然存在密切关系。又如颜延之《秋胡行》："离居殊年载，一别阻河关。春来无时豫，秋至恒早寒。"这是一首行役之诗，其中"河关"仍然象征着朔方与内地的分界线。又谢朓《移病还园示亲属诗》："海暮腾清气，河关秘栖冲。"将"海暮"与"河关"对举，"河关"也指北方边地。

入唐以来，"河关"所指又有变化。李峤《楚望赋》："或复天高朔漠，气冷河关；汉塞鸿度，吴宫燕还。"（《全唐文》卷二百四十二）仍然以河关代指朔漠与内地的分野之地。阎随侯《西岳望幸赋》："壮哉太华兮，为金方之镇！削成四面，壁立千仞；势厄河关兮横地以杰出，气雄宇宙兮极天而增峻。"^② 这里

① 陈新海：《汉河关县地望考》，《中国历史地理论丛》，1999 年第 2 期。
② 李峤、阎随侯文章见周绍良总主编《全唐文新编》卷二百四十二、卷四百，吉林文史出版社 2000 年版，第 2728、4605 页。

的"河关"，显然是黄河与潼关的合称，与"河关县"的意思相差较远了。李德裕《唐故开府仪同三司行右领军卫上将军致仕上柱国扶风马公神道碑铭》："公始罢淮南监军使，诏除内飞龙使……旋以股肱近地，河关要津，爰辍信臣，再监戎旅。"[1] 沈亚之《旌故平卢军士文》："行余与旷会于河关之间。"李商隐《代安平公遗表》："自去年秋，来典河关，兼临甸服，惟当静而阜俗，清以绳奸。"[2] 这几个"河关"，也都是黄河与潼关的合称。这个词语到后来逐渐写成了"关河"，意义不断虚化。

从上述简单的考察可知，陶渊明所说的"河关"，应当指"河关县"，或指中州与朔方的分界线，不是指黄河、潼关或泛指意义上的"津河关道"。陶渊明在另一首《拟古》诗中说："少时壮且厉，抚剑独行游。谁言行游近？张掖至幽州。"明确说自己"少时"曾到了张掖一带。河关县是进入张掖的交通要道，若陶渊明曾到过张掖，那么他曾经过河关便合情合理，而《拟古》诗中出现的"河关"，也是可以解释成"河关县"的，它与张掖同属于陶渊明在凉州一带经行的地方。进而论之，这两个地方对探究"东方一士"的原型又颇有帮助。

按《晋书·隐逸传》："郭瑀字元瑜，敦煌人也。少有超俗之操，东游张掖，师事郭荷，尽传其业。"郭荷去世之后，郭瑀为之服丧，又守墓三年。"礼毕，隐于临松薤谷，凿石窟而居，服柏实以轻身，作《春秋墨说》《孝经错纬》。弟子著录千余人。"凉州刺史张天锡征之，不出。前秦攻占凉州之后，郭瑀仍

---

[1] 李德裕:《李卫公会昌一品集》别集卷六,《丛书集成初编》本, 第220页。

[2] 周绍良总主编:《全唐文新编》卷七七一,吉林文史出版社2000年版, 第9190页。

以著述授业为事。太元十一年，王穆起兵酒泉，以策应张大豫，遣使招郭瑀。郭瑀叹曰："临河救溺，不卜命之短长；脉病三年，不豫绝其餐馈；鲁连在赵，义不结舌，况人将左衽而不救之！"于是毅然出山，与敦煌人索嘏起兵五千，运粟三万石，以策应王穆。王穆得到郭瑀的大力支持，势力大增，遂以郭瑀为太府左长史、军师将军，对他十分器重。但之后王穆听信谗言，西伐索嘏，闹起了内讧。郭瑀对他进行了一番苦谏，但王穆不从。郭瑀悲愤无奈，便离开了王穆，始则"不与人言，不食七日"，继而"还酒泉南山赤崖阁，饮气而卒"，含恨离开了人世。

将上述史实与陶渊明《拟古》诗结合起来考察，可以发现陶渊明前往张掖跟郭瑀出山颇有些关系。

其一，郭瑀是凉州名士，声震一时，门生众多，以凉州刺史张天锡之身份以及前秦皇帝苻坚之威，尚且不能征召他出山，足以反映他的名士风格，也颇能反映他在地方上的影响力。但到了太元十一年，区区一个起兵反秦的凉州军将王穆就能邀请他出来做军师，这看来有些离谱。按照《晋书·隐逸传》，郭瑀说自己出山是为了仿效鲁仲连义不帝秦的风格，拯救尽将"左衽"也就是被胡人蹂躏的凉州百姓，颇有代天子立言之气度，这看来是东晋朝廷劝导的结果。此时前任凉州刺史张天锡早已脱离前秦，回到东晋，甚得晋孝武帝宠信，因此朝廷就有可能在张天锡的请求下，派人跟镇守洛阳的豫州刺史朱序宣达旨意，要求他积极策应张天锡的儿子张大豫在凉州反秦。因为郭瑀在凉州影响巨大，邀请郭瑀出山对张大豫反秦颇有帮助，所以朝廷也就有可能在张天锡的请求下对此事进行部署。朱序接到朝廷的旨意之后，就迅速派遣一班人马前往凉州，联络反秦事宜；陶渊明等人由此就到了张掖，把朝廷的旨意告诉了郭瑀。面对朝廷的旨意，以"孝""礼"闻名的郭瑀就不能再推辞了。

其二，按照《晋书·隐逸传》，郭瑀出山之前，隐居在张掖临松山薤谷。《太平寰宇记》卷一百五十二："临松山，一名青松山，一名马蹄山，又云丹岭山，在（张掖）县南一百二十八里。"《十六国春秋》："元嘉元年，张掖临松山有石如张掖字。"郭瑀隐居于临松山的石窟之中，山上青松甚多，与《拟古》诗"青松夹路生"的描述颇为吻合。①郭瑀"服柏实以轻身"，进入王穆军中之后，"虽居元佐，而口咏黄老"，明显为一好道之士。刘向《列仙传》曰："赤松子好食柏实，齿落更生。"（《太平御览》卷九百五十四）又曰："赤须子，丰人也……食柏实石脂，绝谷，齿落更生，细发复出。"（《文选》左思《吴都赋》注）服食柏实，且与"辟谷术"配套进行，这是汉晋之时流行的"长生之术"。因此，"三旬九遇食"既可以说是曾子"三日不举火"的转述，也可以说是郭瑀"服柏实"、修炼辟谷之术的鲜明写照。相比之下，郭瑀更能给陶渊明留下深刻的印象。

其三，《拟古》诗云："上弦惊别鹤，下弦操孤鸾。"按崔豹《古今注》："商陵牧子娶妻五年，无子，父兄将欲为改娶。妻闻，中夜惊起，倚户悲啸。牧子闻，援琴鼓之，痛恩爱之永离，因弹《别鹤》以舒愤，故曰《别鹤操》。"（《艺文类聚》卷九十）这一典故，注家多已指出。但是，"东方一士"对陶渊明抒发的，显然不可能是夫妻别离之情。《采菽堂古诗选》卷十三："别鹤、孤鸾，皆无无谓。"②似乎说陶渊明所说的"别鹤""孤鸾"，皆不

---

① 参见朱瑜章《临松薤谷：河西文化的渊薮之一》，《河西学院学报》，2016 年第 6 期。
② （清）陈祚明评选，李金松点校：《采菽堂古诗选》卷十三，上海古籍出版社 2009 年版，第 424 页。

得其解。正因如此，"别鹤""孤鸾"所指向的情感，还值得进一步关注。假如这个"东方一士"是孙登一类的隐士，惯于并且乐于独居，那么他面对陶渊明之时，就不会抒发强烈的离群索居之情，而"别鹤""孤鸾"也不会表示强烈的渴求知音之意。按庾信《拟咏怀二十七首》有云："抱松伤别鹤，向镜绝孤鸾。不言登陇首，唯得望长安。"清人倪璠注解云："喻己身在异域，如别鹤、孤鸾也。"① 用"别鹤""孤鸾"比喻"身在异域"，这看来比较适合"东方一士"所抒发的感情。据《晋书·孝武帝纪》，太元元年秋七月，"苻坚将苟苌陷凉州，虏刺史张天锡，尽有其地"。自此到太元十一年张大豫起兵反秦，凉州沦陷已有十年之久。身为晋朝大儒的郭瑀，长期隐居在张掖，其心境可想而知。当他在看见陶渊明等东晋使者到来之时，不但一眼就看出了他们的来意，而且心情十分激动，情不自禁地弹起了《别鹤操》和《孤鸾操》，以抒发其长期孤处异域的凄凉。如此一来，陶渊明所说的"知我故来意"以及"别鹤""孤鸾"皆可以得到落实。也正因为有这种长期积郁的悲凉激楚之情，郭瑀才会愤然而起，毅然出山，策应王穆的反秦行动。

其四，《说文解字》释"丘"字曰："中邦之居，在昆仑东南。"张衡《灵宪》："昆仑东南，有赤县之州，风雨有时，寒暑有节。苟非此土，南则多暑，北则多寒，东则多风，西则多阴，故圣王不处焉。"（《北堂书钞》卷一百四十九）《文选·吴都赋》刘注引《禹所受地记书》曰："昆仑东南，地方五千里，名曰神州，中有五岳地图，帝王居之。"因此，将郭瑀称为"东方一士"

---

① （北周）庾信撰，（清）倪璠，许逸民校点：《庾子山集注》卷三，中华书局 1980 年版，第 245 页。

是合适的，指他为神州之人，不是冥顽不化的胡人，这与郭瑀慨叹凉州"左衽"、发誓要学鲁仲连义不帝秦的表现也是一致的。

综合起来，"东方一士"包含了袁旌目、曾子等人的形象，反映了"不食盗丘之食""天子不得臣"的政治态度，又包含了"郭瑀"之类人物"义不帝秦"的政治态度。联系《拟古》诗的创作背景，"东方有一士"一诗颇有针对刘裕的意思，将刘裕比喻成如同前秦苻坚一般的窃国大盗，而自己则发誓"义不帝秦"，不食刘裕之禄。因此，此诗创作于晋宋之交，而素材之中则包含了早年北方从军的经历。

在前面的考察中，我们已经指出陶渊明的张掖之行经过了陕西的商山、凤翔以及甘肃的河关，再加上"东方有一士"一诗，陶渊明此行的路线就显得更加清晰了。总结起来，太元十一年春天，张大豫、王穆等人在凉州起兵反秦，豫州刺史朱序派陶渊明等人前往凉州联络策应，陶渊明遂从洛阳出发，经过东晋军队设立的湖、陕二戍，进入关中，又经过凤翔，看到三良墓，然后进入天水一带，到达河关县，又自河关县渡河，进入河西走廊，到达张掖。据《史记·卫将军骠骑列传》记载，汉武帝元狩二年（前121）春，骠骑将军霍去病"将万骑出陇西"，"转战六日，过焉支山千有余里"，可见当时骑兵的行军速度很快。为此可知，陶渊明穿行于河西走廊，也用不了太多时间。到了张掖之后，他去拜见隐居在张掖临松山的郭瑀，成功地说服了郭瑀，让他出山反秦。集文章、节义、高操于一身的郭瑀，给陶渊明留下了非常深刻的印象，晚年的陶渊明就以他为生活原型，参考历史上的其他人物，创作了"东方有一士"之诗。因此，这首诗应当是基于诗人北方从军经历而写成的，同时又染上了创作之际影射现实的意义。

第四章　东征海隅考

太元十一年（386），丁零人翟辽在鲁豫一带作乱，后燕慕容垂入侵青州，导致东线告急，朝廷遂令镇守洛阳的朱序前往征讨。尚在张掖的陶渊明，因此而火速东下，转战于幽州、蓟州，南下青州，直到随朱序镇守于淮阴，才算结束了这次东征。在此期间，陶渊明行役数千里，多次濒临绝境，《咏荆轲》《咏二疏》《乞食》及两首杂诗均作于行役途中，后来作品中也有不少回忆此次行役的诗句。

第一节　东征幽州与《咏荆轲》

太元十一年，朱序奉命紧急东征，尚在张掖的陶渊明亦随即赶往东线。这是陶渊明在北方从军期间最为艰苦的一段军旅生活。他沿着黄河东下，到达幽州、蓟州，渡易水，过盘山，一直转战到辽西郡，随即沿着渤海之滨，南下青州。《咏荆轲》就作于此次行役途中，而后来的"渴饮易水流""将往至无终"都是对这次行役的回忆之辞。

一、东征之时的战争态势

淝水之战以后，东晋的北方战线西起陇蜀，东至渤海，长达三千余里，在军事上的主要任务是收复失地、平定地方叛乱、击退北方来犯之敌等。在收复失地的过程中，以河南中部为界，西线的军事统帅是荆州刺史桓冲，东线的军事统帅是前锋都督谢玄。桓冲指挥军队往西北攻汉中，往北攻击襄阳、南阳，取得了辉煌的胜利。但桓冲于太元九年（384）二月去世，使荆州失去了桓温之后最为杰出的一位军政首领。继任的荆州刺史桓石民，朝廷只同意他监荆州军事、任荆州刺史，没有将益州、梁州、江州的统辖权交付给他，体现了朝廷削弱荆州集团的用意。因此，桓石民北伐的业绩，就主要体现在往北收复洛阳方面。洛阳收复之后，东晋军队攻占了弘农郡，设立了湖、陕二戍。此时梁州刺史杨亮也发动了对蜀地的进攻，最终收复了益州。东线的军事统帅是太保谢安、前锋都督谢玄，他们发动了对豫东、鲁南、苏北的作战，收复了大片失地。但谢氏家族旋即遭到猜忌，太元十年（385）八月，谢安去世，太元十一年，谢玄亦告隐退，东线的北伐实际上就终止了。琅邪王司马道子都督中外诸军事之后，一系列的走马换将进一步削弱了北伐的军事力量。收复益州的梁州刺史杨亮，不但没有被任命为益州刺史，反而被剥夺了梁州刺史的职务，直到太元十一年六月才调任雍州刺史，权且接替朱序，镇守洛阳山陵。洛阳等地本来是荆州刺史桓石民收复的，朝廷派杨亮担任雍州刺史，等于遏制了荆州集团往北扩张的势头。在上述情况下，东晋的北伐实际上已全线终止，自此进入了平定地方叛乱、击退北方来犯之敌的阶段。

据《晋书·孝武帝纪》，太元十一年正月，丁零人翟辽袭黎阳，执太守滕恬之，旋即往东流窜，进犯齐鲁之地，三月，"太山太守张愿以郡叛，降于翟辽"。张愿归附翟辽，导致黎阳（在今河南浚县）至泰山的黄河两岸全线动摇，直接威胁到淮河流域的安全。《晋书·谢玄传》："会翟辽据黎阳反，执滕恬之，又泰山太守张愿举郡叛，河北骚动，玄自以处分失所，上疏送节，尽求解所职。诏慰劳，令且还镇淮阴，以朱序代镇彭城。"负责这一带防务的前锋都督谢玄因晋孝武帝及司马道子猜忌太甚，便趁机借口"处分失所"而请求解除一切职务，朝廷无奈，遂令镇守洛阳的朱序赶往东线，接替谢玄。太元十二年正月，正式任命豫州刺史朱序为青、兖二州刺史，镇守淮阴。据《晋书·孝武帝纪》，太元十一年六月，"以前辅国将军杨亮为西戎校尉、雍州刺史，镇卫山陵"。杨亮接替朱序洛阳"镇卫山陵"（即镇守洛阳的帝陵）之时，也就是朱序离开洛阳、前往东线之日。

奉命东征的朱序，此时面临的战争态势颇为复杂，近乎失控。一方面，慕容垂于太元十一年正月即皇帝位于中山，是为后燕。太元十二年正月，慕容垂渡过黄河，大举入侵，《晋书·孝武帝纪》："慕容垂寇河东，济北太守温详奔彭城。"慕容垂又因"丁零叛扰，乃我心腹之患"（《十六国春秋·后燕录》），遂率军南下，攻打翟辽。《晋书·慕容垂载记》："垂留其太子宝守中山，率诸将南攻翟辽，以楷为前锋都督。辽之部众皆燕、赵人也，咸曰：'太原王之子，吾之父母。'相率归附。辽惧，遣使请降。垂至黎阳，辽肉袒谢罪，垂厚抚之。"不久之后，翟辽再次反叛后燕。四月，"高平人翟畅执太守徐含远，以郡降于翟辽"。可知在太元十二年上半年，鲁豫地区有慕容垂、翟辽两股较大的势力在作乱，两者既互相厮杀，又四处攻城略地，导致济北郡（治今山东泰安）、高平郡（治今山东巨野）等地纷纷沦陷，严重威胁到东晋的安全。另一方面，翟辽的儿子翟钊又继续往南流窜，进犯淮北。据《晋书·孝武帝纪》，太元十一年八月，"翟辽寇谯，龙骧将军朱序击走之"。太元十二年正月，就在慕容垂攻陷济北郡的同时，"翟辽遣子钊寇陈、颍，朱序击走之"。

在这种情况下，朱序不得不分兵作战，以同时对付在山东、淮北的敌寇。淮北方面的战事由部将秦膺、童斌负责，地方武装负责协助。《晋书·朱序传》："后丁零翟辽反，序遣将军秦膺、童斌与淮泗诸郡共讨之。"《晋书·孝武帝纪》记载翟辽寇谯被朱序击退，翟钊寇陈、颍，又被朱序击退；这两次战事实际上都是部将秦膺、童斌指挥的。

朱序从洛阳进镇淮阴，是沿着哪条路线走的，史书并未记载。有两点是可以肯定的：其一，他不会率军从洛阳直接下淮水，进而进驻淮阴。因为在淮河流域的两次战事，一次发生在太元十一年八月，一次发生在太元十二年正月，都是由部将秦膺、童斌及淮泗诸郡负责的，说明朱序这半年并不在淮河流域指挥作战。其二，翟辽叛乱及慕容垂东犯的重点区域，均在鲁豫两地的黄河沿岸一带，如果朱序直接由淮水进驻淮阴，则不会与敌人发生正面接触，形同消极避战。这不但不可能将翟辽、慕容垂赶走，也无法面对朝廷的问责。因此，他应当是沿着黄河东下去攻打敌军的。

朱序东征之时，翟辽在泰山一带流窜，慕容垂的主力在黎阳、济北一带作战，其老巢中山（今河北定州）一带兵力空虚，且附近多有叛乱。而千里东征的朱序，自身面临着兵力不足、孤立无援、没有后勤补给的重重困难，此时若直接进攻，既要与翟辽叛军作战，又要与慕容垂的主力决战，未必有胜算，甚至有一败涂地的可能。在这种情况下，朱序应当率军从洛阳出发，沿黄河东下，到了鲁豫交界处，便虚晃一枪，转道北上，率军直扑兵力空虚的幽燕地区，一面造成进逼慕容垂老巢的趋势，一面又造成与淮河流域的晋军从南北两个方向夹攻慕容垂及翟辽的战略态势。如此一来，慕容垂受到了极大的震慑，不得不往黄河以西退却，以确保老巢的安全，同时避免遭到晋军的夹攻。剩下的翟辽，也就只能独自面对晋军的多方攻击了。他没法站住脚跟，不得不往西逃窜。当然，朱序此举以虚张声势为主，势必不能持久，故而他一路攻击到辽西之后，随即掉头南下，沿着渤海之滨一直奔往山东境内。此时慕容垂已经开始西撤，战略目标已经达到，朱序进入山东，不但再次避免了与敌主力决战，还可以很快地向淮河流域的晋军靠拢，从而脱离孤军深入的险境。到达淮阴之后，朱序即忙于补充粮草，补充兵力，而且期间没有进行任何战役，足以反映其东征的实际境况。

到太元十二年夏季以后，不但翟辽开始往西流窜，慕容垂的势力也基本上退回了黄河以西，鲁豫地区的局势开始稳定下来，数年之内再无大的战事。故而到了太元十三年四月，朝廷又放心地将朱序再次调往洛阳，镇守山陵去了。这表明朱序采取的军事行动颇为得力。当然，朱序的东征，也使在凉州起兵反秦的张大豫、王穆失去了支撑，而东晋也就彻底失去了收复凉州的希望。张大豫、王穆等人最终在吕光的强势攻击下不断败退，先后被杀。

三国两晋时期，水上作战的发展速度是空前的。根据大量的战例来看，当时舟师的重要程度远远超过单纯的步兵、骑兵。《晋书·孙楚传》记载魏文帝时孙楚奉命作书与吴主孙皓，曰："自顷国家整修器械，兴造舟楫，简习水战，楼船万艘，千里相望，刳木已来，舟车之用未有如今之殷盛者也。"考察当时战例，这段描述基本上符合事实，不算夸张。南方固然不用说，北方因为广修水利，疏通沟渠，舟船之行也极为便利。《晋书·食货志》记载三国魏国时期："修广淮阳、百尺二渠，上引河流，下通淮颍，大治诸陂于颍南、颍北，穿渠三百余里，溉田二万顷，淮南、淮北皆相连接……每东南有事，大军出征，泛舟而下，达于江淮，资食有储，而无水害。"也就是说，从魏国都城洛阳到淮河流域，水路四通八达，极为便利，"大军出征，泛舟而下"，略无阻碍。

据《晋书·宣帝纪》，三国魏国之时，辽东太守公孙文懿反，景初二年（238），司马懿请命往征，"帅牛金、胡遵等步骑四万发自京都"，"经孤竹，越碣石，次于辽水。文懿果遣步骑数万，阻辽隧，坚壁而守，南北六七十里，以距帝。帝盛兵多张旗帜，出其南，贼尽锐赴之。乃泛舟潜济以出其北，与贼营相逼，沈舟焚梁，傍辽水作长围，弃贼而向襄平"。从洛阳出发征讨辽东，距离十分遥远，但动用舟师征讨却完全不成问题。又《晋书·宣帝纪》记载，嘉平三年（251）正月，"王凌诈言吴人塞涂水，请发兵以讨之。帝（指司马懿）潜知其计，不听。夏四月，帝自帅中军，泛舟沿流，九日而到甘城"。甘城在安徽颍上县。这是从洛阳出发征讨淮河流域的舟师战例。

东晋一朝，数次北伐，皆以舟师为主力。《晋书·庾龢传》记载晋成帝咸康年间，荆州刺史庾翼意图北伐，庾龢说："若凶运有极，天亡此虏，则可泛舟北济，方轨齐进，水陆骈迈，亦不逾旬朔矣。"足见北伐主要依靠"泛舟北济"。桓温继任荆州刺史之后，曾数次北伐，均主要依靠舟师。《晋书·桓温传》记载永和八年（352）桓温北伐后赵，"遣督护高武据鲁阳，辅国将军戴施屯河上，勒舟师以逼许洛，以谯梁水道既通，请徐豫兵乘淮泗入河"。又太和四年（369）北伐，"军次湖陆，攻慕容晞将慕容忠，获之，进次金乡。时亢旱，水道不通，乃凿巨野三百余里以通舟运，自清水入河"。桓温北伐，远至山东金乡、巨野，又由这里进入黄河，皆以舟师为主。

东晋与前秦对峙之时，常以舟师攻击前秦。《晋书·哀帝纪》记载，隆和元年（362）四月，吕护复寇洛阳。"五月丁巳，遣北中郎将庾希、竟陵太守邓遐以舟师救洛阳。秋七月，吕护等退守小平津。"《晋书·桓冲传》记载苻坚进犯凉州之时，桓冲遣宣城内史朱序、豫州刺史桓伊率众向寿阳，淮南太守刘波泛舟淮泗，"乘虚致讨，以救凉州"，也就是以舟师溯汉水而上，直接进攻关中，对前秦形成威胁，以此对凉州形成策应。义熙十二年（416）刘裕北伐关中，就是沿着这条路线进军的。又据《宋书·武帝纪》，义熙五年（409），刘裕北伐慕容超，"四月，舟师发京都，溯淮入泗。五月，至下邳，留船舰辎重，步军进琅邪"。这也是以舟师进攻齐鲁之地的战例。

综上所述，在魏晋时期，大规模的舟师作战遍布陕西、河南、河北，直至渤海之滨，西北至长安，东北至辽东，皆在舟师的有效攻击范围之内。单纯依靠步兵或者骑兵，显然无法覆盖如此广阔的作战区域。关于当时舟师作战所利用的水道、河流等情况，可参见何德章《魏晋南北朝时期水路交通的拓展》等文章[1]，兹不赘述。

魏晋时期舟师行军速度，从一些战例中也可略窥一斑。《晋书·宣帝纪》记载司马懿从洛阳出发，征讨辽东，自称："往百

---

① 何德章：《魏晋南北朝时期水路交通的拓展》，氏著《魏晋南北朝史丛稿》，商务印书馆 2010 年版，第 135 页。

日，还百日，攻百日，以六十日为休息，一年足矣。"从洛阳出发征讨辽东，直线距离可达1100公里，水路比较迂曲，距离还更远一些，若以1500公里计算，每天行军只有15公里。但这话出自老谋深算的司马懿之口，显然不能反映真实的行军速度。《晋书·宣帝纪》又记载嘉平三年（251），司马懿"自帅中军，泛舟沿流，九日而到甘城"，这才反映了真实的行军速度。甘城在安徽颍上县，距离洛阳的直线距离大约500公里，水路还更远一些，估计其行军速度可以达到每天60公里。以此计算，他从洛阳出发征讨辽东，假如是急行军，一个月之内就可以到达。东晋时期，几次动用舟师北伐，其行程都不超过司马懿征辽东的距离，因此到达目的地的时间也就在一个月之内。例如《宋书·武帝纪》记载义熙十三年（417）正月，刘裕"以舟师进讨"关中；"二月，冠军将军檀道济等次潼关。三月庚辰，大军入河"。可知刘裕率舟师从京城建康附近出发，一个月之内，主力部队就到了潼关，足以反映舟师的运动速度是很快的。

魏晋时期，既有便于在大江大湖中航行的大型战船，也有便于在小河流中行驶的小型战船。如《水经注·江水注》记载孙权制造的大船，名曰"长安"，"载坐直之士三千人"。"长安"属于一种大型战船，可配备兵士三千人。《宋书·王镇恶传》记载义熙十二年刘裕北伐关中，"大军次潼关，谋进取之计……镇恶请率水军自河入渭，镇恶所乘皆蒙冲小舰，行船者悉在舰内，羌见舰溯渭而进，舰外不见有乘行船人，北土素无舟楫，莫不惊惋，咸谓为神"。既入渭水，遂弃舟登岸，鼓勇而进，身先士卒，一举攻克长安。"蒙冲小舰"是十分轻便灵活的小型战船。在魏晋时期，船舶的制造能力也十分强大，如孙盛《晋阳秋》记载，太康元年（280）王浚平吴，收其图籍，得"舟船五千余艘"（《三国志注》卷四十八）。又如《晋书·桓玄传》记载桓玄在江陵之时，"大修舟师，曾未三旬，众且二万，楼船器械甚盛"。不到一个月，桓玄就扩充了三万水师，至少也打造了数百条战船。因此，朱序东征，能够拥有强大而快速的运动能力，也就不值得奇怪了。

按《晋书·地理志》，西晋的幽州有七个郡，即范阳、燕国、北平、上谷、广宁、代郡、辽西。"惠帝之后，幽州没于石勒。及穆帝永和五年（349），慕容俊僭号于蓟，是为前燕。七年，俊移都于邺。俊死，子暐为苻坚所灭。坚败，地复入慕容垂，是为后燕。垂死，宝迁于和龙。"晋惠帝之后，幽州先后为石勒、慕容俊（前燕）、苻坚（前秦）、慕容垂（后燕）所占据。据此终东晋一朝，幽州皆不归晋朝所有。然《晋书·地理志》又云："及苻氏败后，刺史苻朗以州降。朝廷置幽州，以别驾辟闾浑为刺史，镇广固。隆安四年，为慕容德所灭，遂都之，是为南燕，复改为青州。"可知淝水之战以后，东晋又设置了幽州，一直到晋安帝隆安四年（400），东晋的幽州才为慕容德所占。

淝水之战以后，应该是分出青州的一部分设置了幽州，而它也包括了原来幽州的部分地区。幽州刺史镇于广固（今山东青州市益都镇西北），此地属于青州，但距离原来的幽州并不远。司马光《资治通鉴》卷一百十一记载，晋安帝隆安三年（399），"南燕王德遣使说幽州刺史辟闾浑，欲下之"。胡三省注曰："晋氏南渡，侨立幽、冀、青、并四州于江北；秦围幽州刺史田洛于三阿，是其证也。孝武太元之季，复取齐地，徙幽、冀二州于齐，是后镇齐者，率领青、冀二州刺史。浑领幽州刺史，盖自北而南，未纯为晋臣，使领幽州而镇广固也。"又《通典·序目上》："后青、兖陷于慕容德。崇安三年（即隆安三年，因避唐玄宗李隆基讳改），德据之，杀幽州刺史辟闾浑，时镇广固，今北海郡也。"又慕容德《传檄青州诸郡讨辟闾浑》："逆贼辟闾浑父蔚，昔同段龛阻乱淄川，太宰东征，剿绝凶命。浑于覆巢之下，得蒙全卵之施。曾微犬马识养之心，复袭凶父乐祸之志。盗据东秦，远附吴越，割剥黎元，委输南海。"（《晋书·慕容德传》）又《魏书·慕容德传》："（慕容德）北伐广固，司马德宗幽州刺史辟闾浑闻德将至，徙民八千余户入广固，遣司马崔诞率千余人戍薄荀固，平原太守张豁屯柳泉。诞、豁皆承檄遣子降德。浑惧，携妻子北走，德追骑斩之。"

据上所述，淝水之战以前，东晋在江北设立了幽州，但这个是纯粹侨置的幽州。自淝水之战以后直至晋安帝隆安三年（399），东晋的幽州迁徙到齐鲁之地，刺史为辟闾浑，镇守于广固城。这时的幽州虽然设立在青州的地盘上，但十分接近幽州的地界，有可能管辖了原有幽州的部分地区。至少到晋安帝隆安初年，位于今山东德州一带的平原郡还属于幽州刺史辟闾浑的统辖范围，而平原郡北面的京津冀滨海地区，就属于原幽州的地界。太元九年，慕容垂叛前秦，建立后燕，其势力遂伸展到这一地区，但因争夺邺城、对付翟辽、抵抗高句丽的进攻等牵扯了其主要力量，对这一带的统治并不稳固。太元十年，余岩叛燕，占领了令支（今河北迁安市东），后为慕容垂所灭。太元十三年，辟闾浑逼走后燕的青州刺史王绍（见《资治通鉴卷·晋纪二十九》），又可见当时后燕的势力尚难以在鲁北地区立足。总之，在淝水之战以后，青州、幽州的接壤地带，也属于东晋王朝的经略范围。在这种情况下，朱序率军横穿幽州，就不仅是为了顺利地完成东征任务，也带有收复失地的目的。当然，因为兵力过于单薄，又缺乏朝廷的积极支持，这一战略目标基本上失去了实现的可能性。

二、《咏荆轲》及转战盘山、辽西

陶渊明《杂诗》云："遥遥从羁役，一心处两端。掩泪泛东逝，顺流追时迁。日没星与昂，势翳西山巅。萧条隔天涯，惆怅念常餐。慷慨思南归，路遐无由缘。关梁难亏替，绝音寄斯篇。"这是一首行役诗，但因何行役，何处行役，注家从不明言。曾国藩《十八家诗钞》云："渊明未尝有远行之役，似因故国已亡，譬若远行在外，无家可归，托为之辞，后二首，亦有行役之感，不甚可解。"① 吴菘《论陶》曰："盖少时抚剑行游边塞，无非欲访西山之义士，易水之剑客……后《咏荆轲》一首，写得异样出色。"② 看来吴菘认可了陶渊明这次边塞之行，并认为《咏荆轲》的创作与之有关。但是，陶渊明这次长达数千里的行游，到底发生在何时，抑或只是虚构想象之词，却无人解释。从字面来看，"遥遥从羁役""萧条隔天涯""慷慨思南归"足以证明陶渊明此行是在北方，而且距离南方十分遥远。

事实上，《杂诗》的"遥遥从羁役"与《拟古》的"张掖至幽州"，所叙述的乃是同一件事，发生于陶渊明北方从军期间。前者为当时所作，后者为回忆之辞。

太元十一年，翟辽在鲁豫一带发动叛乱，攻陷多个郡县，朱序被紧急调往黄河下游平叛。当时尚在凉州的陶渊明，因张大豫、王穆谋事不周，惨遭挫败，应当追随败军退到了张掖一带。接到朱序大军仓促开拔的消息之后，陶渊明及其同僚便匆

---

① （清）曾国藩编纂：《十八家诗钞》卷二，岳麓书社2015年版，第52页。
② （晋）陶渊明著，鲍赓生标点：《陶靖节诗话》，上海新文化书社1933年版，第77页。

忙撤出凉州，追上朱序的东征军队，沿着黄河泛舟直下，经过数千里的行程，终于到达幽州。《杂诗》的"掩泪泛东逝，顺流追时迁"，就是形容这次征程的诗句，其中"遥遥"描写征途遥远，"羁役"指的是从军，"东逝"指的是东征，"惆怅念常餐"指的是征途中粮草匮乏，"慷慨思南归"反映自己身处北方，渴望回到南方。之所以进入幽州，是因为朱序此次东征首先要攻击的目标是幽州。"掩泪泛东逝，顺流追时迁"表明陶渊明随着朱序大军，沿着黄河泛舟而下，而"饥食首阳薇，渴饮易水流"及"将往至无终"等语，又反映朱序在鲁豫交界处转道北上，直接攻往了易水、盘山、辽西一带。

从张掖至幽州，这是一次漫长的行役，其艰辛程度令人难以想象，因此《杂诗》体现了特别浓重的悲伤劳苦之感，甚至有"绝音寄斯篇"之语。按"绝音"通常有二义，陆云《征西大将军京陵王公会射堂皇太子见命作此诗》："绝音协徽，宇宙告和。"此"绝音"为"奇妙绝伦之音乐"，显然与本篇诗意不符。又陆机《思归赋》："绝音尘于江介，托影响乎洛湄。"鲍照《代别鹤操》："缅然日月驰，远矣绝音仪。"这两个"绝音"表示销声匿迹之意，与本篇意思较为吻合。诗人在漫长的行役途中苦思南归而感慨关卡、桥梁不会因此减少，路途不会因此缩短，已经流露出走不到头的绝望之情；再言将"绝音"寄托在此诗之中，更表明这首《杂诗》已近似于"绝命辞"，反映陶渊明在这次行役之中濒临死亡的境地，故而发出了如此凄凉的感慨。

诗人创作《拟古》的时候，上距太元十一年已经30来年，但回忆起当时的情景，依然是铭心刻骨，感奋不已："少时壮且厉，抚剑独行游。谁言行游近？张掖至幽州。饥食首阳薇，渴饮易水流。"这一回忆，点明了"掩泪泛东逝，顺流追时迁"的起止地点以及经行路线，为考察陶渊明的东征情况提供了更为具体的线索。

据"饥食首阳薇，渴饮易水流"，陶渊明从张掖赶到幽州之后，首先就经过了易水，所以就有了《咏荆轲》一首诗。将《咏荆轲》放在东征的背景之中，所咏之地、所咏之事都很好理解，并无隐晦之处。

《咏荆轲》说"提剑出燕京"，燕国的首都在蓟城，即今北京市，《读史方舆纪要》卷十一："宛平县，在城内西北隅，本蓟县地。蓟城今府治东，古燕都也。《记》曰：武王克商，封帝尧之后于蓟。其后燕并蓟地，遂都于蓟。以城西北有蓟丘而名。"据考古发掘，蓟城在北京城西德胜门外西北隅。明代刘侗《帝京景物略》卷八："督亢陂在涿州东南十五里……陂有故亭址，高丈，周七十步，土人称之曰督亢亭……荆轲赍督亢图，为将刺秦，太子丹饯送轲易水上，轲为歌易水寒之歌。后人乃迷其饯处。"燕太子丹饯别荆轲之处未必在督亢亭，但大约也离此不远。明代李贤等《明一统志》卷一："梁门，在涿州。《史记·世家》：易水东分为梁门。即此。"

就托古言志而论，《咏荆轲》所云的"燕丹善养士，志在报强嬴"，与《桃花源诗》"嬴氏乱天纪，贤者避其世"的"嬴"，均可以代指苻坚的前秦（参见陈寅恪《桃花源记旁证》）；如此诗人在北方征伐前秦军队，也就可以借荆轲刺杀秦王一事来比喻。钟嵘《诗品》论陶渊明曰："其源出于应璩，又协左思风力。"就《咏荆轲》一诗而言，以荆轲之事抒写报国之情，豪气干云，亦与左思《咏史》十分相似："荆轲饮燕市，酒酣气益震。哀歌和渐离，谓若傍无人。虽无壮士节，与世亦殊伦。高眄邈四海，豪右何足陈。贵者虽自贵，视之若埃尘。贱者虽自贱，重之若千钧。"差异之处在于陶诗描摹荆轲显得更逼真，这应当与陶渊明亲历其地、又处于征战途中有关。总之，此诗体现的报国情怀，与陶渊明在北方征战时的心态非常吻合，并不费解，但与刘裕没有关系。

过了易水之后，陶渊明到达右北平无终县，过盘山（在今天津蓟州区），见到三国田畴遗迹，晚年所作的《拟古》对此有追忆之词。

《拟古》云："辞家凤严驾，当往志无终。问君今何行？非商复非戎。闻有田子泰，节义为士雄。斯人久已死，乡里习其风。"这首诗描述诗人去右北平无终县瞻望三国田畴（子泰）遗迹一事，其中的"无终县"，就在现在的天津蓟州区一带，属于幽州地界。三国田畴的遗迹，在今蓟县的盘山。根据"饥食首阳薇，渴饮易水流"，陶渊明应该是在从易水前往辽西的行军途中，经过天津盘山，看到了田畴的遗迹。

陶渊明到盘山，不是为了专门寻访名胜古迹，而是为了招降当地的坞堡。魏晋时期，北方大乱，地方豪强多结坞堡以自保。西晋末年，刘渊、石勒起兵时，中原黄河流域到处都有汉人聚众自守的坞堡组织。例如刘曜周旋于梁陈汝颍之间，"陷垒壁百余"（《晋书·刘聪载记》），曹嶷转战于齐鲁之间，"郡县垒壁降者四十余所"，石勒率众三万寇魏郡顿丘，"诸垒壁多陷之……进军攻巨鹿，常山，害二郡守将，陷冀州郡县垒百余"（《晋书·石勒载记》）。[1] 东晋初年，祖逖率众北伐，惯常使用的

---

[1] 白寿彝主编：《中国通史》第五卷《中古时代·三国两晋南北朝时期》，上海人民出版社 2015 年版，第 165 页。

战术就是攻击敌方的据点，招降当地的坞堡，这一招数屡试不爽，为此收复了大片失地。《晋书·祖逖传》云："逖镇雍丘，数遣军要截石勒，勒屯戍渐蹙。候骑常获濮阳人，逖厚待遣归。咸感逖恩德，率乡里五百家降逖。勒又遣精骑万人距逖，复为逖所破，勒镇戍归附者甚多……逖爱人下士，虽疏交贱隶，皆恩礼遇之，由是黄河以南尽为晋土。河上堡固先有任子在胡者，皆听两属，时遣游军伪抄之，明其未附。诸坞主感戴，胡中有异谋，辄密以闻。前后克获，亦由此也。"朱序在北方征战，自身的兵力非常有限，而招降坞堡，则可以兼收土地、人民、物资之利；为此他经常派人去招降各地坞堡。陶渊明去盘山，也就是执行这一任务。

陶渊明到达盘山之后，随即赶往辽西，故而有"饥食首阳薇"之语。清朝高士奇《扈从东巡日录》："伯夷叔齐不食周粟，饿死首阳山。按书传所载，首阳山凡五，各有按据。《庄子》曰：首阳山在岐山西北。马融曰：首阳山在河东蒲坂，华山之北，河曲之中。曹大家注《幽通赋》云：夷齐饿于首阳山，在陇西。戴延之《西征记》云：洛阳东北首阳山，有夷齐祠，今在偃师县西北。《说文》云：首阳山在辽西。"此外如《山海经》所说的"首阳之山，其上多金玉"，《毛诗·唐风》说的"采苓首阳之巅"，《汲冢琐语》说晋平公所见的"首阳之神"，可能与伯夷叔齐无关。[1] 又《晋书·宣帝纪》记载司马懿"葬于河阴"，"预作终制，于首阳山为土藏"，"一如遗命"。又《晋书·杜预传》记载杜预"自表营洛阳城东首阳之南为将来兆域"，其中"南观伊洛，

---

① 周艳清主编，李利锋校注：《康熙卢龙县志校注》卷四，线装书局2012年版，第201页。

北望夷叔，旷然远览"。此两者都是洛阳附近的首阳山。又《晋书·地理志》记载河东郡蒲坂"有雷首山，夷齐居其阳，所谓首阳山"。又《水经注》卷十七："渭水出首阳县首阳山。"

因说法甚多，陶渊明在《杂诗》中所说的"首阳山"位于何处，殊难确定。然而陶渊明《夷齐》诗云："二子让国，相将海隅。天人革命，绝景穷居。采薇高歌，慨想黄虞。"根据"海隅"一词，陶渊明所见的首阳山应该位于辽西郡（属于幽州），因为在上述的首阳山之中，只有这一处位于海滨。辽西的首阳山位于今河北滦县，此处有孤竹山、孤竹城，距离渤海不过百里。根据"饥食首阳薇，渴饮易水流"之语，可以推知陶渊明到达幽州之后，又从易水赶往盘山，再到辽西首阳山一带，大致路线是从河北保定经过天津，到达滦县，接近今天的秦皇岛、北戴河一带，而后转道南下，沿着渤海之滨一直到达青州。

第二节　北乡、二疏与南下青州

太元十一年，经过朱序的努力征战，翟辽败退，青州一带局势趋向稳定。太元十二年初，朝廷任命朱序为青州刺史，叫他镇守彭城。朱序请求转镇于淮阴，得到允许。陶渊明遂沿着山东滨海地区一路南下，其行踪还是比较清晰的。

一、"代谢归北乡"指北乡侯国

如前所述，陶渊明到了天津蓟州区的盘山，之后一路南下，其线路大致就是从天津到山东，一路南下，直往淮阴而去。《饮酒》诗说："在昔曾远游，直至东海隅。道路迥且长，风波阻中途。"按照字面的理解，"直至东海隅"就是一直到了东海之滨。现代的东海，专指上海、浙江、福建以东的海面，但在汉晋之时，这一带并不算东海的主体部分。古代的东海，主要就是指今天的黄海，《汉书·地理志》："鲁地……东至东海，南有泗水，至淮。"《汉书·终军传》："胶东南近琅邪，北接北海，鲁国西枕泰山，东有东海。"《太平御览》卷九四七引前秦苻朗《苻子》云："东海有鳌焉，冠蓬莱而浮游于沧海。"《晋书·地理志》："太公封于齐，表东海者也。"注家常把"东海隅"解释为"东海郡"，东海郡靠近东海（今黄海），大致处于今山东临沂和江苏徐州、连云港一带。因此，无论是东海郡还是"东海隅"，所指的方位都是鲁东南及苏北一带。由此可见，陶渊明南下的路径，与朱序辗转征战于幽州、青州之后南下的路径十分吻合。而根据"代谢归北乡"及"结友到临淄"等诗句，陶渊明在南下的过程中，经过了临淄附近。

陶渊明《杂诗》云："我行未云远，回顾惨风凉。春燕应节起，高飞拂尘梁。边雁悲无所，代谢归北乡。离鹍鸣清池，涉暑经秋霜。愁人难为辞，遥遥春夜长。"清代陶澍集注《靖节先生集》卷四指出，《杂诗》中的"遥遥从羁役""闲居执荡志""我行未云远"三首，"皆羁旅行役之感也"。[①]这一点是明确无疑的，并且"我行未云远"表明行役地点在北方，行役时间在春天。因为在已知的陶渊明生平事迹中找不到相应的经历，故而诗中所叙很容易被人怀疑为想象之辞。若放在陶渊明北方从军的背景中来考察，则所叙皆可以落实。

诗中的"春燕""边雁""离鹍"，皆为春天来临之后飞往北方的候鸟，其中"离鹍"即指"鹍鸡"。嵇康《琴赋》云："嘤若离鹍鸣清池，翼若游鸿翔层崖。"（《艺文类聚》卷四十四）《楚

---

① （清）陶澍撰，陈蒲清主编：《陶澍全集》《靖节先生集注》卷四，岳麓书社 2010 年版，第 103 页。

辞·九辩》云："雁廱廱而南游兮，鹍鸡啁哳而悲鸣。"洪兴祖补注："鹍鸡似鹤，黄白色。"[1] 又《楚辞·大招》云："鹍鸿群晨。"王逸注云："鹍鸡鸿鹤，群聚候时。鹤知夜半，鹍鸡晨鸣，各知其时也。"[2] 又《穆天子传》云："鹍鸡飞八百里。"郭璞注："鹍鸡，即鹄属也。"[3] 根据这些描述，可知"鹍鸡"喜迁徙，能远飞，毛羽"黄白色"，喜欢"晨鸣"，属于"鹄"的一种，与"鸿""鹤"等同为候鸟。

后人注陶诗，于"离鹍"一词均草草放过，一旦详细解说，便出现很多错误。如张彦《陶诗今说》说"离"即"鹂"，"鹍"似"鹤"，两者皆为不迁徙的水鸟，时常鸣叫于水边。[4] 这种解说，其实有不如无。若将古人对"鹍鸡"的描述与现代人的研究结合起来，可以确定"鹍鸡"就是天鹅，"离鹍"即"离别家乡的天鹅"，亦即迁徙之中的天鹅。天鹅因其毛羽的"黄白色"，在古代又被称为"黄鹄"。马鸣等人著《野生天鹅》一书，说新疆巴音布鲁克草原的沼泽地也有这种"黄白色"的天鹅，它们多出现在早春的越冬地，其头部及颈部呈现黄褐色或锈棕色。通过长期的观察，可知天鹅头颈部的黄色实际上不是它固有的颜色，而是在取食时被染黄的。冬天的沼泽地大多是浑黄的死水，又遍布着腐烂的水草，天鹅日日在污水、污泥中啄食，就把头颈部染成了黄色。春天水质变清之后，黄色便逐渐消褪，

---

① 周建忠、汤漳平主编：《楚辞学通典》，湖北教育出版社 2003 年版，第 329 页。

② 姜亮夫：《楚辞通故》第三辑，见《姜亮夫全集》，云南人民出版社 2002 年版，第 513 页。

③ （宋）李昉等编，孙雍长、熊毓兰校点：《太平御览》卷第九百一十六，河北教育出版社 1994 年版，第 339 页。

④ 张彦：《陶诗今说》，天津人民出版社 2011 年版，第 16 页。

再经过夏季换羽，天鹅又变成了白色。在观察中还发现天鹅在白天很少长时间睡觉，太阳落山之后，它们才飞到较安全的水域或草丛中过夜。早上天还没亮，天鹅就开始醒来，不断地鸣叫、飞行，与古人所说的"鸜鸡晨鸣"吻合。[1]天鹅的叫声类似于人在痛苦之时发出的哀号，听起来很悲惨，故而人们把它形容为"悲鸣"或离别的声音。

位于陶渊明家乡的鄱阳湖，是著名的天鹅越冬栖息地。根据现代人对鄱阳湖候鸟的观察与研究可知，在清明节前后，最后一批越冬候鸟会全部飞离鄱阳湖，返回到内蒙古大草原、西伯利亚等栖息地繁衍生息。[2]燕子是一种常见的候鸟，秋天来临之后便往东南亚一带迁徙，春天来临之际就往北飞，一般是三月中旬出现在长江中下游一带，四月份到达北方的黄河流域。诗中所说的"惨风"，一般用来形容凛冽的寒风，如西晋庾儵《冰井赋》："寒风惨悴，比焉清暑。"（《初学记》卷五）又《齐书》曰："谢超宗诣东府，门自通，其日风惨，太祖谓四座曰：此客至，使人不火自暖矣。"（《太平御览》卷四百六十七）又陈叔宝《五言同管记陆瑜九日观马射诗》云："晴朝丽早霜，秋景照堂皇。干惨风威切，荷雕池望荒。"（冯惟讷《古诗纪》卷九十八）在气候温暖湿润的江西地区，最冷的时间出现在1月及2月（大致相当于农历的十二月及正月），进入3月之后，气温不断回升，感觉特别冷的时间已经很少了。例如1971—2000年的气象资料表明，江西九江市3月平均温度为10.2℃，极端高温29.7℃，

---

[1] 马鸣等著：《野生天鹅》，气象出版社1993年版，第45—48页。

[2] 欧阳兴：《鄱阳湖数万只天鹅还没走，夏候鸟灰头麦鸡就来了》，中国江西网，2016年2月24日。

极端低温 0℃；4 月平均温度 16.6℃，极端高温 33.9℃，极端低温 3.9℃；这两个月偏高温的时间较多，持续时间较长，偏低温的时间较少，而且比较短暂，并不容易感受到"寒风凛冽"的滋味。相比之下，山东淄博市 3 月平均温度为 6.5℃，极端高温 26.2℃，极端低温零下 18.9℃，4 月平均温度 14.4℃，极端高温 35℃，极端低温零下 3.7℃；风大、气温低的时间较多，经常出现"惨风"，与此时风和日丽的江南明显不同。综合上述，江西一带在"回顾惨风凉"的时候，还看不到天鹅迁徙、大雁北归的景象，燕子也没有回来。到了清明节之后，燕子渐渐回来，但此时天鹅已经飞走，已经看不到它们栖息并不断鸣叫的景象了。因此，身处寒风凛冽之中，又能看到迁徙中栖息的天鹅以及飞回来的燕子，这也只能在北方体验到。陶渊明如果从未到过北方，是很难想象这一点的。

诗中"边雁悲无所，代谢归北乡"两句，因通俗易懂，一般注家都不作解释。袁行霈《陶渊明集笺注》注云："意谓春已到来，塞上之大雁亦北归矣。"[1] 这一注解大体上没有问题，但又不无疏漏之处，因为"北乡"一词在这种解释中并未得到落实，其意似乎等同于"北方"，但又不十分确切。温洪隆《新译陶渊明集》注解云："北方是雁的故乡，故称'北乡'。"[2] 这种说法显得很新奇，却找不到其他例证。假如这个词是陶渊明新造、杜撰的，不但没有来历，也没有被后人所接受，甚至也从未得到确切解释，那么现代人对它的解释就未必准确。以此而言，

① 袁行霈：《陶渊明集笺注》卷四，中华书局 2003 年版，第 361 页。
② 温洪隆注释，齐益寿校阅：《新译陶渊明集》卷四，（台湾）三民书局 2002 年版，第 244 页。

这一词语可能还有别的意思。

"乡"的繁体为"鄉"，因通假之故，"鄉"兼有"向""乡"两个意思。到了后代，"向"的繁体写成了"嚮"，"乡"的繁体仍为"鄉"，两者的区别就很明显了。考先秦至两晋的典籍，"北鄉"通常都指"北向"或"北乡"。（一）《礼记·月令》："季冬之月……雁北乡，鹊始巢。"宋代鲍云龙《天原发微》卷三下："十二月雁北乡者，自南而趋北，早者则此月北乡，晚者二月乃北乡。"①《大戴礼记·夏小正》："正月，雁北乡。"明代董斯张《广博物志》卷四："乡者何也？乡其居也。雁以北方为居。"②这个"北乡"就等于"北向"。陆游《野步至近村》："风吹雁北乡，云带月东行。"③"北乡"与"东行"形成对仗，就是"北向"之意。（二）按照汉制，"乡"本来是县属下的一级地方行政机构，每县由若干乡组成。某些县十分整齐划一，有北乡、南乡、东乡、西乡、中乡之分。《汉书·地理志》里有四十六个县级地名带有"乡"字，如留乡、中乡、慎乡、成乡等，多半由此而来。④在这种情况下，"北乡"意指"城区北边的乡村"，这种意义一直沿用到清朝，古代很多县都有"北乡"之名。综合起来，"北鄉"的两种意义，自秦汉以来一直存在，变化很小，遍搜东晋以前的典籍，似乎也没有看到以"北乡"指代"北方"的说法。因此，陶渊明说"代谢归北乡"，不能解释成"代谢归

---

① 郑志斌主编：《四库全书·术数类集成·五行术贰》（修订版），大众文艺出版社 2009 年版，第 344 页。
② （明）董斯张辑：《广博物志》卷四，《四库提要著录丛书》编纂委员会编：《四库提要著录丛书》子部第 199 册，北京出版社 2010 年版，第 69 页。
③ 钱仲联：《陆游全集校注》第三册，浙江教育出版社 2011 年版，第 38 页。
④ 周振鹤：《西汉齐郡北乡侯国地望考》，《复旦学报》，1980 年第 1 期。

北方"，解释成"代谢归北向"也十分牵强，这样就会变成一种很拙劣的病句。假如"北乡"之意等同于"北向"，这句诗应该写成"代谢北向归"。据此看来，"北乡"既不是"北方"之意，也不是"北向"之意，而应当另有含义。

两汉时期，有一个"北乡"特别有名，它是一个侯国，相当于一个县。《汉书·地理志》云："齐郡，秦置。莽曰济南。属青州。"齐郡有县十二，其中之一为"北乡"，属于侯国。其地在今山东淄博市境内，有人考证它位于东安平县的北部，即淄博市临淄区的皇城镇一带。光绪十六年（1890），山东曲阜出土了一方东汉石刻，曰《阳三老食堂画像题记》，曾归端方，现藏中国历史博物馆，略云："延平元年十二月……鲁北乡侯阳三老自思省居，乡里无宜，不在朝廷，又无经学，志在其养子道。"

北乡侯国在两汉时期都是王室的封地，起初并不出名，到了汉安帝时，因北乡侯刘懿被立为帝而扬名天下。东汉延光四年（125）三月，汉安帝在游玩返京途中突患疾病，旋即去世，皇后阎氏遂为太后。阎氏联合外戚专擅朝政，立北乡侯刘懿为帝。刘懿为汉章帝之孙，济北惠王刘寿之子，其封地为北乡侯国。刘懿为帝仅有两百多天，当年十月就得病而死。宦官及朝臣更立刘保为帝，是为汉顺帝。事见《后汉书·安帝纪》等。北乡侯刘懿被立为帝，标志着朝权自此落入外戚、宦官之手，东汉王朝亦由盛转衰。这件事在东汉后期时常被人提起，影响很大，"北乡"之名也就为人熟知了。北乡侯国在东汉晚期被废，但在稍后的两晋时期，用这一名称来指代临淄的东北部地区，并无不妥，也很容易被人理解。在"北乡"既不是"北方"也不是"北向"的情况下，将"北乡"解释为"北乡侯国"似乎更为贴切，而"代谢归北乡"就表示作者在"北乡"一带看到了归来的大雁。

陶渊明于太元十二年初春跟随朱序的军队，由青州而南下徐州，途中经过北乡侯国（淄博境内），与"我行未云远"所叙的时间、地点及相关情景颇为吻合。又《拟古》云："厌闻世上语，结友到临淄。"这当然是后来的想象之词，但也可以包含对往事的追忆。如前所述，陶渊明行役到了北乡侯国，距离古代的临淄就只有几十里路了，所以产生"结友到临淄"的想法也很合理。因为行旅匆匆，诗人的这一愿望并未实现。

二、"结友到临淄"与行役所思

陶渊明的《拟古》诗，有"稷下多谈士"之语。按刘向《荀子叙录》："方齐宣王威王之时，聚天下贤士于稷下，尊宠之，若邹衍、田骈、淳于髡之属甚众，号曰列大夫，皆世所称，咸作书刺世。"《水经注·淄水注》："刘向《别录》以稷为齐城门名也，谈说之士，期会于稷门下，故曰稷下也。"稷下为谈说之士聚集之处，但这些"谈说之士"归属于不同的学术流派，也并不以儒家为主。

魏晋南北朝时期，称引"稷下"大致有两种含义。一则以"稷下"代指儒学正宗、礼乐正宗。如颜延之《右光禄大夫西平靖侯颜府君家传铭》曰："洙上道奥，稷下儒渊。乃昔宗林，倾席曜筵。"[1]将"稷下"与"洙泗"并举，两者同属于儒学渊薮。梁朝费昶《赠徐郎诗》："并海之斥，奕叶才雄。北邻稷下，南

---

① （宋）周应合纂：《景定建康志》卷四十三，南京出版社 2009 年版，第 1053 页。

接淹中。礼无变俗，乐有正风。與人善诵，君子固穷。"① 也以"稷下"为礼乐正宗之地。二则以"稷下之风"比喻在上者能招纳贤才，以致礼乐大盛。南朝齐王融《赠族叔卫军俭诗》："施之为政，实尹上京……容上复礼，稷下还风。"② 即以"稷下还风"称赞其招纳贤才，恢复了当地的礼乐之风。总结起来，六朝时期所说的"稷下"，与"洙泗"并称，皆表示儒家文化的发源地，代表礼乐正宗。宋代以后，就很少用"稷下"来称道儒家文化，"洙泗"则成为儒家文化的唯一地标了。

南宋汤汉注《拟古》诗云："前四句兴而比，以言吾有定见而不为谈者所眩，似谓白莲社中人也。"逯钦立认为，释慧远在庐山结白莲社，以佛教义讨论人生问题，参与者多贵族名士，有如齐之稷下。《莲社高贤传》云："时远法师与诸贤结莲社，以书招渊明。渊明曰：若许饮则往。许之，遂造焉。忽攒眉而去。"此诗所指，当即此一班和尚名士。③ 说陶诗中的"稷下"指佛门组织的白莲社，这与"稷下"在东晋时期的特定含义并不相符。袁行霈认为，此诗前四句以松柏比喻自己之卓然独立，而又深感霜雪之寒也。于国家之治乱，心中有疑，欲向人求解，而竟无可与语者，孤独彷徨之情溢于言表。稷下谈士所论皆治乱之事、治国之术，如以稷下谈士比喻白莲社所信仰之佛教，不伦不类。汤汉之说非是。④ 这一观点是有道理的，至少能表明"稷

① （清）严可均辑，苑育新校订：《全宋文》卷三十八，商务印书馆 1999 年版，第 372 页。
② 赵彩娟校注：《南朝宋齐诗校注》齐诗卷二，南开大学出版社 2018 年版，第 284 页。
③ 逯钦立校注：《陶渊明集》卷四，中华书局 1979 年版，第 112—113 页。
④ 袁行霈：《陶渊明集笺注》卷四，中华书局 2003 年版，第 332 页。

下"与白莲社无关。

汉晋之时，"谈士"一词多带贬义。《论衡·说日篇》："通人谈士，归于难知，不肯辨明。是以文二传而不定，世两言而无主。"孔融《论盛孝章书》："今孝章实丈夫之雄也，天下谈士，依以扬声，而身不免于幽絷，命不期于旦夕。吾祖不当复论损益之友，而朱穆所以绝交也。"①释慧远《答何无忌难沙门袒服论》："遂令至言隔于世典，谈士发殊途之论。"②《世说新语·文学篇》刘孝标注引《文章叙录》："晏能清言，而当时权势，天下谈士，多宗尚之。"③《真诰》卷十三："此人善能论空无，乃谈士，常执本无理云……桐柏诸灵亦不能折也。"④ 综合起来，汉晋之时的"谈士"，喜欢混淆是非、不肯说明真相，又喜欢依附权势、追名逐利，与朴实、正直的儒生形象相去甚远，两者不是一类人，故而很少相提并论。因此，陶渊明说"稷下多谈士"，实际上就是暗指当时有很多在儒学上混淆是非的"旁门左道"，这些人绝不是礼乐的正宗传人。陶渊明欲决之疑，乃是儒学上的疑问；想靠这些"谈士"来"决疑"，实际上等于乱上添乱。

陶渊明《饮酒》诗云："汲汲鲁中叟，弥缝使其淳。凤鸟虽不至，礼乐暂得新。"又云："如何绝世下，六籍无一亲。终日驰车走，不见所问津。""六籍"就是"六经"，如《晋书·儒林传》记载东海襄贲人陈邵，"博通六籍，耽悦典诰"，以儒学著称当时，

---

① 国学整理社：《经史百家杂钞》卷十四，（上海）世界书局1948年版，第1042页。

② 《慧远法师文钞》正编·书，国光印书局1935年版，第55页。

③ 刘义庆编撰，刘孝标注：《世说新语》文学第四，岳麓书社2016年版，第77页。

④ （梁）陶弘景：《真诰》卷十三，胡道静等选辑：《道藏要籍选刊》第四册，上海古籍出版社1989年版，第645页。

撰有《周礼评》，泰始中征为给事中，"以笃儒教"。陶渊明在这首诗中既肯定了"鲁中叟"（孔子）在"礼乐暂得新"方面作出的贡献，也指出了"绝世"之下"六籍无一亲"的现象，言下之意是当时社会上以"礼乐"为核心的儒学早已成为绝学，尚在流行的礼乐之学不过是"伪学"而已。这种观点在东晋时期颇为流行，并非陶渊明一人之见。如《晋书·礼志》："若夫情尚分流，堤防之仁是弃；浇讹异术，洙泗之风斯泯。"《晋书·戴逵传》："昔仲尼列国之大夫耳，兴礼修学于洙泗之间，四方髦俊斐然向风，身达者七十余人。自兹以来，千载绝尘。"都认为东晋时期儒风已经泯灭。当时五胡乱华，割据、篡国者多如牛毛，诚所谓纲常扫地，礼乐无存，所以这种评价也容易得到人们认可。两汉以来，儒学的主要政治功能就是维护"三纲五常"，既然连这一点都不存在了，儒学的核心也就不存在了。正宗的儒学，应当是抨击"礼崩乐坏""纲常不存"之乱象的；但当时的儒学，却不过是"谈士"借以搅乱是非、为"窃国大盗"粉饰太平的谈资而已。

"羲农去我久，举世少复真"，乃是陶渊明的"知时"之论。《扇上画赞》云："三五道邈，淳风日尽。九流参差，互相推陨。行逐物迁，心无常准。是以达人，有时而隐。"《鲁二儒》："易代随时，迷变则愚。介介若人，特为贞夫。德不百年，污我诗书。逝然不顾，被褐幽居。"当时所谓的"识时务者"，"心无常准"，"随时"而"迷变"，没有准则，没有底线，随波逐流，有辱"诗书"；但他们自鸣得意，反而嘲笑"达人""贞夫"不识时务。这些都足以佐证"谁谓不知时"的含义。

综上所述，"结友到临淄"就是想去位于齐鲁的临淄"取经"，求得正宗的儒学，换言之，也就是在"礼崩乐坏"、歧说百出的时代，想去寻求正宗的礼乐之论。而"稷下多谈士，指彼决吾疑"之语，则表明这种想法是徒劳的，因为临淄、稷下而今也只剩下一堆"行逐物迁，心无常准"的儒生，谈的都是"伪儒学"。因此，"稷下"绝不是汤汉所说的"白莲社"，"指彼决吾疑"也不是入白莲社切磋佛家理论。

笔者在《〈拟古〉九首与周续之》中指出，《拟古》九首是陶渊明写给老友周续之的[①]；上述分析也可以作为佐证。据《宋书·隐逸传》，周续之通《毛诗》六义及《礼论》《公羊传》，在晋宋易代之际，致力于为刘裕"振兴礼乐"，深得刘裕赏识。

《宋书·武帝纪》："义熙元年正月，毅等至江津，破桓谦、桓振，江陵平。天子反正。"桓玄之乱平定之后不久，刘裕就有意"振兴礼乐"。《宋书·臧焘传》记载刘裕镇京口时，与臧焘书曰："顷学尚废弛，后进颓业，衡门之内，清风辍响。良由戎车屡警，礼乐中息，浮夫恣志，情与事染，岂可不敷崇坟籍，敦厉风尚。"又《宋书·孟怀玉传》："高祖镇京口，以怀玉为镇军参军、下邳太守。义熙三年，出为宁朔将军、西阳太守、新蔡内史。"可知刘裕给臧焘写信，时在义熙三年以前，信中谈到了"礼乐中息"的情况，意图恢复之。应当就在义熙三年以前，刘裕曾亲自向周续之咨询《礼记》大义，建立了对周续之的初步印象。

义熙六年，周续之接受刘裕的礼赐，去建康为其世子讲"礼"，充当了为刘裕"恢复礼乐"的急先锋。《宋书·周续之传》："高祖之北讨，世子居守，迎续之馆于安乐寺，延入讲礼。""高祖北伐，还镇彭城，遣使迎之，礼赐甚厚。"据《宋

---

① 吴国富：《〈拟古〉九首与周续之》，《九江学院学报》，2005 年第 2 期。

书·武帝纪》，"北伐"指义熙五年刘裕北伐南燕慕容超，"六年二月丁亥，屠广固……送超京师，斩于建康市。公之北伐也，徐道覆仍有窥窬之志，劝卢循乘虚而出，循不从"。可知义熙六年刘裕北伐回来之后，就专门派人邀请周续之去京城讲"礼"。

刘裕邀请周续之在建康讲"礼"，其性质与当年桓温擅作礼乐一致，显露了他的野心，对东晋朝野的刺激是很大的。《晋书·礼志》引《礼记》曰："苟无其位，不可以作礼乐。"然而"穆哀之后，王猷渐替，桓温居揆，政由己出，而有司或曜斯文，增晖执事，主威长谢，臣道专行"，亦即桓温专权时，擅作礼乐，就等于公开昭示了他的不臣之心。因此，义熙六年刘裕聘请周续之讲"礼"之后不久，谣言就开始在社会上流行了。《晋书·五行志》："义熙九年五月，国子圣堂坏。天戒若曰：圣堂，礼乐之本，无故自坏，业祚将坠之象。未及十年而禅位焉。"

刘裕正式建国之后，周续之就以刘宋开国"礼乐"的制定者出现在世人面前了。《宋书·周续之传》："高祖践阼，复召之，乃尽室俱下。上为开馆东郭外，招集生徒。乘舆降幸，并见诸生。"《宋书·颜延之传》："雁门人周续之隐居庐山，儒学著称，永初中，征诣京师，开馆以居之。高祖亲幸，朝彦毕至。"

通过上述考察，可知陶渊明的《拟古》诗应当作于义熙六年或稍后不久，其中"结友到临淄"一首意在讥刺周续之所谈的"礼乐"不是真正的"礼乐"，而是为窃国大盗刘裕粉饰的"伪礼乐"。

李剑锋教授指出，在陶渊明诗文中，至少有33题共68处明显打上了《论语》的印记。陶渊明少时"游好在六经"（《饮酒》），闲居时"诗书敦宿好"（《辛丑岁七月赴假还江陵夜行涂口》），诗文中多次直接用到儒家的"仁义""节义""孝友""君子"

等基本概念。^①基于这一点，《拟古》所说的"结友到临淄""装束既有日""行行停出门"等描述，应当与陶渊明在青少年时期想去齐鲁之地求学的经历有关，当时他对儒学还是深信不疑的。清代张之洞《劝学篇·游学第二》："春秋、战国最尚游学，贤如曾子、左邱明，才如吴起、乐羊子，皆以游学闻，其余策士、杂家不能悉举。"魏晋时期，此风尚存，如《晋书·王裒传》："北海邴春少立志操，寒苦自居，负笈游学，乡邑金以为邴原复出。"因此，"结友到临淄"在当时是一个合情合理的想法，不是随口一说而已，更何况他也有在青少年时期"东西游走"的自述。但就其生活年代而论，产生"结友到临淄"的动机，其前提是临淄、稷下应当在东晋的掌控之中，否则他不可能深入胡人的国度去求学。也就是说，他若想去临淄，能去临淄，时临淄必属于东晋。

《晋书·地理志》："自永嘉丧乱，青州沦没石氏。东莱人曹嶷为刺史，造广固城，后为石季龙所灭。季龙末，辽西段龛自号齐王，据青州。慕容恪灭赵，克青州。苻氏平燕，尽有其地。及苻氏败后，刺史苻朗以州降。朝廷置幽州，以别驾辟闾浑为刺史，镇广固。隆安四年，为慕容德所灭，遂都之，是为南燕，复改为青州……慕容超移青州于东莱郡，后为刘裕所灭，留长史羊穆之为青州刺史，筑东阳城而居之。"这段话大致介绍了青州在东晋时期的归属状况。其中曹嶷、段龛占据青州之时，陶渊明尚未出生。《晋书·明帝纪》记载，太宁元年（323）八月，"石勒将石季龙攻陷青州，刺史曹嶷遇害"。《晋书·天文

---

① 李剑锋：《陶渊明及其诗文渊源研究》，山东大学出版社 2005 年版，第87 页。

志》记载，永和十二年（356）十一月，"齐城陷，执段龛，杀三千余人"。升平元年（357），"慕容俊遂据临漳，尽有幽、并、青、冀之地"。陶渊明出生之后，青州很快就被前秦占领了。《晋书·苻坚载记》记载前秦苻坚于太和五年（370）灭前燕慕容暐，"徙关东豪杰及诸杂夷十万户于关中……徙陈留、东阿万户以实青州"。

太元八年（383）淝水之战以后，前秦的统治崩溃，青州被东晋收复。据《晋书·孝武帝纪》，太元九年（384）十月，"苻坚青州刺史苻朗帅众来降"。《晋书·地理志》："及苻氏败后，刺史苻朗以州降。朝廷置幽州，以别驾辟闾浑为刺史，镇广固。"辟闾浑在青州有较强的势力，从太元九年（384）开始掌管青州①，在青州据守时间长达15年，后来因朝廷支援不力，在后燕的攻击下节节败退，不断丢城失地，直至隆安三年（399）被慕容德所杀。

太元十二年（387）正月，慕容垂开始攻打青州。《晋书·孝武帝纪》："慕容垂寇河东，济北太守温详奔彭城。"二月，慕容垂又在泰山一带击败张愿，进军历城，郡县多降（《资治通鉴》卷一百零七），随即在这里设立青州，任命了刺史。但辟闾浑坚持与之对抗，太元十三年（388）逼退了慕容垂的青州刺史慕容绍。《资治通鉴》卷一百零七："燕青州刺史陈留王绍为平原太守辟闾浑所逼，退屯黄巾固。"与此同时，朱序于太元十一年奉命东征翟辽，而后南下镇守淮阴，直到太元十三年四月再次镇守洛阳，方才离开东海之滨。因此，辟闾浑在此期间逼退慕容垂

---

① 王蕊：《魏晋十六国青徐兖地域政局研究》，齐鲁书社2008年版，第292—294页。

的青州刺史，也应当得到了朱序的支持。之后青州大部分地区都在辟闾浑的掌握之中。太元十七年四月，齐国内史蒋喆反叛，被辟闾浑平定。《晋书·孝武帝纪》："齐国内史蒋喆杀乐安太守辟闾濬，据青州反。北平原太守辟闾浑讨平之。"到了太元十九年，后燕慕容垂的军队又大举入侵青州，攻占了临淄。《资治通鉴》卷一百零八："（太元十九年）燕辽西王农败青州刺史辟闾浑于龙水，遂入临淄。"《读史方舆纪要》卷三："（太元）十九年，（慕容垂）复并西燕，又遣慕容农等济河南略东平、高平、泰山、琅邪诸郡，进军临海，转入临淄而还。时临淄以东为辟闾浑所据。"此时辟闾浑掌控的地域仅剩下临淄以东的滨海地区。隆安三年（399），后燕再度攻打辟闾浑，辟闾浑被杀。慕容锺《传檄青州诸郡讨辟闾浑》："稷下之雄，岱北之士，有能斩送浑首者，赏同佐命。"（《晋书·慕容德载记》）《晋书·安帝纪》："隆安三年，慕容德陷青州，害龙骧将军辟闾浑。"至此青州全部被慕容德占据。义熙五年（409），刘裕攻占广固，再度收复青州，见《宋书·武帝纪》。

陶渊明产生"结友到临淄"的想法，其前提是青州在东晋的掌控之中。综上所述，在太元十九年以后，青州大部分地区已被后燕占领，隆安三年则完全被后燕占据。在这种情况下，"结友到临淄"就纯粹是空想了。太元十九年以后陶渊明的踪迹也比较清楚，这期间他或在家中，或随从桓玄，应该不会产生"结友到临淄"的想法。义熙五年（409），刘裕重新收复青州，然而此时陶渊明归田已经数年，况且已经不相信齐鲁之地尚存正宗的儒学，也应该不会产生去临淄的想法。因此，"结友到临淄"的想法，就应当产生于太元九年苻朗投降之后、太元十九年慕容垂大举进攻青州之前，也就是陶渊明在北方从军期间。

太元十一年，朱序奉命前往鲁豫一带平叛。经过朱序的努力征战，翟辽败退，青州一带的局势趋向稳定。太元十二年初，朝廷任命朱序为青州刺史，朱序遂率军南下，镇守于淮阴。应该就在此时，陶渊明随着朱序的军队，沿着山东滨海地区一路南下，经过了临淄附近。他在这时产生"结友到临淄"的想法，乃是合情合理的。这时候青州掌控在东晋手中，而且陶渊明在征战之暇经过临淄附近，产生这种想法也是很容易实现的。青年时期的陶渊明服膺儒学，想趁便去临淄看看，以提升自己的儒学修养，这也是很正常的想法。虽然他最终没有去成，但这种冲动和想法一直留存于记忆之中，晚年就以此为基础创作了"苍苍谷中树"一诗。

三、二疏故里与《咏二疏》

陶渊明路过临淄附近的北乡侯国之后，继续南下，经过了枣庄市一带。著名的二疏墓就在这里，为此陶渊明又作《咏二疏》以抒怀。沈括《梦溪笔谈》卷四："疏广，东海兰陵人，兰陵今属沂州承县；今东海县乃汉之赣榆，自属琅琊郡，非古人之东海也。今承县东四十里自有疏广墓，其东又二里有疏受墓。"承县后来改名峄县，即今山东枣庄市峄城区。这里距离朱序镇守的彭城或淮阴都已经不远。

关于《咏二疏》一诗的意旨，清代邱嘉穗《东山草堂陶诗笺》卷四说："咏二疏去位，所以自况其辞彭泽而归田也。咏三良从死，所以自伤其不得从晋恭帝而死也。咏荆轲刺秦，所以自伤其不得讨刘裕篡弑之罪也。"[1]粗略看来，邱嘉穗的说法不无

---

① （晋）陶潜著，杨勇校笺：《陶渊明集校笺》卷四，上海古籍出版社2007年版，第226页。

道理，但仔细追究，这种说法却是矛盾百出的。《咏二疏》云："大象转四时，功成者自去。"二疏即汉宣帝时名臣疏广与其侄子疏受，疏广官至太傅，疏受官至少傅，两人从如此尊崇的地位上退下来，堪称功成身退。但这一典故怎能用来比喻陶渊明辞去彭泽令？一个小小的县令，本来就谈不上有什么大功业，何况只做了八十多天，想建功立业也没有时间，以二疏的故事比喻之，乃是极不恰当的。不仅如此，从二十九到彭泽辞官，陶渊明一直沉沦下僚，并没有"功成身退"的条件，归田以后更是无从谈起。因此，以二疏自喻说不能成立。

通过分析，笔者认为《咏二疏》乃是借二疏以指谢安、谢玄叔侄。淝水之战以后，功高盖世的谢安、谢玄及谢氏家族遭到晋孝武帝、司马道子的猜忌，因而全面退隐。谢安于太元十年四月交出兵权，八月病逝于建康。谢玄于太元十一年翟辽反叛之时称病告退，太元十三年病卒。借二疏以指谢安、谢玄叔侄，在人物身份上比较吻合，在时间节点上也非常吻合。二疏为叔侄关系，谢安、谢玄亦为叔侄关系；疏广为太傅，谢安亦为太傅；功成身退之事，也十分类似。《咏二疏》云："谁云其人亡，久而道弥著。"按理歌咏几百年前的古人，没有必要刻意点出"其人亡"这一不言而喻的事实，因此这两句就应当暗示谢安刚刚病故不久。

关于这一点，还可以从《感士不遇赋》中得到一些佐证。赋云："悼贾傅之秀朗，纡远辔于促界。悲董相之渊致，屡乘危而幸济。感哲人之无偶，泪淋浪以洒袂。"其中"贾傅"指任长沙王太傅的贾谊，"董相"指任江都易王国相的董仲舒。陶渊明又在《读史述九章·屈贾》歌咏了屈原、贾谊，并重点提出了屈原的《卜居》、贾谊的《鵩鸟赋》："进德修业，将以及时。

如彼稷契，孰不愿之？嗟乎二贤，逢世多疑。侯詹写志，感鹏献辞。"屈原的《卜居》，主要就是以小人衬托贤士，贤士"正言不讳""廉洁正直"，小人、"谗人"则苟且偷生、阿谀奉承、平庸无能、贪图小利，两者形成鲜明的对比。贾谊的《鹏鸟赋》，也是将"达人""大人""至人""德人"与"贪夫""夸者""愚士""众人"形成对比，感慨无人理解自己。因此，《卜居》及《鹏鸟赋》的主旨，均与《感士不遇赋》的"感哲人之无偶，泪淋浪以洒袂"相符，而这两句恰好又是用来感慨"贾傅""董相"的。

贾谊、董仲舒屈居诸侯王之太傅、国相，地位不高，又是文臣，功业有限，似乎与"纡远辔于促界"及"屡乘危而幸济"的评价不相称。按"贾傅""董相"两个称谓的关键在于"太傅""国相"，而东晋时一身二任的谢安足以当之。谢安坐镇朝堂，取得淝水之战的大捷，使危如累卵的东晋获得安定，堪称"屡乘危而幸济"；之后乘胜北伐，开疆拓土，收复大片失地，堪称"纡远辔于促界"。王瑶注"纡远辔于促界"曰："在近境勉用远马，譬喻大才小用。"[1]然而此句亦不妨解释为"在小地方作出大文章"，意指开疆拓土。之后谢安遭谗受谤，出镇广陵，又很像屈原、贾谊被贬出外的情况。就经国而言，谢安能安内，能攘外，堪称东晋第一人。正如《晋书·苻坚载记》记载左仆射权翼云："今晋道虽微，未闻丧德，君臣和睦，上下同心。谢安、桓冲，江表伟才，可谓晋有人焉。臣闻师克在和，今晋和矣，未可图也。"又如《晋书·孝武帝纪》："谢安可以

---

① 王瑶编：《陶渊明集》，《王瑶文集》第一卷，北岳文艺出版社1995年版，第504页。

镇雅俗，彪之足以正纪纲，桓冲之夙夜王家，谢玄之善断军事。于时上天乃眷，强氏自泯。"《感士不遇赋》的这些语句用在谢安身上，显得相当妥帖，因此可知"贾傅""董相"应当暗喻谢安。

据《晋书·桓伊传》，谢安引退之后，桓伊甚为他抱不平，对孝武帝唱《怨歌》云："为君既不易，为臣良独难。忠信事不显，乃有见疑患。周旦佐文武，金滕功不刊。推心辅王政，二叔反流言。"不妨说，《怨歌》与《卜居》《鹏鸟赋》的主旨，均可以用"感哲人之无偶"一句来概括。因此，《感士不遇赋》又有感慨谢安遭受猜忌的用意。

就内容而言，陶渊明的《咏二疏》与张协的《咏史》颇有类似之处，但侧重点有所不同。张协的《咏史》云："昔在西京时，朝野多欢娱。蔼蔼东都门，群公祖二疏。朱轩曜金城，供帐临长衢。达人知止足，遗荣忽如无。抽簪解朝衣，散发归海隅。行人为陨涕，贤哉此丈夫。挥金乐当年，岁暮不留储。清风激万代，名与天壤俱。咄此蝉冕客，君绅宜见书。"（《艺文类聚》卷五十五）张协重点歌咏二疏的"知足"以及"散金"，这与《汉书》记载的二疏故事十分接近。张协认为二疏以"清风"扬名后世，也算名副其实，贴近历史。但陶渊明歌咏二疏，却与史书有所不同。他说二疏是两汉朝廷中"功成者自去"的佼佼者，为"衰周"以来所罕见；然而根据史书记载，二疏一生并无什么功业，只是得到皇帝宠遇而已，似乎受当不起陶渊明这一评价。陶渊明又说二疏归田以后，"所营非近务"；然而《汉书》记载二疏散去余财，又不愿多买田宅，无非也就是想子孙安分守己、保守旧业而已，节操虽然可贵，用意并不复杂，似乎谈不上"非近务"。张协认为二疏以"清风"扬名后世，也算名副其实，贴近历史。但陶渊明说"久而道弥著"，二疏也不足以当之。因为两汉之时的"道"，通常指"天道"，说二疏是天道的维护者，显然并不恰当。以此看来，陶渊明咏二疏是别有所指的，颇有借咏史以咏怀的特点。

总之，陶渊明笔下的二疏，应该是居功至伟者（"功成者自去"），有深谋远虑者（"所营非近务"），维护天道或世道人心者（"久而道弥著"）。用这些话来形容二疏，并不妥当，用于形容谢安，倒是非常合适。总结起来，《咏二疏》实际上是借咏史以咏时事，是有感于谢安、谢玄诸人的遭遇而发的。这种隐喻意义，也只有在北方从军的背景中才能得到很好的说明。一方面，陶渊明是战争的亲历者，是谢安、谢玄谋略的执行者之一，所以他对两人的感慨特别深挚；另一方面，朝廷指令朱序率军东征，实为劳民伤财、举止失措之策，也直接给陶渊明带来了无谓的劳役之苦。假如谢玄尚在任上，东线完全不用担心，陶渊明也不用如此奔波了。所以，陶渊明又是谢氏叔侄遭到猜忌之后的间接受害者，为此感慨也就更深了。

总之，陶渊明此次行役，由天津的盘山而南下淄博，再南下枣庄，再到徐州，随即跟随朱序镇守淮阴，一路经行，都在东海（今渤海）之滨。对于饱读诗书的他来说，此次行役在文化上收获甚丰，故而在当时及后来创作的诗文中颇有表露。

第三节　随镇淮阴与《乞食》

陶渊明的《乞食》诗云："饥来驱我去，不知竟何之。行行至斯里，叩门拙言辞。主人解余意，遗赠岂虚来。谈谐终日夕，觞至辄倾杯。情欣新知欢，言咏遂赋诗。感子漂母惠，愧我非韩才。衔戢知何谢，冥报以相贻。"

历代学者解释此诗，意见很不统一，以下是较有代表性的观点：

一、唐代王维在《与魏居士书》一文中说陶渊明曾经多次乞讨，"叩门拙言辞"，是因为"屡乞而惭"。宋代苏轼《书渊明乞食诗后》："渊明得一食，至欲以冥谢主人，哀哉哀哉，此大类丐者口颊也。非独余哀之，举世莫不哀之也。"[①]说诗人"得一食"便感激涕零，甚至说要以"冥报"来报答主人，很像一个乞丐，实在可悲。

二、苏轼又说此诗体现了陶渊明真率自然的个性："陶渊明欲仕则仕，不以求之为嫌，欲隐则隐，不以去之为高，饥则扣门而乞食，饱则鸡黍以迎客。古今贤之，贵其真也。"[②]明代钟伯敬、谭元春《古诗归》卷九："昔人称渊明有则终日留宾，无则沿门乞食，有无取与之间，皆有理趣存乎其间。"清代温汝能《陶诗汇评》卷二："因饥求食，是贫士所有之事，特渊明胸怀，视之旷如，固不必讳言之耳。"鲁迅《魏晋风度及文章与药及酒之关系》论陶潜："他的态度是随便饮酒、乞食，高兴的时候就谈论和作文章，无尤无怨……他的态度是不容易学的，他非常之穷，而心里很平静。家常无米，就去向人家门口求乞。"[③]都说《乞食》一诗体现了诗人旷达、纯真的人品，表达了一种"理趣"。

---

① 北京大学中文系编：《古典文学研究资料汇编：陶渊明卷》，中华书局1961年版，上编第16页，下编第66页。

② 曾枣庄选注：《三苏文艺理论作品选注》，巴蜀书社2017年版，第178页。

③ 北京大学中文系编：《古典文学研究资料汇编：陶渊明卷》，中华书局1961年版，下编第67、70页，上编第281页。

三、围绕"忠晋愤宋"这一点，或表明自己"食君之禄"，君恩难忘，以示忠君之心；或以乞食明示自己宁愿饿死，也不愿出仕于异代；或以假设之言，明"誓死报君"之志。清代邱嘉穗《东山草堂陶诗笺》卷二："古人一饭之惠亦不肯忘，而况于食君之禄乎？"清代王懋竑《书渊明乞食诗后》："渊明当晋宋之际，抗志不仕……自度其身之必以饿死，而卒无以报也。其固穷之节，守死不移，已见此诗矣。"清代陶必铨《萸江诗话》："此诗寄慨遥深……不必真有叩门事也。志不能遂，而欲以死报，精卫填海之意见矣。""此诗与《述酒》读书诸篇，皆故国旧君之思，不但乞食非真，即安贫乐道亦非诗中本义。"①

四、明代黄文焕《陶诗析义》卷二："人人受驱，人人不知何之，一巧而愈驱愈之，沾沾自喜，不复知愧矣。""此元亮现身说法之旨也。愧非韩才，时代将易，英雄无聊。"②黄文焕说此诗为"现身说法"，认为有一定的写实成分；而所寓之意则在于反讽，意思是说改朝换代之际，那些纷纷出仕、追逐利益的人物，如蝇聚血，如同乞丐一般不知羞愧，诗人则"拙"于乞求，与他们形成了鲜明的对比。

从上述观点中不难看出，有些人把此诗看成写实之诗，说诗人的确曾经乞食；有些人则认为此诗属于"设言"，所叙乞食一事并非真实或真实成分很少，诗人旨在以假设之事表达自己的寓意。这两种意见是对立的，而我们也不妨就此展开一些讨论。

---

① 北京大学中文系编：《古典文学研究资料汇编：陶渊明卷》，中华书局1961年版，下编第69—70页。
② 北京大学中文系编：《古典文学研究资料汇编：陶渊明卷》，中华书局1961年版，下编第67页。

　　如果《乞食》一诗是写实之作，就必须在陶渊明的生平事迹中找到对应之处。在这一点上，注者多以为《乞食》作于元嘉三年（426）。是年江州刺史檀道济去看望陶渊明，但此时陶渊明因饥馁疾病，已经卧床不起多日了；故而学者推测元嘉三年陶渊明曾去乞讨。① 表面看来，这种观点也站得住脚，细究之则不免漏洞百出。

　　首先，如果说《乞食》作于元嘉三年，那么陶渊明当时已经六十二岁，他的几个儿子都已经成年，甚至有儿子已经成家。如《东林十八高贤传》记载："张野，字莱民，居浔阳柴桑，与渊明有婚姻契……义熙十四年，与家人别，入室端坐而逝，春秋六十九。"与陶渊明"有婚姻契"的张野去世于义熙十四年（418），可知陶渊明至少有一个子女在此之前已经成家。因此，到了元嘉三年，纵然陶渊明已经陷入老病冻饿的困境，多少还会有子女家人给他一点供养，何至于要他亲自去乞讨？在特别重视孝道的东晋时期，老人去乞讨，乃是让子女背上"不孝"罪名的一种行为，似乎不合情理。

　　其次，"愧我非韩才"，用的是韩信年轻时得到漂母施舍、表示日后要报答的典故。假如此诗作于元嘉三年，则陶渊明已经是一个六十二岁的老人。一个老人用这种典故来比喻自己，岂非有点搞笑的意味？听了这种话，别人肯定会嗤笑说："一个快死的老人了，还谈什么报答？省省吧！"总之，如果《乞食》写于元嘉三年，大体只能是"设言"，不大可能是写实，说他这一年曾去乞讨的猜测是不合理的。

_____

① 　温洪隆注释，齐益寿校阅：《新译陶渊明集》卷二，（台湾）三民书局2002年版，第69页。

进而论之，陶渊明从二十九岁以后直至去世，挨饿是常事，如《五柳先生传》说"箪瓢屡空"，《咏贫士》说"窥灶不见烟"，《癸卯岁十二月中作与从弟敬远》说"箪瓢谢屡设"，《拟古》说"三旬九遇食"，都表明陶渊明经常"断顿"。在此期间，陶渊明不得不以"躬耕"维持生计，但没有迹象表明他必须以乞讨为生。元代戴表元《和陶乞食》诗小序说："渊明为饥所驱，本不知为何人家而叩之，亦可怜矣。然渊明家有五男子，传称翟氏志趣亦同，能安苦节。夫耕于前，妻锄于后。又《责子》诗，雍端俱年十三，或当别有庶母。渊明又尝助其薪水。大约计之，不翅百指之家。而当饥饿，单身竟行，望屋求食，不知其家何以为处。"（《剡源文集》卷二十七）诚然，在上有老、下有小的情况下，如果陶渊明要靠乞讨来供养家人，就不可能是偶一为之；如果经常去乞讨，则有关乞讨的描述也应当不止一处。然而除了《乞食》一诗之外，陶渊明再也没有提到过自己乞讨的情况，因此这首诗显得很突兀、很孤立，暗示它可能有不同的创作背景，更有可能发生在二十九岁以前。

"设言"论者把重点放在"冥报"上，认为意指"誓死报君"，如此则《乞食》与《述酒》的主旨一致。但事实上，《述酒》的"报君"之意并不明显，反倒是《咏三良》有明显的"报君"思想："服勤尽岁月，常恐功愈微。忠情谬获露，遂为君所私。""一朝长逝后，愿言同此归。厚恩固难忘，君命安可违。"然而《咏三良》这种情怀，更像陶渊明年轻之时的表现，在第三章的论述中，笔者已经指出这首诗应当是陶渊明在北方从军期间，经过陕西凤翔的三良墓时所作。

总而言之，无论说《乞食》诗是"设言"还是写实，都不适合将它系于二十九至六十三岁之间。《乞食》诗反映的应当是诗人从张掖到幽州，再到淮阴之后的艰苦情形。这次行役，使陶渊明经历了在北方从军十年之中最为艰辛的一段时光。

太元十一年，因翟辽叛乱，东线告急，朝廷下令将朱序的部队紧急调往幽州、青州一带平叛。但此时朱序进驻洛阳未久，兵力损耗很大、后勤供应不支，在这种情况下紧急开拔，便经历了千难万险。据《资治通鉴·晋纪二十八》记载，太元十年，"燕、秦相持经年，幽、冀大饥，人相食，邑落萧条，燕之军士多饿死，燕王垂禁民养蚕，以桑椹为食"。因此，朱序大军东征，不但缺乏后勤储备，而且处于战乱饥荒的困境之中，粮草极为匮乏，很多兵士在途中几乎饿死。陶渊明《饮酒》云："畴昔苦长饥，投耒去学仕。将养不得节，冻馁固缠己。"《拟古》云："饥食首阳薇，渴饮易水流。"都是对此次征途中饱受饥寒之苦的描述。士兵们或饥一顿饱一顿，或以采野菜、饮河水度日，或靠乞讨为生，这些都在情理之中。这一经历，令陶渊明铭心刻骨，所以他后来曾多次提起。

陶渊明的《乞食》诗，与这次行役的境况十分吻合，可认为作于此时。如上一节所述，陶渊明追随朱序，辗转征战，到了幽州、青州一带之后，不但击败了翟辽叛军，也迫使慕容垂退缩到黄河沿岸地区，暂时打消了染指青州的企图，形势可谓一片大好。但就在这种情况下，朱序旋即率军南下千里，积极的攻势一下子就变成了消极防守的态势，其原因应该就是朝廷采取了消极退守的策略，而且大军也严重缺乏后勤供应，无力再战。

据《晋书·朱序传》，朱序自洛阳开拔，转向东线，击退叛军，稳定青州、兖州局势，战绩卓著，故而朝廷命他监兖、青二州诸军事，任兖、青二州刺史，进镇彭城，"序求镇淮阴，帝许焉"。镇守淮阴之后，翟辽之子翟钊入寇陈、颍，朱序派将军秦膺击败之，为此又拜为征虏将军。然而翟辽叛军又往西流窜，进犯洛阳，迫使朝廷又将朱序调往西线，加都督司、雍、梁、秦四州军事，再次戍守洛阳。因此，朱序在淮阴驻守的时间很短，起始于太元十二年正月，截止于太元十三年四月以前，充其量不过一年。在这一年之内，朱序一直忙于增兵调粮，"表求运江州米十万斛，布五千匹以资军费，诏听之"。"帝遣广威将军、河南太守杨佺期，南阳太守赵睦，各领兵千人隶序。""序又表求故荆州刺史桓石生府田百顷，并谷八万斛，给之。仍戍洛阳，卫山陵也。"这些都反映朱序在东征的过程之中，粮草不济，兵员损耗极大，在驻守淮阴之后，已经陷入严重缺粮、缺兵的困境，故而不得不远至江州、荆州调集军粮，又多少得到朝廷补充的一些军队，这才离开淮阴，率部远征，再戍洛阳。就在这种情况下，跟随朱序的陶渊明，到了淮阴之后，就不得不四处乞食以度困境，《乞食》就应当作于此时。

清代张荫嘉《古诗赏析》卷十三："此向人借贷、感人遗赠留饮而作。题云《乞食》，盖乞借于人以为食计，非真丐人食也，观诗中解意遗赠可见。"[①]说《乞食》所写不像是乞讨，而更像是借贷。诚然，"主人解余意"之后的一段描写实在很可疑，不像是对待一个普通乞丐的态度。按理说，乞丐上门，一望就可知其意，用不着说"主人解余意"之类的废话；打发一点食物便足以了事，犯不着给予"遗赠"：既然称为"遗赠"，所给的东西一定不会很少，这不符合对待普通乞丐的态度；主人更用不

---

① 北京大学中文系编：《古典文学研究资料汇编：陶渊明卷》，中华书局1961年版，下编第70页。

着把乞丐留下来，请他喝酒又陪他聊天，还把他当作知音、知己来对待。因此，主人对他的热情接待，显示这个乞丐不是普通的乞儿，《乞食》所写也并非普通的乞讨行为。

事实上，《乞食》所写应该是陶渊明在北方从军时的一段经历。"乞食"是指军中严重缺粮，饥饿的军士四处觅食，不是因为家中绝粮而出去乞讨，更不是像普通乞丐一样四处流浪，随处乞讨。陶渊明随军到了淮阴之后，见到了位于淮阴故城的漂母墓。他有感于自己四处求食的惨况，想起韩信乞食的历史故事，便以"乞食"为题创作了此诗。

按郦道元《水经注》卷三十："（淮水）又东径淮阴县故城北。北临淮水，汉高帝六年，封韩信为侯国。王莽之嘉信也。昔韩信去下乡而钓于此处也。城东有两冢，西者，即漂母冢也。周回数百步，高十余丈。昔漂母食信于淮阴，信王下邳，盖投金增陵，以报母矣。东一陵，即信母冢也。"①《大清一统志》卷六十四："漂母墓，在清河县东。县志：漂母墓，今名泰山墩，在县东，去马头镇二里许，突兀陂泽中，锁两河之口。"清代元成《续纂淮关统志》卷十二："漂母墓，旧志云：'在淮阴县北。'按张华注《淮阴侯传》曰：'漂母冢在泗口南。'唐崔国辅《漂母岸》诗云：'泗水入淮处，南边古岸存。'又云：'茫茫水中渚，上有一孤墩。'与张华'泗口南岸'之说相符。《清河志》云：'漂母冢，即今泰山墩。'盖因墩近韩城而臆断之也，其说未可为据。"② 根据这些记载，漂母墓在汉代淮阴县城东，魏晋南北朝

---

① 王国维校，袁英光、刘寅生整理：《水经注校》卷三十，上海人民出版社1984年版，第977页。

② （清）元成：《续纂淮关统志》卷十二，《四库存目丛书》史部274册，齐鲁书社1996年版，第67页。

时期犹存。因年代久远，唐代以后逐渐迷失，明清时期所说的漂母墓，在今淮安市淮阴区码头镇东约三华里处太山村漂母祠内，俗称泰山墩，但未必是汉代原址。

"饥来驱我去，不知竟何之"几句，说明陶渊明此时到了一个十分生疏的地方，漫无目标地行走，偶然走到某一个村庄，很幸运地遇见了一位热心肠的主人。假如是在自己的家乡，诗人饿着肚子出去乞讨，应该不会走得太远。在古代，庐山周边地广人稀，方圆数十里之内的百姓，因为婚丧嫁娶、节庆往来等活动，彼此之间多少是有些熟悉的，也总能拐弯抹角地攀扯上一些关系。因此，诗人如果在附近的村庄乞讨，肯定会有意识地到某些村庄、某些可能比较富裕的人家去求食，而且估计多少会有所收获。如此一来，他就不会"不知竟何之"、漫无目的地行走了。另外，诗人从二十九岁开始，就一直住在柴桑；归田以后，他的足迹就没有出过寻阳，对于这个颇有名气的隐士，附近的百姓不可能毫无知晓。然而"情欣新知欢"一句却表明这个主人以前对陶渊明毫无所知。因此，"不知竟何之"等语句足以反映陶渊明此时不在家乡，而是在远离家乡的一个陌生地方。假如是在淮阴，这些描写就很合理。

陶渊明的旷达之风，多半体现在归田以后乃至晚年。相比之下，《乞食》诗显示了很不通达、很不超脱的一面，因而较有可能反映了年轻时的心态。苏轼说他"饥则扣门而乞食，饱则鸡黍以迎客"，指的是《乞食》和《归园田居》的"漉我新熟酒，只鸡招近局"；但没有任何证据表明这两首诗写于同一时期，也就很难用来证明他的"洒脱"或"旷达"了。"叩门拙言辞"反映陶渊明对自己的乞食行为感到很惭愧、很纠结，一点也不像历代学者所说的不以乞讨为愧。而从"叩门拙言辞"到"情欣新知欢",再到"愧我非韩才""冥报以相贻",体现了诗人哀伤、羞惭、喜出望外、汗颜、真诚感谢等一系列的情绪变化,可谓波澜起伏、纠结重重,一点都称不上旷达。

北方从军之初,身为陶侃后人的陶渊明,年轻、自尊心强,又饱读诗书,以北伐中原、大济苍生自许,"无乐自欣豫""猛志逸四海",堪称豪情满怀。然而到了淮阴之后,他追随"王师"北伐转眼就已经到了第四个年头,此时不但没有建立卓著的功勋,反而饥寒落魄到如此境地,内心十分愧恨,所以"叩门拙言辞",很不好意思开口。假如是功业有成而一时落难,则自信心犹存,底气犹在,开口求人时不会如此愧疚;假如是因为天灾人祸而不得不去乞讨,则自尊心、虚荣心早已在长久的煎熬中被压抑住了,开口求人时除了哀叹之外,也不会如此愧疚。《饮酒》云:"在昔曾远游,直至东海隅。道路迥且长,风波阻中途。此行谁使然?似为饥所驱。倾身营一饱,少许便有余。恐此非名计,息驾归闲居。"又恰好可以和《乞食》互相诠释,"倾身营一饱"所指的就是"乞食"之事。一个志在"大济苍生"的士人,沦落为一个四处求食的乞丐,这正是陶渊明内心愧恨、"叩门拙言辞"的原因。

上门求食的陶渊明,深为自己的沦落而愧恨;但事实上,在饥荒战乱的年代,一个饥饿不堪的军士上门来求食,乃是司空见惯的事情,所以主人一见就知道了他的来意,陶渊明也就有了"主人解余意,遗赠岂虚来"的叙述。主人不仅没有把陶渊明当作一个普通乞丐来对待,而且还热情地款待他,请他喝酒,与他聊天,谈得十分投缘,以至结为知己。主人的热情态度,是与当时的特殊历史背景相关的。在淝水之战以前,迅速崛起的前秦帝国屡次出兵攻打东晋,使东晋百姓饱受战乱之苦,而荆州及淮河流域受害尤其严重。太元初年（376），前秦君主符坚派兵攻陷凉州，此后便开始大举南侵，先派步骑七万寇襄阳，又派后将军俱难、右将军毛当等人率步骑七万寇淮阴、盱眙。太元四年（379），前秦军队攻占了淮阴（《晋书·苻坚载记》），自此淮阴落入敌手。淝水之战以后，东晋将士奋勇杀敌，收复大片失地，淮阴也回到了东晋手中。在当时，北伐乃是顺天意、得民心的正义之举，得到了百姓的纷纷拥护，主人能够如此热情款待陶渊明，也正是出于这一原因。陶渊明从西线转到东线，转战数千里，对前方战况比较熟悉，而这些又正是主人及百姓特别关注的，所以两人谈得十分投机，以至于"谈谐终日夕，觞至辄倾杯"，临走时还不负所望，给他很多馈赠。这令陶渊明非常感谢，于是就有了"衔戢知何谢，冥报以相贻"两句。

"冥报"一词的含义，很值得细究。陈寅恪《陶渊明之思想与清谈之关系》："或疑陶公《乞食》诗'冥报以相贻'之句与释氏之说有关，不知老人结草之物语实在佛教入中国之前，且释氏冥报之义复由后世道家采入其教义，故渊明此语无论其为词汇问题，抑或宗教问题，若果涉宗教，则当是道教，未必为佛教也。"[①]此说甚是，但还可以进一步讨论之。

按"冥报"一语，六朝时主要在佛门中使用，社会上并不流行。如竺僧朗《答南燕主慕容德书》："且领民户，兴造灵刹，所崇像福，冥报有所归。"（《广弘明集》卷三十五）慧远大师在庐山东林寺宣扬"报应论"的时候，遭到名士戴逵的质疑，《答

---

① 北京大学中文系编：《古典文学研究资料汇编：陶渊明卷》上编，中华书局1961年版，第353页。

周居士难释疑论》云："推渊商之善恶，足明冥中之无罚。等比干盗跖，可识祸福之非行。既能体此难事，然后分命可审，不祈冥报耳。"（《广弘明集》卷十八）戴逵的批驳，可见佛教的"冥报"观念在当时尚未被人们普遍接受。"冥报"在当时又称为"冥应"，周续之《难释疑论》："天地旷远，人事细近，一善一恶皆致冥应。"（《广弘明集》卷十八）又可见这一词语在当时尚未固定化。到了隋唐时期，"冥报"一词得到广泛使用，成为一个固定词语，而佛教也以此为主题编造了大量的灵验故事，以证明"冥报"的存在。

对于陶诗中的"冥报"，人们多按唐宋以来的印象去理解，但这是有问题的。因为陶渊明所说的"冥报"并不是一个固定词语，它反映了传统的报应思想，与佛教的"冥报"不同。

"报应"之说，在传统文化中早已出现，如《易传·文言》云："积善之家，必有余庆；积不善之家，必有余殃。"《老子》云："天道无亲，常与善人。"戴逵《释疑论》说这两句话"乃圣达之格言，万代之宏标也"，意指"行成于己身，福流于后世，恶显于事业，获罪乎幽冥"。[①]又《后汉书·张衡传》记载张衡说："神明幽远，冥鉴在兹。福仁祸淫，景响而应。因德降休，乘失致咎，天道虽远，吉凶可见。"意指神灵虽然看不见、摸不着，但却在幽冥世界里主宰着人世，仁义有德者会获得福报，作恶多端者必遭惩罚。这些都属于传统的"报应论"。

丁永忠在《陶渊明〈乞食〉诗冥报思想辩证》一文中指出，传统的"报应论"有三个特点：一是它相信冥冥之中有一个赏善

---

① （清）严可均辑：《全晋文》卷一百三十七，商务印书馆 1999 年版，第 1486 页。

罚恶的主宰（"天"或"鬼神"）。二是它具有"承负性"，祸福之报，不仅报及自身，还要报及后代子孙。三是它无法对"积善之无庆，积恶之无殃"的现象做出解释，所以当积德行善者身处逆境的时候，大都会对这种传统的报应论提出质疑，予以批判。相比之下，魏晋佛教的报应论却很不相同。一是它强调罪福报应的自感、自应，否定了"天"或鬼神的主宰作用。二是它强调报应是自作自受，把受报应的主体严格限制于作业者自身，"父作不善，子不代受；子作不善，父亦不受。善自获福，恶自受殃。"（《泥洹经》）三是以"三世轮回"解释其报应法则，有"现世报答"和"死后报答"之不同。①

陶渊明质疑过传统的报应思想，但却没有证据可以表明他曾信奉佛教的"报应"思想。如《感士不遇赋》："承前王之清诲，曰天道之无亲。澄得一以作鉴，恒辅善而佑仁。夷投老以长饥，回早夭而又贫。伤请车以备椁，悲茹薇而殒身。虽好学与行义，何死生之苦辛！疑报德之若兹，惧斯言之虚陈。"《饮酒》："积善云有报，夷叔在西山。"《祭程氏妹文》："我闻为善，庆自己蹈。彼苍何偏，而不斯报！"都是就"天道无亲，常与善人"这种传统报应观所提出的质疑，意指老天应当给伯夷、叔齐、颜回之类的"善人"以福报，而他的程氏妹一生善良，也应当获得福报；但事实上他们都活得很凄惨。颜延之《陶征士诔》说："居备勤俭，躬兼贫病。""纠缠斡流，冥漠报施。""谓天盖高，胡愆斯义。"也说老天待陶渊明不公，让他贫病交加以终，违背了"天道无亲，常与善人"的法则。

陶渊明既然会反复质疑传统的报应思想，就表明他对这种

---

① 丁永忠：《陶诗佛音辨》，四川大学出版社 1997 年版，第 94、95 页。

思想非常熟悉。因此，《乞食》所说的"冥报"，也就应当等于颜延之所说的"冥漠报施"，即老天、神明给予的报应，"冥报以相贻"意指"老天会给主人福报"，属于一种祝福语。特别值得指出的是，这种"福报"是老天或鬼神给予的，不是他自己给予的。在传统的报应论中，并无自己给予"冥报"的说法。但佛教的报应论却有"现世报答"和"死后报答"之说，实施报答的都是报答者本人，而非老天或鬼神。丁永忠在《陶渊明〈乞食〉诗冥报思想辩证》一文中又指出，《左传·宣公十五年》中"老人结草还报"的故实，乃是"死者报生之验"；而《乞食》诗中"感子漂母惠，愧我非韩才"两句，用的是韩信受漂母一餐之惠、后以千金还报的故事，却是"现世还报之证"。没有证据能够表明陶渊明所说的"冥报"确指"死者报生"。[①] 这一分析恰好能佐证"冥报以相贻"意指"老天会给主人福报"，而不是指诗人"死后投胎转世来报答主人"。诗人自己表示的感谢，在"衔戢知何谢"一语之中。丘仲孚《答释法云书难范缜神灭论》："伏览敕旨，答臣下审《神灭论》……钻奉神猷，伏深舞蹈惠示，衔戢存眷。"（《弘明集》卷十）陶弘景《真诰》卷十二："羲受遇过泰，荣流分外，徒衔戢恩眷，无以仰酬。""衔戢"相当于"感念"，不是"结草衔环"之意。两句连起来，就是说："我对主人十分感念，也不知道如何感谢他，惟有祝愿他获得上天的福报。"

祈求上天保佑主人的"冥报"，表现了传统的"天道无亲，常与善人"之意，不同于"死后投胎转世来报答主人"的"冥报"。就这一点而言，传统的阐释颇多误解。按照常理，"乞食"

---

① 丁永忠：《陶诗佛音辨》，四川大学出版社1997年版，第89页。

不过就是讨饭而已，主人满足了他的需求，并且还给得比较多，这一行为虽然很值得感谢，但也犯不着"死后投胎转世来报答主人"。反过来说，既然要像佛教所说的那样去"冥报"，主人就必须有大恩大德，方才承受得起这种报答。因此，"冥报"与主人的"一饭之恩"很不协调，构成了此诗隐含的内在矛盾。历代学者解释此诗，往往无法解决这一矛盾。有的人认为"冥报"是此诗的表达重点，乞讨不过是一种虚设之词。尤其当"冥报"意指"报君"的时候，这种简单的乞讨行为就更不足以表现"报君"这样的重大主题了，所以乞讨行为就必须理解为是假设的。有的人认为乞讨行为是此诗表达的重点，但如此就不得不有意忽略"冥报"一词的意思。例如有不少学者说此诗有"理趣"，反映了诗人的"旷达"之风；但事实上一饭一食都让他耿耿不忘，以至于表示"死后要投胎转世来报答主人"，这也显得太不超脱了，因此"冥报"一词又足以显示诗人的"不旷达"。正如苏轼所说："得一食，至欲以冥谢主人，哀哉哀哉，此大类丐者口颊也。"这种表现，哪里称得上"旷达"？因此，以"旷达"论《乞食》，就不得不忽略"冥报"一词的寓意。通过前面的考证，"冥报"乃是"祝愿主人获得上天福报"的意思，这种祝福语与主人的热情态度（不只是"一饭之恩"）是匹配的，语气也显得比较自然。同时，这种"冥报"乃是上天所给的，不是自己实施的，也就跟所谓的"报君"没有关系。

第五章　再戍洛阳考

太元十三年（388），陶渊明跟随朱序西上，再次驻守洛阳。此时在朝廷一系列消极举措的影响下，东晋的北伐已告终止，戍边成了朱序的主要任务，而随军的陶渊明，也就有了一些安定和闲暇。在艰苦的生活环境中，满怀的豪情变成了深深的惆怅，促使陶渊明创作了《闲情赋》《停云》等作品，《搜神后记》也于这段时间成书。

第一节　再上洛阳与《杂诗》三首

太元十三年，东晋和北方诸国对峙的形势基本形成。此时翟辽又向西流窜，进犯洛阳，于是在当年四月，朱序被任命为都督司、雍、梁、秦四州诸军事、雍州刺史，离开淮阴，再次进驻洛阳。陶渊明亦随之到了洛阳，开始了长期戍边的生活，直到太元十七年朱序卸任之后，他才返回家乡。

一、再上洛阳及经行伯牙、庄周墓

太元十三年，吕光击败了凉州境内的各种势力，在凉州站稳了脚跟。姚苌占领了秦岭以北的地区，东晋的边界遂稳定在秦岭以南及潼关以东，洛阳成为西北部最重要的战略据点。此时翟辽在朱序镇守淮阴以后，为了躲避晋军的锋芒，转而向河南西部发动攻击，太元十三年初逼近洛阳，洛阳告急。洛阳是西晋帝王陵墓所在之地，不能放手不管，于是朝廷又紧急调朱序去洛阳镇守。《晋书·孝武帝纪》记载太元十三年四月，"以青兖二州刺史朱序为持节、都督雍梁沔中九郡诸军事、雍州刺史。"《晋书·朱序传》："加都督司、雍、梁、秦四州军事……仍戍洛阳，卫山陵也。"朱序转任雍州刺史，离淮阴而西上，仍然屯驻洛阳。

朱序任青州、兖州刺史并镇守淮阴，前后只有一年时间；朝廷如此频繁地调动他的军队，实属措置失当。应该是为了安慰朱序，朝廷给朱序加了一堆的头衔，除了原有的雍州刺史之外，又给他加上秦州刺史之衔，还让他兼督雍梁沔中九郡诸军事，不久之后，又让他兼督司、雍、梁、秦四州军事。为此朱序此次转任雍州刺史，除了负责豫州的防务之外，还要负责几乎整个西北的防务，甚至巴蜀一带的军事也要他兼管，任上他曾帮助梁州刺史击退巴蜀、汉中一带的敌寇。

朱序再次戍守洛阳之后，朝廷在司马道子等人的掌控下采取了极为保守的战略。在扬州方面，他们不断排挤以谢氏为代表的主战派，剥夺他们的兵权，削弱他们的势力，大量召还边地守将，遣散士兵，极大地削弱了东线的武装力量，不但导致北伐的进程戛然而止，还导致此前被东晋收复的部分地区再次被敌人占领。在荆州方面，朝廷将大量的扬州官员派往那里担任要职，不断排挤荆州将官，不但导致荆州军队失去了继续挺进的力量，也埋下了日后荆、扬两大派系互相倾轧的伏笔。荆州力量被削弱，戍守洛阳、背靠荆州的朱序也失去了强大的后援。当时前秦军队依然与后秦姚苌攻战不已，关中空虚，态势对东晋颇为有利，朱序却无力挺进关中，基本上只能采取守势了。太元十五年（390），盘踞在山西境内的慕容永企图南下侵犯洛阳，朱序主动渡河迎击，慕容永败退到上党，朱序乘胜追击，一直追到白水，因翟辽蠢蠢欲动而退兵。太元十六年（391），慕容永一度侵犯河南，被东晋河南太守杨佺期击退。这两次战役，均出于防守洛阳的需要，不具有收复失地的积极意义。

太元十四年（389），翟辽在黄河下游自立为帝，依然反侧于慕容垂及东晋之间。其间一度入侵荥阳，俘虏太守张卓；但没有继续南下。翟辽又派人刺杀慕容垂的冀州刺史，遭到慕容垂的讨伐。太元十五年（390）八月，刘牢之击翟钊于鄄城（山东省菏泽市），翟钊败走河北；又败翟辽于滑台，泰山太守张愿来降。太元十六年（391），丁零首领翟辽病死，其子翟钊又起兵攻击慕容垂，然而却遭到反击。太元十七年（392），翟钊再次攻打慕容垂的后燕，败退到滑台。在东晋、慕容垂的反复打击下，丁零人的威胁逐渐解除，黄河下游的东晋边地也逐渐稳定下来。

太元十七年十月，长期镇守洛阳的朱序以老病自求解职，朝廷令太子右卫率郗恢接替朱序，镇守地点则从洛阳南移到襄阳，后退了300来公里，为此进一步削弱了豫西的防卫力量，导致数年之后洛阳再度失陷。朱序再次镇守洛阳之初，其职务为都督司、雍、梁、秦四州诸军事，雍州刺史；卸任之时，仅剩雍州刺史一职，其权力大大削减，这也体现了朝廷的猜忌之心、排挤之意。

朱序第二次镇守洛阳，陶渊明随之而去。关于这次行役，他在后来所作的《拟古》诗中有所描述。《拟古》云："少时壮且厉，抚剑独行游。谁言行游近？张掖至幽州。饥食首阳薇，渴饮易水流。不见相知人，惟见古时丘。路边两高坟，伯牙与庄周。此士难再得，吾行欲何求！"根据前面的分析，陶渊明在初镇洛阳之时，曾一度到达张掖；随后奉命东征，到达幽州，经过易水、盘山等地；旋即一路南下，经过山东的北乡侯国（在今淄博市境内）、二疏故里（在今枣庄市峄城区境内），到达淮阴，随军驻守。在淮阴一年之后，又离开此地，再次赶赴洛阳。因此可知，紧接着"饥食首阳薇，渴饮易水流"之后的"路边两高坟，伯牙与庄周"，或为南下淮阴途中所见，或为再次西进洛阳时所见，并非凭空想象之词。

伯牙为楚国人，战国时期著名的琴师。《列子》云："伯牙善鼓琴，钟子期善听。"伯牙、钟子期的故事，在古代流传甚广，为人熟知；但这些故事并没有提到伯牙墓在何处。在民间传说中有一些关于伯牙墓的说法，或云在安徽宿县（今宿州），或云在安徽固镇县，两者相距不远。现存的伯牙墓，在固镇县湖沟镇西南十里村北，为县级文物保护单位。[①] 这个墓地原在靠近宿州永镇的北边沟沿上，现代人把它迁到了固镇县湖沟镇。[②] 由此推测，伯牙墓原本位于宿县。又清人周子安所编的《五知斋琴谱》说伯牙墓在浙江海盐县[③]，这应当与陶渊明所咏无关。庄周即庄子，他的墓地在历史上也没有明确记载，相关传说则很多，或云在山东东明县东北的漆园城，或云在安徽凤阳县，或云在

---

① 见释仁炟、孔德文主编《丐僧朝圣记》下册，宗教文化出版社2015年版，第514页。
② 见王源《伯牙子期传说圈研究——以蔡甸、汉阳地区为中心》，华中师范大学2013年硕士论文，第17页。
③ 政协海盐县文史资料工作委员会选编：《海盐文史资料选辑（二）》，1991年版，第81页。

河南民权县东北。①清代王先谦《庄子集解·秋水篇》引成玄英云："濠，水名，在淮南钟离郡，有庄子墓在焉。亦有庄、惠遨游之所，石绝水为梁。"②成玄英为初唐时期的著名学者，他说的"庄子墓"，应当就是陶渊明当年所见的庄子墓。钟离郡即钟离县，故址在安徽凤阳县临淮镇之东。

如前所述，太元十一年，丁零人翟辽在山东、河南一带反叛朝廷，攻占附近郡县，导致黄河下游全线吃紧。朝廷遂将朱序紧急调往黄河下游平叛。此后朱序转战于冀鲁一带，很快就击败了叛军，稳定了局势。之后南下，镇守淮阴。从地理形势上来看，淮北、苏北是连成一片的，这一带以平川广野为主，地势较为平坦，防守不易，但又是京城建康的北面屏障，至关重要。因此，朱序镇守淮阴之后，其军队必然分散驻守在淮北、苏北一带，以承担保卫京城之责。

朱序镇守淮阴之后，因翟辽西犯而再次转战洛阳，必然会选择一条最佳的行军路线，最好能够充分利用水路，以便大军运输。从这一点来看，从洪泽湖沿着淮河一路西上，直达河南南阳一带，逼近洛阳，乃是最佳的选择。朱序当年是襄阳的守将，对南阳一带的地形非常熟悉，对水道的利用自然不在话下。以此推测，朱序于太元十三年再镇洛阳，就是沿着淮河上到南阳、再到洛阳的。也就是在这时，陶渊明看见了宿县的伯牙墓

---

① 见《大清一统志》卷二十二、八十八；东明黄河河务局编：《山东东明黄河志（1986—2005）》，黄河水利出版社 2014 年版，第 440 页；赵金昭等主编《河南古迹名胜辞典》，解放军外语音像出版社 2007 年版，第566 页。

② （清）王先谦集解，方勇校点：《庄子》卷四，上海古籍出版社 2013 年版，第 199 页。

以及凤阳县的庄周墓。他在朱序镇守淮阴之后，随军在皖北一带布防，接到转镇洛阳的命令之后，遂向淮河岸边集中，随着大军沿淮西进，一路上看到了伯牙墓及庄周墓，而《拟古》所叙，就是当时亲眼所见，并非想象之辞。

二、洛阳的百尺楼及东崖

朱序到达洛阳之后，翟辽随即遁走。从此以后，北方的局势开始趋向稳定。一则因为晋孝武帝猜忌功臣，重用司马道子，排挤功臣，导致东晋军队的锐气丧失，不再对敌军发动大规模的进攻，基本上采取了守势；二则因为军队连年征战，国力难支，也迫使朝廷采取了保守的措施，以稳固边防为主。如此一来，朱序长期镇守洛阳，也就进入了"戍边"阶段。其间朱序在太行山区几度击退来犯之敌，洛阳局势趋于稳定。因为驻地没有挪动，跟随朱序的陶渊明也就相对安定些，但又因为久在北方，深深感到羁旅之苦。这一阶段陶渊明创作了《杂诗》《闲情赋》《停云》等诗赋，大抵以思念家乡及亲友为主。

《拟古》云："迢迢百尺楼，分明望四荒。暮作归云宅，朝为飞鸟堂。山河满目中，平原独茫茫。古时功名士，慷慨争此场；一旦百岁后，相与还北邙。"这首诗是陶渊明晚年的作品，但诗歌描写的背景与早年的军旅生涯颇有关系。其中之"百尺楼"，注家皆解释为高楼，这是一种泛指。根据此诗提到洛阳的"北邙山"，"百尺楼"解释为特指更加合适，即指洛阳城内的百尺楼。北魏杨衒之《洛阳伽蓝记》卷一："瑶光寺北有承明门，有金墉城，即魏氏所筑……城东北角有魏文帝百尺楼，年岁久远，形制如初。"范祥雍注引《洛阳地图》云："金墉城内有百尺楼。"引《洛阳地记》云："洛阳城内西北角有金墉城，东北角有楼高百尺，魏文帝造也。"①百尺楼位于洛阳东北角，三国魏文帝曹丕所建，直到《洛阳伽蓝记》成书之时（547年）尚存；在陶渊明生活的年代，它无疑是存在的。郭璞《登百尺楼赋》："揖首阳之二老，招鬼谷之隐士。嗟王室之蠢蠢，方构怨而极武。"（《艺文类聚》六十三）应该就是郭璞年轻时登洛阳百尺楼所赋，其中"首阳"指洛阳附近的首阳山，"鬼谷"指汝阳县的鬼谷子故里，"王室""构怨"应该指"八王之乱"。陶渊明曾经在洛阳逗留过，并登上城中的百尺楼，眺望洛阳的北邙山，这是合乎情理的。假如登上别处的百尺楼，就只能想到而不是看到北邙山，不能说"分明望四荒"或"山河满目中"了。又"四荒"指四方蛮夷，与"中州"相对，如《史记·孝文本纪》："四荒之外不安其生，封畿之内勤劳不处。"又如《后汉书·马融传》："明德曜乎中夏，威灵畅乎四荒。"这也可以佐证"百尺楼"地处中原。假如它偏处南方，就不能说"分明望四荒"了。

东晋之时，洛阳长期沦落于胡人之手，如果陶渊明到过洛阳，基本上就只会与朱序长期镇守洛阳有关。

洛阳为西晋都城，西晋的皇陵全部在此。永嘉之乱以后，洛阳沦落于五胡之手。永和十二年桓温北伐，一度收复洛阳，不久又丢失了。淝水之战以后，洛阳回到东晋手中。《晋书·孝武帝纪》记载，太元八年十二月，前句町王翟辽背苻坚，"遂攻坚子晖于洛阳"。太元九年二月，"慕容垂自洛阳与翟辽攻苻坚子丕于邺"。可知在太元九年上半年，洛阳尚属于前秦。太元

---

① （北魏）杨衒之撰，范祥雍校注：《洛阳伽蓝记校注》卷一，上海古籍出版社1978年版，第47、51页。

九年，东晋荆州刺史桓石民挥师北上，镇守鲁阳，遣河南太守高茂北戍洛阳。秋七月，东晋朝廷"遣兼司空、高密王纯之修谒洛阳五陵"。可知洛阳的收复在太元九年七月之前。朱序在洛阳镇守到太元十七年，其间一度转调淮阴，时间只有一年左右。朱序离任之后数年，洛阳又沦落于敌手。《晋书·安帝纪》记载，隆安三年冬十月，"姚兴陷洛阳，执河南太守辛恭靖"。至此到义熙十二年，刘裕才一度收复洛阳；但旋即丢失。总之，东晋在江南立国百年，洛阳属于东晋最长的时期就在太元九年（384）至隆安三年（399），而这与朱序镇边克敌的功劳密不可分。因此，陶渊明如果去过洛阳，也只有在朱序任职期间最有可能了。

《杂诗》之中的"我行未云远""遥遥从羁役""闲居执荡志"都属于北方从军时的作品。"遥遥从羁役"一首云："慷慨思南归，路遐无由缘。关梁难亏替，绝音寄斯篇。""思南归"而长路漫漫，必然是身处北方。"闲居执荡志"一首云："沉阴拟薰麝，寒气激我怀。"其中"沉阴""寒气"之类的词语，显示陶渊明身处北方，而"荏苒经十载，暂为人所羁"之语，又显示他在北方待了十年。这在二十九岁以后的经历中也是没有的。此诗中的"沉阴拟薰麝"一作"泛舟拟董司"。逯钦立注云："董司，都督军事者……据《晋书·安帝纪》，元兴三年，刘裕伐桓玄，都督扬徐兖豫青冀幽并八州军事，董司当指刘裕。"[1]将董司解释为都督各州军事是合理的，唯指为刘裕则十分不妥，因为刘裕掌权以后，虽然数次北伐，但从未有过在北方镇守长达十年的经历。这个董司，应当就是指朱序。当然，这三首《杂诗》创

---

[1] 逯钦立校注：《陶渊明集》卷四，中华书局 1979 年版，第 121 页。

作的时间有早有晚。其中"遥遥从羁役"一首较早，应当作于朱序初镇洛阳、奉命东征之时；"我行未云远"一首稍晚，大抵属于太元十一年、十二年朱序东征、南下淮阴期间所作；"闲居执荡志"一首最晚，作于太元十七年朱序卸任之际，次年陶渊明亦返回家乡。此诗中的"闲居"与《闲情赋》的"园间多暇"一致，"荡志"与《闲情赋》的"始则荡以思虑，而终归闲正"一致，"慷慨忆绸缪"与《闲情赋》的"思宵梦以从之，神飘飘而不安"一致，均属于戍边时期的思想情怀。

值得注意的是"驱役无停息，轩裳逝东崖"两句。诗中的"东崖"应该在洛阳一带。东汉李尤《东观赋》："东观文艺，孽孽洋洋。上承重阁，下属周廊。步西蕃以徙倚，好绿树之成行。历东崖之敞座，庇蔽芾之甘棠。前望云台，后匝德阳。"（《艺文类聚》六十三）东观是东汉贮藏典籍和著述之所，位于洛阳南宫。"蔽芾之甘棠"指召伯之事，今洛阳西郊的宜阳县有甘棠村，相传"召伯所憩"的甘棠就在这里。又"历东崖之敞座"表明作者在东观时亲历"东崖"这一地方，其地必然就在东观附近。以此来看，"东崖"就是指洛阳南面的伊阙。伊阙两山对峙，伊水流其间，望之若阙，地势险要，战国时为韩、魏门户。两山一东一西，东山亦称"东崖"（今名香山）。如元朝萨都剌《龙门记》："洛阳南去二十五里许，有两山对峙，崖石壁立，曰龙门……旧有八寺，无一存。但东崖巅有叠石址两区，余不可辨。"（《乾隆河南府志》卷八十四）魏晋上承东汉，既然东汉时把龙门的东山叫作"东崖"，则西晋时犹用此名。《水经注》卷十五："伊水又北入伊阙，昔大禹疏以通水。两山相对，望之若阙，伊水历其间北流，故谓之伊阙矣……陆机云：洛有四阙，斯其一焉。东岩西岭，并镌石开轩，高甍架峰，西侧灵岩下，泉流东注，入于伊水。"足见西晋时期的伊阙两山分别叫作"东岩"（即东崖）、"西岭"。伊水流向东北，汇合洛河之后进入黄河。朱序镇守洛阳之时，善用舟师，从伊阙启程，下至黄河，十分便捷，因此"驱役无停息，轩裳逝东崖"就描写了当时战斗频繁、将士们经常从东崖边登舟而去的场景。

第二节　作于洛阳的《闲情赋》《时运》

陶渊明再戍洛阳之后，为时甚久，也创作了不少作品。通过仔细分析，除了上述的《杂诗》，还有《闲情赋》《停云》《时运》等诗文也应当作于洛阳。

一、"阻山带河"而作《闲情赋》

陶渊明的《闲情赋》体现了浓烈的相思之情，但关于其主旨的说法颇为纷纭，其系年也显得飘忽不定。如豆红桥《悲壮生命史与永恒哲学悖理的集中图示——陶渊明〈闲情赋〉主题研究述评与刍议》一文[①]，就将后人的解说分为讽谏寄托说、爱情说和悼念亡妻说、游戏说、情欲说、仰慕孔子说等，可谓莫衷一是。简言之其实不过两种，一种是"直解"其主旨，亦即认为《闲情赋》抒写男女之情，别无他意。另一种是"曲解"其主旨，亦即认为《闲情赋》有很深的寓意，为"讽谏之作"。

"直解"其主旨之时，有三点事实是不可忽略的：其一，赋中的"十愿"表现了浓烈的相思之苦，亦即强烈希望与这位女性亲近，但又无法实现。由此可知陶渊明认识、知道并关注过

---

① 　豆红桥：《悲壮生命史与永恒哲学悖理的集中图示——陶渊明〈闲情赋〉主题研究述评与刍议》，西北师范大学文学院、华南师范大学文学院编：《中国古代散文论丛·第三届骈文国际学术研讨会论文专辑》，世界图书出版公司 2014 年版，第 230 页。

这位女性，但与她没有任何实质性的接触，甚至连表达爱意、托媒说亲、下聘礼定亲等都谈不上，更谈不上与她有肌肤之亲或同床共枕了。因此，这是一种纯粹的"单相思"或者没有挑明的"暗恋"，当然不会是针对妻子的；或者说，在创作《闲情赋》之时，这位女性还远远没有成为陶渊明之妻，更谈不上成为陶渊明的"亡妻"了。其二，赋中的"十愿"，处处指向这位女性的日常生活，可以说是"渴望深度介入这位女性的日常生活"，但绝不是"渴望成为这位已故女性的一部分"。假如是后者，那就是"悼亡"了，赋中的衣裳、脂粉、床席、鞋袜、朱扇、鸣琴等，也都必须解释成陪葬的"冥器"；但这种解释显然是不合原意的，赋中想象的一切，都是鲜活的人间景象而不是幽冥世界。其三，"悼当年之晚暮，恨兹岁之欲殚"指年光流逝、青春行将消逝之意，不是指这位女性已经去世，而是表明陶渊明和这位女性都处在最适合谈婚论嫁的年龄阶段，更不是"老少恋""黄昏恋"乃至于生人与死人的"生死恋"。总之，《闲情赋》所写的这位女性，处于青春年华，而且一定是活着的人，且与陶渊明没有任何实质性的接触，这是可以肯定的。

就第三点而言，陶渊明在三十岁前后成家，而三十至四十岁也可以勉强说是"当年"，故而不排除《闲情赋》写的是这段时间的"婚外恋"，也有可能是第一任妻子去世之后的"再恋"。然而仔细分析，这两者也都不太可能。

首先，陶渊明第一任妻子去世之后，旋即再娶，间隔时间很短。假如《闲情赋》所写的这位女性就是未婚之时的第二任妻子，那么事实情况应该是陶渊明对她的思念虽然很深，但很快就如愿以偿，将她娶进了家门。然而《闲情赋》体现的思念，却显得十分长久，与再娶时的情况不符。又"徒勤思而自悲，终阻山而带河"一句，足以表明这位女性生活在非常遥远的地方。陶渊明在南方出仕的过程中，上至江陵，下至建康，去来无碍，为时短暂，似乎说不上"终阻山而带河"。也就是说，若这位女子家在荆州、江州或扬州，陶渊明想去见她并不困难。因此，假如这位女性就是第二任妻子，那么她家就有可能住在荆州、江州或扬州之外等更为遥远的地方，如此一来陶渊明的第二次婚姻就显得很费解了。

其次，从赋中"激清音以感余，愿接膝以交言"一句来看，这位女性对陶渊明颇有爱意，也曾有过一些暗示。已知陶渊明在三十岁至四十岁之间，亡妻而旋即续娶，几乎不存在"妻子缺位"的情况。若赋中这位女性对陶渊明颇有爱意，愿意嫁给陶渊明，也只能算是小妾。又从"十愿"表现的女性生活来看，这位女性绝非成天忙碌于打柴割草的普通村姑，而是整日以弹琴化妆为事、颇有些身份地位的大家闺秀。又已知陶渊明在三十岁至四十岁之时，断断续续为官，官阶很低，出人头地的希望非常渺茫；家中有一堆小孩，还得致力于躬耕，其妻子翟氏，就免不了过着"夫耕于前，妻锄于后"的艰辛生活。是哪个大家闺秀愿意在这种情况下嫁给陶渊明作小妾？即便她有如此高尚品德，陶渊明又怎能不考虑她日后的生活状况？《与子俨等疏》说："汝辈稚小家贫，每役柴水之劳，何时可免？念之在心，若何可言？"陶渊明常以家人苦于躬耕为念，但在赋中却看不到一丝对未来生活的忧念。总结起来，《闲情赋》似乎也不大可能是写"婚外恋"。

认为《闲情赋》有很深的寓意，乃"讽谏之作"，这种看法颇有市场。如清人邱嘉穗《东山草堂陶诗笺》卷五引唐人吴兢《乐府题解》说《闲情赋》旨在"喻当时七君子事君之心"，又引《诗经》的"云谁之思，西方美人"，《离骚》的"怨美人之迟暮"等诗句，朱熹的"托言以指西周之盛王"等说法，认为《闲情赋》颇有屈原的"香草美人"之意，"以美人目其君"，属于"讽谏之作"。因此，邱嘉穗将它系年于五十八岁，时值宋武帝永初三年。① 简而言之，此赋"托旨遥深"，为思念东晋君主之作。但仔细追究，这种说法不过是受"忠愤说"影响而做出的误判而已。

其一，屈原作《离骚》，其前提是自己曾为楚国重臣，与楚王朝暮相处，又为国家大事倾注了太多心血；有了这些，他才会在遭谗而流放时对楚国的前程深忧感愤，对楚国的君王念念不忘，用"香草"来比喻自己的品质，用"美人"来比喻君王。然而对于陶渊明而言，他从彭泽辞官开始，直到永初三年，已经置身东晋官场之外近二十年，平日里并不怎么关心国家大事；而当时的晋安帝、晋恭帝又不是什么有为之君，很难想象陶渊明能对他们产生如此深挚的感情，如此诚恳地愿意追随他们左右。

其二，屈原思君的前提，是遭谗而不容于人主，两晋时人都是这样理解的。如《晋书·刘毅传》："屈原、伍胥不容于人主，而显名于竹帛。"《晋书·华谭传》："上官昵而屈原放，宰嚭宠而伍员戮。"颜延之祭祀屈原云："物忌坚芳，人讳明洁。曰若先生，逢辰之缺。"（《宋书·颜延之传》）因冤屈太甚而对君王思念颇深，这是很好理解的，也能得到人们的敬重。但是，陶渊明在归田以后，从未服侍过君王，何以有不容于人主之说？刘裕当权以后，他屡次拒绝征召，等于坚决不愿侍从君王，又何以

---

① 见（晋）陶潜著，龚斌校笺《陶渊明集校笺（修订本）》，上海古籍出版社 2011 年版，第 459 页。

表现如此深挚的思君之情？况且对晋安帝这个"不辨寒暑"、近乎于弱智的皇帝抒发如此深挚之情，也未免令人啼笑皆非。若说晋恭帝，则他当时已完全成为刘裕的笼中鸟；赋中的"待凤鸟以致辞，恐他人之我先"若是隐喻，只能说是有马屁精已经抢先去讨好君王了，暗示君王当时尚有较强的控制能力，但这与事实不符；若说别人已经抢先去为君王陪葬，令自己惆怅万分，这种阿谀到骨髓里的假话，恐怕也只有清朝人才想得出来。

对于刘裕篡晋，陶渊明表现的态度其实并不明确。按照传统的注解，《拟古》的"种桑长江边"，《述酒》的"三趾显奇文"，《读山海经》的"临没告饥渴"都较为明确地反映了他对刘裕不满的态度。姑且不论这些语句是不是针对刘裕而发的，即便是，也不过体现了一些对东晋王朝的哀婉之情，更多的还是"旁观者的冷峻"，很难想象他还会像年轻时思念恋人一般苦苦眷恋着东晋王朝。又《闲情赋》序云："检逸辞而宗澹泊，始则荡以思虑，而终归闲正。将以抑流宕之邪心，谅有助于讽谏。"明显说赋中的"十愿"是"流宕之邪心"，必须"终归闲正"；而"迎清风以祛累""尤蔓草之为会""坦万虑以存诚"，同样等于对"十愿"这种飘逸的情思作了自我否定。如果说陶渊明一边思念着君王，一边又把这种情思说成是"邪心"，必须克制、淡化乃至于祛除，岂非是矛盾百出？

其三，"讽谏说"同样得面对《闲情赋》的基本事实。（一）即便是"讽谏"，作者思念的这个对象，也必定在世，不是已经去世之人，因为赋中没有体现出任何悼念之情。因此，已死的晋安帝、晋恭帝都不符合这一事实。（二）"悼当年之晚暮，恨兹岁之欲殚"若有比喻之意，只能用"当年"比喻帝王事业处于全盛时期。可是陶渊明归田数年之后，东晋王朝就已经气息奄奄，苟延残喘，进入了"高祖王业渐隆"的时期，已经在为另一个王朝积蓄力量了。反之，假如用"美人"比喻行将就木的皇帝和王朝，则《闲情赋》应当像《离骚》一样充满深忧感愤之情，可事实并非如此。（三）"徒勤思而自悲，终阻山而带河"两句，若解说为"讽谏"，就不可能指事实上的距离，因为陶渊明去建康很方便，他要是想念皇帝了，几日之内便可以见到。为此这两句应当指心理上的距离，最有可能是"小人阻隔"。但这与朝廷数次征召陶渊明入朝为官的事实不符。陶渊明既然如此苦苦思念君王，又何以不愿入朝？总而言之，《闲情赋》的传统解诂，都有一些难以自圆其说之处，必须另辟蹊径。

陶渊明《杂诗》云："闲居执荡志，时驶不可稽。驱役无停息，轩裳逝东崖。沈阴拟薰麝，寒气激我怀。岁月有常御，我来淹已弥。慷慨忆绸缪，此情久已离。荏苒经十载，暂为人所羁。庭宇翳馀木，倏忽日月亏。"这首诗与《闲情赋》表达的情怀有很高的吻合度，可认为两者作于同一时期。其一，"绸缪"一般均解释为男女之恋情，因此这两句表达了相思而无法遂愿的痛苦，酷似《闲情赋》所说的"十愿"。其二，"执荡志"的意思是"努力把持住放荡不羁的心志"，在此诗中当然就包括"慷慨忆绸缪"这种无法遏制的相思之情，因此"执荡志"恰好又等于赋中所说的"抑流宕之邪心"，亦即抑制"十愿"这种漫无边际的恋情。其三，"驱役无停息""暂为人所羁""我来淹已弥"都显示作者远离家乡，行役甚久，这是导致"慷慨忆绸缪"的现实原因。同样，《闲情赋》不仅在"悼当年之晚暮，恨兹岁之欲殚"等语句中反映了历时之久，也在"徒勤思以自悲，终阻山而带河"等句中反映了作者是在遥远的他乡思念这位女性的，两者对时空远隔的表述非常一致。

另一方面，"终阻山而带河"与"阻山带河"的成语有关。自汉至晋，这一成语常用来指关中的地理形势。《汉书·高帝纪》："秦，形胜之国也，带河阻山，县隔千里，持戟百万，秦得百二焉。"《汉书·陈胜项籍传》："关中阻山带河，四塞之地，肥饶，可都以伯。"因此，这句话应当显示陶渊明身处北方，假如此时他在洛阳戍边，用"阻山带河"来形容也是合理的，其中"山"可以指太行山，"河"可以指黄河。因此不妨认定，《闲情赋》是陶渊明青年时期在洛阳所作。那时他很年轻，又因离家甚久、戍边在外而未能成家，对家乡这位女性十分思慕，因而创作了《闲情赋》。

袁行霈《陶渊明集笺注》说："此赋写爱情之流荡，又序曰'余园闾多暇'，可见乃渊明少壮闲居时所作。"因此将它系为陶渊明十九岁时的作品。这一系年有一定道理，但还值得进一步推敲。其一，若是少壮闲居、爱慕已深又不是远隔天涯的话，陶渊明完全可以向这位美人提亲、下聘并与之成婚，何必思念如此之久？若是远隔天涯的话，他此时到了何处，又何以出现这样一段传奇般的邂逅之缘？这也不好解释。其二，"园闾"与"田园"的意思是有差别的，未必指家乡的田园。在单用的情况下，"闾阎"指城邑的街巷，或指住在街巷里的百姓，不包括山村及农夫。如《史记·平准书》："守闾阎者食粱肉。"左思《魏都赋》："其闾阎则长寿、吉阳，永平、思忠。"而"田园"单用，则指山村，不包括城邑。《晋书·王衍传》："数年之间，家资罄尽，出就洛城西田园而居焉。"在并称的情况下，"园闾"泛指"城乡"，如北魏时期的《正法念处经序》："冰骨流辉，园闾加等。遗契余旨，薄传前载。"（明梅鼎祚《释文纪》卷四十四）但"园闾"显然不能专指山村，正如现代的"城乡"不能专指农村一样。陶渊明自述"居止次城邑"（《止酒》），是指接近城邑，但毕竟不等于住在城邑里。对于自己的居里他从不称"园间"，而是称为"园田""田园""园林""林园"等，颇能说明"园间"不等于其家乡的"田园"。其三，《闲情赋》中的"园间"，应指是洛阳城郊，据《时运》所叙，陶渊明当时应该居住在洛阳东北郊的金谷园一带。陶渊明戍守洛阳后期，北方战事趋于稳定，洛阳周边之敌，大多呈现出向西、向东、向北散开之势，为此陶渊明，也就有了"园间多暇"的日子，产生了对家乡、恋人的难以遏制的情感。可是相对于"大济苍生"的"猛志"而言，这又算是一种消磨人意志的"荡志"，所以他自感惭愧，觉得不应该有这样的想法。总结起来，"园间多暇"与《杂诗》中的"闲居"是一个意思，都属于戍边时期的闲暇日子。

认定《闲情赋》为陶渊明在北方所作，甚至还可以解释他的晚婚问题。束皙《嫁娶时月》云："夫冠婚笄嫁，男女之节，冠以二十为限，而无春秋之期，笄以嫁而设，不以日月为断。"（《通典》五十九）"冠婚"亦即二十岁举行冠礼，表示已经成人，同时也就可以娶亲了，这是当时的习俗。《晋书·陶淡传》记载："陶淡，字处静，太尉侃之孙也……年十五六，便服食绝谷，不婚娶。"陶淡为陶渊明族叔，十五六岁之时"服食绝谷，不婚娶"，亦即临近冠礼之年便预先逃避，表示不愿婚娶。可是，陶渊明到了三十来岁才生子，如《命子》云："顾惭华鬓，负影只立。"又《归去来兮辞》说自己"幼稚盈室"。这些均可见其成婚较晚。父亲去世很早，自己结婚很晚，显然有些不正常。如果说他在北方从军十年，回来即已二十九岁，因此而晚婚，上述情况就合乎情理了。不过，从《感士不遇赋》及起为江州祭酒等诸多现象来看，陶渊明回乡之后并未立即成婚，大约过了一年才娶妻，而《闲情赋》中所写的那位女子，应该没有成为他的妻子；否则他回家之后，马上就可以和她谈婚论嫁了。

除了《闲情赋》，《停云》也应当是陶渊明在戍边时期所写，同样反映了在时空遥隔情况下思念亲友的特点。所谓的亲友，必在家乡，不是泛指一般的朋友。"安得促席，说彼平生"，可知所思为故旧而且阔别已久。假如是新朋友，素昧平生，又哪能"说彼平生"？"平路伊阻""舟车靡从"表明相距甚远，难以相见。"愿言不获，抱恨如何"表明历时已久，思念颇深。相比之下，只有在洛阳之时的陶渊明才有此情状，此后的仕履，或离家短暂，或舟车便捷，皆未曾别离如此之久、如此之远。另外，诗中两次使用了"八表"一词："八表同昏，平路伊阻。""八表同昏，平陆成江。"袁行霈《陶渊明笺注》："八表，八方以外极远之处。"其实，"八表"的词义有一个从实到虚的变化过程。如东晋范宁集解、唐朝杨士勋疏《春秋谷梁传注疏》序云："九有之存唯祭与号，八表之俗或狄或戎。"《汉魏南北朝墓志汇编》的元始和墓志云："四海凄泪，八表悼伤。"《晋书》卷一百零四："出镇籓岳，威声播于八表，固以胡越钦风，戎夷歌德。"卷一百三十："龙升北京，则义风盖于九区；凤翔天域，则威声格于八表。"这几例都足以显示"八表"与"九州""四海"对举，两者构成反义词，意指戎狄胡越之地，亦即王化不及之地，在统治区域之外的地方。而宋代苏轼《水龙吟》云："八表神游，浩然相对，酒酣箕踞。"用"八表"泛指很远的地方，则已经相当虚化，没有和"九州""四海"相对的意义了。因此，"八表同昏，平路伊阻"显示自己身处边地，《归鸟》的"远之八表"比喻自己深入戎狄之境，而三十岁以后到江陵、到建康，都不能称"远之八表"，否则就属于"华夷不分"、用词不当了。

总而言之，《杂诗》的"慷慨思南归""慷慨忆绸缪"，《闲情赋》的"徒勤思以自悲"，《停云》的"愿言怀人"，构成了一系列的"思情"作品，它们是漫长的时间、遥远的距离、孤独的感受所造成的，这种浓烈的情怀在陶渊明二十九岁以后没有再出现过。

二、春服、东郊与洛阳

除了《闲情赋》与《停云》，《时运》也应作于戍守洛阳后期。诗歌描写的内容，有几个方面不约而同地指向这段经历。

（一）诗中的"东郊"，应该特指洛阳的"东郊"。

"东郊"一词，注家多不作解释。若是泛指国都或城邑以东的郊外，也就没有什么独特含义，可以不予理会。然而考察东汉及魏晋文献，"东郊"却是一个特指的地方。如《后汉书·礼仪志》："立春之日，迎春于东郊，祭青帝句芒。"班固作《两都赋》，盛称洛阳之美，说"东郊则有通沟大漕，溃渭洞河，泛舟山东，控引淮湖，与海通波"。又《后汉书·黄琼传》："迎春东郊，既不躬亲，先农之礼，所宜自勉。"又蔡邕《答丞相可斋议》："立春当斋，迎气东郊。"又《晋书·礼志上》："魏明帝太和元年二月丁亥，祀朝日于东郊，八月己丑，祀夕月于西郊，始得古礼。"又晋武帝泰始四年，行藉田礼于"东郊之南，洛水之北"。东汉、三国魏、西晋皆都于洛阳，此"东郊"专指洛阳城东的"东郊"，因为要在这里举行郊祀之礼，所以史书会经常提到。

就这几个时代而言，提到"东郊"多半就与"郊祀"有关。东晋偏安江左，以建康为都城，也要举行了郊祀，但只在南北二郊举行，所以不见"东郊"之说。《晋书·礼志上》记载晋孝武帝太元十二年五月，祠部郎中徐邈议："圆丘郊祀，经典无二，宣皇帝尝辩斯义，而检以圣典。爰及中兴，备加研极，以定南北二郊，诚非异学所可轻改也。谓仍旧为安。"又记载："江左南北郊同用玄牲，明堂庙社同以赤牲。"《晋书·顾和传》："康帝即位，将祀南北郊，和议以为车驾宜亲行。"因此，东晋之时，并没有在建康"东郊"举行的"郊祀"。

两晋时期，有"郊甸""近郊""远郊"之说，皆与京城有关。《晋书·天文志》记载义熙六年五月，"卢循逼郊甸，宫卫被甲"。《晋书·荀晞传》："刘元海造逆于汾阴，石世龙阶乱于三魏，荐食畿甸，覆丧邺都，结垒近郊，仍震兖豫。"这个"近郊"不是"近城之郊"，而是指"靠近京郊的区域"。《晋书·阎缵传》："今通可以为戒，恐其被斥，弃逐远郊，始当悔过，无所复及。"这个"远郊"意为远离京郊的地方，不是指京城的外围郊区。不管如何，这些"郊"都以京城为参照物，不是指一般城邑的郊外。

还有一种情况，"郊"等同于"境"，与"京郊"没有什么关系。如《晋书·载记第一》："董卓之乱，则汾晋之郊萧然矣。"《晋书·景皇帝纪》："倍道兼行，召三方兵，大会于陈许之郊。"《晋书·陆机传》："夫蜀，盖藩援之与国，而非吴人之存亡也。其郊境之接，重山积险。"在这种情况下，"郊"与京城没有什么关系，但也不表示其他城邑的"城郊"，而只是表示"境"的意思。

因为建康没有东郊之说，所以《时运》所云的"东郊"应当指洛阳的"东郊"。在东晋之时，一般的城邑无所谓"城郊"之说，所以也不会是寻阳城郊。这个"郊"也不是"境"的意思，因为表示"境"，则前面必须冠以地名，不能泛言"东境"。《拟挽歌辞》中的"远郊"，是表示远离京城的地方，用来指称寻阳一带是合适的，但却不以寻阳城为参照物，不表示"距离寻阳城较远的郊区"。

（二）《时运》所说的"东郊"有一个很大的湖泊，而洛阳东郊则有一个巨大的"鸿池"。

《时运》云："袭我春服，薄言东郊。"又云："洋洋平泽，乃漱乃濯。"表明"东郊"有一个很大的湖泊。这也很像洛阳的景观。汉晋之时，洛阳东郊有大湖，曰鸿池，或称洪池、鸿池陂。据《后汉书·赵典传》记载，赵典字仲经，蜀郡成都人，汉桓帝建和初年为侍中。时汉桓帝欲广开鸿池，赵典谏曰："鸿池泛溉，已且百顷，犹复增而深之，非所以崇唐虞之约己，遵孝文之爱人也。"帝纳其言而止。《水经注》卷十六："谷水又东注鸿池陂。《百官志》曰：鸿池，池名也，在洛阳东二十里……池东西千步，南北千一百步，四周有塘，池中又有东西横塘，水溜迳通。故李尤《鸿池陂铭》曰：鸿泽之陂，圣王所规，开源东注，出自城池也。"①《资治通鉴》卷一百四十三胡三省注云："洪池即汉之鸿池，在洛阳东二十里。田庐曰墅，今人谓之别业，晋人以来，往往治池馆，观游于其中。"据此看来，陶渊明在"东郊"所见的"洋洋平泽"，应当就是洛阳东郊的鸿池。

（三）《时运》所说的"花药分列，林竹翳如"，很像洛阳东北郊金谷园的园林景观。

按陶诗中的"药"，有"药物""药草"两种含义。《祭从弟

---

① 王国维校，袁英光、刘寅生整理：《水经注校》卷十六，上海人民出版社1984年版，第552页。

敬远文》："晨采上药，夕闲素琴。"此"药"为野生药草，生长于深山之中。《示周续之祖企谢景夷三郎》："药石有时闲。"此"药"为"药物"。除此之外，两晋之时的"药"亦指"芍药"，但陶诗中未见描述。《时运》将"花药分列"与"林竹翳如"对举，此"药"应当指"药草"。又"花药分列"紧接在"言息其庐"之后，可知这种药草生长在庭院之中。又从"分列"一词，可知这些"花药"是人工种植的。因为在野生状态下，药草和其他花草夹杂丛生的，并不会"分列"。然而遍寻陶诗，其家庭园之中除了菊花之外，不见其他药草的影踪。东篱下的菊花，实际上是野生的，只是因为有些用处而没有把它铲除而已。以此可知，陶渊明并没有在庭园中种植药草的习惯，更没有进行"花药分列"这种园林化的景观布局。除此之外，南方的竹子甚多，种类繁多，一般是不须种植的。遍寻陶诗，也没发现陶渊明的庭园中有人工种植的竹子。《归园田居》："井灶有遗处，桑竹残朽株。"《癸卯岁始春怀古田舍二首》："寒竹被荒蹊，地为罕人远。"这两首诗歌中描写的竹子，或与桑树混杂，或者与荒草灌木夹杂，都是野生状态的。假如居庐边上有这种竹林，通常还会因为妨碍耕种或藏匿虫蛇把它们清除掉。

因此，《时运》说的"斯晨斯夕，言息其庐。花药分列，林竹翳如"，实际上体现了一种园林化的景观布局。在两晋时期，这类景观往往出现在王侯将相的城郊别墅之中，不是一般人家所能有的，而生活在乡村山野的农家，就更不会这样去布置庭院了。如《宋书·徐湛之传》："广陵城旧有高楼，湛之更加修整，南望钟山。城北有陂泽，水物丰盛。湛之更起风亭、月观、吹台、琴室，果竹繁茂，花药成行，招集文士，尽游玩之适，一时之盛也。"又如西晋石崇《金谷诗序》云："有别庐在河南县界金谷涧中，去城十里，或高或下，有清泉茂林、众果竹柏、药草之属，金田十顷、羊二百口，鸡猪鹅鸭之类，莫不毕备。"①相较之下，《时运》所写的景观，颇像石崇《金谷诗序》所写的洛阳金谷园。金谷园是石崇的别墅，遗址在今洛阳老城东北七里处的金谷涧内，背依邙山，面临谷水。这里地处洛阳东北郊，往南不远就到了东郊，而鸿池也就在眼前了。据此看来，"斯晨斯夕"几句话反映陶渊明戍守洛阳期间，应当居住在石崇的金谷园一带。

前面一节指出，《闲情赋》应当作于洛阳。其中有"园间多暇"一语。根据《时运》所叙，陶渊明戍守洛阳期间，应当居住在石崇的金谷园一带，这里属于洛阳城郊，背靠城郭，面对山野，以"园间"称之是很合适的。

（四）"春服既成""袭我春服"反映陶渊明处于仕途之中。

《时运》中的"春服既成""悠想清沂"等语，皆出自于《论语·先进》："莫春者，春服既成，冠者五六人，童子六七人，浴乎沂，风乎舞雩，咏而归。""春服"就是春季所穿的衣服。然而自两汉以来，"春服"乃是官府按照规定制作的服装，并非所有人穿的春装都叫"春服"。隋朝杜台卿《玉烛宝典》卷三："鞠衣，衣名，春服也，盖菊华之色，其制度未之闻也。今案《周官》内司服职有鞠衣，郑玄注云：桑服也，色如鞠尘，象桑叶始生也。"②泰始四年（268），晋武帝行藉田礼，潘岳《藉田赋》描述了这次"藉田礼"的盛况："自上下下，具惟命臣。袭

---

① （清）严可均辑：《全晋文》卷三十三，商务印书馆1999年版，第335页。
② （隋）杜台卿：《玉烛宝典》卷三，见窦怀永等点校：《中华礼藏·礼俗卷·岁时之属》第1册，浙江大学出版社2016年版，第124页。

春服之萋萋兮，接游车之辚辚。"(《艺文类聚》卷三十九）又元康三年（293）在太学举行释奠礼，潘尼《释奠颂》记载云："牲馈之事既终，享献之礼已毕，释玄衣，御春服，弛斋禁，反故式。"两者都提到了在朝廷举行重大礼仪时所穿的"春服"。这种"春服"是有一定规制的。《后汉书·舆服志》："迎气五郊，各如其色，从章服也。皂衣群吏春服青帻，立夏乃止，助微顺气，尊其方也。"所说的"春服青帻"，乃是统一形制的着装，不是随人而异、五花八门的"春装"。又《晋书·职官志》："太康二年，始赐春服绢五十匹，秋绢百五十匹，绵一百五十斤。"可知西晋时期的春服由绢做成，有一定的规制，相当于现代国家公职人员所穿的"制服"。

陶渊明在诗中时常提到自己的穿着，如《始作镇军参军经曲阿作》："被褐欣自得，屡空常晏如。"《杂诗》："御冬足大布，粗缔以应阳。"《自祭文》："箪瓢屡罄，绨绤冬陈。"其中"褐"是大布、粗布，即麻制粗布；缔是细葛布，绤是粗葛布。《诗经·葛覃》："葛之覃兮，施于中谷，维叶莫莫。是刈是濩，为缔为绤，服之无斁。"这些都反映陶渊明居家时所穿的衣服是由葛布、麻布制成的，似乎从未穿过用绢做的衣服，故而他在《桃花源诗》中把"春蚕收长丝，秋熟靡王税"当作一种理想生活来写照。因此，他在《时运》中说"春服既成""袭我春服"，可以反映他这时穿的是官府发放的"春服"，由绢丝做成。给军士发放"春服"之举，在唐朝颇为常见，如《旧唐书·王绍传》："六军未有春服，我犹衣裘。"又《新唐书·食货志》："刘晏盐法既成，商人纳绢以代盐利者，每缗加钱二百，以备将士春服。"也可见"春服"由绢制成。在东晋时期，估计一般的军士不会有这种待遇，假如陶渊明当时是随从主帅的参军，则有可能会给他发放"春服"。

除此之外，《时运》中"偶景独游"，指一个人独游。"偶景"可以理解为寒士孤独，进身无门，如王沈《释时论》："今以子孤寒，怀真抱素，志陵云霄，偶景独步，直顺常道，关津难渡，欲骋韩卢，时无狡兔，众涂圮塞，投足何错！"（《晋书·王沈传》）又可以理解为坚守节操，不随波逐流，如张华《相风赋》："虽回易之无常，终守正而不淫。永恪立以弥世，志淹滞而愈新。超无返而特存，差偶景而为邻。"（《艺文类聚》卷六十八）又可以解释为逃避乱世，被迫隐居，如《太平经》记载许迈"志求仙道，入临安西山"，为书谢遣其妻云："欲闻悬雷之响，山鸟之鸣，自为箫韶《九成》，不胜能也。偶景青葱之下，栖息岩岫之室，以为殿堂广厦，不能过也，情愿所终，志绝于此。吾其去矣，长离别矣。"（《太平御览》卷六百六十六）按三国魏陈琳《应讥》："及至《箫韶》九成，百兽率舞，垂拱无为，而天下晏如。"（《艺文类聚》卷二十五）可知许迈入山求道、"偶景青葱之下"是因为看不到"《箫韶》九成""天下晏如"的希望。综合《时运》全篇，"偶景"显然相对于没有"冠者五六人，童子六七人"而言，表示身处乱世，"黄唐莫逮"，只好一个人出游，缅怀上古时代了，与许迈所说的意思比较接近。

"偶景"也是写实之词，表明陶渊明的确是一个人出游的。按陶诗中多有居家时与他人一同出游的描绘，如《归园田居》："久去山泽游，浪莽林野娱。试携子侄辈，披榛步荒墟。"《游斜川》："与二三邻曲，同游斜川。"《酬刘柴桑》："命室携童弱，良日登远游。"《与殷晋安别》："负杖肆游从，淹留忘宵晨。"此外还有《诸人共游周家墓柏下》之诗。这些诗歌都反映陶渊明居家之时，颇喜欢与家人、亲戚、邻居、朋友一道出游，似乎未见其一人独游的情况。而《时运》则无众人从游景象，应当不是居家时所作。

综合起来，《时运》应当作于诗人北方从军期间，戍守洛阳的后期，即太元十五年至十七年。春天之时，他穿着军中新发放的"春服"，从洛阳东北的金谷园出发，一人独游洛阳东郊，走到了鸿池边上，欣赏起水波激滟的景色。想到周边地区割据政权遍布的情况，不由得怀念起黄唐时代，羡慕起"风乎舞雩"的悠闲生活，故而创作了这首诗歌。

传统注释曲解了《时运》一诗中的一些关键节点，导致其主旨变得晦暗不明。一曰"时运"，解为"阴阳四时运行"。二曰"清沂"，解为"孔颜之乐"。三曰"黄唐"，解为"欣在春华，慨因变代"。① 三者合一，《时运》就类似于元初的隐居乐道之作，表示诗人在改朝换代之际，无意于荣华富贵，沉浸于安贫乐道之中。其实，这种面貌跟陶渊明没有任何关系，乃是后人将自己的观点强加于陶诗所致。

（一）"时运"一语，魏晋之时常用，指每一个朝代的运势。如《晋书·乐志》记载汉代有《短箫铙歌》之乐，"列于鼓吹，多序战阵之事"。"及武帝受禅，乃令傅玄制为二十二篇，亦述以功德代魏。""改《雍离》为《时运多难》，言宣帝致讨吴方，有征无战也。"又如《晋书·贺循传》："若乃时运屯弊，主危国急，义士救时，驱驰拯世。"又如《晋书·郭瑀传》："孤忝承时运，负荷大业，思与贤明同赞帝道。"又如《晋书·苻坚载记》："但时运圮丧，恐无益于国，空使诸卿坐自夷灭，吾所不忍也。"

---

① 王叔岷：《陶渊明诗笺证稿》卷一，中华书局 2007 年版，第 10、15、17 页。

上述"时运",均指王朝的命运,与四季变化没有关系。又魏王弼等《周易正义》卷二:"然时运虽多,大体不出四种者。一者治时颐养之世是也,二者乱时大过之世是也,三者离散之时、解缓之世是也,四者改易之时,革变之世是也。"大体而言,每个朝代的"时运"不外乎这四种,感慨时运,无非因大乱、分裂或改朝换代而感慨。

(二)"清沂"指"孔颜之乐",乃是宋代理学兴起以后的说法。魏晋南北朝时期,"清沂"指安享太平盛世之乐。如1919年出土于河南洛阳城北安驾沟西南、现存于故宫博物院的北魏乐安王元绪墓志,题作《大魏征东大将军大宗正卿洛州刺史乐安王墓志铭》,有云:"钦若帝命,明保鸿基。玉净金山,冰洁清沂。食道尧世,栖风舜时。"(据中国国家图书馆所藏拓本)其中的"清沂"就与"食道尧世,栖风舜时"同义,用以描述太平盛世中的安乐生活。

(三)"黄唐"指太平盛世。按《汉书·叙传》:"方今大汉洒埽群秽,夷险芟荒,廓帝纮,恢皇纲,基隆于羲、农,规广于黄、唐。"《三国志·魏书·蒋济传》:"将改曲易调,远与黄、唐角功,近昭武、文之绩。"陆机《七微》:"明主应期,抚民以德。配仁风于黄唐,齐威灵乎宸极。"(《艺文类聚》卷五十七)因此,综合"时运""清沂""黄唐"三者,可知《时运》意在感慨"时运"多艰,自己不能在"黄唐"一般的太平盛世中安享"清沂"之乐。这一点能不能专指晋宋易代?显然不能。因为自从东晋偏安南方之后,就一直没有太平盛世可言。《晋书·范宁传》:"黄唐缅邈,至道沦翳。"这是东晋人对自己所处朝代的一致看法。配合上面的考证,《时运》乃是在洛阳怀念太平盛世。当其从军之日,不但两汉时期的盛况不复可见,就连西晋的全盛时期也早已消失，而此时的洛阳，西面、北面都是敌人，战乱可以随时而至，故而诗人发出了"黄唐莫逮"的感慨。

第三节　在洛阳成书的《搜神后记》

陶渊明著有《搜神后记》一书，属于志怪小说。梁朝释慧皎《高僧传》卷十四提到陶渊明的《搜神录》，说它与《宣验记》《幽明录》《冥祥记》等书，"并傍出诸僧，叙其风素，而皆是附见，亟多疏阙"。后人一般认为《搜神录》即《搜神后记》，《晋书》及唐宋间大型类书都引用了其中不少条目；又有认为《搜神后记》及《搜神记》两书早已散佚，现存者均为明人辑录的本子之观点。从两书以类分卷、具有很好的对应性这一点来看，辑录者应为同一人。如《搜神后记》卷二记载各类道术、方术，相当于《搜神记》的卷二、卷三；《搜神后记》卷四记载死而复生的故事，相当于《搜神记》的卷十五；《搜神后记》卷五记载神灵故事，相当于《搜神记》的卷四、卷五；《搜神后记》卷六记载鬼故事，相当于《搜神记》的卷十六；《搜神后记》卷八记载各类凶兆，相当于《搜神记》的卷九；《搜神后记》卷九记载各类妖异故事，相当于《搜神记》的卷十二；《搜神后记》卷十记载龙、蛇、龟的奇异故事，相当于《搜神记》的卷十九、卷二十。经后人辑录之后，《搜神后记》的原貌不复可见，且掺入了部分伪作。近年来，李剑国作《新辑搜神记、新辑搜神后记》①，对两书作了大量的考证辨伪工作，认为现行版本《搜神

① （晋）干宝撰，（宋）陶潜撰，李剑国辑校：《新辑搜神记·新辑搜神后记》，中华书局 2007 年版。

后记》中较为可靠的有 99 则，不可靠者有 24 则，这足以反映《搜神后记》的大部分内容还是可信的。

《搜神后记》的故事集中于东晋及南朝宋初，此前或此后的故事都很少。根据作品中出现的年号以及有历史记载的人物生平来看，东晋建国到宋文帝元嘉四年的故事约有 41 篇。其中晋元帝至晋简文帝时期（317—372）的故事有 23 篇。晋孝武帝时期（373—396）有 12 篇。晋安帝至宋文帝元嘉四年（397—427）有 6 篇。这一状况表明《搜神后记》在晋孝武帝时期已基本成书，后续增补的内容很少。

《搜神后记》记载孝武帝时期的故事有 12 篇，其中有 4 篇发生在北方，即《飞燕》《白头公》《丁零王猕猴》《陈良》；有 3 篇与荆州关系密切，即《武昌山毛人》《杜不愆》《顾恺之》；有 2 篇与会稽关系密切，即《竺法度》《殷仲堪》；在建康、寻阳及地点不详者各 1 篇。如前所述，太元十年至十八年陶渊明都在北方从军，而上述情况与这段经历有较好的对应关系。

《搜神后记》中记载有地点，或者可以根据人物活动推知地点的故事约有 75 篇。其中发生在扬州的故事约有 26 篇，如《袁柏根硕》《沙门昙猷》《谢奉》等。发生在荆州的故事约有 16 篇，主要集中于江陵、长沙、武昌等地，如《韶舞》《毛宝军人》《斛茗瘕》等。发生在江州的故事约有 10 篇，集中于寻阳、鄱阳、豫章、临川、庐陵等郡，如《周畛奴》《宗渊》《黄赭》等。发生在豫州的故事约有 9 篇，如《杜不愆》《懊恼歌》《李子豫》等。发生于其他地方的故事有 14 篇，主要是北方的徐州、青州、兖州、幽州、司州、冀州、并州、凉州、雍州、秦州等地，南方只有广州 1 篇。

若《搜神后记》为陶渊明所作，则其中出现较多的江州

（主要集中于今江西境内）故事是合乎情理的。如果极少出现这个地域的故事，作者为陶渊明就很值得怀疑。如前所述，《搜神后记》的主体部分应当成于晋孝武帝时期。但作者记载江州故事，却又极少涉及晋孝武帝时期在江州活动的重要人物，例如桓伊、慧远等。这或可表明，作者虽然是江州人，但晋孝武帝时期并不在江州活动，所以不易得知当时发生在江州的故事。这与陶渊明期间远离江州、在北方从军的情况也是吻合的。

在上述故事中，涉及了不少东晋人物，其中在《晋书》《全晋文》中可以查到的有 17 个，而这 17 个之中至少有 9 人与荆州有关，即《桓大司马》《斛茗瘕》中的桓温；《顾恺之》中的顾恺之，为桓温参军；《杜不愆》中的郗超，为桓温征西掾；《范启母墓》的袁宏，为桓温大司马记室；《绛陵香囊》中的习凿齿，荆州刺史桓温辟其为从事；《竺法度》中的王坦之，为大司马桓温长史；《谢允》中的谢允，故事提到他在桓温座间；《毛宝军人》中的毛宝，曾任庐江太守、江夏相等。上述人物多为荆州的高层人物，表明作者与荆州的关系较为密切。如果陶渊明跟随荆州名将朱序在北方征战，自然会有很多机会听到荆州高层的故事。

相比之下，《搜神后记》记载的扬州故事，却大多是民间传闻，其中较为重要的扬州人物有 4 人，即《鲁肃墓》中的郗鉴，《两头人》中的谢石，《王蒙》中的蔡谟，《谢奉》中的谢奉。这与朝廷重臣集中在扬州的情况很不匹配，表明作者不太有机会接触到扬州的高层人物，所见所闻颇为民间化。

这种分析，与笔者前面的推论也是吻合的。陶渊明弱年仕宦，始作镇军参军，此镇军将军当指王荟。据《晋书》："荟督浙东五郡军事、左将军、会稽内史。其后，又进号镇军将军，加散骑常侍。"陶渊明入王荟军中，待在会稽，因初出家门，年轻好奇，又远离北方前线，事务有限，遂采集异闻，撰成《搜神后记》中最早一批故事，书中有关扬州的故事，密集发生在会稽一地，即与此有关。但此时陶渊明地位低下，与高层接触的机会很少，所以他在扬州采集的多半是民间故事而不是名人轶事。之后转入朱序军中，朱序初为豫州刺史，故而《搜神后记》中有关豫州的故事也比较多。

《搜神后记》中的扬州故事，发生在会稽郡的有 10 篇，发生在丹阳郡、吴郡的有 9 篇，发生在其他地方的有 7 篇。这些故事除了与担任会稽内史的王荟有关之外，也与朱序在淝水之战以后最初担任琅邪内史有关。《晋书·简文帝纪》："其封昱为琅邪王，食会稽、宣城如旧。"《晋书·地理志》："元帝渡江之后……又琅邪国人随帝过江者，遂置怀德县及琅邪郡以统之……以江乘置南东海、南琅邪、南东平、南兰陵等郡。"江乘在今南京市郊。陶渊明从王荟手下转入朱序军中，而朱序手下必然有不少南琅琊郡的人，《搜神后记》中有关丹阳郡、吴郡的故事，大部分就应当来源于此。

如前所述，《搜神后记》的创作高峰期在晋孝武帝时期或太元年间，我们可以把发生于此时的故事叫作"新故事"。以此而观察之，荆州、扬州的故事多半属于"老故事"，亦即发生在晋孝武帝之前。如荆州故事 16 篇，约有 10 篇可知年代，其中 7 篇属于老故事（主要记载桓温及其僚属之事），只有 2 篇即《武昌山毛人》《殷仲堪》产生于孝武帝时期。与扬州有关的故事约有 26 篇，有一半不知年代，在出现年代的 13 篇之中，有 10 篇产生于晋孝武帝之前，有 2 篇属于晋安帝义熙年间，有 1 篇属于宋文帝元嘉年间，没有一篇太元年间的故事。上述情况反映作者在晋孝武帝时期很少在荆州、扬州生活，故而很少听到这一带发生在太元年间的"新故事"。这同样与前面的推论吻合，亦即陶渊明在王荟手下任职的时间很短，而转入朱序手下之后，不久就到了洛阳，故而陶渊明在扬州听到的绝大多数属于"老故事"，而太元年间发生在荆州的新故事也不容易听到。

《搜神后记》中产生于北方青州、兖州、幽州、冀州、并州、凉州、雍州、秦州的故事约有12篇，加上豫州、司州、徐州则有22篇，在有地点的故事中占30%，分量很重。这些故事大抵发生在陶渊明从军行役的范围之内。

从太元十年到太元十七年，朱序长期镇守在洛阳，期间一度转战到滨海地区，为时只有一年左右，绝大部分时间都在洛阳。《搜神后记》记载河南之事有6篇，其中就有5篇来自洛阳附近，即《嵩高山大穴》（嵩山）、《韶舞》（荥阳）、《刘骥之》（南阳）、《佛图澄》（洛阳）、《白狗变形》（缑氏县）。如果《搜神后记》的作者就是陶渊明，则与他长期跟随朱序镇守洛阳的经历密切相关。

从军事的角度来看，洛阳的防守重点是黄河北岸的太行山区，亦即从山西的临汾、长治到河南的安阳，再到河北邯郸这一线，它们距离洛阳大都在300—500里之间。如果失去了太行山的控制权，洛阳也就无险可守。为了保证洛阳的安全，朱序曾多次在太行山一线进行作战。如《晋书·孝武帝纪》记载，太元十五年，"征虏将军朱序破慕容永于太行"。《晋书·朱序传》记载："其后慕容永率众向洛阳，序自河阴北济，与永伪将王次等相遇，乃战于沁水，次改走，斩其支将勿支首。参军赵睦、江夏相桓不才追永，破之于太行。永归上党……序追永至上党之白水，与永相持二旬。闻翟辽欲向金墉，乃还。"《水经注》卷九："太元十五年，晋征虏将军朱序破慕容永于太行，遣军至白水，去长子一百六十里。"这次追击慕容永的路线，就是北渡黄河，通过太行陉，从山西晋城攻击到上党（今长治）；而上党西面是临汾，东面是河南安阳，安阳稍北就是邯郸和临漳。

《搜神后记》有四则故事发生于临汾、上党、安阳、临漳，即《刘聪》（平阳）、《冯述》（上党至虎牢关）、《林虑山亭》（安阳市林州）、《白头公》（魏郡）、《胡道人》（邺中），与朱序在太行山一线的征战范围互相对应，表明《搜神后记》的作者是在洛阳附近听到这些故事的；如果作者是陶渊明，仍与他长期戍守洛阳的经历密切相关。其中《冯述》记载为"晋元熙中"，"晋"有可能是后人所加的，而"元熙"有可能是刘渊的年号（304—308）。《搜神后记》中记载北方青州、兖州、幽州、冀州、并州、凉州、雍州、秦州等地的故事约有12篇，其中有10篇记载了故事发生的时间，上至汉末三国，下至晋孝武帝太元年间，除了《冯述》一篇之外，没有太元以后的事情。这足以表明"元熙"不是晋恭帝的年号，同时又表明太元以后北方故事不再增加，这与陶渊明此时已经返回南方、缺乏北方故事的来源有关。

据前面所论，朱序在太元十年、太元十一年镇守洛阳之时，曾派使者去凉州联络起兵反秦的张大豫、王穆，陶渊明应该就在这时到了张掖一带。而《搜神后记》也有两则故事发生在凉州，即《陈良》："晋太元中，北地人陈良与沛国刘舒友善，又与同郡李焉共为商贾。"北地即凉州北地郡，今宁夏吴忠。又《伯裘》："宋酒泉郡，每太守到官，无几辄死。"实际上，南朝宋从未染指凉州，"宋酒泉郡"应该是东晋的酒泉郡。

太元十一年至十二年，朱序致力于经营青州，平定各处叛乱之后，镇守于淮阴。《搜神后记》亦有三则故事来自青州，如

《华子鱼》："平原华歆，字子鱼，为诸生时，常宿人门外。"华歆为平原高唐人（今山东聊城高唐县）。又如《王戎》："安丰侯王戎，字浚冲，琅邪临沂人也。"又如《山中髑髅》："晋永嘉五年，张荣为高平戍逻主。时曹嶷贼寇离乱，人民皆坞垒自保固。"曹嶷为后赵的青州刺史。朱序在山东、河南主要与丁零人作战，《搜神后记》也有一则故事记载丁零人："晋太元中，丁零王翟昭后宫养一猕猴，在妓女房前。"

综上所述，可以推测《搜神后记》系陶渊明弱年从军后所作。他在北方辗转各地，采撷奇闻轶事，积累成书，至太元十八年返回家乡时，此书的主体部分已经形成，因此故事的发生地点与陶渊明足迹所至具有很高的匹配度，如在会稽任镇军参军，随朱序北上，转战东西，镇守洛阳等，都使他采集了不少故事，而任职状况，逗留长短，都影响到故事的数量和面貌。回乡以后，陶渊明已经鲜有猎奇之兴，虽略有增补，但为数极少，且北方故事不再增加。自辞去江州祭酒至辞去彭泽令，其间陶渊明又陆续出仕，奔走于江陵、建康等地，但并未采集当时发生在这些地方的故事。

上述论断，对窥测《搜神后记》的原貌或许有较大作用。就编排而言，《搜神后记》为陶渊明采集军旅途中见闻而成，随采随记，原书当以采集的时间先后来排序，并没有刻意对这些故事进行分类。东晋时期本来就有猎奇尚异的风气，干宝的《搜神记》出现之后，更是如此。弱冠从军的陶渊明，初出家门，对外界的一切都感到好奇，又受到当时社会风气的影响，故而在始作镇军参军之时，就记录了不少奇异故事，为此扬州一带的故事出现最早。之后他跟随朱序，从南豫州转道北上，到达洛阳。初到洛阳，陶渊明就被派到张掖一带联络军事，故雍州、凉州、秦州的几则故事又次之。此后赶往幽州、青州，南下徐州，因戎马倥偬，这段时间采集的故事并不多。后来他又返回洛阳，长期戍守在那里，有关河南及太行山区的故事，都应该采撷于此时。关于荆州的掌故，也应该得之此时。太元十八年，陶渊明返乡，旋即成家，因万事缠身，不再有兴趣创作，也就未必对《搜神后记》进行编次。直到彭泽归田以后数年，陶渊明才拿出箧中旧稿，以为笑谈之资。

《移居》云："邻曲时时来，抗言谈在昔。奇文共欣赏，疑义相与析。"将"奇文"与"在昔"并举，很可能就是指《搜神后记》及北方从军之事。

其一，"抗言"非一般之言，多有"义正辞严""慷慨激昂"之意。李贤注《后汉书·董卓传》之"卓又抗言曰"云："抗，高也。"其实"抗言"多指有关军国大事、理直气壮之言，如《晋书·孙楚传》："又举高拔秀异之才可以拨烦理难、矫世抗言者。"《晋书·江逌传》："昔汉起德阳，钟离抗言；魏营宫殿，陈群正辞。"《晋书》卷五十："故能抗言凤阙，忤犯龙鳞。"晋安帝隆安、元兴年间，东晋陷入内乱之中，很难让人看到希望。其间陶渊明几度出仕，心情也十分迷茫，从无慷慨豪迈之表现。这段时间的"在昔"，不足以"抗言"而谈论之；只有北方从军十年的经历，才值得"抗言"。所以，"抗言谈在昔"应该就是谈论北方从军之事。

其二，"奇文"不是一般的文章，它是有特定含义的。《汉书·王褒传》记载汉宣帝"颇好神仙"，太子生病时，叫王褒等人入宫陪侍，"朝夕诵读奇文及所自造作"。这里的"奇文"应当指讲神仙方术的文章，且不包括王褒自己创作的汉赋作品。又《后汉书·高彪传》："数奏赋、颂、奇文，因事讽谏，灵帝异之。"也可见"赋颂"不在"奇文"之列。又《后汉书·方术列传》："汉自武帝颇好方术，天下怀协道艺之士，莫不负策抵掌，顺风而届焉。后王莽矫用符命，及光武尤信谶言，士之赴趣时宜者，皆骋驰穿凿，争谈之也。故王梁、孙咸，名应图箓，越登槐鼎之任；郑兴、贾逵，以附同称显；桓谭、尹敏，以乖忤沦败。自是习为内学，尚奇文，贵异数，不乏于时矣。是以通儒硕生，忿其奸妄不经，奏议慷慨，以为宜见藏摈。子长亦云：'观阴阳之书，使人拘而多忌。'盖为此也。"这段话表明神仙方术谶纬阴阳之类的文章都称为"奇文"，它们完全有别于儒家之言，"奇"是相对于"正"而言的。

综合起来，因《搜神后记》而谈到北方见闻，因北方见闻而"抗言"昔日之事，颇为合乎情理。因此，陶渊明移居南村之后（义熙六年前后），《搜神后记》开始面世并流传，但未必做过编撰。之后陶渊明又增补了几则故事，不过为数甚少。上述分析也显示，从太元十九年到义熙六年（394—410），《搜神后记》的创作处于中止状态，所以书中并没有这段时间的故事。陶渊明去世之后，《搜神后记》的抄本应该得到东林寺的收藏，成为其流传后世的基础，故而会被《高僧传》提及。东晋后期，北方与南方日益悬隔，人们很少知道北方之事。桓玄灭亡之后，桓温之事亦很快湮灭。因此《搜神后记》中的荆州逸闻及北方见闻，就颇为世人所看重。到了南朝宋时，此书遂开始流行，在传抄中略有增益，掺入他人作品，也并不奇怪。有些故事被编入其他志怪小说，而唐朝编撰《晋书》，也采用了其中的一些资料，足以反映此书的流行程度。

第六章　北方归田考

北方从军十年，没有在政治上造就陶渊明，却在思想上、文学上造就了陶渊明。在经历了艰苦的征战及戍边生涯之后，陶渊明深切感受到田园的可爱之处，感受到农耕才是众生的衣食之本，也深深感受到朝廷无视公道、漠视众生的本质，为此创作了《归园田居》《感士不遇赋》《五柳先生传》等一系列作品，形成了一生中第一个创作高峰。

第一节　《归园田居》与北方归来

北方从军十年的经历，在陶诗中留下了不少痕迹，可以说是一种无法否认的事实。不承认这一事实，很多诗句就无法得到妥帖的解释，很多作品的系年也难以确定。通过分析，《归园田居五首》创作于北方归来之初，诗人是年二十九岁，"一去三十年"是举其成数。

一、"一去三十年"与北方归来

朱序再次戍守洛阳之后，在北方苦苦经营，稳定了中原一带的局势。然而此时朝廷的政治动向却发生了巨大的变化，对于有功之臣的猜忌与防范显得日益突出。在淝水之战及收复失地的后续战役中，谢安之弟谢石、谢安之子谢琰、谢安之侄谢玄，都建立了赫赫战功，但晋孝武帝生怕他们手握重兵，形成尾大不掉之势，威胁到司马氏的皇权。谢安当然知道这一点，因此在太元十年四月，他就主动交出手上权力，出镇广陵以避祸，又召回儿子征虏将军谢琰，让他"解甲息徒"。就在这一年，谢安去世，谢石也主动交出了兵权。太元十年八月，晋孝武帝下诏"以琅邪王道子为都督中外诸军事"，由司马道子接管了一切军事权力。太元十一年，谢玄又借口翟辽等人反叛，以"处分失所"自责，"尽求解所职"，把镇守淮阴的重任转交给朱序。

太元九年（384），荆州刺史桓冲去世，朝廷借机削弱桓氏的势力，任命中书令王坦之第四子、尚书右仆射王国宝之弟王忱为荆州刺史。《晋书·王忱传》："太元中，出为荆州刺史、都督荆益宁三州军事、建武将军、假节。"又《晋书·孝武帝纪》记载，太元十七年十月，"都督荆益宁三州诸军事、荆州刺史王忱卒"。可知太元九年桓冲去世以后直至太元十七年，荆州刺史均为王氏家族的王忱。然而《晋书·孝武帝纪》又云："（太元十四年），六月壬寅，使持节、都督荆益宁三州诸军事、荆州刺史桓石虔卒。"似乎荆州名将桓石虔在王忱之前担任过荆州刺史。事实上，桓石虔早已被排挤出荆州。《晋书·桓石虔传》云："冲卒，石虔以冠军将军监豫州扬州五郡军事、豫州刺史。寻以母忧去职。服阕，复本位。久之，命移镇马头，石虔求停历阳，许之。太元十三年卒，追赠右将军。"可知桓冲去世之后，桓石虔就被调离荆州，担任了南豫州刺史，直到去世。荆州的名将桓伊，在淝水之战中建立功勋，也被调离荆州，担任了江州刺史。之后桓伊又迁任护军将军，由王凝之接任江州刺史。约在太元十四年或十五年，王凝之上书弹劾豫章太守范宁，可知王凝之担任江州刺史还在此之前。太元十六年，江州刺史王凝之又组织僧徒在庐山翻译佛经，见《出三藏记集·阿毗昙心经序》。

淝水之战以后，在谢氏家族手握重兵之时，朱序受到了器重也得到了信任；但谢氏家族全面隐退之后，朱序就成了孝武帝及司马道子重点防范的对象。所以他在淮阴只待了一年，又被调往洛阳，远离了东晋京畿之地。此时荆州桓氏已被全面排挤，权力转移到王忱手上，所以朱序又被排斥于荆州之外，成了一个孤零零的戍边守将。从《晋书·朱序传》来看，镇守洛阳的朱序很不受待见。其一，"帝遣广威将军、河南太守杨佺期，南阳太守赵睦，各领兵千人隶序"，可知朱序因戍边任务太重而手下兵马太少，不断请求朝廷增兵，但朝廷只是象征性地给他增拨了两千人马。其二，朱序"表求运江州米十万斛、布五千匹以资军费，诏听之"，"又表求故荆州刺史桓石生府田百顷，并谷八万斛，给之"，又可见朱序因为转战东西，疲于奔命，军中严重缺粮，故而请求朝廷给他调拨军粮。按理他应该就近在毗邻中原的扬州或荆州调拨粮食，但他却跳过两州，远到千里之外的江州运粮，可见扬州、荆州都不支持他。此时桓伊担任江州刺史，桓伊的弟弟桓不才是朱序手下的主要将领，《晋书·桓宣传》："伊弟不才，有将略，讨孙恩，至冠军将军。"应该就是借助这层关系，朱序才得到了江州刺史桓伊的帮助，调来了粮食。其三，《晋书·郗恢传》云："会朱序自表去职，擢恢为梁秦雍司荆扬并等州诸军事、建威将军、雍州刺史、假节，镇襄阳。"郗恢为郗昙之子，谢奕的女婿，自然属于扬州势力。《晋书·王珣传》："时帝雅好典籍，珣与殷仲堪、徐邈、王恭、郗恢等并以才学文章见昵于帝。"足见郗恢乃孝武帝亲信。朱序长期戍守洛阳，直接面对着姚苌、慕容永等几股强大的敌人，又得不到荆州、扬州的大力支持，等于是孤悬于边境之中。朱序离任之后，郗恢接手他的职务，就马上将驻地从洛阳南迁到襄阳，等于向东晋腹地后退了600多里，背靠荆州，又有汉中作为屏障，安全系数大大提高，同时却把部下推到了前线，"以随郡太守夏侯宗之为河南太守，戍洛阳"。夏侯宗进驻洛阳之后，随即遭到姚苌的围攻，因解救及时而幸免于难。朱序、郗恢两人的境遇，相隔甚远，于此可见一斑。

总而言之，朱序重回洛阳之后，晋孝武帝、司马道子对他进行越来越多的排挤，不但削弱他的兵权，断绝他的供应，而且让他孤立于荆州、扬州之外。然而朱序还是尽心尽责，不断击退来犯之敌，最终因为老病交加才辞职。《资治通鉴·晋纪三十》："太元十七年……冬，十月，辛亥，荆州刺史王忱卒。雍州刺史朱序以老病求解职，诏以太子右卫率郗恢为雍州刺史，代序镇襄阳。"太元十七年，久戍洛阳的朱序以老病而累次上书，请求辞职，但朝廷坚决不许，后来干脆以"断表"的方式对待朱序，亦即拒绝接受他的表章。朱序无奈，遂自动解职，为此朝廷要追究他擅离职守之罪，朱序差点因此下狱，幸而晋孝武帝下诏说不予追究，这才逃过一劫。辞职之后不久，朱序就去世了，时在太元十八年。

历经半个多世纪的五胡之乱，到淝水之战以后已经跌入低谷。在长期的互相攻杀中，各种野蛮力量已经消耗殆尽。如果东晋王朝能够保持内部的团结，持续北伐，统一北方是有可能的。东晋王朝最初颠簸于地方势力的混战之中，经过长期努力，地方势力基本上达成了平衡，开始统一维护王权，显示良好的政治局面已经开始出现。如果持续北伐，还有利于政治局面的进一步改善。在东晋前期，各种力量被挤压到江南狭窄的空间内，很多矛盾及军事斗争、权力斗争都由此引发。如果能够大面积收复国土，将各级政权扩散到广大的北方地区，使集中于皇帝身边的将领都成为边关镇将、地方官员，可以极大地缓解他们对朝廷的利益需求，也可以极大地满足大量南逃者回归乡梓的心愿。在淝水之战以后，北方残存的胡人势力已经不算很强大，持续北伐，不但不会因为大规模作战而消耗过多的国力，反而会对原有的地方势力起到"稀释"的作用，有利于缓解朝廷的政治压力。然而桓冲、谢安相继去世之后，极力维持荆、扬和睦的朝政也随即终止。司马道子入主朝政之后，重蹈庾亮的覆辙，再一次碾压荆州集团，不但使北伐的大好形势转瞬即消，也为十多年之后的桓玄之乱埋下了直接的祸根。不仅如此，北伐的戛然而止，还使得从前秦分裂出来的割据势力在东晋王朝的姑息养奸中不断壮大，为北朝的出现、持续的南北分裂创造了基础。

就个人的前途和命运而言，由于司马道子的排挤政策，功勋赫赫的北伐名将朱序很快就变成了边关守将，戎马数十年积累的军事经验和谋略都失去了用武之地，而追随朱序的各级将领也就失去了更多的发展空间。跟随朱序在北方征战的陶渊明，充满着希望而来，最终也就只能充满着失望而去。这不仅是陶渊明一个人的悲剧，也是众多北伐将领的悲剧。这种悲剧导致了军心、民心的涣散，东晋王朝好不容易积攒起来的一点军事和精神力量，也就被消耗得干干净净了。

朱序辞职之后，追随朱序的陶渊明也就不得不一无所获地返回了家乡。《杂诗》说他在北方"荏苒经十载"，当时还没有归乡；又据《饮酒》诗，陶渊明"投耒去学仕"一直到"是时向立年"，而后才"拂衣归田里"；之后又"亭亭复一纪"，才从彭泽辞官归来；据此推算，陶渊明从北方归来，时年二十九岁，亦即在北方从军的第十年，时为太元十八年。

陶渊明北方归来之后，旋即创作了《归园田居五首》。这组诗一般解释为彭泽辞官之后作，但这种解释的可疑之处甚多。

《归园田居》其四云："久去山泽游，浪莽林野娱。试携子侄辈，披榛步荒墟。徘徊丘垅间，依依昔人居。井灶有遗处，桑竹残朽株。借问采薪者，此人皆焉如？薪者向我言：死没无复馀。一世异朝市，此语真不虚。人生似幻化，终当归空无。"这首诗就很难解释为彭泽辞官以后作。首先，"久去山泽游"明显指自己离开家乡的山泽已久。假如是彭泽辞官归来，则离家不过两三个月，诗人何以会产生这样的感慨？假如家乡有个村庄在两三个月内被废弃，左邻右舍总会有些相关的传闻，离家百里为官的陶渊明也不至于毫不知情，用不着去问打柴人。其次，作者描述了一个在东晋时被废弃的村庄，并不是什么"古迹"。"井灶有遗处，桑竹残朽株"之类的描述，表明这个村庄被废弃的时间最多不过在一代人生活的时光之内（"一世异朝市"之语透露了这一点），如果时间太长，薪者根本不会知道这个村庄发生了什么事。但这个村庄被废弃的时间又远远超过两三个月，否则不可能长满荆棘杂草。对于南方而言，一个被废弃的村庄，一两年之内只能长出一年生的草本植物，诸如杂草野菜之类；多年生的荆棘和灌木，需要几年时间才能长成；而长出乔木的时间就更长一些。"披榛步荒墟"的描写，表明诗人所见乃是多年生的荆棘和灌木丛，如果只是野草，就用不着"披榛"而入了。陶渊明去彭泽做官，时间在秋冬之交，根本不是草木生长的季节。如果说该村庄于当年冬天荒废，第二年春天长出野草，则植被非常稀疏，也不必"披榛"而入。兼之村庄因为人畜践踏，土质坚硬，瓦砾遍地，荒废之后长出野草杂树，相比耕地还需要更长的时间。总之，陶渊明所见的这个村庄被废弃远远超过三个月，至少已有数年；但又在"薪者"可知的时间段以内。陶渊明对此并不知情，表明他离开家乡有过较长的一段时间，这自然不可能是去彭泽做官。如果这个村庄是陶渊明在北方从军期间荒废的，那就合乎情理了。

研究者对《归园田居》"误落尘网中，一去三十年"的理解，没有一个确定的意见。有人认为"三十"是虚数，有人认为"三十"当为"十三"之误，因为从二十九岁起为江州祭酒到四十一岁辞官归田，头尾刚好十三个年头。但是，"三十"作"十三"，又苦于没有版本依据。逯钦立《陶渊明集》认为"三十"是"十年"之夸词，这种说法更不合情理。清朝方东树《昭昧詹言》说"一去三十年"指"已去之年，举其大数，对今四十言之"，亦即已经四十出头的人说自己活了三十来岁，这种说法更是"岂有此理"。一个人在表达自己年龄时，容易偏大而不是偏小，偏小而至于十岁，这是不合常理的（现代人"装嫩"，也只是不说年龄而已，不会如此具体地瞒报年龄）。

研究者将"误落尘网中"的"尘网"解释为官场，这是不妥的。宋代王质的《栗里谱》说："君年三十，有《归园田居》诗曰：'误落尘网中，一去三十年'。"言下之意，"尘网"意指尘世，"误落尘网中"指降生人世。宋代吴仁杰《靖节先生年谱》则认为"落尘网"指出仕，但出仕三十年之说难以落实，故改"一去三十年"为"一去十三年"。两者形成针锋相对的意见，古直先生比较之后，认为王质《栗里谱》的说法是对的。因为"误落尘网中"和《杂诗》的"落地为兄弟"，两个"落"字皆比喻人之出生，所以"误落尘网中"是指陶渊明出生以来，这样"一去三十年"的意思也就明白了，亦即陶渊明作此诗时，必然为三十岁。古直先生又指出，"落尘网"为出仕的说法也是不对的："至于仕途，普遍的只用圣网、时网、世网。《汉书·叙传》'不经圣人之纲'，陆机诗'牵世缨时网'，这等网是牵网由人的，尘网是无牵无挂、降落自然的，二者截然不同，我们知此，则知吴、王两说的是非。"①此说颇为有理，可予以进一步阐述。

魏晋时期，用"网"组成的词语很多，大约可以分成以下四类。

（一）用"俗网"来指代"法网"，如傅咸《仪凤赋》云："岁惟尘之纷浊兮，患俗网之易婴。"（《初学记》卷三十）魏晋之际，政治环境险恶，官场中人动辄得咎，触犯刑网，故而有此说法。但晋武帝去世以后，政治日趋混乱，这种感觉不复存在，用"俗网"指代"法网"也就很少见到了。

（二）用"时网""世网"来比喻官场。如陆机《于承明作与弟士龙诗》："牵世婴时网，驾言远祖征。"（见六臣本《文选》卷四）又《赴洛道中作诗》："总辔登长路，呜咽辞密亲。借问子何之，世网婴我身。"陆机为亡吴之臣，进入西晋官场之后，常有负罪的感觉，总害怕"刑网"加身，所以常用"时网""世网"来比喻官场。对于他人而言，这种感觉并不突出，故而这种比喻也并未流行，到了东晋已十分罕见。

（三）用"世网"来指称尘俗生活，相似的词语有"俗网""时网""欲网""惑网""滞网"等，意思大同小异。如高

① 钟书林主编：《陶渊明研究学术档案》，武汉大学出版社2014年版，第36页。

僧支遁《咏怀诗》："寥寥石室朗，中有寻代士。外身解世网，抱朴镇有心。"（《广弘明集》卷三十）释慧远《明报应论》："无明为惑网之渊，贪爱为众累之府。"（《弘明集》五）周续之《难释疑论》云："洗心以怀宗，炼形以闻道；拔无明之沈根，翳贪爱之滞网。"（《广弘明集》二十）用"网"比喻世俗生活对人的牵累，这在东晋时期十分流行，大抵与佛教理论有关。就此而论，"尘网"亦类似于"俗网"。如江淹《许征君询自叙》："五难既洒落，超迹绝尘网。"入唐以后，"尘网"一词使用频率更高，几乎变成佛道的专用名词，如《坐忘论·得道》："无所缠碍，迥脱尘网，行而久之，自然得道。"

（四）用"网"指称"王纲"，"尘网"比喻"王纲不振"。如《后汉书·孙穆传》："徒感王纲之不摄，惧天网之久失。"东晋之时，有人说王弼、何晏两人"振千载之颓纲，落周孔之尘网"（指恢复儒家的"王纲""礼制"），范宁对此进行反驳，说两人令"仁义幽沦，儒雅蒙尘，礼坏乐崩，中原倾覆"，其罪有过于桀纣而无不及（《晋书·范宁传》）。这里的"尘网"意指"礼崩乐坏""王纲不振"，而"王纲不振"是东晋时人的普遍感受，如《晋书·元帝纪》："皇纲弛坠，颠覆大猷。"《晋书·殷浩传》："今纮领不振，晋网不纲，愿蹈东海，复可得邪！"《宋书·索虏传》："永嘉失御，天网圮裂。"通俗而言，"尘网"就是指"乱世"。

东晋之时，皇帝软弱，政出多门，叛乱不断，连个像样的官场及礼制都已无法维持，谈不上刑法严酷、制裁严厉，故而以"尘网"比喻官场险恶的说法，也就不大可能流行开来，为此"误落尘网中"不大可能是第一、第二种含义。佛教的"尘网"与世俗是对立的，开荒种地当然属于"尘网"，也是一种世俗之累。因此，陶渊明说跳出"尘网"，回归田园，这个"尘网"显然不会是与田园生活对立的佛家之"尘网"。相形之下，"尘网"的第四种含义最符合《归园田居》的诗意，亦即用"尘网"比喻"礼崩乐坏"、到处割据的乱局。

陶渊明自出生以来，一直生活在"世乱家贫"的阴影里。《怨诗楚调示庞主簿邓治中》："弱冠逢世阻，始室丧其偏。"《自祭文》："自余为人，逢运之贫。"就足以看出"世乱家贫"给他留下的伤痛。"世乱"主要缘于五胡十六国之前秦（350—394年）。苻坚即位以后，统一了北方，遂开始频繁攻击南方，对东晋造成了极大的威胁，尤其堪称"世乱"。从宁康元年（373）前秦攻陷益州、梁州，到太元八年（383）爆发淝水之战，东晋时刻面临着亡国的危险。淝水之战以后，前秦陷入内乱之中，直至灭亡，对东晋的威胁才告解除。著者曾撰《陶渊明父亲任职考》[1]，指出陶渊明父亲之死与前秦攻陷益州有密切关系，也就是说陶渊明的"家贫"亦缘于前秦造成的"世乱"。"世乱"也可以说明《桃花源诗》何以用"嬴氏乱天纪"来影射前秦。总之，用"误落尘网中"来比喻自己降生于乱世（特指前秦作乱的年代），用"一去三十年"比喻自己在乱世中度过的时光，这是一种相当写实的说法。"误落尘网中，一去三十年"而后安居田园，欣喜无限，表明已经脱离了"尘网"，特指前秦作乱的年代已经过去，可以安居乐业了。

"三十年"实际上是"二十九年"，陶渊明于二十九岁返回田园，同年起为江州祭酒，以此为界，以前皆属于"弱年薄宦"时期。这一时期，从"弱年"（二十岁）开始，到二十九岁结束，

---

① 吴国富：《陶渊明父亲任职考》，《集宁师范学院学报》，2012 年第 4 期。

头尾十年，与"荏苒经十载，暂为人所羁"（《杂诗》）的自述非常吻合。又《饮酒》其十九："畴昔苦长饥，投耒去学仕。将养不得节，冻馁固缠己。是时向立年，志意多所耻。遂尽介然分，拂衣归田里。冉冉星气流，亭亭复一纪。世路廓悠悠，杨朱所以止。虽无挥金事，浊酒聊可恃。"如果明了北方从军十年的经历，则其中涉及的数字都可以得到落实。亦即"畴昔苦长饥，投耒去学仕。将养不得节，冻馁固缠己"就是指"弱年薄宦"的一段经历。这段经历从"弱年"开始，到"向立年"结束，前后一共十年。从"向立年"拂衣归田开始，再过十二年，就是彭泽辞官之年。若否认北方从军十年的仕履，则任何考证都无法妥帖解释这首诗涉及的仕途经历。

按"拂衣归田里"一句，别本又作"终死归田里"，容易让人理解为"彭泽辞官"，如元代李公焕《笺注陶渊明集》卷三："按彭泽之归在义熙元年乙巳，此云'复一纪'，则赋此《饮酒》，当是义熙十二三年间。"按照这一解释，"投耒去学仕""是时向立年"就应该指二十九岁出任江州祭酒之事了。但这种解释有很多漏洞。其一，"畴昔苦长饥，投耒去学仕。将养不得节，冻馁固缠己"。陶渊明担任江州祭酒，不但离家不远，而且为时极为短暂，何以会出现"将养不得节，冻馁固缠己"的情况？其二，如果担任江州祭酒为初仕，则此时陶渊明已经二十九岁，显然不能再称为"弱年"；那么《宋书》所说的"弱年薄宦"岂不是落空了？其三，若"投耒去学仕""是时向立年"指二十九岁出任江州祭酒之事，"拂衣归田里"（或"终死归田里"）指"彭泽辞官"，则两者时间间隔长达十二年，因为二十九岁"志意多所耻"、不肯低三下四而导致四十一岁"遂尽介然分"、拂袖而去，这是很荒谬的，根本说不通。

相较之下，如果说"投耒去学仕"就等于"弱年薄宦"，是指北方从军，而"拂衣归田里"（或"终死归田里"）指北方归来，则全诗解释起来颇为自然：二十岁那年（弱年），因为家境贫寒，便投耒学仕，踏上了北方从军的道路，这一去就是十年，归来时也就接近了而立之年。期间奔走于征战途中，饥寒交迫，"冻馁固缠己"（即《杂诗》所说的"惆怅念常餐"），连"当兵吃粮"的基本愿望都无法满足。最终因国事日非，朱序辞职，小人陷害，寸功微禄也不可得，义愤难耐，遂"拂衣归田"，时为太元十八年。而从北方归来的当年到义熙元年担任彭泽令，又恰好"一纪"，亦即十二年。这段时间他曾多次奔走在"世路"上（也即出仕），因为歧途百出，志向不明，不得不辞官归田，也即"扬朱所以止"的意思；这是第二次归田了。归田之后，也就只能以浊酒自娱自乐了。诗歌叙述生平，止于归田之初，也与传统注家对《饮酒》组诗的系年吻合。

　　综合言之，陶渊明在北方从军十年，回到阔别已久的故乡，欣喜若狂，写下了《归园田居五首》。时在太元十八年，陶渊明二十九岁，说"一去三十年"是举其成数，自属合理。因在北方十年，家中无人料理，南野荒芜，故而需要"开荒南野际"。而离乡十年，邻村废弃，乍一见感慨无限，亦在情理之中。就在当年，已经取代桓伊任江州刺史的王凝之，为了笼络人心，征聘在北方从军十年的陶渊明为江州祭酒。但这只是一种表面上的优宠，实质上没有任何重用，所以饱尝世味的陶渊明感觉味同嚼蜡，也就"少日解职"，返回家中去了。

　　三、《归园田居》与初事农耕

　　太元十七年，朱序因年老而屡次请求致仕，朝廷不允所请，乃至于拒绝接受其表章。朱序无奈，遂弃职还乡，司马道子怒而欲治其罪，晋孝武帝下令免责。次年朱序去世。《资治通鉴·晋纪三十》："太元十七年……冬，十月，辛亥，荆州刺史王忱卒。雍州刺史朱序以老病求解职，诏以太子右卫率郗恢为雍州刺史，代序镇襄阳。"根据这一记载，朱序辞职，时在太元十七年十一月或十二月，而根据前文所述，陶渊明于朱序辞职之后，旋即返乡，《归园田居》即返乡之后所作。从《归园田居》组诗反映的内容来看，陶渊明回到家乡，时为太元十八年早春季节，这在时间节点上与朱序辞职紧密相连。朱序戍守洛阳甚久，在朝廷看来，部下已多半成为他的"私党"，因此他的解任，会引起部下的纷纷解职。从产生这种连锁反应到整装上路，再经过水陆兼程回到家乡，两三个月的时间是需要的。这一点也反映陶渊明跟随朱序是较为可信的。

陶渊明回到阔别已久的故乡，悲喜交集，先后创作了《归园田居五首》。从内容来看，这五首诗的创作时间大概在三四个月之内。最早的应当是"久去山泽游"一首，这首诗写自己与乡邻同游一个荒废的村落。其中"披榛步荒墟""桑竹残朽株"反映春天尚未到来，一年新生的草木尚未长成，否则诗人就难以"披榛"而入，也不容易在茂密的杂草中看到"朽株"了。就寻阳的季节而言，这大概是在农历正月下旬或早春二月的时候。这时候尚未开展大规模的农业生产，所以陶渊明也有闲暇去做一番"山泽游"。一旦春耕大面积开始，他就不会有这种闲心了。其中的"子侄辈"，不过就辈分而言，乃是亲族中人，不是他自己的儿子和侄子。其次是"种豆南山下"一首，按照"清明前后，种瓜点豆"的谚语，从种豆到锄豆，需要半个多月的时间，而诗人写自己去锄豆子时，春草已经非常茂盛，因此大约就在谷雨时节（公历四月下旬）。再次是"野外罕人事"一首。这首诗写到"桑麻日已长",桑树是落叶乔木,麻应当是苎麻,它们从发芽到蓬勃生长,需要一段时间,大约已经到了公历五月左右。与此基本同时的是"少无适俗韵"一首,其中写到"榆柳荫后檐",表明柳树已经成荫,这也要到公历五月了。最晚的当属于"怅恨独策还"一首,其中写到"山涧清且浅,可以濯吾足",又写到"欢来苦夕短,已复至天旭",大概已到端午前后,这时天气已经比较热了,故而会在山涧中洗脚以图凉快,也能够作长夜之饮了。综合前面所述,《归园田居五首》应当作于太元十八年的早春二月至农历五月之间。

就农耕而言,《归园田居五首》与彭泽辞官前后的情况大不相同。在陶渊明的诗文中,"荒"和"芜"是两个常用的词,但用于形容田地荒芜的,却只有《归园田居五首》,一曰"开荒",二曰"荒秽"。"开荒南野际"表明家园荒芜已久,一回乡就得去开荒种地。到了彭泽辞官之时,他说的却是"田园将芜胡不归","将芜"显然不等于已经荒芜。《癸卯岁始春怀古田舍二首》:"在昔闻南亩,当年竟未践。""当年"即《闲情赋》"悼当年之晚暮"之"当年",亦即青春年华。根据史书及陶渊明的诗文,陶渊明在二十九岁以后经常从事农耕,不至于家有"南亩"而从来不去。所以"当年竟未践"应指二十九岁以前,而田地荒芜也发生在陶渊明的青年时代。他在北方从军十年,田地的荒芜程度可想而知。

对于南方人来说,"种豆南山下,草盛豆苗稀"总不免令人感觉到陶渊明不是一个耕作老手,因为在江西一带种豆子是比较容易的,施点农家肥,锄一两次草,就可以等待收获了,并无太多的技术可言。正如唐满先《陶渊明诗文选注》云:"作者开始学种庄稼，庄稼长得并不好。但是，他'晨兴理荒秽，带月荷锄归'，早出晚归，不辞辛劳，劳动态度非常认真勤恳。这是因为归耕符合他的心愿。"①这一注解恰好反映《归园田居五首》与《归去来兮辞》不是作于同时。《归去来兮辞》的"耕植不足以自给""或植杖而耘耔"等语，表明陶渊明在彭泽辞官以前，已经有足够的农耕经验，只是入不敷出让他颇感痛苦而已；"种豆南山下，草盛豆苗稀"则表明陶渊明很久没有从事南方的农业生产了，这与陶渊明在北方从军十年的经历吻合。在北方从军久了，或不惯于农事，或不惯于南方的劳作，自在情理之中。就种豆而言，主要是深垦和翻地必须做得好，如此在豆子发芽生长的初期，就不会有太多的杂草。"草盛豆苗稀"反映地没有整好，杂草比豆子的生长速度快，这或是不耐劳作所致，或是不善劳作所致，总之反映陶渊明还是一个种地的新手。

古代南方的耕种，全在于体力，而这需要一个长期锻炼的过程。就合格的农民而言，"童子功"至关重要，亦即从少年儿童时代就开始耕作，则在体力和技术上都能适应农耕生活。假如是"半路出家"，则体力上倍感痛苦而心理上又深怀愧疚，故而陶渊明在太元十八年回乡之后，又作《劝农》六首以劝勉自己致力于农耕。其中表现的农耕心态，相比《癸卯岁始春怀古田舍二首》《庚戌岁九月中于西田获早稻》《归去来兮辞》等作于彭泽辞官前后的诗文有明显的差异。

其一是《劝农》反映诗人要花很大的决心才能从事于农

---

① 唐满先选注：《陶渊明诗文选注》，上海古籍出版社1981年版，第24页。

耕。"相彼贤达，犹勤陇亩。矧兹众庶，曳裾拱手！""孔耽道德，樊须是鄙。董乐琴书，田园不履。若能超然，投迹高轨，敢不敛衽，敬赞德美。"这些话语反映诗人纠结了很久、下了很大决心，才能下地去干活，体现作者在精神状态上还没有为农耕作好准备。史书说陶渊明辞去江州祭酒之后"躬耕自资，遂抱羸疾"，足以表明他在二十九岁以后，通过大量的劳动，已经成为一个"资深农民"，到了彭泽辞官前后，他从体力到心理都足以胜任农耕，用不着带着巨大的心理矛盾就可以捡起农具去干活了。《癸卯岁始春怀古田舍二首》云："瞻望邈难逮，转欲志长勤。"表达了诗人因仕途无所长进、转而致力于农耕之情，虽然带点无奈，但稍微克制一下自己的情绪就可以"志长勤"，这比《劝农》要花很多功夫来说服自己的心理状态明显不同。

其二是《劝农》反映诗人对农耕的认识很肤浅，或者充满了书生气。诗人深为自己未曾参与劳动而汗颜。"民生在勤，勤则不匮。""儋石不储，饥寒交至。顾尔俦列，能不怀愧。"这些话体现他深恨自己未能致力于劳作，以致屡屡缺粮而仰食于人，愧疚不已。然而他在二十九岁以后，屡仕屡隐，耕种已经成为家常便饭，就再也不会有这种愧疚之情了。与这种愧疚心理相关联的思想是诗人深信"勤则不匮"这一道理，亦即致力于农耕是足以避免饥寒的。以老农民的眼光来看，这真是一厢情愿的想法，属于"农民的理想主义"。经过多年的劳作之后，陶渊明深知"耕植不足以自给"；既然如此，"劝农"还有多大意义？又《怨诗楚调示庞主簿邓治中》云："炎火屡焚如，螟蜮恣中田。风雨纵横至，收敛不盈廛。夏日长抱饥，寒夜无被眠。"在靠天吃饭的历史阶段，旱灾、水灾、虫灾可谓是家常便饭，陶渊明若是致力于"躬耕自资"，两三年下来就会知道再怎么勤劳也未免受冻挨饿。而经历过这种痛苦的陶渊明，就不会再说"民生在勤，勤则不匮"这种充满书生气的话语了。这恰好反映，《劝农》作于初事农耕的时候，与《归园田居》同属于北方归来之初的作品，将它系年于太元十八年，陶渊明北方归来之初是合理的。

总结起来，《劝农》的"宴安自逸，岁暮奚冀！儋石不储，饥寒交至。顾尔俦列，能不怀愧"体现了"很少或几乎没有从事劳作"的羞愧，《归园田居》的"种豆南山下，草盛豆苗稀"则体现了"很少也不善劳作"的苦恼，两者属于同一时期的作品。相比之下，《杂诗》的"躬亲未曾替，寒馁常糟糠"则体现了"劳而无功"的痛苦，常见于二十九岁以后的诗文之中，与《劝农》《归园田居》体现的农耕心态迥然有异，非亲历者不能道此。

陶渊明从北方归来，又作《归鸟》四首以比喻自己回乡的感觉。"远之八表"比喻此前离家遥远，非北方不足以当之，"八表"表示边地或戎狄之境，前面已经指出。而"近憩云岑""欣反旧栖"，与当年的"终返班生庐"形成呼应，表明自己已经改弦易辙，不再"猛志逸四海"，不再眷恋远行，这反过来显示了往日在外远行的事实。"虽无昔侣，众声每谐"又表明十年间亲旧凋零，少儿长大，熟悉者已经很少。总之，《归鸟》不能系于彭泽辞官之初，而应当系于北方从军归来之初。

第二节　归田之初拒绝出仕

北方从军归来之后，家庭的压力一时并至，使陶渊明穷于应付，他不得不努力躬耕、迅速成家以缓解之。然而十年从军的经历，加上满腹经纶，又很快使他在地方上崭露头角，不久就得到江州刺史王凝之的征召。但事实上这是一种"名至而实不归"的器重，再一次激起了他的悲愤，使陶渊明上任未久，便甩袖而去，并创作了《感士不遇赋》《五柳先生传》等作品以抒愤。

一、"耻复屈身后代"即自辞祭酒

陶渊明在北方从军十年，其青年时期的仕宦，起始于"弱龄"（二十岁），终止于二十九岁（是年起为江州祭酒）。涉及这段经历的最重要史料，莫过于沈约《宋书·陶渊明传》及颜延之的《陶征士诔》。然而两者所叙过于简略，后人对此又颇有误解，导致陶渊明青年时的仕宦经历变得晦暗不明。本书认为，"弱年薄宦"不等于"初辞州府三命"，而"初辞州府三命"应等于"耻复屈身后代"，两者同指辞去江州祭酒一事。

沈约《宋书》云："潜弱年薄宦，不洁去就之迹。自以曾祖晋世宰辅，耻复屈身后代。自高祖王业渐隆，不复肯仕。"这段话有三个完整的句子，表达了三层意思，但向来以为后两句指的是同一件事，即陶渊明归田以后不愿接受刘裕的征召。实际上，这种"合二为一"的解读会忽略很重要的信息，亦即"耻复屈身后代"与"自高祖王业渐隆，不复肯仕"很有可能是两件不同的事，反映了两种不同的心态。

晋宋之时，"后代""异代"均为通用名词，但意义差别很大。前者指"后人"，与现代汉语的"后代"意义相近。现代汉语的"后代"有时会偏重于世代相隔较远的"后人"，而晋宋之时的"后代"往往偏重于世代相隔较近的"后人"。《晋书·干宝传》："宜建立国史，撰集帝纪，上敷祖宗之烈，下纪佐命之勋，务以实录，为后代之准。"这个"后代"就是指世代比较接近的"子孙后代"。《晋书·天文志》："其巫咸、甘、石之说，后代所宗。"这个"后代"相当于比较接近的"后学之人"。《晋书·律历志》："洪术为后代推步之师表，故先列之云。"《晋书·司马睿纪》："前事之不忘，后代之元龟也。"《晋书·司马懿纪》："虽自隐过当年，而终见嗤后代。"这几例都泛指"后代之人"，不论远近。不管如何，这些"后代"可以笼统包括历朝历代，但很少用于特指"另一个朝代"。

晋宋之时，只有"异代"才特指"另一个朝代"。《晋书·司马孚等传》："以邪忌正，异代同规。"《晋书·乐志》："古曲甚多谬误，异代之文，未必相袭。"《宋书·孔琳之传》："若谓官各异姓，与传袭不同，则未若异代之为殊也。"《宋书·武帝纪》："晋氏封爵，咸随运改，至于德参微管，勋济苍生，爱人怀树，犹或勿翦，虽在异代，义无泯绝。"何承天《释奠颂》："乃昔孔颜，梦周希虞。自天由美，异代同符。"（《初学记》卷十四）其中的"异代"均指不同的朝代。

因此，"耻复屈身后代"意指"不复屈身于后来之人"（当然指达官贵人）之意，并无特指"不复屈身于另一个朝代"之意。既然如此，"耻复屈身后代"就无法确认为"不复屈身于刘裕及其建立的宋朝"。

陶渊明被收入《宋书·隐逸传》，表明在时人心目中他是一个著名的隐士，为此隐逸事迹在其传记中占据了主要地位。其中"彭泽辞官"及《归去来兮辞》成为主要的隐逸事迹，之后的"王弘送酒""颜延之赠钱"等属于隐逸的"轶事"，起到补充说明、丰富完善的作用。接下来就对他一生的仕宦进行概括性的描述："潜弱年薄宦，不洁去就之迹。自以曾祖晋世宰辅，耻复屈身后代。自高祖王业渐隆，不复肯仕。"从"弱年"一直到"高祖王业渐隆"，时间跨度很大，分属于几个不同时期；其中"弱年薄宦"比较好区分，属于青年时期；但"自以曾祖"以后一段，是在描述一个时期的事迹，还是在描述不同时期的事迹，就不太好区分了。按理说，这一段旨在突出其"不仕"的节操，自然不能遗漏彭泽辞官这一主要事迹，因此至少应该自彭泽辞官算起。彭泽辞官以后，陶渊明总共度过了二十二年的田园生活。按照刘裕的发迹史来划分，这二十二年分别属于"王业尚未兴隆""王业渐隆""建立王业"三个阶段。假如"后代"就等于"异代"，那么第一个阶段即彭泽辞官之初的"不复出仕"，在这一段概括性的描述中就落空了，因为进入义熙年间之后的最初几年都不能算作"异代"。如此一来，《宋书》这段概括性的阐述，就等于从弱年一下子跳跃到"高祖王业渐隆"之时（最早也只能从义熙六年刘裕北伐南燕取胜开始），而陶渊明最重要的归隐事迹即"彭泽辞官"则被忽略了。这一事迹在前面的叙述中大书特书，在概括之时却被忽略，简直可以说是文法疏漏，不合乎逻辑。这反过来表明，"自以曾祖晋世宰辅，耻复屈身后代"不等于"自高祖王业渐隆，不复肯仕"，两者指向不同时期、不同性质的两件事，前者必定与"彭泽辞官"有关联，但与刘裕没有多大关系，也即"耻复屈身后代"是"高祖王业渐隆"以前的事，而且是完全不同的一件事。假如两句话说的是同一件事，亦即"耻复屈身后代"是对前一句的补充解释，则纯属多余，尽可以删除。

进而论之，"耻复屈身后代"与"不复肯仕"差别很大，不可混为一谈；两者与"不仕异朝"皆没有固定的联系，不能解释为"因改朝换代而拒绝出仕"。

两晋之时，"屈身"通常都指"屈居下位"。《晋书·文苑传》："彦伯未能混迹光尘，而屈乎卑位。"《晋书·侯史光传》："屈其列校之位，亦所以伸其司直之才。"《晋书·司马焕传》："家丞、庶子，足以摄祠祭而已，岂宜屈贤才以受无用乎！"《晋书·贺循传》："今上尚书，屈德为军司，谨遣参军沈祯衔命奉授。"《晋书·王述传》："名父之子不患无禄，屈临小县，甚不宜耳。"《晋书·隐逸传》："若污隆之间，自当耦耕沮溺，岂有辱身曲意于郡府之间乎？"综合起来，处身于"列校"（诸营校尉）、"家丞"、"军司"（军司马）、"小县"（县令）、"郡府"之类的职位上，都属于"屈乎卑位"，尤其是事务性的"吏职"，更在"卑位"之列。与此相应的是"不屈身"，《晋书·唐彬传》记载雍州刺史唐彬征聘处士皇甫申叔等人，说不可以吏职"屈染高规"，打算"待以不臣之典"，还要求"郡国备礼发遣"。这样一来，这些处士进入官府，就不会"屈身"了。又如《晋书·虞喜传》："往虽征命而不降屈，岂素丝难染而搜引礼简乎！"如果优礼征辟，就不会让人感到"屈身"了。总之，为官而能做到高贵优雅，这就不是"屈身"；而"耻复屈身后代"解释为"不愿意担任吏职"是可以的，但解释为"一概不愿出仕""不复肯仕"就极不恰当，因为两者意思很不相同。

与"不屈身"相似的是"不屈节"，它指"不屈于权势"，也不在于出仕与否。《晋书》卷八十三记载江灌历任别驾、太守、吏部郎等职，"性方正，视权贵蔑如也"，史臣赞曰："灌不屈节于权臣，绩敢危言于贼将。"这明显属于仕途之中的"不屈节"，不等于"不复出仕"。

值得注意的是，无论"屈身"还是"屈节"，都与改朝换代没有必然联系，亦即出仕异朝不一定等于"屈身"或"屈节"，而"不仕异朝"也不一定等于"不屈身"或"不屈节"。如《晋书·皇甫谧传》记载司马炎为相国晋王时，征辟了皇甫谧等三十七人；后来司马炎登基为帝，与皇甫谧同时征辟者或拜骑都尉，或赐爵关内侯，或进奉朝请，惟有皇甫谧因疾困而不及恩宠。有人问他："进德贵乎及时，何故屈此而不伸？"在后人看来，皇甫谧等三十七人出仕时还属于曹魏的臣子，改朝换代之后升官加爵，属于"屈身异朝"的"贰臣"；但在当时看来，这些人却是"不屈身"而被羡慕的对象。由此看来，"不屈身""耻复屈身后代"并不等于"不仕异朝"。同样，"不屈节"也不等于"不仕异朝"。《晋书·宣帝纪》："帝知汉运方微，不欲屈节曹氏，辞以风痹，不能起居。"司马懿不屈节于曹氏，显然不是为汉朝守节。最典型的例子如《晋书·韦忠传》记载平阳人韦忠多次得到西晋官府的征辟，又任西晋平阳郡的功曹，算是西晋的臣子。西晋末年，五胡十六国的刘聪先后攻破洛阳和长安，俘虏并杀害晋怀帝、晋愍帝，成为覆灭西晋政权的首恶元凶。按照后人的观点，韦忠应当在西晋灭亡时"死守臣节"，至少是不附逆贼。可事实恰好相反。韦忠不但及时改换门庭，在刘聪手下任职，还屡建功勋，官至镇西大将军，后来为刘聪平叛，"不屈节而死"。由此足见当时的"不屈节"与"不仕异朝"没有关系，而与是否忠于主人有关。

　　君王在位之时，绝对忠君；改朝换代之后，绝不出仕；这种绝对化的"忠"，成熟于宋代以后。在魏晋南北朝时期，这种概念并未占据主导地位。在当时，"忠"主要指两个方面：一是勤于王事，可称忠君；如《晋书·司马承传》："赴君难，忠也；死王事，义也。"《晋书·王浚传》："若其顾护嫌疑，以避咎责，此是人臣不忠之利，实非明主社稷之福也。"勤劳王事叫作"忠"，不管他后来是否背叛君王或出仕异朝；反之就是不忠，哪怕生于当朝、死于当朝，从来没有背叛过君王，也无济于事。

二是忠于主人，可称忠臣。至于愿意跟随哪个君王、哪个主人，选择哪个朝代出仕，改朝换代是否出仕等，都不太讲究，也不属于"忠"与"不忠"的讨论范围。

三国时期，蜀国光禄大夫谯周劝后主刘禅投降，这在后人看来属于"大逆不道"、极为不忠的行为；然而晋武帝《以谯周为散骑常侍诏》却说谯周"劝刘禅归命，有忠君济民之谋"。(《北堂书钞》卷五十八引干宝《晋纪》)曹魏时位至尚书的傅嘏，大力辅助司马氏篡国，晋武帝《赐傅嘏夫人鲍葬钱诏》说傅嘏于"登龙之际，有翼赞尽忠之勋"。(《太平御览》五百五十六)。《宋书·褚淑度传》记载褚秀之、褚淡之贵为晋恭帝皇后的兄长，两人"并尽忠事高祖，恭帝每生男，辄令方便杀焉"，后来又参与杀害晋恭帝。这在后人看来，纯属大逆不道的贰臣，但《宋书》却名之曰"尽忠"。"不忠"的例子如《晋书·王沈传》记载的王沈、裴秀，两人是魏国高贵乡公曹髦的宠臣，曹髦与他们合谋攻打司马昭，他们却去司马昭那里告密，导致曹髦被杀，"沈既不忠于主，甚为众论所非"。又如宋文帝时，彭城王刘义康策划了一场政变，范晔参与其中，事败被杀。《宋书·范晔传》记载范晔下狱之后，同党谢综、孔熙先笑之曰："人臣图主，何颜可以生存？"卫狱将也嘲笑范晔说："不忠之人，亦何足惜。"

综合这几个例子，可知当时的君臣关系具有浓厚的主仆色彩。一旦构成主仆关系，就不能背叛，否则就是不忠。如果与君王比较疏远，算不上主仆关系，则无所谓忠与不忠。正如《宋书·郑鲜之传》所云："天可逃乎？而伊尹废君；君可胁乎？而鬻权见善；忠可愚乎？而箕子同仁。"反映当时把那种忠于一朝一姓的"忠"称为"愚忠"，并不特别欣赏。

综上所述，《宋书·隐逸传》说陶渊明"耻复屈身后代"，指他不肯依附于新的权贵而"屈居下僚"，但新的权贵不一定就是指刘裕，不肯"屈居下僚"也不一定就是"不复出仕"，而是在得到礼遇的情况下还有可能出仕，与"自高祖王业渐隆，不复肯仕"差别很大，两者不可混为一谈。同时，"耻复屈身后代""不复肯仕"与"不仕异朝"都没有固定的联系，不能解释为"因改朝换代而拒绝出仕"。

通过上述考察，可知"耻复屈身后代"与《感士不遇赋》中的"宁固穷以济意，不委曲而累己"非常接近，表示不愿苟且从仕，并不是绝不出仕。假如能坚持操守，实现志向，则出仕也是可以的，而"不复肯仕"则是什么官都不愿意做了。事实上，在朝代频繁更迭的东晋南朝，人们看重的是门阀而不是"不仕异代"，代表上流社会的王谢家族，在朝代更迭时就没有"不仕异代"的表现，朝代一换，马上改事新主，真可谓"从善如流"。因此，"潜自以曾祖晋世宰辅，耻复屈身后代"，这是与时代风气吻合的一种表现；而"自高祖王业渐隆，不复肯仕"，应该是陶渊明自恃高贵、"耻复屈身后代"的又一例证，解释为"不仕异代"反而可能是错误的。也就是说，"耻复屈身后代"与"不复肯仕"的原因有相似之处，而所针对的对象则未必是同一人。

颜延之的《陶征士诔》与沈约的《宋书》均叙及了陶渊明的早年仕宦经历。《陶征士诔》云："少而贫病，居无仆妾。母老子幼，就养勤匮。远惟田生致亲之议，追悟毛子捧檄之怀。初辞州府三命，后为彭泽令。"《宋书》云："潜弱年薄宦，不洁去就之迹。自以曾祖晋世宰辅，耻复屈身后代。自高祖王业渐隆，不复肯仕。"很明显，两者之中的"后为彭泽令"及"自高祖王业渐隆，不复肯仕"不属于早年仕宦经历。至于其他叙述是否与早年仕宦有关，则必须予以认真审视。

"田生""毛子"两个典故，叙述了陶渊明年轻时因父亲去世、失去依靠、家贫母老而不得不出仕的情况，属于对其初仕的描述，前文已经阐述。接下来的"初辞州府三命"应该叙述拒绝再仕的情况。这里提到了陶渊明的两段仕宦经历，一是受而不辞，一是辞而不受，两者迥然有异，不可混同为一。通过上述分析，可以肯定"远惟田生致亲之议，追悟毛子捧檄之怀"与《宋书》的"弱年薄宦"相对应，所指同为一事。既然如此，"初辞州府三命"也很有可能在《宋书》中找到相互对应的地方，毕竟两种史料的产生年代非常接近。

颜延之在序文中说到"初辞州府三命"，诔文又说到"世霸虚礼，州壤推风"，两者皆与征聘陶渊明为官有关。按《文选》注曰："世霸，谓当世而霸者也。蔡伯喈《郭有道碑》曰：'州郡闻德，虚己备礼。'推风，推挹其风也。"[1] 其实，将"世霸"解释为"当世而霸者"，这是不妥当的。由此联想到独揽大权的刘裕，进而把"世霸虚礼"解释为刘裕当权时征召陶渊明为著作佐郎一事，则更为不妥。

春秋时期的诸侯称为"伯"或"方伯"，《晋书·地理志》叙述周礼云："凡四海之内九州，州方千里……州有伯。八州，八伯。"魏晋时期沿用古意，通常将各州刺史称为"伯"或"方伯"，如《晋书·荀勖传》："如诏准古方伯选才，使军国各随方面为都督，诚如明旨。"其中"军国"主要指各州刺史或都督军事，荀勖希望他们与"古方伯"一样拥有选拔人才的权力。又

---

[1]《昭明文选》，吉林人民出版社1998年版，第1051页。

如《晋书·天文志》："台鼎方伯，互执大权。"指朝中三公与地方上的刺史轮流执政。《晋书·桓玄传》记载桓玄出任义兴太守，郁郁不得志，感叹说："父为九州伯，儿为五湖长！"说他父亲桓温曾任荆州刺史、都督荆司雍益梁宁六州诸军事，自己却不过是一个小小的太守而已，为此感到愤慨。

宋代王观国《学林》卷二："霸、伯二字，古人通用。"明代杨慎《升庵集》卷四十五《霸伯同》："五伯之霸，上伯字，入声；下霸字，去声。王字无别体，故同用王字。伯字有霸字为别体，故上用伯，下用霸。"按照现代的说法，"王"是名词，读为平声；用作动词，就读为去声。同样，"伯"是名词，在古代读为入声；用作动词，就读为去声。因为有别体字"霸"字，所以"伯"用作动词时就写作"霸"。但"王"用作动词时没有别体字，所以"王天下"的"王"与作为名词的"王"也是一个字。进而言之，"春秋五霸""霸天下"的"霸"，表示诸侯拥有军国大权之意，与后代"霸道""霸占"之"霸"的意思迥然不同。同样，魏晋时期的"霸"字，也指各州刺史掌握大权，并无专横独断、欺压弱小的意思。如《晋书·戴邈传》："霸主有旰食之忧，黎元怀荼毒之苦。"《晋书·孔愉等传》："孔愉父子暨丁潭等，咸以筬篛之材，邀缔构之运，策名霸府，骋足高衢。"《晋书·张轨传》："轨以时方多难，阴图据河西，筮之，遇《泰》之《观》，乃投策喜曰：'霸者兆也。'于是求为凉州。"《晋书·张骏传》："拯二帝梓宫于平阳，反皇舆于洛邑，此英霸之举，千载一时。"其中"霸主"指刺史或都督军事，"霸府"指他们的军府，"英霸"指"刺史中的英杰"，都不能解释为"霸道"之"霸"。《晋书·李玄盛传》云："于是人希逐鹿之图，家有雄霸之想，暗王命而不寻，邀非分于无象。"其中的"雄霸"带有贬义,但这种贬义体现在"雄"字上而不是"霸"字上。

颜延之说的"世霸",亦渊源有自。《水经注》卷二十引战国时楚国唐勒《奏土论》曰:"我是楚也,世霸南土。""世霸"就是"世世为诸侯",兼有"为诸侯之强者"的意思,但显然不能解释为"世世在南方横行霸道"。既然两晋时期用"方伯"来代指"刺史",那么"世霸"也就可以代指"世代都担任州刺史"的人。因此,颜延之说的"州府三命"与"世霸虚礼,州壤推风",其实是一个意思,亦即"世代为方伯的江州刺史,以优宠的三命之礼聘请陶渊明为官"。在征召陶渊明为官的人物之中,出身世家大族的王凝之可称"世霸",其父王羲之曾任江州刺史;刘裕则出身卑微,即便到了大权独揽的地步,也只能算是一个暴发户,不是"世霸";桓玄可算是一个"世霸",但陶渊明在他手下只是一个小小的参军,并没有得到礼遇。如此一来,"州府三命"与"世霸虚礼"就只能指江州刺史王凝之征辟陶渊明为江州祭酒一事了。

据研究,两晋时期采用了古今官制相类比的方式,以便用《周礼》指导当时的等级制度。《晋书·武帝纪》:"古者以德诏爵,以庸制禄,虽下士犹食上农,外足以奉公忘私,内足以养亲施惠。今在位者禄不代耕,非所以崇化之本也。"就体现了这一指导思想。东晋贺循曰:"古者六卿,天子上大夫也,今之九卿、光禄大夫诸秩中二千石者当之。古之大夫,亚于六卿,今之五营校尉、郡守诸秩二千石者当之。上士,亚于大夫,今之尚书丞郎、御史及秩千石县令、在官六品者当之。古之中士,亚于上士,今之东宫洗马、舍人、六百石县令、在官七品者当之。古之下士,亚于中士,今之诸县长丞尉、在官八品、九品

者当之。"（杜佑《通典》卷四八）①

　　据此可知，东晋时期一般的县令只有七品，爵禄六百石，相当于古代的"中士"。其中只有部分重要的县令属于六品，爵禄千石，与尚书丞、御史等享受同等待遇，相当于古代"上士"。县令的副职如县丞、县尉等，相当于古代的"下士"。因此，江州刺史以"上士"之礼征辟陶渊明为祭酒，此"祭酒"的爵位必然高于一般的县令。晋惠帝永宁年间（301—302），凉州刺史张轨"置崇文祭酒，位视别驾，春秋行乡射之礼"（《晋书·张轨传》）。《宋书·百官志》："（州）官属有别驾从事史一人，从刺史行部……晋成帝咸康中，江州又有别驾祭酒，居僚职之上，而别驾从事史如故，今则无也。"据此陶渊明所任的"祭酒"，应当就是咸康年间江州刺史所设的"别驾祭酒"，但同时江州又有"别驾从事史"，表明这个"别驾祭酒"只是"位视别驾"，与"别驾"一样"居僚职之上"，地位名分甚高；但江州府佐的实权，则仍然掌握在"别驾从事史"手上。又马端临《文献通考》卷六十六："故天子三公八命，卿六命，大夫四命，上士三命，中士再命，下士一命。""凡士一命而受爵，周礼爵及命士，故云一命而受爵……一命尚受职，再命不言自明矣。"据此可知，"三命"表明州府以"上士"之礼征聘陶渊明为官，就是征他为与州别驾平起平坐的"别驾祭酒"，其待遇在一般的县令之上，算是相当优待了。

　　《感士不遇赋》云："拥孤襟以毕岁，谢良价于朝市。"这句

①　阎步克：《品位与职位：秦汉魏晋南北朝官阶制度研究》，中华书局2002年版，第256页；杨光辉：《官品、封爵与门阀制度》，《杭州大学学报》，1990年第4期。

话应当就是指江州刺史征召他为祭酒之事。州府以"上士"的三聘之礼待之，征为相当于六品的别驾祭酒，这当然可称为"良价"了。有了这么好的"价格"，自然就不能称为"薄宦"；因此"州府三命"所为之官，也必然不同于"弱年薄宦"。

仔细阅读颜延之的《陶徵士诔》，又可以发现"初辞州府三命"所透露的一些信息。《陶徵士诔》分为散体的序文与骈体的正文两部分，作者先用散体叙述一遍，然后用骈体颂赞一遍，因此两部分存在对应关系。序文介绍陶渊明的仕履说："远惟田生致亲之议，追悟毛子捧檄之怀。初辞州府三命，后为彭泽令。道不偶物，弃官从好。"相对应的正文是："畏荣好古，薄身厚志。世霸虚礼，州壤推风。孝惟义养，道必怀邦。人之秉彝，不隘不恭。爵同下士，禄等上农。度量难钧，进退可限。长卿弃官，稚宾自免。子之悟之，何悟之辩？赋诗归来，高蹈独善。"两相比较，可知"畏荣好古，薄身厚志"与"远惟田生致亲之议，追悟毛子捧檄之怀"对应，同指"弱年薄宦"之事；"长卿弃官，稚宾自免。子之悟之，何悟之辩？赋诗归来，高蹈独善"几句，就与"后为彭泽令。道不偶物，弃官从好"对应；而"世霸虚礼，州壤推风。孝惟义养，道必怀邦。人之秉彝，不隘不恭。爵同下士，禄等上农。度量难钧，进退可限"一段，则与"初辞州府三命"对应，同指辞去江州祭酒之事。

通过比较，至少可以肯定"爵同下士，禄等上农"不是指担任彭泽令，因为按照贺循的说法，县令相当于"中士"，不是"下士"。这两句话无疑与"初辞州府三命"存在对应关系。如此一来，就出现了一处矛盾。如前所述，"初辞州府三命"指州府以"上士"之礼征召陶渊明；然而正文却说他"爵同下士，禄等上农"。《礼记·王制》："诸侯之下士，视上农夫，禄足以代其耕也。"这就很奇怪了，州府以"上士"之礼征召陶渊明，给他的待遇却是"爵同下士"，岂非名至而实不归，有意戏弄陶渊明？

据史传记载，太元十八年（393），江州刺史王凝之征陶渊明为江州祭酒，陶渊明因"不堪吏职"，"少日自解归"。后人颇以为王凝之信奉五斗米道，迷信鬼神之事，所以陶渊明瞧不起他。其实按照前面的分析，就可以知道个中原委并非如此。原来王凝之大张旗鼓地以"上士"之礼聘请陶渊明"别驾祭酒"，位同江州别驾；陶渊明到任之后，"别驾祭酒"的名号虽然给了他，然而给他安排的实际职务是相当于下士的"吏职"，享受的爵禄也只等于"下士"。换言之，给他一个"领导"的头衔却让他干着"办事人员"的事务，拿着办事人员的薪水，这无疑是对陶渊明一种莫大的奚落，为此他也就辞官不干了。

颜延之所说的"度量难钧"，明显就是针对王凝之而言的。王凝之身为世家大族，位居江州刺史，以如此龌龊的手段奚落陶渊明，显然是别有用心的，与此时当权者有意打压荆州、江州人士的行为如出一辙。本来，青年时代的陶渊明已经"韬此洪族，蔑彼名级"，不以大司马陶侃之后自诩，甘心"薄宦"而不辞（亦即颜延之说的"畏荣好古，薄身厚志"）；然而王凝之却还要故意给他泼脏水，以表面尊崇、实则贬抑的手段来对付陶渊明这个陶侃后人，这必然会激起陶渊明的愤慨之情，因此他干脆就不再低调，公开宣称自己是"晋世宰辅"之后，焉能依附于后来的权贵？他以此来反击王凝之，就使王凝之不但没有取得奚落陶侃后人的实际效果，反而成就了陶渊明"自以曾祖晋世宰辅，耻复屈身后代"的高名，使他第一次以"高尚不仕"的形象出现在公众视野里；这就有了史书中的相关记载。王凝之这一做法，也勾起了陶渊明对北方从军经历的回忆，由此产生了更多的愤慨和不齿之情，创作了《感士不遇赋》及《五柳先生传》，誓言不再踏入污浊的官场。《五柳先生传》得以扬名于世，也不妨说是王凝之从反面"成就"的结果。

二、感士不遇与从军余愤

陶渊明自辞江州祭酒之后，悲愤难耐，遂作《感士不遇赋》以抒发愤慨之情；又发誓不再出仕，作《五柳先生传》以明志。

陶渊明的《感士不遇赋》，一般将它系于永初三年（422）[①]，貌似合理，却未必妥帖。在人们的印象之中，《感士不遇赋》与陶渊明晚年的心态很不相似，为此遭受的质疑也很多。如宋代周紫芝《感士不遇后赋并叙》就此赋议论说："渊明知人生之如梦，而未能均穷达于一理，故遇不遇犹有分也。"又云："安蓬枢者，不应有愧于华厦；穿败裘者，不必多羡于苍玉。"（《太仓稀米集》卷四十一）又如明代张自烈说"此赋未为佳"，独其中"不委屈而累己"等语，尚值得称道。[②]事实上，晚年的陶渊明颇能悟穷达之分，知超然之趣，对于士之不遇，虽有悲伤惆怅，却不至于像《感士不遇赋》这般悲愤莫名。因此，换一个角度来思考，不是晚年的渊明不超脱，而有可能是《感士不遇赋》的系年不妥。

《感士不遇赋》说："坦至公而无猜，卒蒙耻以受谤。""密网裁而鱼骇，宏罗制而鸟惊。彼达人之善觉，乃逃禄而归耕。"

---

① （晋）陶潜著，杨勇校笺：《陶渊明集校笺》附录，上海古籍出版社2007年版，第459页。

② 北京大学中文系编：《古典文学研究资料汇编：陶渊明卷》下编，中华书局1961年版，第318页。

描述了因讥谤、迫害而归耕的情况，这一点是诗人"感士不遇"的主要原因。陶渊明在彭泽归田之初，创作了不少诗文，包括《归去来兮辞》及《饮酒》二十首等诗作，但这些诗文无一语提及类似情况。从二十九岁开始，诗人时仕时隐，也没有见他提到这种情况。既然没有类似的现实原因，何来类似的强烈感受？

永初三年距离陶渊明彭泽辞官已有十七年。《感士不遇赋》说："怀正志道之士，或潜玉于当年；洁己清操之人，或没世以徒勤。"陶渊明在永初三年说自己"潜玉于当年"是可以的，但说自己"没世以徒勤"则很不恰当，因为他辞官以后再也没有涉足官场，也没有参与任何军国事务，以"没世以徒勤"自叹，岂非诬人太过而又自夸太甚？《感士不遇赋》又说："广结发以从政，不愧赏于万邑；屈雄志于戚竖，竟尺土之莫及！""李广难封"的典故，最适合形容开疆拓土、建功立业之人，却不适合二十九岁以后在内地担任参军、县令的陶渊明。一介小官，并无多少功业可言，又是在东晋的腹地为官，岂能用李广难封的典故来形容自己？

其实，我们可以杂用陶诗的各种叙述来补充印证《感士不遇赋》的内容，使之呈现出一种清晰而完整的叙事结构，从而推断出相关事实。

《感士不遇赋》说："独只修以自勤，岂三省之或废；庶进德以及时，时既至而不惠。""或击壤以自欢，或大济于苍生。"这些词句表露了作者的心态，但比较抽象，若把它们具体化，就容易理解了。《读史述九章》云："进德修业，将以及时。如彼稷契，孰不愿之？"其中的"进德""及时"与《感士不遇赋》所云相同，因此"如彼稷契"就足以表明"进德修业"的目标都是做稷契一样的人，亦即"达则兼济天下"或"大济于苍生"，不是独善其身的"养真""立善"。因此，《感士不遇赋》体现了作者"愿为稷契"的远大志向。这种心态属于青年时代的陶渊明。《杂诗》云："忆我少壮时，无乐自欣豫。猛志逸四海，骞翮思远翥。"明白说出少壮时的猛志是"骞翮思远翥"。又《读山海经》云："刑天舞干戚，猛志故常在。""徒没在昔心，良辰讵可待！""猛志"而谓之"在昔心"，可知此志向早已有之，相当于《杂诗》所说的少壮之"猛志"，而"刑天舞干戚"的斗士形象，又具体诠释了少壮时的猛志就是征战不息，这当然是为了"大济于苍生"而从事征战。又《杂诗》云："盛年不重来，一日难再晨。及时当勉励，岁月不待人。"《怨诗楚调示庞主簿邓治中》云："结发念善事，僶俛六九年。""盛年"与"及时勉励""结发"与"僶俛"相互诠释，足以构成一种完整的表述，意思是说少壮时充满远大志向，并为之付出了辛劳和努力。总结起来，《感士不遇赋》体现了陶渊明青年时代的心态和理想，亦即刻苦磨砺自己，抓住机会、及时努力，以实现建功立业、大济苍生的志向。

心态既然如此，行动又复如何？《感士不遇赋》也有相关表述，但同样写得较为抽象，如"洁己清操之人，或没世以徒勤"以及"虽仅然于必知，亦苦心而旷岁"等。既然前面已经确认这种心态属于青年时代，那么就可以借助其他诗作来了解青年时代的实际行动。如《始作镇军参军经曲阿作》一首诗，其关键之处在于"弱龄""时来苟冥会"以及"始作镇军参军"，亦即年轻之时，抓住机遇，及时从军。又《拟古》："少时壮且厉，抚剑独行游。"两相参照，足以看出他年轻时从军乃是实在之事，并非虚构之辞。

青年时代的陶渊明，认为时机已到，就整装上路，毅然从军，下决心奔波千里，以实现自己的理想，建功立业，大济苍生。然而这种理想并没有实现。《感士不遇赋》云："庶进德以及时，时既至而不惠。"时机到了，陶渊明也"踸踔"上路、"抚剑行游"了，但最终却一无所成，没有从机遇中获益，白白浪费了稍纵即逝的大好时光。《荣木》云："徂年既流，业不增旧。志彼不舍，安此日富。"《九日闲居》云："如何蓬庐士，空视时运倾！"这些描述，与"时既至而不惠"可以互证。同时，"时既至而不惠"又反映陶渊明的"踸踔"上路、"抚剑行游"乃是实际行动，并非模拟想象之词。因为没有践行，就无所谓结果；无论结果好与不好，都只能是针对践行而言的。假如只是做了一个白日梦，又何必谈什么"时既至而不惠"，何必叹什么"士之不遇"？

理想受挫，践行无果，令陶渊明深感悲愤，于是他在《感士不遇赋》中深入分析了"时既至而不惠"的原因。一是时代环境不好，没有实现志向的良好条件。陶渊明认为，在远古的黄唐时代，风气淳朴，人们"或击壤以自欢，或大济于苍生"，思想单纯，没有什么机巧之心。但到了魏晋时期，风气败坏，"闾阎懈廉退之节，市朝驱易进之心"，社会上充斥着不思道义、只图利禄之人。这种人既不愿躬耕山野，更不会大济苍生，却能横行一时，玩天下于股掌之中，正直之人只好"望轩唐而永叹，甘贫贱以辞荣"了。这种感慨，在其他诗作里也有表现，如《时运》云："黄唐莫逮，慨独在余。"《赠羊长史并序》："愚生三季后，慨然念黄虞。"道义、功业、志向是紧密关联的，无人支持道义，功业也就无望，志向也就难成，这是"时既至而不惠"的根本原因。二是掌权之人猜忌心重，朝中谗言太多，对有志之士的迫害太急。《感士不遇赋》："奚良辰之易倾，胡害胜其乃急。""密网裁而鱼骇，宏罗制而鸟惊。""坦至公而无猜，卒蒙耻以受谤。""哿夫市之虎，眩三夫之献说。"按《资治通鉴·晋纪十一》："将军愚愎以取败，乃复忌前害胜。"胡三省注："忌前，忌人在前；害胜，害胜己者。"又南北朝时的《洞真太上上皇民籍定真玉箓》："抑绝高明，嫉害胜己。"（见《正统道藏》正一部）综合言之，这些词句反复描述了同一种情况，亦即劳苦功高者遭到小人妒忌，他们纷纷进谗，甚至捏造事实，加以诬陷，而朝廷对此不但不加以明察，反而根据这些流言蜚语来惩罚功臣，其结果是功臣得不到一丁点封赏："广结发以从政，不愧赏于万邑。区雄志于戚竖，竟尺土之莫及。"这几句话也很具体地描述了"有功之臣"的功勋，乃是像李广一样开疆拓土。陶渊明感愤于功业难成，又不齿为禄蠹，于是决心"拥孤襟以毕岁，谢良价于朝市"，拒绝给自己卖个好价钱，言下之意是不再为爵禄所动，拒绝官府的优礼征召。

事实上，若陶渊明北方从军十年的经历得以确证，则《感士不遇赋》所说的一切都得以确证，此赋的系年问题也可以迎刃而解。若将此赋系于太元十八年，即陶渊明从北方归来的那一年，则它完全可以解释为感慨朱序兼带感慨自己的作品。

陶渊明在北方从军十年，乃是一段以豪迈开端、以悲愤结束的经历。淝水之战胜利后不久，晋孝武帝、司马道子就开始猜忌并排挤功臣，导致谢氏家族全面退隐。战功赫赫的朱序，同样在猜忌排挤之列。他首先被当作挡箭牌，东征西讨、到处御敌，在长达数千里的战线上疲于奔命，之后又被派到洛阳守卫山陵，等于是长期戍边。与此同时，孝武帝大量重用没有什么军功的王氏家族，全面剥夺了谢氏、桓氏的军政大权，导致驻守于北方前线的朱序孤立无援。王氏家族倚仗着孝武帝对他们的宠信，在排挤功臣方面起到了助纣为虐的作用。就在这种背景之下，毫无寸功的王凝之挤走了桓伊，接任了江州刺史，断绝了对朱序的最后一点支持。相比谢氏家族，朱序的处境更惨，因为他没有退路可走，只能在前线与敌人死磕到底，甚至在年事已高、力不从心之时，屡次请求卸任也得不到批准。而且战事稍有失利，便毫不留情地予以处罚，迫使朱序最终弃职还乡。跟随朱序戍边的陶渊明，既目睹了一切，又亲身感受到这一切，因而悲愤莫名，在回乡之初创作了《感士不遇赋》。

其一，"怀正志道之士，或潜玉于当年；洁己清操之人，或没世以徒勤。"若前一句说自己，后一句说朱序征战连年，功勋赫赫，但最终得不到公正待遇，则十分恰当。东晋前后一百年，疆域最广、收复北方失地最有希望的时期，莫过于淝水之战之后的十年；而对此作出最大贡献的，又莫过于身经百战的名将朱序。就当时的情势而言，朱序于太元十年、十一年镇守洛阳之时，前秦政权已经完全崩溃，如果朝廷倾力支持朱序，则扫荡西北之敌、收复华北失地的希望极大。但是，一方面是朱序征战不已，一方面是朝廷掣肘无休，终至于黄河流域完全丢失，朱序本人也得不到公平待遇，令陶渊明感慨无限；而追随朱序的人，自然是同归于沦落罢了。

其二，朱序长期戍边、孤悬敌境，年迈之时提出辞职，朝廷却不允许；他被迫自动离职，反而因此遭罪，差点下狱。这一情况，使《感士不遇赋》中的"坦至公而无猜，卒蒙耻以受谤"，"密网裁而鱼骇，宏罗制而鸟惊。彼达人之善觉，乃逃禄而归耕"有了很好的着落，完全可以将它解释为朱序受谤遭罪、手下人因牵连而逃禄归耕的情况，当然也包括陶渊明本人。

其三，朱序长期戍边，开疆拓土，使龟缩于江南的东晋，扩展到了黄河流域，已经较为稳妥地掌握了河南至于山东一带，甚至还一度染指西北，其功劳绝不亚于为汉朝开边拓土的李广。朱序离任之后，东晋的疆域旋即大幅度"缩水"，连保住黄河以南地区都已非常困难，更谈不上往北拓展了。如此功高盖世的朱序，不但没有得到任何封赏，反而饱受猜忌，差点下狱，又与李广的悲惨境遇相似。因此他说："广结发以从政，不愧赏于万邑；屈雄志于戚竖，竟尺土之莫及！"这些话用于形容朱序，就十分恰当。

其四，陶渊明从北方归来之初，以感愤无限、自我宽解为主，"固穷""超然"的心态并未占据主导，否则他后来就不会再度出仕了。而这种感愤的心态，又与《感士不遇赋》的情调非常吻合。

其五，基于上述情况，陶渊明对王氏家族（包括王凝之）殊无好感，更何况王凝之征召他为江州祭酒，只不过是把他当作一个"瓠瓜"，"系而不食"，这更加重了他的愤慨之情，于是"少日自解归"。在旁人看来，陶渊明"自恃高贵"，实际上他以谢安、谢玄、朱序等人为直接参照系，以老祖宗陶侃等人为间接参照系，早已认定王凝之等人不过是"禄蠹"，做他们的跟班了无意思。这一点，又完全可以解释他辞去江州祭酒的原因。

陶渊明北方归来之初，王凝之任江州刺史已有两三年之久。王氏家族在淝水之战以后，不能在前方建功立业，却借助于晋孝武帝的宠信，拼命在后方捞取名爵，相继接替了荆州刺史、江州刺史之重任，令当地人士深感不平。同时，王凝之在任上软硬兼施，醉心于权谋，更令人反感。他一方面极力拉拢当地人士，如资助慧远翻译佛经即为重要的举措之一；另一方面又极力排挤打压江州势力，如弹劾豫章太守范宁、逼迫其去职即为显著的表现。陶渊明在北方十年，虽无功名上的长进，却有事实上的军功，在寻阳颇有声誉，王凝之遂礼聘其为江州祭酒，然而又付之以小吏杂事，陶渊明遂愤然辞归。如前所述，《陶征士诔》的"初辞州府三命"及"世霸虚礼，州壤推风"，均指辞去江州祭酒一事。以王凝之在江州邀誉和打压并举的表现来看，他这样对待陶渊明是合乎情理的。

陶渊明辞任之后，作《感士不遇赋》，有感于孝武帝、司马道子排挤功臣，既导致良辰错失、国势不振，又导致志士失路、被迫隐退，尤其是劳苦功高的朱序不得善待，而王凝之诸人却无功而窃禄，凌驾于志士之上，于是放言"耻复屈身后代"，发誓"拥孤襟以毕岁，谢良价于朝市"。赋中感慨"时既至而不惠"，与《始作镇军参军经曲阿作》"时来苟冥会"形成巨大反差，乃是对北方从军十年之结局的概括性描述。

辞去江州祭酒之后，陶渊明又作《五柳先生传》，以示自己安于贫贱，不求荣利。

关于《五柳先生传》，有很多问题值得讨论。历代学者多以为这篇文章是"陶公实录"，为"刘裕移晋祚"之后，"耻不复仕"之作。清代林云铭《古文析义》二编卷五："昭明作陶公传，以此传叙入，则此传乃陶公实录也。看来此老胸中，浩浩落落，总无一点粘着。既好读书亦不知有章句，嗜饮酒亦不知有主客，无论富贵贫贱，非得孔、颜乐处，岂易语此乎？赞末'无怀''葛天'二句，即夷齐、神农、虞夏之思，暗寓不仕宋意。然以当身即是上古人物，无采薇忽没之叹，更觉高浑也。后人仿作甚多，总无一似。"清人吴楚材、吴调侯《古文观止》卷七："渊明以彭泽令辞归，刘裕移晋祚，耻不复仕，号五柳先生。此传乃自述其生平之行也。潇洒澹逸，一片神行之文。"①

然而这些观点都是经不起推敲的。

其一，假如《五柳先生传》是彭泽辞官以后的"实录"，则作品中所叙与归田以后的生活必定有较高的吻合度。陶渊明在归田以前，深以"幼稚盈室，瓶无储粟"为念，归田以后，又在《和刘柴桑》一诗中说："直为亲旧故，未忍言索居。"又在《与子俨等疏》中说："汝辈稚小家贫，每役柴水之劳，何时可免？念之在心，若何可言！"在这些语句中，他对妻子儿女的关切和挂念溢于言表。然而《五柳先生传》却不见任何家人的影踪，又说："短褐穿结，箪瓢屡空，晏如也。"丝毫不以妻子儿女的饥寒为念，颇有些"一人吃饱、全家不饿"的意思。就这一点来看，《五柳先生传》作于归田以后的可能性很小，而大致可以推测创作此文时陶渊明尚未婚娶。同时，陶渊明辞去江州祭酒之后，常事躬耕，时常歌咏之，彭泽辞官以后更是如此，但《五柳先生传》却一语不及农耕，反映他此时躬耕未久，或者还没有打算寄心于田园，与田园的感情不深。笔者曾指出这篇文章是仿照《汉书·扬雄传》中的一段所作的，与陶渊明早期喜欢仿照《诗经》创作四言诗的情况类似，反映了模仿多于创造的早期创作状况。不过说它针对刘裕，则不妥当，必须自我修正。②

其二，《宋书·隐逸传》云："潜少有高趣，尝著《五柳先生传》以自况……其自序如此，时人谓之实录。亲老家贫，起为

---

① 北京大学中文系编：《古典文学研究资料汇编：陶渊明卷》下编，中华书局1961年版，第365—366页。

② 吴国富：《五柳先生及无弦琴的守穷守默——从扬雄看陶渊明的愤宋》，《九江师专学报》，2001年第2期。

州祭酒，不堪吏职，少日自解归。"萧统《陶渊明传》云："渊明少有高趣，博学，善属文，颖脱不群，任真自得。尝著《五柳先生传》以自况，时人谓之实录。亲老家贫，起为州祭酒，不堪吏职，少日自解归。"这两种史料，详略有所差别，反映萧统所见属于另一种原始材料，而不是照抄《宋书》的结果。这两种材料距离陶渊明生活的时代都很接近，应当重视。而"少有高趣"一词，表明此文作于陶渊明青年时代，"时人谓之实录"一语，又反映文章所叙与陶渊明当时的实际情形比较吻合。

其三，陶渊明于二十九岁辞去江州祭酒，之后，"州召主簿，不就。躬耕自资，遂抱羸疾"。但从三十多岁开始到四十一岁，他又断断续续地奔走在仕途中，并没有拒绝出仕；《五柳先生传》突出"不慕荣利"之旨，推崇不愿为官的黔娄，与上述断续为官的行为存在矛盾，可排除在这段时间创作的可能性。又据《宋书》，陶渊明曾有"弱年薄宦"的经历，不管如何，这段经历发生在二十九岁以前是可以断定的。到了二十九岁，就不算"弱年"了。为此，"弱年薄宦"的经历也不符合《五柳先生传》拒绝出仕的意趣，可以推断《五柳先生传》必然作于"弱年薄宦"结束之后，三十多岁跟随桓玄之前。综合看来，这段时间的经历，就以"起为州祭酒，不堪吏职，少日自解归"或"州召主簿，不就"最符合《五柳先生传》叙述的情况了。又因文中不见任何挂念妻子儿女之意，可知就作于三十岁成家以前，亦即二十九岁辞去江州祭酒之时。这时他初涉农耕，对田园感情不深，故而文中也没有写到稼穑之事。

综合起来，《五柳先生传》所表现的隐士情怀非常类似于《感士不遇赋》所说的"拥孤襟以毕岁，谢良价于朝市"，但这不过是"感士不遇"的一时意气，因愤慨而致，并非长久积郁的想法，与饱经世故以后归隐田园相对平和的心态也迥然不同。时过境迁之后，他又再次出仕了。

《五柳先生传》描绘的"诗化人生"，其基础是与现实的对立。如魏晋时人喜欢标榜"名族"，《晋书·刘颂传》："刘颂，字子雅，广陵人，汉广陵厉王胥之后也。世为名族。"《晋书·孔坦传》："将军出自名族，诞育洪胄。"陶渊明为陶侃后人，本来也可以称为"名族"，但他却说五柳先生"不知何许人也"。魏晋时人喜欢清谈，以滔滔不绝为能事，如《晋书·王衍传》："出补元城令，终日清谈，而县务亦理。"《晋书·郗超传》："沙门支遁以清谈著名于时，风流胜贵，莫不崇敬。"但陶渊明却说五柳先生"闲静少言"。范子烨教授曾指出这篇文章一连用了七个"不"字，颇有特点。这些"不"字既足以反映作者气性之傲，又是构建五柳先生形象的基本要素。一旦抽去了这些"不"字，五柳先生傲岸、超然的形象也就不复存在，成了一个平常之人，不过是"好读书、好喝酒、好写文章"罢了。这与归田以后完满自足的"诗化人生"（例如"采菊东篱下，悠然见南山"等）大不相同。因此，断定《五柳先生传》作于辞去江州祭酒之后的当年，是有充分理由的。杨勇认为："此文殆始仕前作，今定于二十八时作。"[①]这也有些不妥，因为没有征为江州祭酒之事，陶渊明不会产生这种明显有所针对的傲岸之气、愤激情绪。

三、"俛俛六九年"指从军经历

北方归来之后的第二年，陶渊明便结婚成家了。因为拒绝出仕，骤然背上沉重生活负担的陶渊明便不得不靠"力疾躬

---

① （晋）陶潜著，杨勇校笺：《陶渊明集校笺》卷六，上海古籍出版社2007年版，第288页。

耕"为生。然而就在这种情况下，天灾人祸接踵而来，其生活的艰难可想而知。《晋书·五行志》："（太元）十九年七月，荆徐大水，伤秋稼。二十年六月，荆徐又大水。二十一年五月癸卯，大水。"荆州连年发大水，位于荆州下游的江州也应当深受影响。不但如此，陶渊明还经受了火灾、蝗灾的打击，刚生下长子陶俨的妻子，又在此时去世，可谓是祸不单行。丧妻之痛加上天灾交至，饥寒交迫，使陶渊明想起青年经历，十分感慨，作《怨诗楚调示庞主簿邓治中》云："结发念善事，僶俛六九年。弱冠逢世阻，始室丧其偏。炎火屡焚如，螟蜮恣中田。风雨纵横至，收敛不盈廛。夏日长抱饥，寒夜无被眠。造夕思鸡鸣，及晨愿鸟迁。在己何怨天，离忧凄目前。吁嗟身后名，于我若浮烟。慷慨独悲歌，钟期信为贤。"此诗的前三句皆指弱年从军之事，"六九年"为"百六阳九之年"的缩写，意指"遭时多难"之年。"结发念善事"相当于《感士不遇赋》的"广结发以从政"，亦即"弱冠从军"，与《始作镇军参军经曲阿作》的"弱龄寄事外""踟躇憩通衢"可以互证。

"黾勉"是一个很古老的词汇，表示"努力"之意。《诗经·谷风》："黾勉同心，不宜有怒。"《诗经·十月之交》："黾勉从事，不敢告劳。"两汉以来，"黾勉"又写作"僶俛"，两者逐渐成为通用词汇，形容在任官员勤勉于政事，如刘桢《赠五官中郎将》："小臣信顽卤，僶俛安能追。"《晋书·后妃传》："以社稷之重，先代成义，僶俛敬从，弗遑固守。"潘岳《悼亡诗》："僶俛恭朝命，回心反初役。"傅咸《答辛旷诗序》："余前为右丞，具知此职之要，后忝此任，黾勉从事，日慎一日。"（《初学记》卷十一）《宋书·王弘传》："所以僶俛从事，循墙驰驱。"《宋书·刘敬轩传》："恩遇不遭，遂复僶俛。"《宋书·顾觊之传》："若乃越难趋险，逡巡弗获，履危践机，黾勉从事，愚之所司，圣亦何为。"从上述例句来看，"僶俛从事"往往带有文饰的意味，具体内容不好把握，但有一点是确定的，亦即"僶俛从事"必定指"在官之人"，离开了仕途，就不能用"僶俛"来形容自己了。

然而何以用"黾勉"二字，早已不得其解。唐代陆德明《经典释文》云："黾勉，犹勉励也。"明代龙膺释"黾勉"云："蛙黾之行，勉强自力，故曰黾勉。"① 按《说文解字》，"黾"是一种蛙，类似于癞蛤蟆，爬起来貌似非常努力的样子，所以用"黾勉"来形容努力。这种解释比较牵强，因为癞蛤蟆爬行很慢，偶尔蹦跶一下，也很难给人留下"努力"的印象。因此，李瑾《"冥"字与"黾勉"词两者音义关系分析》一文否定了这种解释，认为"黾勉"当由"冥勉"演变而来，在甲骨文中，这两个字都是妇人生子之意。生孩子需要十分用力，故而用"黾勉"来表示"努力"之意。② 这种解释也未必完全妥当。总而言之，"黾勉"产生于古老的《诗经》时代，其确切来历已无由得知。

为其古奥费解，"黾勉"（僶俛）多用于诗歌和书面语言，较为通俗和口语化的表述则是"勉强""勉励""勉于（政事）"等，同样表示勤劳王事。如《汉书·刘向传》："君子独处守正，不桡众枉，勉强以从王事，则反见憎毒谗诉。"《后汉书·周泽传》："是时京师翕然，在位者咸自勉励。"李重《杂奏议》：

① （明）龙膺撰，梁颂成、刘梦初校点：《龙膺集》卷十四，岳麓书社2011年版，第296页。
② 李瑾：《殷周考古论著》，河南大学出版社1992年版，第88页。

"唯良二千石，其有殊效者，辄玺书勉励。"（《艺文类聚》卷四十五）《晋书·谢尚传》："或有执志丘园、守心不革者，犹当崇其操业以弘风尚，而况含艰履戚之人，勉之以荣贵邪！"《晋书·张重华传》："夙夜乾乾，勉于庶政。""勉励"等词同样用于仕途中人，极少用于形容仕途以外的人。

就陶渊明而言，一生致力者有三事，一曰读书，二曰为仕，三曰耕种。在描述读书时，他用的是"游好"或"进德修业"，不用"僶俛"或"勉励"。如《饮酒》："少年罕人事，游好在六经。"《读史述九章》："进德修业，将以及时。"在描述耕种时，他用的是"勤"，也不用"僶俛"或"勉励"。如《劝农》："民生在勤，勤则不匮。宴安自逸，岁暮奚冀！"《癸卯岁始春怀古田舍二首》："瞻望邈难逮，转欲志长勤。"《庚戌岁九月中于西田获早稻》："晨出肆微勤，日入负末还。"因此，陶渊明所说的"僶俛"或"勉励"，皆指仕途而言。

陶渊明"弱年薄宦"，四十一岁辞去彭泽令，在20多年内屡次出仕，奔走四方，就读书的努力程度而言，比不上初仕之前的"少年罕人事，游好在六经"（《饮酒》）；就躬耕的努力程度而言，比不上彭泽归田以后的"贫居依稼穑，戮力东林隈"（《丙辰岁八月中于下潠田舍获》）。然而陶诗中的"僶俛"或"勉励"，却又都用于形容这段时间的经历，这显然是针对仕途而言。如《杂诗》："盛年不重来，一日难再晨。及时当勉励，岁月不待人。"说应当趁着"盛年"而努力，这自然应当指仕途上的"努力"。《连雨独饮》："自我抱兹独，僶俛四十年。"四十岁时他因母丧而居家，但还算是在官之人。作于上一年的《癸卯岁始春怀古田舍二首》云："瞻望邈难逮，转欲志长勤。"可见他并未致力于躬耕，"僶俛四十年"自然应当指"四十岁时还在勤勉王事"(不是指"僶俛了四十年")。次年复出,为建威参军,《乙巳岁三月为建威参军使都经钱溪》:"伊余何为者,勉励从兹役。"这个"勉励",也明确表示了"勤勉王事"之意。由此可知,《怨诗楚调示庞主簿邓治中》的"结发念善事,僶俛六九年",乃是指结发之后勤勉于王事、奔走于仕途的经历,亦即弱冠初仕的经历。

"僶俛六九年"与"僶俛四十年"的表述方式看起来很相像,但实际上所指并不相同。"四十年"解释为"四十岁"是可以的,因为陶渊明此时尚未脱离官场,可以称为"僶俛"(勤劳王事);但"六九年"解释为"五十四岁"却是有问题的。

其一,陶渊明弱冠初仕,四十一岁辞官归田,从此再未步入仕途,若说自己"僶俛王事五十四年"或"僶俛王事到五十四岁",都与事实不符。若说他"僶俛于读书或耕种五十四年",则与他时仕时隐的经历不符。若说"僶俛于立善五十四年",则与他对"立善"的自述不符。陶渊明归田以后,以"安贫乐道"为"立善"之途,这一点集中体现在《咏贫士》组诗之中;然而《怨诗楚调示庞主簿邓治中》却因饥寒交迫而表现得怨气冲天,丝毫没有"安贫乐道"的意思,又说"吁嗟身后名,于我若浮烟",表明自己对"立善"没有一点信心,反映他在安贫乐道方面并未作过很多努力,也显示写作此诗时他并未安居田园太久。事实上,"僶俛"于读书、耕种、立善的说法,在当时也极为少见。

其二,若"僶俛六九年"为五十四岁之意,则《怨诗楚调示庞主簿邓治中》在思想心态方面与"年过五十"所作的《与子俨等疏》必定有些关联。《与子俨等疏》云:"性刚才拙,与物多忤。自量为己,必贻俗患,僶俛辞世,使汝等幼而饥寒。"此

"偭俛"正与"偭俛六九年"的"偭俛"相同，大体说自己性格刚直，如果坚持要去"勤勉王事"，就很容易遭灾受难，丢失性命，导致小孩无人抚养；这表明"年过五十"之后他已经"不欲偭俛"。然而"偭俛六九年"不但没有丝毫"不欲偭俛"之意，反而充满了"渴望偭俛而不得"的感慨。由此可知，《怨诗楚调示庞主簿邓治中》与《与子俨等疏》显然不属于同一时期，"六九年"也就不可能指五十四岁。

其三，"慷慨独悲歌，钟期信为贤"云云，也不太符合晚年的心境。"慷慨"一词，晋人常用，多与立功之情有关。如《晋书·唐彬传》："又每慷慨，志在立功。"《晋书·贺循传》："是以日夜忧惧，慷慨发愤，在竭节耳。"陶渊明也多次使用此词以表示建功立业之情，如《咏荆轲》："素骥鸣广陌，慷慨送我行。"《感士不遇赋》："悲夫！寓形百年，而瞬息已尽；立行之难，而一城未尝。此古人所以染翰慷慨，屡伸而不能已者也。""何旷世之无才，罕无路之不涩。伊古人之慷慨，病奇名之不立。"《拟古》："古时功名士，慷慨争此场。"另一类"慷慨"则表示内心有极大的波澜，非平常情绪可言。如《杂诗》云："慷慨思南归，路遐无由缘。"又《杂诗》云："慷慨忆绸缪，此情久已离。"根据本书第五章的考证，这两首《杂诗》均写作于陶渊明北方从军期间。《归去来兮辞》："于是怅然慷慨，深愧平生之志。"显示他在彭泽辞官之时，内心十分矛盾，情绪波动很大。归田以后，陶渊明似乎再也没有使用"慷慨"一词来形容自己的情绪（不包括系年无法确定的作品）。由此可见，"慷慨"与强烈的现实感愤有关，大抵属于陶渊明的青壮年时期，又以建功立业之情为主。

《怨诗楚调示庞主簿邓治中》一诗，"结发念善事，偭俛六九年"两句为开端，概括自己自"结发"以来的志向和努力。
"弱冠逢世阻"至"及晨愿鸟迁"铺陈自己困境，说自己不但
"偃俛"无果，而且接二连三遭受天灾人祸的打击，以致饥寒交
迫，生活无着。"在己何怨天"至"于我若浮烟"，一则抒发"目
前"的悲戚之情，此就生活的困顿而言；一则感慨"身后名"如
同浮烟，此就功名而言，与《感士不遇赋》的"病奇名之不立"
意义相同。刘琨《重赠卢谌》："功业未及建，夕阳忽西流。时
哉不我与，去乎若云浮。"可以用来说明"吁嗟身后名，于我若
浮烟"两句的含义。最后以"慷慨独悲歌，钟期信为贤"作结，
表示渴望有人知其"慷慨"之情。很明显，这首诗悲叹生活的
困顿是次要的，感慨功名之不立是主要的。而这种情怀只在北
方归来的最初几年出现，到后来就慢慢消失了。

　　总结上述，这首诗中的"六九"不是指年龄，而是指
"百六阳九"。"百六阳九"是用天干地支推演历法产生的结果。
《汉书·律历志》："三统，是为元岁。元岁之闰，阴阳灾，三弦
闰法。《易》九厄曰：初入元，百六，阳九；次三百七十四，阴
九；次四百八十，阳九；次七百二十，阴七；次七百二十，阳
七；次六百，阴五；次六百，阳五；次四百八十，阴三；次
四百八十，阳三。凡四千六百一十七岁，与一元终。经岁
四千五百六十，灾岁五十七。"[①]

　　据卢央《中国古代星占学》，古代历法讲究循环，认为日
月运行若干年之后，又回到原点，亦即甲子年、甲子月、甲子
日、甲子时恰好处于冬至的那一天，这一天标志着上一个轮回

---

① （汉）班固撰，江建忠标点：《汉书》卷二十一上，上海古籍出版社
2003 年版，第 644 页。

的结束，下一个轮回的开端。一个轮回叫作一元，一元初始就叫作"初元"。一元共有四千五百六十年，分为 10 个"阳九"之年，又分为 15 个"百六"之年。按照《周易》，"阳困于九，阴穷于六"，九为阳之极数，六为阴之极数，极则有变，故灾异频生，阳极则大旱，阴极则水涝，所以初入元为多灾多难之年。根据推算，晋穆帝永和十年（354）为第二大元的第一个百六之年，也是初入元的第一个"阳九"之年，正处于多灾多难时期。[①] 这一结论与两晋时的推算结果一致，因为当时常用"百六阳九"来描述战乱局面，当然也可以称为"阳九百六"或单称"百六""阳九"。如晋愍帝《与琅邪王睿、南阳王保诏》："夫阳九百六之厄，虽在盛世，犹或遘之。"又如《晋书·苟晞传》："皇晋遭百六之数，当危难之机。"又如卢谌《尚书武强侯卢府君诔》："天不子晋，厄运时臻。阳九之会，虽圣莫振。"

因此，"结发念善事，僶俛六九年"正好就是使用《汉书》"百六阳九"的典故，"六九年"就是指"百六阳九之年"，即"遭时多难"之年。由于"百六阳九"的时间跨度很大，所以不能具体指为哪一年，而是泛指当时处于五胡乱华、国家多难的时期。如此接下来说"弱冠逢世阻，始室丧其偏"就很顺畅了，因为"世阻"也近似于"百六阳九"之意，不过有更加具体的意思。按"时""世"义近，"艰""阻"意同，故而"世阻"也等于"时阻""时艰""世艰"，如《魏书·孝武帝纪》："顷年以来，天步时阻，干戈不戢，荆棘斯生。"《宋书·明帝纪》："方刻意从俭，弘济时艰。"《晋书》卷六十三："虽艰阻备尝，皆乃

---

① 卢央:《中国古代星占学》，中国科学技术出版社 2013 年版，第 350—356 页。

心王室。"干宝《百志诗》："俯仰群众中，胡能救世艰。"《魏志·武帝纪》注："绍因世艰危，遂怀逆谋，上议神器，下干国纪。"总之，"百六阳九"泛指很长一段时期的很多灾难，兼指天灾人祸；"世阻"则主要是指王室多难、政事艰难，而且特指某个时期的艰难时局，意义有所差异。杨勇《陶渊明集校笺》说太元十年江南连年大水，秦兵入侵，王师败绩，所谓"世阻"，指时事也。这一说法不够准确，实际上"世阻"应该特指太元八年淝水之战爆发，是年陶渊明虚岁十九，可称"弱冠"。

综合上述，《怨诗楚调示庞主簿邓治中》作于"始室丧其偏"之后不久，大约三十一岁或三十二岁，不是五十四岁时的作品。"六九年"可以和"世阻"互相诠释，同指国家多难之时，其中"世阻"又特指淝水之战爆发。明了这一点，"结发念善事，僶俛六九年"与"弱冠逢世阻"就可以互相诠释，其意义亦十分明确。"结发念善事"相当于《感士不遇赋》的"广结发以从政"，亦即"弱冠从军"；而"弱冠""僶俛"相结合，亦指弱冠之时僶俛于王事。这与《始作镇军参军经曲阿作》的"弱龄寄事外"而"踠辔憩通衢"又可以互证。总之，《怨诗楚调示庞主簿邓治中》明确追忆了自己弱冠从军之事。

第七章 从军之后论时政

淝水之战以后，时值弱冠之年的陶渊明满怀壮志，第一次踏上仕途，开始了北方从军的生涯。然而残酷的现实很快粉碎了他的理想，使他最终带着无限伤痛返回了家乡。陶渊明的个人遭际也是当时有志之士的共同命运，因此十年的从军经历使他对时政有了全面而直观的认识，并由此而反思两晋历史，触及更深层次的政治痼疾。通过对《述酒》《读〈山海经〉》等诗的分析，可以看出天下、君臣、贵贱、君子、小人等概念在他的史论中起到了主导的作用，与归田后期偏重人文及生活的历史观颇有不同。

第一节 《述酒》论东晋

按照传统的说法，陶渊明《述酒》一诗表达了"忠晋愤宋"的情怀，为此应当大力诛责刘裕的罪恶才是。然而我们很难确定《述酒》与这些内容有关。或以为陶渊明有苦衷，故而不得不闪烁其词，隐晦其事。然而隐晦到与晋宋之际的任何史实都无法联系起来，则足以让人觉得诗歌所叙与"忠晋愤宋"无关，传统的解诂在总体路径上是有问题的。罗根泽先生在《陶渊明诗的人民性和艺术性》一文中说："不错，《述酒》诗中确有很多难解的诗句，宋人黄庭坚已经说'其中多不可解'。但这不能成为不是述说酒而是讽刺刘裕的证据。就依力主是讽刺刘裕者陶澍的考证吧：刘裕先使张祎用毒酒鸩晋恭帝，张祎自己喝了；又使兵进药，恭帝不肯喝；最后的弑帝是'掩杀之'。那末假使讽刺刘裕，根本不能用酒，因为酒并没有起作用。这是第一点。第二点，假使真是讽刺刘裕，那末解为讽刺刘裕就应当通彻，但自韩子苍以至近人储皖峰先生专为此诗作注，仍然讲不通彻。正是因为大家都讲不通彻，更可以证明不是在讽刺刘裕，确是在述说酒。"[①]此论值得重视。通过分析，笔者认为《述酒》乃是一首咏史诗，意在总结两晋得失，重点放在晋孝武帝一朝。此诗作于隆安元年（397），并未涉及刘裕篡国之事。

一、小序借酒言政

南宋汤汉注解陶诗，以为《述酒》小序旨在影射刘裕派人以毒酒毒死晋恭帝之事。但这种解释很成问题。刘裕第一次派张祎去进毒，张祎不肯"鸩君而求生"，"自饮之而死"（《晋书·张祎传》）；第二次派人去进毒，晋恭帝不肯喝，于是士兵翻墙而入，直接把晋恭帝缢死了。因此，晋恭帝事实上并非死于毒酒，以仪狄、杜康比喻之，就显得很不妥帖。而且小序既然说到毒酒，诗中必然有所提及，以便形成照应；但全诗没有一句提到此事。如果小序影射毒死晋恭帝之事，则谴责刘裕的相关罪行也必然会成为全篇的重点，诸如铲除异己、独揽大权，以及害死晋帝、篡夺皇位等。然而遍览以往的解诂，也很难说

---

① 罗根泽：《陶渊明诗的人民性和艺术性》，《古典文学研究汇刊》（第一辑），古典文学出版社 1955 年版，第 43 页。

《述酒》与这些内容有关。历来指出与刘裕相关的诗句，反而更像是在写刘裕的祥瑞之兆，及其平定桓玄的功劳，为此"忠晋愤宋"反而更像是在为刘裕歌功颂德。以此而论，传统的解释是不合理的，而小序也必然有另外的含义。

在后人心目中，仪狄、杜康都是善于造酒的人；但在先秦及汉晋时期，他们却是反面形象。《孟子·离娄下》："禹恶旨酒而好善言。"汉人赵岐注曰："旨酒，美酒也。仪狄作酒，禹饮而甘之。遂疏仪狄，而绝旨酒。"[①]汉代荀悦《申鉴·杂言》："鲧、共工之徒攻尧，仪狄攻禹，弗能克，故唐、夏平。"[②]西晋葛洪《抱朴子外篇·君道》："旨甘之进，则疏仪狄。"东晋祖台之《与王荆州书》："古人以酒为笃诫……愿君屏爵弃卮，焚罍毁榼。殛仪狄于羽山，放杜康于三危。"（《太平御览》卷四百五十七）综合这些叙述，可知仪狄曾攻打大禹，未能成功，后来又造美酒以进，企图让大禹沉湎于酒，好趁机作乱，但被大禹识破，遂被疏远。以此而言，仪狄乃是以酒乱政之人，而杜康对其术加以润色美饰，使人不觉，比起仪狄有过之而无不及。《十六国春秋·赵整传》记载前秦君主苻坚与群臣饮酒，以极醉为限，赵整遂作歌劝谏说："地列酒泉，天垂酒星。杜康妙识，仪狄先知。纣丧殷邦，桀倾夏国。由此言之，前危后则。"指出仪狄深知"以酒亡国"的道理，而杜康则更加深谙其道，娴熟运用之；这就可以用来阐释"仪狄造，杜康润色之"的意思。

---

① （清）焦循撰，沈文倬点校：《孟子正义》卷四，中华书局 1987 年版，第 569 页。
② （汉）王符等撰，龚祖培等校点：《潜夫论　申鉴　中论　中说　颜氏家训》卷四，辽宁教育出版社 2001 年版，第 18 页。

　　晋孝武帝在位晚期，溺于酒色，宠信佞臣，堪称"以酒乱政"。《晋书·孝武帝纪》："既而溺于酒色，殆为长夜之饮。末年长星见，帝心甚恶之，于华林园举酒祝之曰：'长星，劝汝一杯酒，自古何有万岁天子邪！'太白连年昼见，地震水旱为变者相属。醒日既少，而傍无正人，竟不能改焉。时张贵人有宠，年几三十，帝戏之曰：'汝以年当废矣。'贵人潜怒，向夕，帝醉，遂暴崩。"唐代许嵩《建康实录》卷十："时烈宗（晋孝武帝）不亲万机，与道子长夜饮醋歌为务。"嬖人赵牙又为司马道子开东第，"筑山穿池，列树竹木，功用巨万。又使宫人为酒肆，沽卖水侧，道子与亲昵乘船就之，饮宴为笑乐"。帝王"溺于酒色"而"傍无正人"，这恰好就是仪狄在大禹时代想看到的局面。而《述酒》中的"安乐不为君"，也就相当于"傍无正人"，又与小序呼应。因此，小序应当就是影射晋孝武帝沉湎于酒，而把皇帝拖到酒池肉山之中的司马道子，就相当于"杜康"，堪称是仪狄的正宗传人。

　　跳出"忠晋愤宋"的认识局限，重新看待《述酒》的含义，同样能发现此诗的主体部分，即从"神州献嘉粟"到"安乐不为君"都是在叙述评论晋孝武帝一朝的事情，指出了"乱政"的几种表现，从而强化了小序"借酒言政"的主旨。

　　二、论东晋立国艰难

　　《述酒》诗从开始的"重离照南陆"到"重华固灵坟"为第一层，旨在叙述东晋的立国史，指出东晋立国于南方，相比北方之乱，还算有几分安定。然而外敌屡迫，内乱丛生，情势十分艰难，幸而老天保佑，总算让东晋在南方站稳了脚跟。

　　"重离照南陆，鸣鸟声相闻。"

　　"重离"一词，学者多解为"重黎"，言司马氏为重黎之后；

又解为"重日"，即"昌"字，指晋孝武帝司马昌明。① 后一种解释，便于切入"忠晋愤宋"的主题，但实际上是不妥的。"重离"应当按照本字来解，即太阳，这在当时是一个常用词汇。沈约《谢立皇太子赐绢表》："重离在天，八纮之所共仰。明两作贰，万国所以咸宁。"（《艺文类聚》卷八十五）王融《克责身心篇颂》："岂无通术，跋此榛荒。虽有重离，迹照萤光。"② 又古直笺注引晋元帝改元《大赦令》云："景皇篡戎，文皇扇烈，重离宣曜，庸蜀稽服。"杨勇认为"重离"两句比喻晋元帝中兴于江左，这应该是对的。③

综合起来，"重离照南陆"，实际上就是"日行南陆"。《后汉书·律历志》曰："是故日行北陆谓之冬，西陆谓之春，南陆谓之夏，东陆谓之秋。"唐朝李淳风《乙巳占序》："日在北陆而冱寒，日行南陆而炎暑。""重离照南陆"取自"日行南陆谓之夏"，因此"鸣鸟声相闻"就接着描绘夏天景象，继续隐喻东晋中兴的气象。

"鸣鸟"，凤凰也。《山海经·大荒西经》："有弇州之山，五采之鸟仰天，名曰鸣鸟。"郝懿行云："鸣鸟，盖凤属也。"④ 任昉《天监三年策秀才文》："惰游废业，十室而九。鸣鸟蔑闻，子衿不作。"《文选》注曰："故天下太平而凤凰至，学校废则作《子

① 逯钦立校注：《陶渊明集》卷三，中华书局1979年版，第102页。
② （明）张溥编，（清）吴汝纶选：《汉魏六朝百三家集选·王宁朔集选》，吉林人民出版社1998年版，第399页。
③ （晋）陶潜著，杨勇校笺：《陶渊明集校笺》卷三，上海古籍出版社2007年版，第174页。
④ （清）郝懿行撰，沈海波校点：《山海经》第十六，上海古籍出版社2019年版，第361页。

衿》而刺之而人感思学。"① 以此看来，"重离照南陆，鸣鸟声相闻"比喻五胡乱华之后，北方沦陷，太平景象独见于南方也。这种描述，也是符合当时实际情况的。

"秋草虽未黄，融风久已分。"

《说文解字》："东北曰融风。"《符瑞图》："冬至，东北方融风至。"（《太平御览》卷二十八）因起首两句指东晋偏安南方的太平气象，这两句便应当指五胡作乱、北敌屡迫的情形。"久已分"，不是指东北风久已散去，而是指东北风"早已分发给秋草"，即"秋草早已感受到东北风的威严了"。

"素砾皛修渚，南岳无余云。"

这两句写江水枯萎，白沙闪烁，山峰上很少看到云彩，形容久旱之景象。古人常以自然灾害占卜时局的变化，连续出现干旱的现象，就预兆"阴侵阳""下犯上""阳无德"。《后汉书·五行志》引《京房传》曰："君高台府，兹谓犯，阴侵阳，其旱万物根死，数有火灾。庶位逾节，兹为僭，其旱泽物枯，为火所伤。是时天下僭逆者未尽诛，军多过时。"《晋书·五行志》也照抄了这段话，同书又记载："怀帝永嘉三年五月，大旱。襄平县梁水淡池竭，河、洛、江、汉皆可涉。"当年司马越入京擅杀，"四方诸侯多怀无君之心"，出现如此严重的大旱，就是"僭逾之罚也"。"素砾"一句，即指江水因大旱而干涸已甚，显现出大片的沙滩，与"河、洛、江、汉皆可涉"的意思差不多。

按《晋书·五行志》记载东晋的大旱甚多，分别表示上天对王敦"僭逾无上"、庾太后"临朝称制，言不从而僭逾"、晋

---

① （梁）萧统编，（唐）李善注：《昭明文选》卷三十七，吉林人民出版社1998年版，第694页。

成帝时将相"僭逾"、桓温"逾僭"、司马道子"僭逾不从"、司马元显"陵僭"、桓玄"奢僭"等现象的惩罚。又《晋书·天文志》记载，义熙十四年（418），"刘裕擅命，军旅数兴，饥旱相属，其后卒移晋室"。因"素砾"一句没有针对某一次大旱的特指意义，所以它只是对"以下犯上"情况的概括性描述，并不专门针对刘裕。

另外，大旱也表示"阳无德"，"人君恩泽不施于人"。《后汉书·郎颛传》引《易传》曰："阳无德则旱，阴僭阳亦旱。""阳无德者，人君恩泽不施于人也。阴僭阳者，禄去公室，臣下专权也。""南岳"一句，古直笺注云："南岳为江南山镇，故特标之。"晋元帝《改元大赦诏》："遂登坛南岳，受终文祖；焚柴颁瑞，告类上帝。"（《晋书·元帝纪》）南岳本指衡山，汉武帝以衡山过于遥远，遂将南岳祭祀改在庐江天柱山，后人遂称天柱山为南岳。郭璞《尔雅注》云："霍山在庐江郡潜县，别名天柱山。汉武以衡山辽远，谶纬以霍山为岳，故祭之也。"（《太平御览》卷三十九）晋穆帝升平年间，何琦论修五岳祠，说唐虞以来天子都要"柴燎五岳，望于山川"，以求"灾厉不作，而风雨寒暑以时"。"自永嘉之乱，神州倾覆，兹事替矣。惟濡之天柱，在王略之内也，旧台选百户吏卒，以奉其职。中兴之际，未有官守，庐江郡常遣大吏兼假四时祷赛，春释寒而冬请冰。"（《宋书·礼志》）天子祭祀天下名山大川，以五岳为首，而在东晋境内的只有南岳，所以可以用"南岳无遗云"隐喻东晋帝王"恩泽不施于人"。

"豫章抗高门，重华固灵坟。"

旧注多以为"豫章"指豫章公刘裕，"豫章抗高门"指刘裕与帝室高门分庭抗礼。① 然而在两晋时期，晋怀帝司马炽及其太子司马诠、司马诠之弟司马端都曾为豫章王，桓玄也曾为豫章公，单称"豫章"，显然不能确定就是指刘裕。

按《晋书·五行志》记载，永嘉六年（312）七月，"豫章郡有樟树久枯，是月忽更荣茂，与汉昌邑枯社复生同占，是怀愍沦陷之征，元帝中兴之应也"。这个预兆晋元帝中兴的"豫章樟树"，才具有特指意义。《晋书·元帝纪》云："光武以数郡加名，元皇以一州临极。""驰章献号，高盖成阴，星斗呈祥，金陵表庆。"其中"高盖成阴"就是指豫章郡的樟树"久枯更荣"，而"元皇以一州临极"恰好就诠释了"抗高门"的具体内容。《晋书·乐志》："皇罗重抗，天晖再举。""抗高门"的"抗"，表示"高昂、崛起、振兴"，而不是"分庭抗礼"的"抗"。《宋书·乐志》："炎精缺，汉道微……金声震，仁风驰。显高门，启皇基。"《古今乐录》曰："炎精缺者，言汉室衰，孙坚奋迅猛志，念在匡救，王迹始乎此也。"② "显高门，启皇基"指孙氏开启东吴"帝业"，"豫章抗高门"显示晋元帝中兴，两者意义相似。

舜帝名"重华"，以往多说舜帝的墓地在零陵九嶷山，此句隐喻晋恭帝被刘裕废为零陵王又被杀死之事。按《晋书·恭帝纪》："刘裕以帝为零陵王，居于秣陵，行晋正朔，车旗服色一如其旧……宋永初二年九月丁丑，裕使后兄叔度请后，有间，兵人逾垣而入，弑帝于内房。时年三十六。谥恭皇帝，葬冲平

---

① 逯钦立校注：《陶渊明集》卷三，中华书局 1979 年版，第 102 页。
② （宋）郭茂倩编撰，聂世美、仓阳卿校点：《乐府诗集》第十八卷，上海古籍出版社 1998 年版，第 228 页。

陵。"宋人张敦颐《六朝事迹编类》卷十三:"《建康实录》:晋恭帝,元熙二年葬冲平陵。在钟山之阳,与安帝同处,不起坟。"[1]晋恭帝虽然被废为零陵王,但始终居住在建康,并未到零陵,死后也葬在南京钟山。1960年,考古工作者在南京富贵山发掘了一座东晋大墓,出土一方石碣,上有铭文曰:"宋永初二年太岁辛酉十一月乙巳朔七日辛亥晋恭皇帝之玄宫。"[2]因此,用舜帝葬于九嶷山之事隐喻晋恭帝之死,也就失去了事实的依托,故而这种解释是不妥的。

按"重华"除了指舜帝之外,还指"岁星在心"的一种天象。岁星即木星,"岁星在心"就是指岁星在心宿的位置上。《后汉书·郎𫖮传》记载郎𫖮上书言事,引《孝经钩命决》曰:"岁星守心年谷丰。"引《尚书洪范记》曰:"月行中道,移节应期,德厚受福,重华留之。"又解释说:"重华者,谓岁星在心也。"《晋书·天文志》:"岁星曰东方春木,于人,五常,仁也;五事,貌也。仁亏貌失,逆春令,伤木气,则罚见岁星。岁星盈缩,以其舍命国。其所居久,其国有德厚,五谷丰昌,不可伐。其对为冲,岁乃有殃。岁星安静中度,吉。盈缩失次,其国有忧,不可举事用兵。"汉代以来流行星占[3],以岁星占卜国事即为其中之一,东晋时人对此耳熟能详,《晋书》《宋书》对岁星变化的记载也随处可见。上述的"岁星在心""岁星守心""其所居久"等语,足以诠释"重华固灵坟"的"固"字,亦即"固守"之

---

① (宋)张敦颐著,张忱石点校:《六朝事迹编类》卷十三,上海古籍出版社1995年版,第131页。
② 李蔚然:《南京富贵山发现晋恭帝玄宫石碣》,《考古》,1961年第5期。
③ 卢央:《中国古代星占学》,中国科学技术出版社2013年版,第268—271页。

意，表明东晋尽管内外交困，但还能得到天眷，能够延续下去。《晋书·天文志》记载，义熙十二年（416）五月，"岁星留房心之间，宋之分野。始封刘裕为宋公"。岁星发生了偏移，挪到房宿、心宿之间去了，这就预兆晋祚将终、宋朝将立了。这一差别，足以表明"重华固灵坟"与晋宋易代无关。

"灵坟"，其意略如"英灵不泯"之坟也。孙绰《聘士徐君墓颂》："乃与友人殷浩等，束带灵坟，奉瞻祠宇。虽玉质幽潜，而目想令仪；雅音永寂，而心存高范。"（《艺文类聚》卷三十六）"灵坟"比喻晋帝陵墓有灵，可以保佑子孙延续帝业，与下文"双陵甫云育"互相发明。然而在晋恭帝之后，东晋便绝代了，其墓葬岂能称为"灵坟"？而且舜帝在古人心目中是神圣的君主，将晋恭帝与之相提并论，也极不妥当。

综合起来，"豫章"两句可以解释为：豫章郡的樟树久枯而后荣，显示了晋元帝在江东重建晋朝基业；而"岁星守心"的天眷，使晋朝帝陵再一次"显灵"，东晋也得以延续下去。接下来两句："流泪抱中叹，倾耳听司晨。"比喻东晋开国之后，时局艰难，人人指望中兴。不必解释为"晋帝以天下让，而又不免予弑，此所以流泪中叹，夜耿耿而达曙也"（汤汉语）。从篇章结构来说，这两句属于第一层次的收束语，起过渡转折的作用。

三、论晋孝武帝不勤成名

叙述完东晋的立国史之后，《述酒》就开始重点叙述晋孝武帝一朝的历史，从"神州"句到"安乐"句，所叙皆与晋孝武帝时期的历史吻合，这也是全诗的主体部分。

"神州献嘉粟，西灵为我驯。"

逯钦立认为"西灵"当作"四灵"，刘裕受禅文有"四灵效征"之语。又如《宋书·武帝纪》："故盈否时袭，四灵通其变；王道或昧，贞贤拯其危。"其实"四灵"指"麟凤龟龙"，见《礼记·礼运》，"西灵"乃是指西王母，两者完全不同。

清人陈沆《诗比兴笺》卷二："西灵，西王母也。《穆天子传》：曹奴之人，献稷米百车。又云：天子取嘉禾以归。言此皆盛世荒服来宾之事，固不可得见矣。"清人陶澍集注《靖节先生集》卷三："神州嘉粟，西灵我驯，此用《穆天子传》西王母诸国献禾献刍诸事，谓西晋全盛时，五胡未乱，四夷宾服也，今不可见矣。"①《竹书纪年》："穆王十七年西征昆仑丘，见西王母。其年，西王母来朝，宾于昭宫。"（郭璞注《穆天子传》卷三）

"嘉粟"，《太平御览》卷八百七十三引《礼斗威仪》曰："人君乘土而王，其政升平，则嘉谷并生。"引《孝经援神契》曰："王者德至于地，则嘉禾生。"引沈约《宋书》："文帝时，醴湖生嘉粟，一茎九穗。""嘉谷""嘉禾""嘉粟"都是帝王的吉兆。

西王母的故事在战国以来就广为流传。如《淮南子·览冥训》："羿请不死之药于西王母，姮娥窃之以奔月。"班彪《览海赋》："松、乔坐于东序，王母处于西箱。"（《艺文类聚》卷八）陶渊明《读山海经》云："虽非世上宝，爰得王母心。"其中的"王母"就是"西王母"。

"西灵"之名出现很早。《楚辞·远游》："驰六龙于三危兮，朝西灵于九滨。"编纂于北周时期的道教类书《无上秘要》，收录了不少古代道教典籍，有多处提到"西灵"，如卷三十五引《明真科》的"东华、南极、西灵、北真"。《云笈七签》卷二十一引《北方品章经》："东方而称东华，南方而称南极，西

---

① 北京大学中文系编：《古典文学研究资料汇编：陶渊明卷》下编，中华书局1961年版，第208、209页。

方而称西灵，北方而称北真。""西灵"又与"王母"合称"西灵王母"。旧题汉班固著的《汉武帝内传》云："茅君之师乃总真王君，西灵王母与夫人，降于句曲之山金坛之陵华阳天宫，以宴茅君焉。"(《太平广记》卷五十六)据《四库全书总目提要》，郭璞《游仙诗》、葛洪《神仙传》、张华《博物志》都引用了《汉武帝内传》的内容，足见此书在魏晋时期已经十分流行。《上清灵宝大法》卷二十五："昔西灵王母将天象译以世书，传授于汉武帝。"此事也出于《汉武帝内传》。

陈沆、陶澍一致认为"嘉粟"两句用《穆天子传》西王母诸国献禾献匄诸事，以喻"四夷宾服"，这是有道理的；但指为"四夷"则不恰当。因"西灵王母"住在昆仑山，为西方之神，"西王母诸国献禾献匄"只可用来比喻"西夷宾服"。如《晋书·赵至传》云："思蹑云梯，横奋八极，披艰扫秽，荡海夷岳，蹴昆仑使西倒，蹋太山令东覆，平涤九区，恢维宇宙，斯吾之鄙愿也。"就以"昆仑""太山"分别代指西方和东方。又《晋书·张骏传》记载酒泉太守马岌对凉州刺史张骏说："酒泉南山，即昆仑之体也。周穆王见西王母，乐而忘归，即谓此山。此山有石室玉堂，珠玑镂饰，焕若神宫。宜立西王母祠，以裨朝廷无疆之福。"这里所谓的"无疆之福"，就是特指平定西北一带的叛乱，摧毁这里的胡人政权。因此，"西灵为我驯"就特指征服了西北一带的胡人割据政权。

总结起来，"神州献嘉粟，西灵为我驯"特指西北胡人政权的覆灭，不是指西晋时期全盛时期的"四夷宾服"，也不是指刘裕掌权后的情况。因为刘裕北伐长安，消灭后秦，关中旋得而旋失，不能称"西灵为我驯"。相比之下，这句话用于形容淝水之战以后的情形则相当合适。前秦帝国乃是北方最大的敌国，对东晋一朝的威胁最大，侵占的东晋领土最多。淝水一战，前秦大败，紧接着完全崩溃，前秦君主苻坚也在不久之后被杀。东晋趁机收复了大片失地，尤以收复巴蜀、汉中、潼关以东地区的战果为最辉煌，堪称"西灵为我驯"。这种解释，也可以进一步明确下两句的含义。

"诸梁董师旅，芊胜丧其身。"

沈诸梁为春秋时期楚国平叛之功臣，芊胜为叛乱者。有很多人认为这两句是指刘裕平定桓玄之乱，但这是不合理的。以东晋而言，陶侃、温峤既平定了叛乱，又维护了王朝的安定，但刘裕在平定桓玄之乱的同时，却完全掏空了东晋的统治基础，为自己的篡权夺位铺平了道路，在实质上与王敦、桓温、桓玄等"逆臣"没有任何区别。以此而论，不歌颂陶侃、温峤，反而歌颂刘裕，岂非黑白不分？

清人陈沆《诗比兴笺》卷二："次则中兴之世，如白公胜谋篡，而叶公诸梁倡义旅而讨之，今亦不可见矣。"清人陶澍集注《靖节先生集》卷三："次则芊胜乱楚，而沈诸梁董师复之，谓东晋初有王敦、苏峻之乱，即有陶侃、温峤之功，国犹有人也，今亦不可见矣。"[1]认为这两句指"中兴之世"，意在歌颂平叛之功，这是很有道理的。

就东晋一朝的平叛之功而论，陶侃、温峤的功劳虽大，但基本上局限于平定内乱；而谢安取得淝水之战的胜利、收复大片失地，导致最强悍的前秦帝国崩溃，其功劳远在陶侃、温峤之上，也没有人可以和他比肩，具有唯一性。因此，"诸梁董师旅"

---

[1] 北京大学中文系编：《古典文学研究资料汇编：陶渊明卷》下编，中华书局1961年版，第208、209页。

应当指谢安。东晋时期，覆亡而死的叛乱者很多，假如以"芊胜丧其身"比喻王敦、苏峻等人，未免有点小题大做，也很难说某人具有代表性。假如这个叛乱者是苻坚，就值得大书特书了（在东晋时期，站在汉族统治者的立场上来看，五胡君主都被视作叛乱者）。综合起来，"诸梁"两句应当比喻谢安高坐朝堂，运筹帷幄，取得了淝水之战的大捷，旋即挥师北伐，收复大片失地，而苻坚也在不久之后被杀死。这一解释，紧接"西灵为我驯"两句，在语意上也是很顺畅的。

"山阳归下国，成名犹不勤。"

元代李公焕《笺注陶渊明集》先引北宋韩驹之语，说这两句"盖用山阳公事，疑是义熙以后有所感而作也"。再引赵泉山语，说"诗中引用汉献事"，意在隐喻"宋王裕迫帝禅位，既而废帝为零陵王，明年九月，潜行弑逆"。又引汤汉语，说据"山阳"句可知"决为零陵哀诗也"。经过他们的反复论述，《述酒》"忠晋愤宋"一说变得难以动摇，而"山阳"两句则成为支撑此论的"铁证"。顾农说："沿着韩驹的思路继续研究《述酒》一诗的学者颇有其人，后来越说越远，出现了严重的扩大化的趋势：首先是将'忠愤'由'山阳'二句扩大到《述酒》全篇，再从此诗扩大到其他作品以至陶渊明全人。可是事实上《述酒》一诗中除了'山阳归下国'这么一句之外，其他各句包括前前后后提到的人物皆与易代无甚相干。"[1]此论颇能反映《述酒》"忠晋愤宋"说的形成过程。

然而汤汉等人关于"山阳"两句的论述，并非滴水不漏。其一，"山阳归下国"出自汉献帝贬为山阳公的典故，"成名犹

---

[1] 顾农：《晋宋易代与陶渊明》，《中华读书报》，2018年1月3日。

不勤"出自《谥法》，这两点毋庸置疑。但诗人使用的这两个典故有什么确切含义，尚需进一步研讨。其二，"山阳"两句确实是在隐喻某个君主，但是否在隐喻晋恭帝，仍然值得深究。

就用典而言，"成名犹不勤"出自《谥法》，属于前人成语。通过考察，此语在历史上有一些特定的含义，用于形容汉献帝或晋恭帝均很不妥当。

谥号的起源很早，在春秋战国时期非常流行。秦始皇《除谥法制》："朕闻太古有号毋谥，中古有号，死而以行为谥，如此，则子议父，臣议君也。甚无谓，朕弗取焉。自今已来，除谥法，朕为始皇帝，后世以计数，二世三世至于万世，传之无穷。"（《史记·秦始皇本纪》）

西汉时期，已有比较定型的"谥法"。《汉书·戾太子刘据传》："谥法曰：谥者，行之迹也。"谥法的经典著作是《逸周书·谥法解》。《逸周书》是一部先秦古籍，两汉时期有不少记载。吕思勉曰："蔡邕《明堂月令论》，谓《周书》七十一篇，《月令》第五十三，篇数与《汉志》合，篇第亦同今本，似今本确为《汉志》之旧。"通过考证，吕思勉认为今本与汉本颇有差异。[①]《汉书·河间献王刘德传》："谥法曰：聪明睿智曰献。"此语亦见于《逸周书·谥法解》，或可反映当时的"谥法"与《逸周书·谥法解》差异不大。

《逸周书·谥法解》关于"灵"的谥法共有六条，或为美谥，或为恶谥，具有不同的含义："死而志成曰灵。乱而不损曰灵。极知鬼神曰灵。不勤成名曰灵。死见神能曰灵。好祭鬼神

---

① 吕思勉：《先秦学术概论》，译林出版社 2016 年版，第 131 页。

曰灵。"① 在这六条之中，"好祭鬼神"是恶谥，"死而志成""极知鬼神""死见神能"是美谥，它们都具有"人神不分"的时代特征，大约就产生于先秦时期。如《水经注》卷十五引《皇览》曰："周灵王葬于河南城西南周山上。盖以王生而神，故谥曰灵。"②

先秦时期，谥为"灵"的诸侯很多，其中大部分是恶谥，与"不勤成名曰灵""乱而不损曰灵"颇有关系。"不勤成名曰灵"指"任本性，不见贤思齐"，即任性胡为、不思进取之意。就字面而言，"不勤"指荒政怠政。《汉书·文帝纪》："吾诏书数下，岁劝民种树，而功未兴，是吏奉吾诏不勤，而劝民不明也。"《晋书·愍怀太子传》："四教不勤，三朝或阙，豹姿未变，凤德已衰。""成名"指立功、立德，就帝王而言，主要就是立功，也即建功立业、有所作为。如《汉书·昭帝纪》："成王不疑周公，孝昭委任霍光，各因其时以成名。"《晋书·阮籍传》："尝登广武，观楚、汉战处，叹曰：时无英雄，使竖子成名！""乱而不损曰灵"指"不能以治损乱"，意指君王荒淫无道，导致国家混乱却不能拨乱反正。

汤汉注"山阳"两句曰："古之人主之不善终者，有灵若厉之号。"此语不见于《谥法解》，事实上也很值得关注。南宋褚伯秀《南华真经义海纂微》卷八十五："灵之为谥，可善可恶，故夫子问于三人。大猹答以'唯其如此，所以如此'，则灵为无道之谥明矣……其谥号美恶，则系乎生前之所为，在人不可不

---

① 《逸周书》卷六，《四部备要》本，（上海）中华书局1912年版，第22—23页。
② 王国维校，袁英光、刘寅生整理：《水经注校》，上海人民出版社1984年版，第495页。

谨。谥法始于周公，以一字示褒贬，亦严矣哉！不勤成名曰灵，古之人主不善终者有灵若厉之号。"①正与汤汉所说相同。这段话排在出自《鬳斋口义》的"卫君所为如此"一段注疏之后，没有标明另外的注疏者，应该同出《鬳斋口义》。《南华真经义海纂微》卷首开列"今所纂诸家注义姓名"，内有"竹溪林希逸口义，福本"，即南宋林希逸的《庄子鬳斋口义》。《正统道藏》本林希逸《南华真经口义》卷二十六注解《庄子·则阳》没有这段话，或因删节所致。林希逸，字肃翁，号竹溪，又号鬳斋，福清人，端平二年进士，官终中书舍人。四库本《南华真经义海纂微》将"灵之为谥，可善可恶"一段话标为"褚氏管见"，即褚伯秀自己的注疏。因此，"古之人主之不善终者，有灵若厉之号"或为林希逸所说，或为汤汉所说，或为褚伯秀所说，难以确定。不过，《南华真经义海纂微》卷首有鄱阳汤汉之序，假如这段话出自汤汉之口，则褚伯秀引用时应当标明，以示不掠美之意。但褚伯秀并未标明是汤汉之语，可知另有所本。综合起来，"古之人主之不善终者，有灵若厉之号"应当是宋儒研究古代谥号时得出的结论，其内容虽不见于《谥法解》，实际上适用于古代很多谥为"灵"的人物，可当谥法使用。

从逻辑关系上来看，"不勤成名"往往演变为荒淫无道，荒淫无道而不知悔改就是"乱而不损"，"乱而不损"又往往导致"不善终"的结局，三者在程度上有所差别，却可以形成同一事件的三个发展阶段，难以截然区分。春秋战国时期，谥为"灵"的君王很多，如晋灵公、陈灵公、郑灵公、齐灵公、蔡灵侯、

① （宋）褚伯秀：《南华真经义海纂微》卷八十五，《道藏》第 15 册，第 590 页。

楚灵王、卫灵公等，大多数都有不愿勤勉于政事、荒淫无道、因内乱而死的共同点。因此，在讨论"不勤成名曰灵"的时候，就不得不考虑相关的"乱而不损曰灵"以及暗含的"乱而不善终曰灵"。

给人物作出较为客观的评价，这是谥法的本意之一。但事实上在议谥的时候，会受到很多因素的影响，客观评价往往也就不得不让位于溢美。《礼记正义》卷二十七："凡谥，表其实行，当由尊者所为。若使幼贱者为之，则各欲光扬在上之美，有乖实事，故不为也。"① 其实"有乖实事"的谥号比比皆是，到后来也就成为一味赞美的套话了。

作为恶谥的"灵"，常常有被改掉的情况。如春秋时期，楚成王想废掉太子商臣，商臣遂带兵包围王宫，逼迫楚成王自缢。商臣即位，是为楚穆王。他给楚成王加谥，"谥之曰灵，不暝；曰成，乃暝"（《左传·文公元年》）。王充《论衡·死伪篇》就此议论说："夫恶谥非灵则厉也，纪于竹帛，为灵厉者多矣。"又如《国语·楚语》记载楚恭王有疾，召大夫曰："不谷不德，失先君之业，覆楚国之师，不谷之罪也。若得保首领以殁，唯是春秋所以从先君者，请为灵若厉。"韦昭注："乱而不损曰灵，杀戮不辜曰厉。"楚国大夫没有听从，将他谥为"恭"。这都是将"灵"这一恶谥改掉的例子。两汉以来，谥号越来越偏重于褒美，真正给予"恶谥"的就越来越少了。如西晋的乱臣贼子贾充，死后礼官议谥曰"荒"，晋武帝不许，改谥为"武"（《晋书·贾充传》）。西晋的梁孝王司马肜被谥为"灵"，招致其故吏

---

① （汉）郑玄注，（唐）孔颖达正义，吕友仁整理：《礼记正义》卷二十七，上海古籍出版社 2008 年版，第 796 页。

"追诉不已，故改焉"（《晋书·司马彤传》）。这些都反映在魏晋时期以恶谥评价人物的做法很难行得通了。

如前所述，作为恶谥的"灵"，名义上包括"不勤成名曰灵""乱而不损曰灵"两条，实际上还包括"乱而不善终曰灵"这样的内容。就贬责程度而言，一条比一条厉害。"不勤成名"表示荒政怠政，不见得造成乱象；"乱而不损"表示已经造成乱象，但未必造成重大恶果；"乱而不善终"则表示因乱而导致恶果，连自己也不得好死了。但在魏晋时期，以谥号"光扬在上之美"已经成为普遍倾向，给予美谥时夸大其功德，选用褒扬程度较高的谥法；给予恶谥时避重就轻，选用谴责力度较小的谥法，也就在情理之中了。

魏晋南北朝之时，据"不勤成名曰灵"谥为"灵"的有两个典型例子。一是西晋的司马彤。司马彤去世之后，博士蔡充议谥，说他乃皇室亲属，贵为宰相，"而临大节，无不可夺之志；当危事，不能舍生取义；愍怀之废，不闻一言之谏；淮南之难，不能因势辅义；赵王伦篡逆，不能引身去朝……谨案《谥法》：不勤成名曰灵。彤见义不为，不可谓勤，宜谥曰灵"（《晋书·司马彤传》）。根据蔡充所议，司马彤几乎就是引发"八王之乱"的罪魁祸首了（事实则未必如此），完全符合"乱而不损曰灵"之谥，但蔡充在引用谥法时却用了"不勤成名曰灵"，责之以荒政怠政，颇有避重就轻之意。另一个是北魏的郑羲。郑羲担任西兖州刺史时"多所受纳，政以贿成"，死后尚书奏谥曰宣，北魏孝文帝十分不满，下诏曰："羲虽宿有文业，而治阙廉清。稽古之效，未光于朝策；昧货之谈，已形于民听。谥以善问，殊乖其衷。又前岁之选，匪由备行充举，自荷后任，勋绩未昭。尚书何乃情遗至公，愆违明典！依谥法：博文多见曰文，不勤成名曰灵。可赠以本官，加谥文灵。"(《魏书·郑羲传》)按照北魏孝文帝的说法，郑羲毫无政绩可述，一味贪赃枉法，也完全符合"乱而不损曰灵"之谥，但在引用谥法时，却选用了谴责力度较小的"不勤成名曰灵"，与蔡充议谥的情况相似。

总而言之，在美谥流行且偏重于溢美、恶谥甚少且往往避重就轻的情况下，用"不勤成名曰灵"这种恶谥去评价人物，暗含的语意就显得特别重，表面上的评价是"不勤成名曰灵"，实际上有可能暗含"乱而不损曰灵"甚至是"乱而不善终曰灵"之意。

汤汉注曰："谥法：不勤成名曰灵。古之人主之不善终者，有灵若厉之号，此正指零陵先废而后弑也。曰犹不勤，哀怨之词也。"基于上述考察，这一注解揭示了在"不勤成名曰灵"之中暗含的"乱而不损曰灵""乱而不善终曰灵"之意，是有充分依据的；但将它们用于评价汉献帝、晋恭帝，则是很不合适的。

汉献帝在位之时，一直处在曹操的掌控之中，无所作为，但也谈不上荒淫无道。延康元年（220）十月，"皇帝逊位，魏王丕称天子。奉帝为山阳公，邑一万户，位在诸侯王上"。"魏青龙二年三月庚寅，山阳公薨。自逊位至薨，十有四年，年五十四，谥孝献皇帝。"(《后汉书·献帝纪》)汉献帝禅位以后的情况，史书并无详细记载，死后魏明帝在《孝献皇帝赠册文》中说："授位明堂，退终天禄，故能冠德百王，表功高岳。"（《魏志·明帝纪》注引《献帝传》）这种评价，反映汉献帝退位之后无所作为，但也谈不上荒淫无道。因此，以"不勤成名曰灵""乱而不损曰灵"去评价汉献帝，缺乏充分的依据。又齐益寿教授指出，山阳公逊位时非常干脆，死的时候远在禅位十四年后，死后明帝追他为汉孝献皇帝，葬以汉天子之礼，同时他的皇后又是曹操的女儿，死在他之后二年。基于这几种证据，山阳公乃是"寝疾弃国"，黄文焕说："魏降献帝为山阳公，阅十余年善终。"这种说法是可信的。[①]为此，"乱而不善终曰灵"也不适合评价汉献帝。

晋恭帝是刘裕扶立的，在位之时，他处于刘裕的掌控之中，不可能有所作为，但也谈不上荒淫无道。禅位之后，他居于秣陵，生活在刘裕的眼皮底下，小心谨慎，处处提防，活得很窝囊。《晋书·恭帝纪》："帝自是之后，深虑祸机，褚后常在帝侧，饮食所资，皆出褚后，故宋人莫得伺其隙。"即便如此，他还是被刘裕杀害了。晋恭帝的谥号为"恭"（应取"尊贤敬让曰恭"之义），陶渊明说应当改谥为"不勤成名曰灵"，并无充足的理由，因为晋恭帝缺乏"勤于成名"的条件。晋恭帝没有荒淫无道的表现，也不能用"乱而不损曰灵"来评价。用"乱而不善终曰灵"来评价就不合适。晋恭帝虽然被弑而死，不得善终，但这与荒淫无道而导致的"不善终"完全不同。《南华真经义海纂微》说："灵为无道之谥明矣……不勤成名曰灵，古之人主不善终者有灵若厉之号。"汤汉把"灵为无道之谥明矣"等话删掉，致使"不善终"与"荒淫无道"的关联不复存在，明显存在断章取义、偷换概念的弊病。再补上"哀怨之词"的解释，把"成名犹不勤"与晋恭帝联系起来，则更为荒谬了。因为"成名犹不勤"明显属于恶谥，表现了对无道昏君的贬斥，若按照汤汉的解释，等于以"贬斥之词"来体现"哀怨之情"，真的是"岂有此理"。

---

① 齐益寿：《陶渊明的政治立场与政治理想》，收入《中国古典文学研究丛刊（散文与论评之部）》，（台北）巨流图书公司1979年版，第53—54页。

　　"山阳归下国"的"下国"是相对于"上国"而言的，在汉晋之时有几种不同的表现形式。其一，京城称为"上国"，诸侯王的封国称为"下国"。《后汉书·陈蕃传》："夫诸侯上象四七，垂耀在天，下应分土，藩屏上国。"西晋枣据《登楼赋》："情戚戚于下国，意乾乾于上京。"（《艺文类聚》卷六十三）汉献帝的"山阳国"也属于诸侯王的"下国"，当然他在这里只能享受爵禄，不能干预军政事务。其二，中原王朝称为"上国"，蛮夷之邦称为"下国"。《后汉书·东夷列传》："其后遂通接商贾，渐交上国。"潘尼《扇赋》："至若羽扇，靡雕靡刻。方圆不应于规矩，裁制不由于绳墨。始显用于荒蛮，终表奇于上国。"（《北堂书钞》卷一百三十四）其三，三国鼎立之时，自以为继承中原正统的曹魏称为"上国"，而东吴、蜀汉则被称为"下国"。如《晋书·食货志》："诸葛亮耕于渭滨，规抗上国。"《晋书·陆机传》："吴武烈皇帝慷慨下国，电发荆南，权略纷纭，忠勇伯世。"其四，五胡乱华之初，西晋称为"上国"，胡人政权称为"下国"，如《晋书·刘琨传》："蚁狄续毒于神州，夷裔肆虐于上国。七庙阙禋祀之飨，百官丧彝伦之序。"庾阐《为郗道徽檄青州文》："是以石勒因曩者之弊，遇皇纲暂弛，遂陵跨神州，翦覆上国。"（《艺文类聚》卷五十八）其五，东晋偏安一隅，失去中原正统，没有底气自称为"上国"；相对于西晋，也不宜自称为"上国"。然而东晋自认为继承正朔，又不肯公开说自己是"下国"，否则就等于承认在中原建立的胡人政权是"上国"。如此一来，东晋在面对"上国""下国"之称时便着实有些尴尬。然而就实际情况而言，东晋是实实在在的"下国"。其六，东晋灭亡之后，南北分裂已成定势，于是南朝、北朝均自称为"上国"，而贬称对方为"下国"。如《宋书·索虏传》："中叶谅暗，委政冢宰，黜虏乘衅，侵侮上国。"《魏书·崔玄伯传》："夫魏者大名，神州之上国，斯乃革命之征验，利见之玄符也。臣愚以为宜号为魏。"《魏书·南安王桢附传》："是以太学之馆，久置于下国，四门之教，方构于京廛。"

毋庸置疑，"山阳"两句是在隐喻某个"下国"之君，而这个君主必须同时满足两个条件：其一，已经从"上国"之君沦落为"下国"之君。其二，必须拥有"下国"君主的各种实际权力，才能做到"勤于成名"。在汉献帝之后，东吴、蜀汉、五胡诸国及一般诸侯国都不能满足第一个条件。相对西晋诸帝而言，东晋诸帝能够同时满足这两个条件：他们本来有资格做"上国"之君，却已沦落为事实上的"下国"之君；他们拥有"下国"君主的各种实际权力，适合用"勤于成名"或"成名不勤"来评价。但其中晋恭帝应该除外，因为他不能满足第二个条件。更何况他被贬之后一直住在京城，并未去他的封地，就连"归下国"也谈不上。因此，可以断定"山阳"两句是在隐喻某个东晋皇帝，但不是晋恭帝。

谥法出现之后，"议谥"之事便不可或缺。《汉书·宣帝纪》："故皇太子在湖，未有号谥、岁时祠。其议谥，置园邑。"两晋之时，"议谥"更是属于常规性的制度，如《晋书·贾充传》："及下礼官议充谥，博士秦秀议谥曰荒，帝不纳。"晋元帝大兴三年诏："古者皆谥，名实相称。顷来有爵乃谥，非圣本意，通议之。"[①]《晋书·杨方传》："及葬，属王敦作逆，朝廷多故，不得议谥，直遣使者祭以太牢。"古人引用《谥法》，其目的在于

---

① （唐）杜佑著，颜品忠等校点：《通典》卷一百零四，岳麓书社1995年版，第1414页。

"议谥"；而陶渊明引用《谥法》的"不勤成名曰灵"，其目的也不外乎"议谥"而已。

陶渊明没有担任过礼官，没有资格参与朝廷的"议谥"，但他也可以作为民间人士提出"清议"。两晋之时，颇重"清议"，如元康二年司徒王浑奏弹虞浚等冒丧婚娶曰："宜加贬黜，以肃王法，请台免官，以正清议。"①《晋书·刘毅传》："置州都者，取州里清议，咸所归服，将以镇异同，一言议。"刘裕登基之后诏曰："其有犯乡论清议、赃污淫盗，一皆荡涤洗除，与之更始。"（《宋书·武帝纪》）诸如此类，都可见当时的"清议"对朝廷及地方政治颇有影响。在这种情况下，陶渊明提出"清议"属于朝廷许可的行为，并不算唐突。

综合上述，可知"成名犹不勤"旨在为典型的"下国"之君即东晋诸帝"议谥"，而有名无实的"下国"之君汉献帝、晋恭帝不在此列。既然如此，也就不难在东晋诸帝中找出那位"成名犹不勤"的皇帝，他就是陶渊明"议谥"的具体对象。

东晋存在 104 年，共有 11 位皇帝。根据是否"勤于成名"的标准，可以将其中的 10 个皇帝分成三类。第一类，有点作为的。如"抑扬前轨，光启中兴"的晋元帝，"以弱制强，潜谋独断"的晋明帝（均见《晋书》卷六）。第二类，没有太多作为，但也称不上"无道"的。如晋成帝："雄武之度，虽有愧于前王；恭俭之德，足追踪于住烈矣。"（《晋书》卷七）晋穆帝："孝宗因褓抱之姿，用母氏之化，中外无事，十有余年。"晋哀帝："哀皇宽惠，可以为君，而鸿祀禳天，用尘其德。"（均见《晋书》

---

① （唐）杜佑著，颜品忠等校点：《通典》卷六十，岳麓书社 1995 年版，第 874 页。

卷八）晋康帝在位不足两年，也属于无所作为的一类。第三类，受制于权臣，不由自主也无所作为的。如晋废帝（海西公）："东海违许龙之驾，屈放命之臣，所谓柔弱胜刚强，得尽于天年者也。"（《晋书》卷八）简文帝："帝虽处尊位，拱默守道而已，常惧废黜。"（《晋书》卷九）晋安帝："帝不惠，自少及长，口不能言，虽寒暑之变，无以辩也。凡所动止，皆非己出。"晋恭帝："若乃世遇颠覆，则恭皇斯甚……观其摇落，人有为之流涟者也。"（均见《晋书》卷十）①

就"不勤成名曰灵"而言，需要同时满足两个条件：第一，有"成名"亦即建功立业的主观和客观基础，否则这种评价就没有意义。第二，有所作为但又乱作为，堪称"无道"，这才符合"不勤成名曰灵"这一谥法在历史上的实际使用情况。在上述 10 个东晋皇帝中，第一类有作为但不乱作为，第二类没有多大作为但也不乱作为，第三类不具备"成名"的主观和客观基础，均不能同时满足上述两个条件。在第三类中，最悲惨的是晋恭帝，他不但没有"成名"的条件，甚至连保全性命都做不到。晋恭帝的谥号为"恭"（应取"尊贤敬让曰恭"之义），假如陶渊明就此提出异议，说应当改谥为"不勤成名曰灵"，不但没有充足的依据，而且还等于助纣为虐，为刘裕篡夺皇位制造更多的理由，这就属于一种诬枉之辞而不是一种值得尊重的"清议"了。以此而言，他的"议谥"对象并不是晋恭帝。

通过上述筛选之后，晋孝武帝就成为陶渊明最合适的"议谥"对象了。

---

① （唐）房玄龄等撰，刘湘生、李扬等校点：《晋书》，岳麓书社 1997 年版，第 92—157 页。

其一，晋武帝、晋孝武帝同谥为"武"，两者很容易引起对比，差异也很明显：一为"上国"之君，一为"下国"之君；前者消灭东吴，完成一统大业，后者坐失良机，未能收复北方。这两种差异，恰好又符合"山阳"两句的隐喻意义。

晋武帝的谥号"武"，应当出自《谥法解》的"克定祸乱曰武"及"刑民克服曰武"。晋孝武帝谥号为"武"，庙号"烈宗"。据《谥法解》："有功安民曰烈（以武立功）。""秉德尊业曰烈（遵世业不堕改）。"又按《晋书·孝武帝纪》云："属苻坚百六之秋，弃肥水之众，帝号为武，不亦优哉！"可知这个"武"也是"克定祸乱"的意思。

晋武帝夺取了曹魏政权，自然认为自己是"上国"之君；而他最终消灭了东吴，统一了天下，也变成了实至名归的"上国"之君。淝水之战以后，前秦帝国分崩离析，局势对东晋十分有利，然而已沦落为"下国"之君的晋孝武帝却排挤贤人，重用奸佞，很快葬送了收复北方失地、重新统一国家的希望，自己也就永远定格在"下国"之君的位置上了。因此，与晋武帝对比，晋孝武帝"已成下国之君，但还是不振作"的特点就暴露无遗，形成"山阳"两句的具体寓意。《晋书·孝武帝纪》说"大国之政未陵夷，小邦之乱已倾覆"，其中"大国"应该指西晋，"小邦"应该指东晋，两者的对比，也恰好就体现了"山阳归下国"的寓意。

其二，在历史上，"灵"的恶谥通常都兼有"不勤成名曰灵""乱而不损曰灵""乱而不善终曰灵"的含义，而晋孝武帝也是这三者兼备的君主。

据《晋书·孝武帝纪》，晋孝武帝在淝水之战以后不久就开始荒政怠政，"肆一醉于崇朝，飞千觞于长夜"，这就是典型的

"不勤成名"。听任司马道子胡作非为，败坏朝政，摧残淝水之战以后的胜利果实。这导致正直人士不断进谏，但晋孝武帝却拒绝忠言，"恶闻逆耳"，这就是典型的"乱而不损"。又《魏书》卷九十六："是时，昌明年长，嗜酒好内，而昌明弟会稽王道子任居宰相，昏瞢尤甚，狎昵谄邪。于时尼媪构扇内外，风俗颓薄，人无廉耻。"这也是"乱而不损"的合适注解。最后晋孝武帝因酒后胡言而被弑，这又是典型的"乱而不善终曰灵"。在东晋诸帝之中，只有晋孝武帝、晋安帝、晋恭帝死于非命，其他都是正常死亡。晋安帝近于白痴，"凡所动止，皆非己出"，他被刘裕缢死，算是死于非命；晋恭帝不能自主，他被刘裕所弑，也算是死于非命；但两者都不说是因荒淫无道而死。如此一来，酒醉之后被张贵人所弑的晋孝武帝，就是因荒淫无道而死于非命的唯一代表了。在他死后不久，东晋就陷入了全面内乱之中，江山社稷由此名存实亡。

总而言之，"不勤成名""乱而不损""乱而不善终"都适用于评价晋孝武帝，而且这与史书所论高度吻合。以此议谥，就是比较公允的"清议"了。

其三，既然"山阳"两句旨在为晋孝武帝"议谥"，则必须陈列一些事实以支持自己的观点。对于晋孝武帝来说，他的"成名犹不勤"具体表现为前勤后怠、由怠而乱，而诗歌的描述与此一致。"神州"四句应指东晋取得淝水大捷并倾覆了前秦帝国；因为除此之外，东晋或处于胡人政权的威胁之中，或未能有效摧毁西北的胡人政权，都不能用这四句话来形容。在东晋皇帝之中，前有宰辅堪称"卜生善斯牧"，后有宰辅堪称"安乐不为君"的，也只有晋孝武帝一人。因此，从"神州"四句到"卜生"两句，就对晋孝武帝的"成名犹不勤"作了具体的说明。

两晋时期，"借咏史以咏怀"是一种流行的做法。在"咏史"之时，对史实有所忽略或改造是理所当然的，但不能太离谱。诗人借"山阳国"以喻东晋之时，并不需要细究各种"下国"的实际差别，这是可以的。但若把出自谥法的"成名犹不勤"嫁接到山阳公的典故上，这就明显有违史实了，因为这在山阳公的典故中找不到任何依据。如此可知，"山阳"两句不能解释为"已如山阳归下国，又如山阳成名不勤"，而只能解释为"已如山阳归下国，却还是成名不勤"，其隐喻意义相当明确。相比以前的"上国之君"，这个君主已经沦落为"下国之君"了，却还是"成名犹不勤"，在"西灵为我驯"之后不思振作，一味重用"安乐不为君"之人：这当然就是指晋孝武帝了。

"卜生善斯牧，安乐不为君。"

逯钦立注《陶渊明集》，指出"卜生善斯牧"的典故出自《汉书·卜式传》："式布衣草蹻而牧羊，上过其羊所，善之。式曰：'非独羊也，治民亦犹是也。以时起居，恶者辄去，毋令败群。'上奇其言，欲试以治民。"又认为卜生之所以为善牧，在于"恶者辄去"一条原则。而这条原则，被数术家视为改朝换代的措施。如许芝奏启曹丕应该代汉称帝时，曾引《京房易传》云："凡为王者，恶者去之，弱者夺之。易姓改代，天命应常。"因此，"卜生善斯牧"就寓言刘裕翦灭晋朝宗室之强者，如司马休之等，为篡夺作准备。

上述解释中存在的问题是，卜生牧羊，"恶者辄去"，本来是"治民"的好措施。用于比喻刘裕篡夺，就变成了反用其意，似乎并不妥帖。王叔岷曰："逯君谓此句取'恶者辄去'之义，隐喻桓、刘以武力诛除当时才望，亦未审。盖诛除才望，则非去恶矣。"① 诚然如是，而以"毋令败群"比喻为刘裕篡位扫清障碍，更不妥当。许芝所说的"恶者去之"，指的是帝王，用来比喻晋朝宗室，也很牵强。实际上，这两句应该特指晋孝武帝的得失，"卜生善斯牧"应该指贤相谢安之类，而"安乐不为君"也就应该指当时"不为君"的辅政大臣，这与皇帝"成名犹不勤"在语义上是关联的。《晋书·乐志》有《明君篇》云："便辟顺情指，动随君所欲。偷安乐目前，不问清与浊。"其意与"安乐不为君"相似。

南宋汤汉注曰："安乐公，刘禅也。丕既篡汉，则安乐不得为君矣。"② 古直注曰："此责恭帝甘心亡国。""不能为高贵乡公以一死谢国，愿为刘禅降附，受安乐之封，是不为君矣。""人谓汉历数永终于兹，而己反谓祚移将二十载。斯牧卜年，抑何善邪？其词盖不严而厉矣。"③ 按晋恭帝在禅位之时说："桓玄之时，天命已改，重为刘公所延，将二十载。今日之事，本所甘心。"（《宋书·武帝纪》）古直这段议论，乃就此而发。袁行霈亦云："责恭帝自甘逊位，有似安乐公刘禅也。"④ 事实上，这种解释是很成问题的。

三国时期的蜀汉后主刘禅，在位 41 年，前期重用诸葛亮，治国有方；晚期重用宦官黄皓等，导致朝政恶化，因此史臣说："后主任贤相则为循理之君，惑阉竖则为昏暗之后。"（《三国

---

① 王叔岷：《陶渊明诗笺证稿》卷三，中华书局 2007 年版，第 356 页。

② （晋）陶潜撰，（宋）汤汉注：《宋刊陶靖节诗》卷三，福建人民出版社 2008 年版，第 98、99 页。

③ 古直笺、李剑锋评：《重定陶渊明诗笺》卷三，山东大学出版社 2016 年版，第 140 页。

④ 袁行霈：《陶渊明集笺注》卷三，中华书局 2003 年版，第 298 页。

志·蜀书·后主传》)但从魏蜀最后一战的情况来看，刘禅"昏暗"还不算太甚。据《三国志》的《后主传》及《姜维传》记载，蜀汉景耀六年（263）夏天，魏国发动了灭蜀之战，征西将军邓艾、镇西将军钟会、雍州刺史诸葛绪数道并攻，其中钟会率领的是魏军主力。后主刘禅遣左右车骑将军张翼、廖化、辅国大将军董厥等出兵，很快就组织了有效的抵抗。在姜维的部署下，蜀军与魏军展开激战，魏军打得十分辛苦，进展很不顺利。后来蜀汉军队集中退守剑阁，把魏军主力挡在剑阁之外，钟会因相持将近半年，粮草不支，遂准备退兵。但此时邓艾却率领西路魏军发动了偷袭，自阴平小道而入，遂破诸葛瞻于绵竹，逼近成都。此时蜀汉的主力部队皆在剑阁一带，成都空虚，刘禅计无所出，遂听从光禄大夫谯周的劝导而请降。他在降书中说："天威既震，人鬼归能之数，怖骇王师，神武所次，敢不革面，顺以从命！"魏主称赞刘禅说："不惮屈身委质，以爱民全国为贵，降心回虑，应机豹变，覆信思顺，以享左右无疆之休。"均足以反映刘禅投降乃是一时之意，并非早就不想"为君"了。相比之下，晋恭帝禅位乃"本所甘心"，又岂能与刘禅相提并论？刘禅在位后期，国内比较安定，没有爆发大规模的内乱，更没有出现篡夺皇位之事。相比之下，晋安帝在位期间，内乱爆发，桓玄篡位，其政局混乱到了无以复加的地步，同样不能与刘禅相提并论。后人受《三国演义》的影响，经常渲染刘禅投降之后的"乐不思蜀"；但刘禅投降之后，已经不再是君王，也就不存在"甘心亡国"之事了。因此，以刘禅比喻晋恭帝，明显属于比喻失当，而"安乐不为君"的"安乐"也应当另有所指。

逯钦立认为"安乐"指汉昌邑王刘贺的臣僚，不详其姓氏。汉昭帝死，刘贺嗣立，日益骄溢。安乐身为故相，并不尽忠劝谏。其事详见《汉书·龚遂传》。"安乐不为君"一句，以安乐不尽忠于刘贺之事，托言东晋臣僚不忠于晋室的情况。汉献帝逊位为山阳公，即袭用昌邑王故事。[①] 言下之意，是指晋恭帝的大臣如同昌邑王刘贺的国相安乐一样，不肯卖力辅佐君王，导致晋恭帝像汉献帝一样被废黜。这种解释也很成问题。因为晋恭帝在位之时，忠于晋朝的朝臣已经被刘裕剪除殆尽，掌权者都是刘裕的亲信或依附者，谁还有能力与刘裕抗衡，负担起"忠于晋室"的责任？既然如此，"安乐不为君"也就失去了实指对象。另外，不谴责刘裕的狠毒，反而谴责无能为力的大臣，也近乎颠倒是非。

事实上，说昌邑王故相安乐"不为君"，也很难说得通。按《汉书·武五子传》记载，元平元年（前74）四月，汉昭帝崩，大将军霍光急召昌邑王刘贺去"典丧"。刘贺从昌邑国（在今山东巨野）出发，一路上干了很多不得体的事，如"求长鸣鸡""买积竹杖"之类。过弘农之时，又"使大奴善以衣车载女子"。朝廷使者以此责备昌邑王的国相安乐，安乐便将此事告诉了昌邑王的郎中令龚遂，龚遂就急忙去找刘贺，刘贺矢口否认说："无有。"龚遂说："即无有，何爱一善以毁行义！请收属吏，以湔洒大王。"当即将大奴善抓起来处罚。又据《汉书·循吏传》，龚遂在昌邑王刘贺手下任郎中令，多事劝谏。"昌邑王贺嗣立，官属皆征入，王相安乐迁长乐卫尉。"因刘贺"日与近臣饮食作乐，斗虎豹，召皮轩，车九流，驱驰东西，所为悖道"，龚遂就去见安乐，痛哭流涕地说："君，陛下故相，宜极谏争。"刘贺即位二十七日，就以淫乱而被废黜，"昌邑群臣坐陷王于恶

---

① 逯钦立校注：《陶渊明集》卷三，中华书局 1979 年版，第 104 页。

不道，皆诛，死者二百余人，唯遂与中尉王阳以数谏争得减死，髡为城旦"。

据上可知，刘贺为昌邑王时，安乐任国相，相当于一个郡的太守，并非朝廷重臣。刘贺登基之后，"王相安乐迁长乐卫尉"。长乐卫尉即皇太后长乐宫的卫尉。《汉书·昭帝纪》："辟强守长乐卫尉。"颜师古注："长乐宫之卫尉也。"《汉书·李广传》："武帝即位，左右言广名将也，由是入为未央卫尉，而程不识时亦为长乐卫尉。"《汉书·韦玄成传》："玄成兄高寝令方山子安世历郡守、大鸿胪、长乐卫尉，朝廷称有宰相之器，会其病终。"长乐卫尉并非朝廷重臣，只不过处于宫廷之中，容易靠近皇帝、太后罢了，所以龚遂叫安乐去劝谏刘贺。综合起来，安乐初任昌邑王刘贺的国相，级别太低，跟大汉天子没有关系，若说诸侯王是"君"也过于夸张，所以此时的安乐谈不上"为君"或"不为君"。入朝之后，安乐担任长乐卫尉，不算朝廷重臣，起不到辅政的作用，也没法对"为君"或"不为君"负责。安乐在任国相时与龚遂配合得很好，入朝之后又深得龚遂的信任，应当不是一个胡作非为之人，至少不是助纣为虐之流。退一步而言，就算是安乐导致了刘贺被废，对于西汉王朝而言也没有造成重大损失，继位的汉宣帝比刘贺强多了。假如因刘贺被废而导致了改朝换代，那么安乐自然难辞其咎；然而事实上并非如此。将昌邑王相安乐"不为君"与汉献帝被废之事拼凑起来比喻晋恭帝被废，也显得十分牵强。总之，《述酒》所说的"安乐"，应该不是指昌邑王相安乐。

细究之，"安乐不为君"必须同时符合以下三个条件：（一）"安乐"必定是三公九卿之类执掌大权的人物。假如"安乐"是个无足轻重的下臣、侍臣，或者是在地方上为官的外臣，对全局影响不大，无法承担"为君"的重担，也就不应当遭受"不为君"之讥。（二）"安乐不为君"必然指"安乐"之类的人物导致了严重后果，例如使君王成为昏君，或失去权力、失去皇位乃至于亡国等。假如没有这些后果，也就不会遭受"不为君"之讥。（三）"安乐"必须在称呼上具有代表性，一望而知就是特指某人，不会与其他人混淆。

遍搜汉晋史书，同时符合上述三个条件的人物实在很少。有的无足轻重，不符合上述条件之中的第一个。如杜茂为汉光武帝功臣，其孙杜奉封为安乐亭侯。王允被董卓所杀，其孙王黑封为安乐亭侯。这两人都没有什么事迹可言。西晋凉州刺史张轨曾封安乐乡侯，但他颇有作为，维护了凉州的安定，不可讥为"不为君"。有的处身于易代之际，君王已名存实亡，不可能为君王服务。如东汉末的华歆，在何进辅政之时为尚书郎，董卓当权之后即离开朝廷，任豫章太守，被孙策打败之后，依附曹操，曹丕封他为安乐乡侯，称帝之后任命他为司徒。华歆对曹氏很忠诚，也不可能对汉献帝承担"为君"之责。又如司马懿之侄司马望在魏高贵乡公时被封为安乐乡侯，因见宠于高贵乡公而不安，求为外官；但他是不可能为曹氏服务的。又如西晋八王之乱中的司马伦，在曹魏时期封为安乐亭侯，入晋后为赵王，位高权重，又有"不为君"及乱政之罪。但司马伦的"安乐亭侯"是魏国封的，以前朝爵位来称呼他，诚然是不伦不类，而且又远不如晋朝封的"赵王"爵位更高，所以"安乐亭侯"不具备标志性，不能成为司马伦的特指。

相比之下，东汉晚期的重臣胡广倒是特别符合上述三个条件。胡广字伯始，南郡华容（今湖北监利），汉安帝时举孝廉入仕，汉灵帝熹平元年（172）去世，历任尚书郎、尚书仆射、汝南太守、大司农、司徒、太尉等职。综合观察，称胡广"安乐不为君"是颇为恰当的。其一，胡广"以定策立桓帝，封育阳安乐乡侯"，去世之后，朝廷又赠以"安乐乡侯印绶"，"汉兴以来，人臣之盛，未尝有也"。(《后汉书·胡广传》)又《后汉书·五行志》记载汉顺帝之末，京都童谣曰："直如弦，死道边。曲如钩，反封侯。"其中"反封侯"就包括"太尉胡广封安乐乡侯"。因此，以"安乐"这个封爵来称呼胡广，具有标志性、特指性。其二，胡广是名副其实的朝廷重臣，《后汉书·胡广传》："自在公台三十余年，历事六帝。""凡一履司空，再作司徒，三登太尉，又为太傅。"又京师谚曰："万事不理问伯始，天下中庸有胡公。"可见胡广"位极人臣"，理所当然对"为君"或"不为君"负有重责。其三，桓灵两朝是东汉走向衰亡的转折时期，先是大将军梁冀专权，导致朝政大乱；后来汉桓帝借宦官之力杀死梁冀，然而朝政又落入宦官之手。宦官横行肆虐，党同伐异，又导致了后来的"党锢之祸"，为黄巾之乱和汉朝的最终灭亡埋下了伏笔。梁冀专权时，胡广徒事迎合；宦官执政后，胡广"又与中常侍丁肃婚姻"，堪称八面玲珑。因此作为朝廷重臣的胡广，理当对朝政的败坏负有重大责任。

历代对胡广颇多讥评。或指责胡广既无正直之气，亦无正义之心。《后汉书·杜乔传》："观其发正辞，及所遗梁冀书，虽机失谋乖，犹恋恋而不能已。至矣哉，社稷之心乎！其顾视胡广、赵戒，犹粪土也。生亦我所欲也，义亦我所欲也。二者不可得兼，舍生而取义者也。"《晋书·载记·姚兴传》："时明也，才足以立功立事；道消也，则追二疏、朱云，发其狂直，不能如胡广之徒泙隆随俗。"《魏书·崔光传》："光宽和慈善，不逆于物，进退沉浮，自得而已。常慕胡广、黄琼之为人，故为气概者所不重。"或指斥胡广为"乡愿",《孟子正义》卷二:"乡愿之徒,若汉之胡广、晋之王祥,以虚名而登上位。"[1] 清代汤鹏《浮邱子》卷五:"乡原,师李耳者也。胡广、冯道,师乡原者也。我之所谓名公巨人,师胡广、冯道者也。"[2] 或认为东汉之亡,胡广难辞其咎。唐代权德舆《两汉辩亡论》曰:"亡西京者张禹,亡东京者胡广。皆以假道儒术,得伸其邪心,徼一时大名,致位公辅。词气所发,损益系之,而多方善柔,保位持禄。"(宋代姚铉《唐文粹》卷三十四)清代王夫之《读通鉴论》:"是非之外无祸福焉,义利之外无昏明焉,怀禄不舍,浮沈于其间,则更不如小人之倾倒于邪,而皆可偷以全身。是以孔光、胡广得以瓦全,而(张)华不免,若其能败人之国家则一也。"[3] 清代赵佑《温故录》引孙奇逢《四书近指》载苏氏曰:"惟庸人与奸人无小过,张禹、胡广、李林甫、卢杞辈是也。"[4] 康有为《孟子微》卷八:"其持论不白不黑,务为模棱;其于世不痛不痒,务在自全。既能媚人,自窃美誉。胡广中庸,冯道长乐,既窃美誉,近世奉为大贤,致位通显,以致亡国灭种,皆此类也。"[5] 总之,安乐乡侯胡广乃是"怀禄不舍""偷以全身"的"乡愿",应当对东汉的衰亡负有重大责任,这与"安乐不为君"的意思颇为吻合。

---

① (清)焦循著,陈居渊主编:《孟子正义》卷二,《雕菰楼经学九种》,凤凰出版社 2015 年版,第 866 页。

② (清)汤鹏撰,刘志靖等校点:《浮邱子》卷五,《汤鹏集》第 1 册,岳麓书社 2011 年版,第 133 页。

③ (明)王夫之著,《船山全书》编辑委员会编校:《船山全书》第 10 册,《读通鉴论》卷十二,岳麓书社 1996 年版,第 439 页。

④ 程树德:《论语集释》卷二十六,中华书局 1990 年版,第 883 页。

⑤ 楼宇烈整理:《康有为学术著作选》,中华书局 1987 年版,第 174 页。

"安乐不为君"的原型既然是胡广，则其所指也不难知晓。晋安帝在位时期，朝廷重臣王珣就被评价为"一似胡广"，可知"安乐不为君"应当就是影射王珣。

淝水之战以后，谢氏因功高盖世而遭到猜忌。谢安退位以后，晋孝武帝将军国大权交与司马道子，但司马道子"信用群小，权宠太盛"，晋孝武帝又颇为不满，"乃出王恭为兖州，殷仲堪为荆州，王珣为仆射，王雅为太子少傅，以张王室而潜制道子也"（《晋书·司马道子传》）。王珣与王恭等人深受晋孝武帝的信任和器重。王恭为光禄大夫王蕴之子，晋孝武帝定皇后之兄，任兖青二州刺史、假节，镇京口，密迩京城，掌握有军事大权。王珣字元琳，东晋开国丞相王导之孙，曾为大司马桓温参军。其子王弘，义熙末年担任江州刺史，曾刻意结交陶渊明。王珣初为尚书右仆射，太元十六年转左仆射（《晋书·武帝纪》）。晋安帝即位之后，又升任尚书令（《晋书·安帝纪》）。按《晋书·王彪之传》："寻迁尚书令，与安共掌朝政。安每曰：朝之大事，众不能决者，谘王公无不得判。"因此，身为尚书令的王珣，乃是晋安帝时的辅政大臣，与丞相没有多大区别。

王珣、王恭辅政之初，形象不错。时人作《云中诗》，以"相王沈醉，轻出教命"指斥司马道子，以"盛德之流，法护王宁"歌颂王珣、王恭（《晋书·司马道子传》）。王恭"每正色直言，道子深惮而忿之"，颇希望能与王恭达成和解，"深布腹心于恭，冀除旧恶"（《晋书·王恭传》）。可知晋孝武帝以王珣、王恭等人钳制司马道子的措施也起到了一定作用。

晋安帝即位之后，王恭因司马道子乱政太甚，必欲杀其心腹王国宝而后快。但王珣却以王国宝"罪逆未彰"之由制止了他。王恭甚为不满，对王珣说："比来视君，一似胡广。"王珣答曰："王陵廷争，陈平慎默，但问岁终何如耳。"（《晋书·王珣传》）据《资治通鉴·晋纪三十》胡三省注，王恭是以胡广的故事来指责王珣"依违于权奸之间以保禄位"，而王珣则以"王陵以廷争失位，陈平以慎默终能安刘"来自我文饰，颇能反映两人的心迹。

王恭得不到王珣的支持，就联络殷仲堪、桓玄起兵而"清君侧"。司马道子迫于兵威，只好处死王国宝、王绪，并向王恭谢罪（《晋书·王恭传》）。如此一来，王恭的怒气平息了，但司马道子却玩起了"假朝威贬削方镇"的权术，致使王恭与桓玄等人再次举兵。此时的王珣，不但不致力于缓解矛盾，反而追随司马元显去讨伐王恭，导致王恭兵败被杀，桓玄也被视为大逆不道的叛臣，为后面更大规模的内乱埋下了伏笔。短短两三年之内，朝堂上的忠奸之争变成了两派的大火并，东晋的政局就再也无法收拾了。

清朝王夫之《读通鉴论》论晋安帝时的致乱之源曰："公论之废于上也，台谏缄唇，大臣塞耳，恶已闻于天下，而倒授公论之柄于外臣，于是而清君侧之师起，而祸及宗社。"王夫之认为，当时司马道子、王国宝之流还是可以控制的，如果"在廷之士"努力把持公论，公正处事，则不会导致"王恭、殷仲堪建鼓以鸣，而不轨之桓玄藉之以逞"的乱局，东晋也不至于很快就灭亡。然而事实却是"公论废于上"，而"孝武疑道子之专，而徐邈进汉文、淮南之邪说；国宝就王珣与谋，而珣犹有卿非曹爽之游词"，就是其中两个最突出的例子。[1]因此，身为尚

---

① （清）王夫之著，舒士彦点校：《读通鉴论》卷十四，中华书局 1975 年版，第 1019 页。

书令的王珣曲意维护权臣，不愿主持公道，以至于权臣恣意妄为，藩镇意气用事；理当对晋安帝时期的乱局负有重大责任。王夫之此论甚是。西晋薛莹作《桓帝赞》与《灵帝赞》，指出东汉之衰，起于汉桓帝、汉灵帝时期的"群妖满侧，奸党弥兴""贤智退而穷处，忠良摈于下位；遂至奸雄蜂起，当防臁坏"（《太平御览》卷九十二）。《晋书·安帝纪》指出晋安帝即位之后，"道子、元显并倾朝政，主昏臣乱，未有如斯不亡者也。虽有手握戎麾，心存旧国，回首无良，忽焉萧散。于是桓玄乘衅，势逾飙指，六师咸泯，只马徂迁"。东汉、东晋均因"奸党弥兴""忠良摈于下位""奸雄蜂起"而亡；而位高权重的胡广、王珣，不持公道，一味纵容，均应对这种局面负责。以此看来，王恭说王珣"一似胡广"，寓意胡广对东汉之乱、王珣对东晋之乱应负相似的责任，也是中肯之论。

《宋书·谢灵运传》曰："每有一诗至都邑，贵贱莫不竞写，宿昔之间，士庶皆遍，远近钦慕，名动京师。"王恭、王珣在当时均属于"流誉一时"的人物（《晋书·王忱传》），他们在朝堂上的言论，自然也很容易传播开来，为人熟知，不亚于谢灵运的诗歌。以此看来，陶渊明说"安乐不为君"，就应当受到王恭之言的启发，以安乐乡侯胡广的故事，隐喻王珣的作为。

《晋书·孝武帝纪》结尾有一段文字，对晋孝武帝在位期间的功过作了概括性的评价；而在《述酒》诗中，从"神州"到"安乐"这一段都可以在上述史评中找到对应的内容。如"西灵为我驯"相当于"西逾剑岫而跨灵山，北振长河而临清洛"；"诸梁董师旅，芊胜丧其身"相当于"荆吴战旅，啸叱成云"及"上天乃眷，强氏自泯"；"山阳归下国，成名犹不勤"

相当于"条纲弗垂，威思罕树"；"卜生善斯牧"相当于"名贤间出，旧德斯在。谢安可以镇雅俗，彪之足以正纪纲。桓冲之夙夜王家，谢玄之善断军事"；"安乐不为君"相当于"道子荒乎朝政，国宝汇以小人，拜授之荣，初非天旨，鬻刑之货，自走权门"；而小序的"仪狄造，杜康润色之"则相当于"肆一醉于崇朝，飞千觞于长夜"。这种高度相似性，说明《述酒》一诗的叙述重点乃是晋孝武帝一朝的历史。"神州"两句以及"诸梁"两句，叙述晋孝武帝在位前期，重用谢安，内部安定，并取得淝水之战的大捷，摧毁了前秦帝国，收复了大部分北方失地。"山阳"及"卜生"四句说晋孝武帝在形势一片大好的情况下开始荒政，从有为之君变成了昏君，"善斯牧"者当朝换成了佞臣当朝，结果导致了晋安帝时期无法收拾的局面。

四、论亡国之源与两晋痼疾

两晋有诸多不同，而内在联系则非常紧密。《述酒》说完晋孝武帝一朝的情况之后，意犹未已，进而回望西晋，略论西晋之亡以及亡国根源，以指出东晋一以贯之的痼疾。

"平王去旧京，峡中纳遗薰。"

旧注认为"平王去旧京"指周平王离开旧都镐京，东迁洛邑；两句比喻西晋都城洛阳被匈奴所占，晋元帝被迫将都城迁到建康，关中地区遂为匈奴所占。这种解释总体上说得通，但细节上尚有许多不妥之处。

"平王去旧京"指周平王离开旧都镐京，东迁洛邑；而西晋也都于洛阳，因此这两句相对于开头的"重离照南陆"，就已经切换了空间，转到了西晋。按汉晋之时，谈及周平王东迁，常有固定的含义。如《后汉书·南蛮传》："平王东迁，蛮遂侵暴上国。"《后汉书·西羌传》"及平王之末，周遂陵迟，戎逼诸夏，自陇山以东，及乎伊、洛，往往有戎。"范宁《春秋谷梁传序》："四夷交侵，华戎同贯，幽王以暴虐见祸，平王以微弱东迁，征伐不由天子之命，号令出自权臣之门……下陵上替，僭逼理极，天下荡荡，王道尽矣。"（《春秋谷梁传注疏》）因此，周平王东迁洛阳，就与天子衰微、戎逼诸夏等情况连为一体，可知此句颇有隐喻五胡乱华之意。

陈沆《诗比兴笺》认为"峡"同"陕"，"峡中"即"陕中"，袁行霈认为"峡"同"郏"，周之旧邦。这些解释都不妥当。两晋之时，似乎尚未把陕西一带称作"陕中"。"峡中"若作"陕中"，指的是陕县（今属河南三门峡），然汉晋皆称陕县，后魏方改为陕中。[①]又《资治通鉴·晋纪十四》："安留其将杨伯支、姜冲儿守陇城，自帅精骑突围，出奔陕中。"胡三省注："陕中，在陇城南。陕，与莶同，户夹翻。"此"陕中"位于甘肃天水一带。"郏鄏"始见《左传·宣公三年》，其地在洛阳之西，与陕西无关。《通典》卷一百七十七："昔武王克殷，定鼎于郏鄏。至成王，营成周，卜涧水东、瀍水西而宅洛邑，是为王城。郏鄏，陌名。汉孔安国云：'王城，今河南城。'周灵王时，谷雒斗，毁王宫，则《左传》齐庄公遣师城郏是也。在今城之西。"

按六朝时期，"峡中"常指长江三峡沿岸的山区，居住在这一带的百姓多为蛮族，通称为"峡中蛮"。《宋书·沈攸之传》："初元嘉中，巴东、建平二郡，军府富实，与江夏、竟陵、武陵并为名郡。世祖于江夏置郢州，郡罢军府，竟陵、武陵亦并残

---

① （清）张穆著，安介生辑校：《魏延昌地形志存稿》卷三，齐鲁书社2011年版，第280页。

坏，巴东、建平为峡中蛮所破，至是民人流散，存者无几。"《宋书·州郡志》："晋末平吴时，峡中立武陵郡，有黾阳、黔阳县，咸宁元年并省。"《宋书》卷九十七："宜都、天门、巴东、建平江北诸郡蛮，所居皆深山重阻，人迹罕至焉。前世以来，屡为民患。"《资治通鉴》卷一百零三："咸安元年，秦兵至鹫峡，杨纂帅众五万拒之。梁州刺史弘农杨亮遣督护郭宝、卜靖帅千余骑助纂，与秦兵战于峡中；纂兵大败，死者什三四。宝等亦没，纂收散兵遁还。"《资治通鉴》卷一百三十四："巴东建平蛮反，沈攸之遣军讨之。及景素反，攸之急追峡中军以赴建康。"总结上述，湘西、巴东一带在当时都被称为"峡中"，两晋之时这里是巴蜀地区与荆州的分界线，因此，"峡中"可以指代巴蜀地区。

古直认为"薰"指"獯鬻"（亦写作"薰鬻"），按《晋书》卷九十七《北狄》："匈奴之类，总谓之北狄……夏曰薰鬻，殷曰鬼方，周曰猃狁，汉曰匈奴。"此论不错，不过当时单用"獯"字情况很常见，不必把"獯鬻"割裂开来。如颜延之《阳给事诔》："国祸荐臻，王略中否。獯虏间衅，剧剥司兖。"王元长《永明十一年策秀才文》："关洛动南望之怀，獯夷遽北归之念。"（《文选》卷三十六）梁元帝《与周弘正手书》："獯丑逆乱，寒暑亟离；海内相识，零落略尽。"（《陈书·周弘正传》）

综合起来，"峡中纳遗薰"当指峡中接纳流民，成为五胡乱华之始。元康六年（296），关西一带兵祸扰乱，加上连年灾荒，百姓流亡迁移，进入汉川的就有几万家，散布于梁州、益州，为此引发了一系列的叛乱。永康元年（300），益州刺史赵廞与洛阳流人据成都反（《晋书·惠帝纪》）。永宁元年（301）十月，

"流人李特反于蜀。"(《晋书·惠帝纪》)永安元年（304），氐族人李雄占成都，自称"成都王"，史称成汉；匈奴人刘渊起兵于离石（今山西离石），史称汉赵，成为五胡建国的开始，自此便一发不可收拾。

"双陵甫云育，三趾显奇文。"

"双陵"一般都解释为《左传·僖公三十二年》所说的"二陵"："晋人御师必于崤，崤有二陵焉，其南陵，夏后皋之墓也，其北陵，文王之所辟风雨也。"因此，"二陵"代指关洛地区。这种解释，简直有些匪夷所思。陶澍《陶渊明述酒诗后》说："其实，若除宣、景、文三王不数，则武、惠二帝正双陵耳。"[①]他认为"二陵"就是位于洛阳的晋武帝、晋惠帝两个陵墓，这是有道理的。"平王"一句，已经表明所叙乃洛阳之事，隐指西晋；这个"双陵"自然也应当指晋朝的"二陵"《晋书·穆帝纪》记载永和七年九月，"峻阳、太阳二陵崩"。据《文献通考》卷一百三，晋武帝的陵墓峻阳陵，晋惠帝的陵墓太阳陵，皆在洛阳县东南；晋怀帝、晋愍帝，"并葬晋州平阳县"，在山西境内。司马懿、司马师、司马昭的陵墓也在洛阳，郭缘生《述征记》曰："北邙东则乾脯山，山西南晋文帝崇阳陵；陵西武帝峻阳陵；邙之东北宣帝高原陵、景帝峻平陵；邙之南则惠帝陵也。"[②]但他们三人是后来被追封为皇帝的，其陵墓不能算真正的帝陵；晋怀帝、晋愍帝死于乱军之中，葬在平阳县，也不可能享受帝陵的规格。因此，只有晋武帝、晋惠帝的陵墓才算是帝陵，合称

---

① （清）陶澍撰，陈蒲清主编：《陶澍全集》第 6 册文集补遗一，岳麓书社 2010 年版，第 441 页。

② 《昭明文选》卷三十八，吉林人民出版社 1998 年版，第 721 页。

"二陵"是合适的。"育"应该是"诞育"的意思,但不是"诞育人民",而是指"帝王事业的延续"。如《晋书·孔坦传》:"将军出自名族,诞育洪胄。"《宋书·武帝纪》:"天未绝晋,诞育英辅,振厥弛维,再造区宇,兴亡继绝,俾昏作明。""双陵甫云育"就是"二陵不泯,诞育英主"的意思,显然西晋王朝的延续。

"三趾显奇文","三趾"为三足乌,祥瑞之兆。沈约《大观舞歌》:"宽以惠下,德以为政。三趾晨仪,重轮夕映……皇矣帝烈,大哉兴圣。奄有四方,受天明命。"(《乐府诗集》卷五十二)值得注意的是"奇文",古直曰:"奇文者,世不常有之文",如九锡文、禅位诏等。[1]事实上,"奇"是相对"正"而言的,如傅玄云:"其奇文异变,因感而作者,犹自然之成形,阴阳之无穷。"[2]有文而不正,显然不能指正统的华夏君主,用于指称到处建国称帝的胡人倒是比较恰当的。综合起来,"双陵"两句可以解释为:就在人们指望晋武帝、晋惠帝两个陵墓保佑子孙帝业的时候,上天显示的祥瑞已经偏离了华夏正规,预兆到处有人自立为帝的五胡十六国时代将要到来了。

"王子爱清吹,日中翔河汾。"

按潘岳《笙赋》:"河汾之宝,有曲沃之悬匏焉。""唱发章夏,导扬韶武。协和陈宋,混一齐楚。""非天下之和乐、不易之德

---

① 古直笺、李剑锋评:《重定陶渊明诗笺》卷三,山东大学出版社 2016 年版,第 141 页。
② (晋)陈寿撰,(南朝宋)裴松之注:《三国志·魏志·杜夔传》卷二十九,上海古籍出版社 2011 年版,第 746 页。

音，其孰能与于此乎！"①因此，"王子爱清吹"颇有渴望"混一齐楚""天下和乐"之意。"日中翔河汾"，逯钦立注引《梁书·武帝纪》曰："一驾河汾，便有窅然之志。"语出《庄子·逍遥游》："尧治天下之民，平海内之政，往见四子藐姑射之山，汾水之阳，窅然丧其天下焉。"杜甫《收京》有"暂屈汾阳驾"一语，《钱注杜诗》云："此诗盖深惜玄宗西幸……暂屈汾阳驾，言西幸之为暂出，不应遂窅然丧其天下也。"②按"河汾"指山西省西南部地区，一往山西而丧其天下，颇与西晋末年晋怀帝、晋愍帝的情况吻合，两人均被匈奴人刘聪劫持到山西并被害死在那里，西晋也由此而亡，堪称"窅然丧其天下"。因此，"王子"两句就是说晋怀帝、晋愍帝这两个王子渴望登基之后天下太平，但结果却是"丧其天下"。之所以称为"王子"，乃是相对于前面的"双陵"而言。

"朱公练九齿，闲居离世纷。"

"九齿"一语，向来不得其解。黄文焕《陶诗析义》卷三说"九齿"一语不可解，"殆故晦之，以自藏耶？"王瑶认为"九齿"犹"久龄"，"九""久"谐音，"齿"与"龄"同义，"练九齿"指修炼长生之术。③此解过于迂曲，还不如说"练九齿"相当于道教修炼中的"叩齿法"，如《正统道藏》洞玄部神符类有《太上洞玄灵宝投简符文要诀》一卷，约出于南北朝或隋唐，有云："常以鸡鸣阳光始分，东向叩齿九通，摩两掌令热，以手掌拭面

① （清）姚鼐纂集，胡士明、李祚唐标校：《古文辞类纂》卷七十一，上海古籍出版社 2016 年版，第 778 页。
② 李爽著：《钱注杜诗研究》，上海古籍出版社 2016 年版，第 229 页。
③ 王瑶编：《陶渊明集》，见《王瑶全集》第一册，河北教育出版社 2000年版，第 448 页。

目九过，仰祝服青牙。"然而在道教典籍中，叩齿的次数很不确定，有"三通""七通""九通""二十四通""三十六通"等，"叩九齿"不具有代表性，所以应当不是"练九齿"。

近检文献，方知"九齿"乃是一种赌博游戏即"樗蒲"中的术语。东汉马融《樗蒲赋》曰："昔有玄通先生，游于京都，道德既备，好此樗蒲，伯阳入戎，以斯消忧。枰则素旃紫蔚，出乎西邻，缘以缋绣，衼以绮文。杯则摇木之干，出自昆山。矢则蓝田之石，卞和所工，含精玉润，不细不洪。马则玄犀象牙，是磋是砻。杯为上将，木为君副，齿为号令，马为翼距，筹为策动，矢法卒数。于是芬葩贵戚，公侯之俦，坐华榱之高殿，临激水之清流，排五木，散九齿，勒良马，取道里。是以战无常胜，时有逼遂，临敌攘围，事在将帅，见利电发，纷纭滂沸。精诚一叫，入卢九雉，磊落蹒跚，并来猥至。先名所射，应声粉溃，胜贵欢悦，负者沉悴。"（《艺文类聚》卷七十四）

"樗蒲"是一种赌博游戏，相传为老子所造。张华《博物志》说："老子入西戎，造樗蒲。"（《太平御览》卷七百二十六）马融《樗蒲赋》中的"伯阳"即老子，"玄通先生"即早期道士之谓，语出《老子》："古之善为士者，微妙玄通，深不可识。"汉晋之时樗蒲的具体玩法已经失传，黄志立《樗蒲资料补正》一文有较为详细的考证。[①] 据唐代李肇《国史补》及李翱《五木经》等所叙，这种游戏由枰（樗蒲棋盘）、杯（掷骰子的碗）、矢（筹码）、马（棋子）、筹（筹码数）、木（骰子）、齿（彩头名）等成分构成。马融所说的"五木"，就是五个木制的骰子，一面涂黑，画上一只牛犊；一面涂白，画上一只"雉"。投掷

---

① 黄志立：《樗蒲资料补正》，《平顶山学院学报》，2015 年第 6 期。

"五木"，黑白两面形成不同的排列情况，这就叫作"齿"；"九齿"即其中九种排列情况，能赢得不同数量的筹码。马融所说的"精诚一叫，入卢九雉"，其中"卢""雉"就是"齿名"。马融说"排五木，散九齿"，表明汉代只有九个齿名，但李肇却列出了十个齿名，即卢、雉、犊、白、开、塞、塔、秃、枭、撅（《太平广记》卷二百二十八），估计与汉代的玩法已有不同。

"朱公"，一般认为就是"陶朱公"，即范蠡。但史书中不见有陶朱公喜欢樗蒲的记载，也没有范蠡修习长生术的说法。因此"朱公"当即"朱衣公卿"的代名词。秦汉之时，朝服尚玄，以黑色为基调，魏晋以来，朝服尚赤，以红色为基调。《宋书·礼志》记载，晋武帝泰始四年（268），"以通天冠、朱纱袍为听政之服"。又说："宫臣见至尊，皆着朱衣。"晋人常以"朱衣"指公卿，如鲁褒《钱神论》："洛中朱衣，当涂之士，爱我家兄，皆无已已。"（《晋书·鲁褒传》）郭璞《赠潘尼》："遂应四科运，朱衣耀玉质。"（《艺文类聚》卷六十七）如此看来，"朱公练九齿"就是指公卿大夫习惯于"闲居离世纷"，不理政事，沉迷于樗蒲，对"九齿"非常熟悉（"练"为熟谙之意）。又《文选》之张衡《西京赋》注曰："天子殿高九尺，阶九齿，各有九级。"故而"练九齿"也可以隐喻时常出入于朝堂的公卿，描述了公卿大夫喜欢闲居避世、沉湎于博戏的现象。

秦汉时期，赌博为社会正人君子所厌恶，也为国家法度所禁止。魏晋时期则不然，玄学兴起，通脱旷达、放任不羁成为大多数人崇尚追求的风范。于是赌博如同酗酒和服药等一样，成为名士风流的一种标识。此时赌博形式十分多样，且公开化、普遍化、社会化。上自帝王，下及庶民，视赌博不以为讳，反以自得。赌博的输赢极大，赌注数十或乃至数百万钱视为平常。[①]晋武帝曾与其贵嫔胡芳"樗蒲，争矢"（《晋书·胡贵嫔传》），《晋书·周顗传》记载王敦与参军樗蒲，袁耽为桓温樗蒲赢钱（《晋书·袁耽传》），"桓宣武与袁彦道樗蒲"（《世说新语·忿狷），温峤屡与"扬州、淮中估客樗蒲"（《世说新语·任诞篇》），王献之自诩善于樗蒲，"远惭荀奉倩，近愧刘真长"（《世说新语·方正篇》）等，不胜枚举。赌博往往造成国家政事荒废，时人不以为耻，反以为风流放达，如王澄与其兄王衍"名冠海内"，在荆州刺史任上，"益、梁流人四五万家一时俱反，推杜弢为主，南破零桂，东掠武昌，败王机于巴陵。澄亦无忧惧之意，但与机日夜纵酒，投壶博戏，数十局俱起"（《晋书·王澄传》）。然而"贵游子弟多慕王澄、谢鲲为达"，不以为耻，反以为荣（《晋书·卞壶传》）。晋孝武帝之时，范宁也指出了当时"蒲酒永日，驰骛卒年……凡庸竞驰，傲诞成俗"的官场习气。

因此，陶渊明特意描述"朱公练九齿"，实则在总结西晋灭亡的原因之一。西晋葛洪《抱朴子外篇·自叙》："见人博戏，了不目盼。或强牵引观之，殊不入神，有若昼睡，是以至今不知棋局上有几道、樗蒲齿名，亦念此辈末伎，乱意思而妨日月，在位有损政事，儒者则废讲诵，凡民则忘稼穑，商人则失贝财。"可谓深中其弊，"朱公"两句的寓意也与此相同。

又次两句云："峨峨西岭内，偃息常所亲。"

———————————

① 见张丽君《魏晋南北朝赌博研究》，江西师范大学 2009 年硕士学位论文，第 2 页；罗新本《魏晋南北朝赌博之风述论》，《中国史研究》1990 年第 2 期；宁稼雨《〈世说新语〉中樗蒲的文化精神》，《盐城师范学院学报》，200 年第 1 期；邱少平《魏晋名士与社会赌博之风》，《文史杂志》，2005 年第 3 期；等等。

　　"西岭"，或以为指晋恭帝安葬之所，或以为指昆仑山。按前述，晋恭帝葬于钟山，在建康城北偏东一带，不得称为"西岭"，此山并不算高，也难以称为"峨峨"。若说是昆仑山，又显得虚无缥缈。若说是伯夷叔齐隐居的西山，与上一句也不接；既然已经离开"世纷"，又何必跟尘世荣华置气，"发誓不食周粟"？

　　就"偃息"一词来看，应当指段干木。段干木为春秋战国之际人。《淮南子·修务训》："段干木辞禄而处家，魏文侯过其闾而轼之……无几何，秦兴兵欲攻，司马唐且谏秦君曰：'段干木，贤者也，而魏礼之，天下莫不闻，无乃不可加兵乎？'秦君以为然，乃按兵而辍不攻。"段干木的墓地及祠堂，历来相传在山西芮城县。清储大文《山西通志》卷一百六十七记载芮城县段干木庙有二处："一在东十里东张村，有墓。""一在西北二十三里下段村，村多段氏。"卷二百零一收有唐朝卢士牟《段干木庙记》，卷二百零五收有元朝段禧《重修段干木祠堂记》。北宋王存《元丰九域志》记载汾州有段干木祠、段干木墓。按芮城县西偏南百里之处，就是著名的西岳华山。以"峨峨西岭"指西岳华山，以西岳华山来指示段干木墓地的方位，这都是合适的。又梁朝萧统《铜博山香炉赋》："写嵩山之巃嵸，象邓林之芊眠……吐圆舒于东岳，匿丹曦于西岭。"[①] 这个与嵩山、东岳并举的"西岭"，就是指西岳华山。

　　"偃息常所亲"，也应当指魏文侯特别青睐段干木。据西晋皇甫谧《高士传》记载，"段干木者，晋人也……与田子方、李

---

① 曹旭等选注：《齐梁萧氏诗文选注》，上海古籍出版社2015年版，第275页。

克、翟璜、吴起等居于魏，皆为将，唯干木守道不仕。"但魏文侯却特别青睐这个"偃息"在家的段干木。第一次登门拜访时，段干木逾墙而走；之后魏文侯每次经过他家，都要行礼；之后又固请段干木为相，遭到拒绝；之后又谦卑地再三请求段干木见他，段干木见魏文侯时，自己坐着，却让魏文侯站在一旁。如此种种，堪称"偃息常所亲"。① 这句话又可以和《诗经·北山》联系起来理解："或燕燕居息，或尽瘁事国；或息偃在床，或不已于行。或不知叫号，或惨惨劬劳；或栖迟偃仰，或王事鞅掌。或湛乐饮酒，或惨惨畏咎；或出入风议，或靡事不为。"这样一对照，"偃息常所亲"就染上了批评的意思，亦即指帝王不亲近那些"尽瘁事国"之人，反而特别青睐那些"息偃在床"之人。按西晋时人颇喜欢称道段干木这一典故，将之总结为"偃息而退兵"，如《晋书·华谭传》："徐偃修仁义而失国，仲尼逐鲁而逼齐，段干偃息而成名，谅否泰有时，岂人力之所能哉！"左思《咏史》："吾希段干木，偃息藩魏君。"可见社会风气之一斑。正如《晋书·王导传》所云："自魏氏以来，迄于太康之际，公卿世族，豪侈相高，政教陵迟，不遵法度，群公卿士，皆厝于安息，遂使人乘衅，有亏至道。"在历史上，以清谈误国著名的王衍，临死之前就感慨说："呜呼！吾曹虽不如古人，向若不祖尚浮虚，戮力以匡天下，犹可不至今日。"（《晋书·王衍传》）因此，"峨峨"两句，旨在揭示公卿大夫"厝于安息"乃是西晋亡国的原因之一。

总而言之，从"平王"一句开始，乃是在高度概括西晋的

---

① （晋）皇甫谧：《高士传》，见新编汉魏丛书编纂组《新编汉魏丛书》第2册，鹭江出版社2013年版，第588页。

历史。建都洛阳，戎狄内迁，五胡乱华，最终是怀愍二帝丧其天下。而公卿大夫崇尚奢靡，沉湎于博戏，喜欢偃息高谈，不理政事，则成为西晋亡国的根本原因。这些评价，与历代史学家对西晋的看法非常相似。

叙述到此，诗歌也可以结束了，诗人用一句话结束："天容自永固，彭殇非等伦。""天容"，陶澍解释为天老、容成，与彭、殇为对。按天老、容成并称，则应当指黄帝之臣。《竹书纪年》记载黄帝因天雾昼昏，三日三夜，遂问天老、力牧、容成，天老曰："天有严教以赐帝，帝勿犯也。"（《宋书·符瑞志》）彭祖得容成御女术王瑶注："天容，天子之容。"逯钦立注："天容，天人之容，即出众人物的高大形象，指伯夷叔齐。"邓安生以为天容"当即天之法则，古人所谓天道、天命也"[1]。

实际上，"天容"是一个固定词语，如汉代陆贾《新语·本行》："圣人乘天威，合天气，承天功，象天容。"董仲舒的《春秋繁露》多次论及"天容"，如《符瑞篇》："博得失之效，而考命象之为，极理以尽情性之宜，则天容遂矣。"又专立《天容》一篇以论之，曰："圣人视天而行，是故其禁而审好恶喜怒之处也。"所谓的"天容"，也就是天气、天象，董仲舒认为据其变化以揣测天意，调整政治作为，如"诸天之默然不言"就表示"功德积成"，而四季是否正常、气候有无异常，就体现了天的喜怒。这个词语，乃是解释《述酒》全篇的关键，诗中多半的句子都与"天容"有关，包括星象占卜、阴阳五行之类。"天容自永固"表示天地是"永安"的，而一个王朝的"长治久安"则极为短暂，两者就如同活了八百岁的彭祖与殇子一般不可同

---

① 均见邓安生《陶渊明新探》，文津出版社1995年版，第179页。

日而语。诗人在叙述完西晋历史之后，以长叹一声而作结，在语义上也是很顺畅的，其言下之意是西晋很快就灭亡了，东晋也行将如此，而两者的亡国之因，也不会有太大差别。这可以算是对东晋王朝的"盖棺之论"了，但诗中始终没有叙述刘裕的情况，也就与"忠晋愤宋"没有什么关系了。

综合上述分析，《述酒》一诗总结了两晋历史，重点指出了晋孝武帝一朝"以酒乱政"的现象。根据这种总结性的描述，可知此诗作于晋孝武帝暴崩之后。假如晋孝武帝尚且在位，则朝政尚有变数，诗人也就不会给他作出盖棺之论。如前所述，《述酒》中"安乐不为君"一语，出自王恭的"比来视君，一似胡广"，又据《晋书·王珣传》："隆安初，国宝用事，谋黜旧臣，迁珣尚书令。王恭赴山陵，欲杀国宝，珣止之……恭乃止。既而谓珣曰：'比来视君，一似胡广。'……恭寻起兵，国宝将杀珣等，仅而得免，语在国宝传。二年，恭复举兵，假珣节，进卫将军、都督琅邪水陆军事。事平，上所假节，加散骑常侍。"可知王恭此语是在隆安元年（397）说的，而创作《述酒》的时候，也就已经到了隆安元年。王恭因王珣不支持他诛杀王国宝，遂于当年四月起兵讨伐奸佞，司马道子迫于无奈，便将所有责任推给王国宝，派人将他逮捕赐死。王恭起兵逼死王国宝，这在当时是一件大快人心的大事，但《述酒》没有提到此事，可知创作之时尚未到隆安元年四月。在此之后，司马道子、司马元显率兵征讨王恭，隆安二年（398），王恭兵败被杀。王恭积极讨伐奸佞之时，桓玄也参与其中。王恭被杀之后，桓玄策划了更大的军事行动，终于在元兴元年成功击败司马元显的部队，攻入建康，主持朝政，处死了司马道子父子。这些举措在当时而言都是军国大事，也都颇有正义色彩，但《述酒》同样没有提到。至于刘裕篡晋等史实，就更与此诗没有任何关系了。因此，把《述酒》系年于隆安元年的四月之前，应该是合理的。

第二节　读《山海经》感慨时事

陶渊明因读《穆天子传》及《山海经》而作《读〈山海经〉》十三首，不少论者认为这组诗的寓意类似于屈原的《远游》。

清代邱嘉穗《东山草堂陶诗笺》卷四借用吴兢《乐府古题要解》的说法，说《读山海经》类似于曹植等人所作的游仙诗，均源自楚辞《远游》篇，也都有"伤人世不永，俗情险巇，当求神仙，翱翔六合之外"的特点。又如李光地《榕村续语录》卷二："读《山海经》数章，颇言天外事，盖托意寓言，屈原《天问》《远游》之类也。"①

元代虞集《胡师远诗集序》云："《离骚》出于幽愤之极，而《远游》一篇，欲超乎日月之上，与泰初以为邻。陶渊明明乎物理，感乎世变，《读山海经》诸作，略不道人世间事。"②认为《读山海经》与《远游》一样，"颇言天外事"而"略不道人世间事"。既然如此，也就谈不上有什么寓意。元代刘履《选诗补注》卷五："词虽幽异离奇，似无深旨耳。""愚意渊明偶读《山海经》，意以古今志林多载异说，往往不衷于道，聊为咏之，以

---

① 北京大学中文系编：《古典文学研究资料汇编：陶渊明卷》下编，中华书局1961年版，第295、292页。本节引自吴崧《论陶》、邱嘉穗《东山草堂陶诗笺》、马璞《陶诗本义》、黄文焕《陶诗析义》、陶澍注《靖节先生集》、陈沆《诗比兴笺》等著作的观点，均见北京大学中文系编《古典文学研究资料汇编：陶渊明卷》下编第288—310页，不另作注。

② 北京大学中文系编：《古典文学研究资料汇编：陶渊明卷》上编，中华书局1961年版，第128页。

明存而不论之意，如求其解，则凿矣。"袁行霈认为刘履此说"最为通达"，又云自汤汉解释《述酒》以来，或以为陶诗多有寓意，《读山海经》内容荒渺，尤易作种种猜测，恐失之穿凿。[①]

细究之，按汤汉解释《述酒》的思路去理解《读〈山海经〉》是有问题的，然而说这组诗毫无现实寓意，也未免过于武断。因为"颇言天外事"而"略不道人世间事"之语，适合《读〈山海经〉》前八首，却不适合后五首。后五首歌咏"夸父""精卫"等正面形象，指斥"钦䲹"等反面形象，感慨"放士"之不遇，指出帝王因贤愚不分而亡天下，主旨明晰，层次井然，具有很强的现实针对性，已经不是纯粹的游仙之作，显然不能说它们毫无寓意。

就隐喻时事而言，论者多以为《读〈山海经〉》暗指刘裕篡晋之事。如清代吴崧《论陶》："案此数首，皆寓篡弑之事。"萧统曾说陶诗"语时事则指而可想"，清代邱嘉穗《东山草堂陶诗笺》卷四认为《读〈山海经〉》颇能体现这一特点，如其中"巨猾肆威暴"一首，"盖比刘裕篡弑之恶也，终亦必亡而已矣"。王瑶注《陶渊明集》，也认为这组诗因刘裕弑逆而作，"帝者慎用才"之语，就是慨叹于晋室的灭亡。[②]

然而与此相左的观点也很多。如逯钦立认为《读〈山海经〉》作于义熙四年（408）。是年六月，诗人遭遇火灾，旋即徙居南村，《移居》云："敝庐何必广，取足蔽床席。"可知南村居民稠密，房屋狭窄，与《读〈山海经〉》所云"绕屋树扶疏""摘我园中蔬"的景象不合，因此可知为义熙四年遇火之前所作。

---

① 袁行霈：《陶渊明集笺注》卷四，中华书局2003年版，第398页。
② 王瑶编：《陶渊明集》，《王瑶全集》第一册，河北教育出版社2000年版，第451页。

此说颇为有理，也能反映这组诗与刘裕篡晋无关。

不仅如此，诗中所咏故事，也很难与刘裕篡晋一一对应。如袁行霈指出，"巨猾肆威暴"一首，叙述"鼓"与"钦𬹼"因杀"葆江""贰负"与"危"因杀"窫窳"，均遭到了帝王的惩罚，但这两件事并不涉及篡位，与刘裕篡晋不伦不类。[①] 又如清代邱嘉穗认为，"夸父""精卫""巨猾""放士"四首，"皆指切时事，尤隐然可想。惟末篇辞义未详，姑阙焉以质知者。"（《东山草堂陶诗笺》卷四）。刘裕独揽大权之后，不但皇帝毫无用人之权，忠于晋朝的臣子也被翦灭殆尽，为此第十三首所咏的"帝者慎用才"，就很难找到对应的事实，故而邱嘉穗只好说"末篇辞义未详，姑阙焉以质知者"。这反过来表明《读山海经》暗喻刘裕篡晋的观点是难以自圆其说的。清代马璞《陶诗本义》卷四："此《读〈山海经〉》十三首……慨慷后世之事，而晋、宋之事在其中，并不专言晋、宋也。"也认为《读〈山海经〉》虽有"指切时事"的特点，但很难用刘裕篡晋来一一坐实所指。

其实古今有不少论者对《读〈山海经〉》的分析都很精到，但往往因"忠晋愤宋"的误导而功亏一篑，作出了自相矛盾的结论。如明代黄文焕《陶诗析义》卷四：

> 担当世事，矢志社稷，有如夸父其人者，功纵不就于生前，亦留于身后矣。精卫也，刑天也，是皆有其志者也。嗟夫！世人之不及久矣，但有作恶违帝之钦𬹼而已……佐恶之奸臣愈多，贤者愈无所容，鹗且日见，而士日放，云如之何！此元亮读书之血泪次第也。再拈重华之佐尧，贤得

---

① 袁行霈：《陶渊明集笺注》卷四，中华书局 2003 年版，第 397 页。

举而恶得退，桓公于仲父临卒之言，贤不听举，恶不听退，自贻虫尸之惨，盖从晋室所由式微之故，寄恨于此。[①]

黄文焕对《读〈山海经〉》后五首主旨的阐述，非常准确，反映这组诗重点在于揭示"晋室所由式微之故"，亦即东晋走向衰亡的原因，而不是重点悲叹东晋灭亡的既成事实。然而，黄文焕又说："怆然于易代之后，有不堪措足之悲焉。"这等于把前述的分析全部推翻，又落入了"忠晋愤宋"的窠臼。因为东晋的"式微"与东晋的"易代"是两个完全不同的概念。"式微"之时，虽然忠奸不分，贤愚颠倒，但皇权犹在，犹有掌控天下的可能性。"易代"之后，不但皇权已完全失去，就是属于东晋的臣子也都不存在，更无所谓忠奸之分了。

相似的情况也见于清代陶澍注《靖节先生集》卷四："晋自王敦、桓温，以至刘裕，共、鲧相寻，不闻黜退，魁柄既失，篡弑遂成。此先生所为托言荒渺，姑寄物外之心，而终推本祸原，以致其隐痛也。"陶澍说《读〈山海经〉》在于"推本祸原"，追溯东晋衰亡的缘由，这是对的；但他将刘裕与王敦、桓温并列，同归于东晋衰亡的本原、缘由，这又是错误的。因为王敦、桓温叛逆之时，乃是晋室"魁柄未失"之时；而刘裕篡弑，则发生于晋室"魁柄既失"之后。王敦、桓温可以称为"乱臣贼子"，但刘裕却只能称为"窃国大盗"，因为他在晋宋易代之际，已经根本算不上是东晋的臣子了。

总之，黄文焕所论之"怆然于易代之后"、陶澍所论之"刘

---

① 北京大学中文系编：《古典文学研究资料汇编：陶渊明卷》下编，中华书局1961年版，第288页。

裕""篡弑"，乃是受"忠晋愤宋"说误导的结果，难以信从；
而两者所论之"晋室所由式微之故"及"推本祸原"，则颇为合
理，可以用来阐述《读山海经》后五首的含义。

依据黄文焕的说法，第九首"夸父诞宏志"、第十首"精
卫衔微木"，重点在于歌咏"担当世事，矢志社稷"之人，他们
"功纵不就于生前，亦留于身后矣"。黄文焕又说："天下忠臣义
士，及身之时，事或有所不能济，而其志其功足留万古者，皆
夸父之类，非俗人目论所能知也。胸中饶有幽愤。"又论"精卫
衔微木"一首云："被溺而化为飞鸟，仍思填海；被断而化为无
首，仍思争舞"，"死后无裨生前，虚愿难当实事，时与志相违"，
"志士之为精卫、刑天者，何可胜叹；懦夫之不知有精卫、刑天
者，何可胜嗤！想当日读《经》时，开卷掩卷，牢骚极矣！"
说这两首旨在为"担当世事，矢志社稷"的志士仁人鸣不平，
牢骚已极，堪称精当之论（均见《陶诗析义》卷四）。

黄文焕认为第十一首"巨猾肆威暴"旨在指斥"作恶"及
"佐恶"之人。这是对的，但落实到具体解释之时，则未免有曲
解之嫌。

据《山海经·西山经》所叙，钟山山神之子曰鼓，与钦䲹
杀葆江于昆仑之阳，帝乃戮之，钦䲹化为大鹗，见则有大兵；
鼓亦化为骏鸟，见则其邑大旱。"钦䲹"相传为昆仑山神，一
作"钦驱"，见《后汉书·张衡传》注；一作"堪坏"，见《庄
子·大宗师》；一作"钦负"，见《淮南子》；"葆江"一作"祖
江"。① 黄文焕借助这个故事把"帝戮之"的意思带进来，与

---

① 袁珂校注：《山海经校注（增补修订本）》，巴蜀书社1993年版，第
51页。

310

诗中"违帝旨"之语形成对照，无形中强化了"帝王惩罚恶人"的色彩。《山海经·西山经》又记载"贰负"与其臣"危"杀"窦窳"，帝乃"梏之疏属之山"。黄文焕认为"窦窳强能变"所指就是这个故事，"长枯固已剧"即"长梏固已剧"之意。黄文焕借助这个故事，再次强化了"帝王惩罚恶人"的含义，并认为"窦窳"与"祖江"都是帝王垂怜的对象："是钦鴉、贰负等均违帝旨，窦窳、祖江均荷帝怜者也。"基于此，黄文焕说本诗的主旨就是："违帝旨者终为帝所牿戮，庶几足昭为恶之报。"而诗歌最后两句，又进一步强化了"为恶者不可长久"的主旨："使被帝戮而长枯不得复生，固为罚之剧，即化鵕、鹗，亦岂堪恃乎？"（《陶诗析义》卷四）

事实上，黄文焕这种解释是很有问题的。"窦窳"在《山海经》中有多处记载，如《山海经·北山经》记载"窦窳"是一种"人面马足""如牛而赤身"的食人怪物，而《山海经·海内南经》记载"窦窳"居弱水中，"其状如龙首，食人"。郭璞注云："窦窳，本蛇身人面，为贰负臣所杀，复化而成此物也。"意指"窦窳"原为蛇身人面之天神，被杀之后，复化而成此"龙首"而"食人"的怪物也。[1]在《山海经》有多处记载的情况下，黄文焕将"贰负"与"危"因杀"窦窳"而被"梏之疏属之山"这一处记载当作诗中"窦窳"的唯一出处，已经很不妥当；而据此把这个食人怪物说成是一个被冤屈而死的人物，更是不妥。另外，将"长枯固已剧"解释成"长梏固已剧"，借此突出帝王对"贰负"与"危"的惩罚，也近乎于臆断。因为诗中并没有

---

① 袁珂校注:《山海经校注（增补修订本）》，巴蜀书社 1993 年版，第 328 页。

提到"贰负"与"危",而"窫窳"与"长枯"句又是分开的，把两者糅到一个故事中，并没有什么根据。

玩味原诗，"巨猾肆威暴"是诗人重点揭示的对象，"违帝旨"的"钦駓"以及"强能变""窫窳"应当都属于诗人所说的"巨猾"，亦即狡诈多变、大奸大恶之人。"窫窳强能变"应当概括了《山海经》的几处记载，意指"窫窳"一会儿蛇身人面，一会儿人面马足，一会儿又变成龙首，但本质上还是个吃人、害人的怪物。

在此诗之中，"祖江"应该是唯一一个用来与"巨猾"对比的"善人"。张衡《思玄赋》："速烛龙令执炬兮，过钟山而中休。瞰瑶溪之赤岸兮，吊祖江之见刘。"可为佐证。但黄文焕反复强调帝王对"巨猾"的惩罚，把"祖江"解释为帝王垂怜的对象，也是不妥的。原诗之所以要强调"祖江遂独死"，表明"祖江"算是白死了；而"明明上天鉴"又反映帝王对"巨猾"无能为力，所以需要借助上天之手来惩罚恶人。最后两句"长枯固已剧，鵕鹗岂足恃"也完全可以按照字面意思解释为："善人死了就永远枯朽了，实在值得伤悲！然而那些死后妖魂不散、成精作怪的鵕鹗，也不过逞凶一时罢了！老天有眼，不会让他们长存的。"这两句更能暗示帝王处于"缺位"状态，不能惩恶扬善，故而不得不再一次强调老天的报应。这一点，又恰好可以和下一首对君王用人不当的指斥联系起来。如果这一首突出了帝王的惩恶扬善，那么便与下一首所叙构成了矛盾。

第十二首"鹔鹴见城邑"，指君王为小人所迷，贤士遭到放逐。寄希望于青鸟，想它给君王指点迷津，然而这只是一种幻想罢了。论者对这首诗的意见比较统一，如黄文焕《陶诗析义》卷四："放士之主，必其迷惑者耳。""青鸟不可得，而举世益多迷人。"又如陶澍注《靖节先生集》卷四："诗意盖言屈原被放，由怀王之迷；青丘奇鸟，本为迷者而生。何但见鸥鹊，不见此鸟，遂终迷不悟乎！寄慨无穷。"

第十三首"岩岩显朝市"顺接第十二首，旨在提醒帝王应当区分贤愚，慎用人才，不可继续为小人所迷，否则到了败亡之际，就噬脐莫及了。清人陈沆《诗比兴笺》卷二："末二章，贤士放弃，小人用事，追溯致乱之本也。"这种解说是合理的，与黄文焕所说的"晋室所由式微之故"以及陶澍所说的"推本祸原"一致，揭示了《读〈山海经〉》后五首一以贯之的主题，应该是合理的。如果将它与刘裕篡晋联系起来，就很难找到对应的史实了。

总之，《读〈山海经〉》后五首意在感慨仁人志士功败垂成，大奸大恶横行一时，君王不分贤愚导致国事是非，无可救药。显而易见，这样的陈述具有很强的现实隐喻意义，但用于刘裕篡晋则十分不妥。刘裕掌权之后，诛杀异己，广植党羽，真正忠诚于东晋的臣子已近乎绝迹，哪里还有为东晋而奋发的仁人志士？复辟之后的晋安帝以及刘裕所立的晋恭帝，连掌握朝政都已成为一种奢想，哪里还谈得上区分贤愚，黜退小人而提拔贤人？

以此而论，《读〈山海经〉》后五首影射的只能是晋孝武帝一朝的历史。太元八年（383）以后，借着淝水之战以后的难得机遇，东晋王朝本来很有希望荡平北方敌寇，重新一统天下，但事实上却功败垂成，令许多仁人志士白白浪费了心血，只能扼腕叹息，怀恨以终。究其原委，就是君王贤愚不分，任意猜忌排挤贤才英杰，任由大奸大恶在朝中横行。君王为小人所迷，不但导致国事日非，而且酿成了动摇根本的内乱，东晋王朝也就很快病入膏肓、无可救药了。

事实上，《读〈山海经〉》后五首影射的人物故事，都可以在晋孝武帝时期找到相应的史实。

（一）"岩岩显朝市"一首，用来感慨晋孝武帝一朝的政事是很合适的。这首诗引用了齐桓公的典故，而晋孝武帝与齐桓公的可比性强，两人的相似之处很多。齐国只是春秋列国之中一个较大的国家，东晋偏安一隅，其地位也比齐国高不了多少。齐桓公位列春秋五霸之一，在列国纷争的情况下表现较为出色；而在五胡十六国与东晋并峙的乱局中，晋孝武帝也算是一位尚可称道的君主。齐桓公是个前明后暗的君主，前期任用任管仲为相，内强国力，外伐诸侯，因此而称霸天下。管仲去世之后，齐桓公任用易牙、竖刁等小人，变成了一个昏君，为此引发内乱，自己也饥渴而死。晋孝武帝也与齐桓公相似，是个功过参半的君主。在位前期，他重用谢安等贤人，安定内部，抵御敌寇，取得了淝水之战的胜利，收复了大片失地。然而此后他重用司马道子等奸佞，排挤功臣，朝政因而败坏，国势一落千丈。在他死后不久，大规模的内乱就爆发了。

古直笺注"岩岩显朝市"一诗云："此首推原祸本，归咎孝武帝之疏谢安、任道子，帝卒因此遇弑，晋卒因此而亡也。"所论诚是。据《晋书·谢安传》及《晋书·桓伊传》记载，会稽王司马道子日夜短毁谢安，以此孝武帝与谢安遂生嫌隙，令谢安深感功高震主之忧虑。时桓伊任豫州刺史，对此深感不平，借宴会之际对孝武帝唱《怨歌》云："为君既不易，为臣良独难。忠信事不显，乃有见疑患。周旦佐文武，金縢功不刊。推心辅王政，二叔反流言。"孝武帝听了，深有愧色。古直引此事而笺注云："此所谓'仲父献诚言，姜公乃见猜'也。"又曰："孝武已疏谢安，宠用道子，使继安位。沉湎酒色，恒舞酣歌，卒为张贵人所弑，所谓'临没告饥渴，当复何及哉'也。"[1] 因此，诗中的"何以废共鲧，重华为之来"，也就是对谢安之功的评判。东晋前期，内有王敦、桓温之流威逼皇权，外有敌寇不断侵犯，满眼都是共鲧之徒。到谢安执政时期，内部的权臣得到了良好的约束，外敌的威胁也在淝水之战以后解除。这一点类似于舜代尧摄政之后，"流共工于幽州，放欢兜于崇山，窜三苗于三危，殛鲧于羽山"，摆脱了内忧外患的状况。

（二）"夸父""精卫"等神话故事，可用于比喻谢安、谢玄、桓冲、朱序这一班名贤。他们都有志于平定敌寇、一统天下，也都建立了赫赫功勋，然而在晋孝武帝的牵掣下，他们最终都没有实现自己的远大志向，只能赍志以殁，怀恨而终。"夸父""精卫"的故事还可以放在同一个人身上，亦即朱序。朱序第一次镇守洛阳之时，曾策应张大豫等人在凉州起兵反秦，然而因旋即被调去东征而功亏一篑，恰似追逐太阳而至于"虞渊"（西方日落之处）、眼看就要成功却不幸渴死的夸父。朱序在东征的过程中，以区区一己之力，与众多的敌寇斯杀，奋战于地域广阔的幽、冀、豫、青诸州，诚如精卫填海，令人悲叹，却也可歌可泣。

（三）诗中所云的"巨猾"，包括"钦䴶""窫窳"，可认为是在影射司马道子、司马元显父子等奸佞。司马道子起初深得晋孝武帝信任，但他任用王国宝等宠臣，一味专恣弄权，又令晋孝武帝十分不平。中书郎范宁，以儒雅方直著称，力劝晋孝

---

① 丁仲祐（丁福保）:《陶渊明诗笺注》卷四,（台湾）艺文印书馆 2005 年版, 第 172 页。

武帝废黜奸臣王国宝，遭到司马道子、王国宝的打击报复。晋孝武帝迫于无奈，"流涕出宁为豫章太守"。此事完全可以用"钦䲹违帝旨"来形容。司马道子"既为皇太妃所爱，亲遇同家人之礼，遂恃宠乘酒，时失礼敬"，令晋孝武帝十分不平。不久，博平令闻人奭上疏，揭露了司马道子的众多罪恶，晋孝武帝对司马道子便益发厌恨了。但因"逼于太妃，无所废黜"，"乃出王恭为兖州，殷仲堪为荆州，王珣为仆射，王雅为太子少傅，以张王室，而潜制道子也"。（以上均见《晋书·司马道子传》）晋安帝即位以后，司马道子"稽首归政"，却又把权柄转移到自己儿子司马元显的手上。这父子两人颇似阴魂不散、被杀之后化为"鵜鹕"的"钦䲹"，也类似死后"强能变"的"窫窳"，他们相继弄权，导致朝政彻底朽烂，终于酿成大乱，葬送了司马氏的天下。与此同时，镇守京口的兖州刺史王恭因王国宝助纣为虐，协同司马道子祸乱朝政，遂于隆安元年起兵讨伐之，司马道子为了息事宁人，便将所有责任推给王国宝，派人将他逮捕赐死。之后司马道子、司马元显实施反扑，率兵征讨王恭。隆安二年，王恭因部下刘牢之倒戈而兵败，被捕之后处斩于建康。"窫窳强能变"与"祖江遂独死"对举，应该就是隐喻这一事件，前者指司马道子逃脱了惩罚，后者指王恭因讨伐奸佞而死。

另一方面，《读〈山海经〉》与《感士不遇赋》存在很多的共同点，共同之中又有一些细微的差异。将两者进行比较，可以进一步确定《读〈山海经〉》所影射的时事。

（一）两者都为仁人志士功败垂成而悲恸。《感士不遇赋》："广结发以从政，不愧赏于万邑；屈雄志于戚竖，竟尺土之莫及。留诚信于身后，恸众人之悲泣。"据《史记·李将军列传》，汉武帝元狩四年（前119），大将军卫青率兵出征匈奴，李广为前将军，本来应该作为前锋，但因卫青"阴受上诫，以为李广老，数奇，毋令当单于"，李广便成了偏师，绕行东道。因为中途迷路，李广没有及时到达。"大将军与单于接战，单于遁走，弗能得而还。"匈奴遁走，卫青劳而无功，便追究李广因迷路而延误军机之责，李广因此愤而自杀。"屈雄志于戚竖"就是指这件事情。然而李广死后，"天下知与不知，皆为尽哀。彼其忠实心诚信于士大夫也"。"留诚信于身后，恸众人之悲泣"即指这一点。相比之下，《读〈山海经〉》歌咏夸父，说他"与日竞走"，"神力殊妙"，虽然道渴而死，但"余迹寄邓林，功竟在身后"，这与《感士不遇赋》对李广的描述以及"留诚信于身后"的咏叹是一致的。

（二）两者都认为当权者错失良机，导致仁人志士劳而无功。《感士不遇赋》："庶进德以及时，时既至而不惠。""奚良辰之易倾，胡害胜其乃急。"《读〈山海经〉》则说"徒设在昔心，良辰讵可待"，说仁人志士徒有精卫、刑天一般的雄心壮志，却再也等不到"良辰"了，亦即错失良机、"时既至而不惠"之意。

（三）两者都提到宰辅受猜忌的现象。《感士不遇赋》："坦至公而无猜，卒蒙耻以受谤。""悼贾傅之秀朗，纡远辔于促界。悲董相之渊致，屡乘危而幸济。感哲人之无偶，泪淋浪以洒袂。"《读〈山海经〉》则云："仲父献诚言，姜公乃见猜。"很显然，"贾傅""董相""仲父"等语都是在影射宰相一类人物受讥谤、受猜忌、受排挤的情况。

（四）两者对奸佞、昏君的描绘也比较相似，但有轻重之分。《感士不遇赋》："密网裁而鱼骇，宏罗制而鸟惊。""胡害胜其乃急。""雷同毁异,物恶其上。妙算者谓迷,直道者云妄。坦至公而无猜,卒蒙耻以受谤。"说奸佞对贤人的谗言太多、迫害太急,但这些奸佞基本上还属于在君王身边的"小人",没有到达大奸大恶、动摇国本的程度。到《读〈山海经〉》之中,奸佞就被形容为无恶不作的"巨猾"或颠覆政权的"共鲧"之徒了,指责他们应直接对亡国负责,语意就要重得多。《感士不遇赋》说"无爱生之晤言,念张季之终蔽",描述君王受小人蒙蔽,不得下情,但还不算特别昏庸。《读〈山海经〉》则直接以迷于奸佞、放纵邪恶以致国乱身死的楚怀王、齐桓公来比喻君王,语意也要重得多。

（五）两者都相信天道会惩恶扬善。《感士不遇赋》："承前王之清诲,曰天道之无亲;澄得一以作鉴,恒辅善而佑仁。""澄"为"清"之意,指天。《老子》云："天得一以清。""鉴"同"监",指老天在监视着人世。《诗经·大雅·烝民》云："天监有周。"《读〈山海经〉》则云："明明上天鉴,为恶不可履。"这与"澄得一以作鉴"意义相同。

综合起来,《感士不遇赋》与《读〈山海经〉》均有"指切时事"的特点,都表达了士之不遇的感慨,抒发了对朝政的不满之情。两者的共同点反映它们指向同一朝政,而不同点又反映它们指向同一朝政的不同阶段。创作《感士不遇赋》时,陶渊明建功立业的时机已经错失,贤人已被排挤,朝廷已被小人把持,乱象已经丛生,但君王尚能维持大局,足以颠覆国家的共鲧之徒尚未出现,让人感觉到希望尚存。而到了陶渊明创作《读〈山海经〉》之时,"士之不遇"已变为"士之绝望","小人"已成为"肆威暴"的"巨猾",政权已在他们的恣意妄为中摇摇欲坠,覆亡已经触手可及。将这两个阶段联系起来考察,就大大增加了它的确定性，毕竟在陶渊明的一生中，有如此变化的时局只能是独一无二的，不会反复出现；而它也同样指向晋孝武帝在位后期以及晋安帝即位之初。淝水之战以后不久，谢安等贤人因受猜忌而被排挤，司马道子开始乱政，东晋名将如桓冲、谢玄、朱序等人的北伐志向遭到挫败，以致错失良机、功败垂成，而祸乱的因素则在不断积累之中。但此时晋孝武帝在位，尚能维持大局，还没有走到极端的地步。这就是《感士不遇赋》的创作背景。到了《读〈山海经〉》之时，晋孝武帝已死，失去制约的司马道子开始恣意妄为，变成了"巨猾"，而王恭等人屡次发动清君侧的军事行动，又将东晋推向了藩镇与奸臣大火并的深渊。在《读〈山海经〉》中，"怀王"与"放士"连用，就应当指楚怀王之死。因为屈原流放江南之日，也就是楚怀王身死国乱之时。而"临没告饥渴"一句，则明确指齐桓公死于内乱。之所以反复引用君王身死国乱的典故，应当就是在隐喻晋孝武帝；因为晋孝武帝暴崩之日，也就是国家开始大乱之时。在前面的分析中，已经指出晋孝武帝的前明后暗与齐桓公十分相似（其实楚怀王也是类似的）；而有了"身死国乱"一节，就再一次突出了齐桓公与晋孝武帝的可比性。

总而言之，《读〈山海经〉》颇有"感慨时事"的特点。综合历代学者所论以及上述分析，可知这组诗旨在揭示"志士不得善待、恶人不得清除、君王贤愚不分"的政治现象，体现了特别介意东晋朝政的情怀；为此我们可以进一步考察它与特定史实的关联性，从另一个角度来判断其创作时间。以往学者对这组诗进行系年，主要依据就是所感慨之时事与特定史实的关联性，这当然是有道理的。

（一）桓玄败亡之后，晋安帝反正，刘裕等人掌握了朝政，偶有起兵反叛之人，也很快就被剿灭。站在东晋的立场来看，这一时期的刘裕功大于过，以"巨猾"形容之并不妥当；其罪在于滥杀以及诛杀异己，与共鲧之流的罪行很不相同。此时政出刘裕等人，晋安帝不过是一个符号，"钦驱违帝旨""帝者慎用才"之类的议论也没有事实的依托。因此，说这组诗作于彭泽辞官之初或义熙四年前后，是不够合理、缺乏依据的。在此之后，刘裕的地位日益稳固，篡位之心日益彰显，东晋名存实亡，陶渊明也就不可能站在东晋的角度去感慨士之不遇、抨击奸邪横行、提醒帝王慎用人才了，因此《读〈山海经〉》也不会作于这一时期。

（二）桓玄当政之时，不乏正义之举。他不但诛杀了司马道子父子，也一度刷新了朝政。若说《读〈山海经〉》作于此时，则"巨猾肆威暴"等语也就失去了所指。桓玄篡位之后，晋祚一度断绝，站在东晋的角度感慨士之不遇、抨击奸邪横行、提醒帝王慎用人才，同样毫无意义。因此，《读〈山海经〉》不大可能作于桓玄当政及篡位时期。

（三）据《庚子岁五月中，从都还，阻风于规林》及《辛丑岁七月，赴假还江陵，夜行涂口》等诗，隆安四年、五年陶渊明均在仕途中奔走，此时生活不够安定，与《读〈山海经〉》第一首所描述的家居景象不符。尤其是庚子岁（隆安四年）五月中他从京城还家，四月份在家的可能性极小；而《读〈山海经〉》作于孟夏，明显与庚子岁的情况不符。

根据上述推断，《读〈山海经〉》应当作于隆安四年之前。在前面的分析之中，笔者已经指出"巨猾肆威暴"暗喻司马道子父子，"祖江遂独死"暗喻王恭之死，因此《读〈山海经〉》的应当作于王恭被杀之后，亦即隆安二年九月以后。《晋书·安帝纪》："（隆安二年九月）辅国将军刘牢之次新亭，使子敬宣击败恭，恭奔曲阿长塘湖，湖尉收送京师，斩之。"这两种推断指向了一个共同的时间，亦即隆安三年。因此，《读〈山海经〉》说"孟夏草木长"，这个孟夏就应当是隆安三年四月，也就是这组诗的创作时间。此时司马道子父子因挫败了王恭等人"清君侧"的军事行动并杀了王恭，气焰更加嚣张，而桓玄等人则正在酝酿更大的军事行动，矛头直指司马道子父子。

总而言之，《述酒》作于隆安元年春季，《读〈山海经〉》作于隆安三年孟夏，两者处于相同而略呈变化的政治局势之中，并且清晰反映了诗人对时政的认识和态度。在诗人看来，当时的执政者都是"小人"，他们或"安乐不为君"，或"以酒乱政"，甚至于妄逞"威暴"，不但将谢安等"君子"业已取得的成就毁于一旦，还将陷国家于危亡之中，为此王恭、桓玄等人的"清君侧"之举乃是安定时局的必要举措，不但名正言顺，也正符合他的心愿。若有机会，他还是愿意为此尽力的。就在隆安四年，诗人创作了《庚子岁五月中，从都还，阻风于规林二首》，一般认为他当年已经做了桓玄的僚佐[①]，而对他追随桓玄的心理动机，后人的看法颇有不同。通过上述分析，《述酒》《读〈山海经〉》已经反映了诗人对时政的态度，他追随桓玄不过是将这种主观态度变成实际行动而已，此举自在情理之中。然而这种水火不相容的"君子小人之争"实质上已经转变为复杂的派系之争、权力之争，从而变成了东晋王朝内部的大火并，且直接导致了司马氏政权的覆灭。囿于从军经历的感性认识，诗

---

① 王瑶编：《陶渊明集》，《王瑶全集》第一册，河北教育出版社 2000 年版，第 388 页。

人并没有清醒地意识到这一点；这与诗人后来对王朝更迭、内部斗争的深刻认识有着很大的差别。

第三节　再论享年说及早年之作的梳理

陶渊明北方从军的十年之间，创作了不少诗文，但在传统的解诂之中，这些作品均被系年于他归田以后，导致陶渊明相应的经历几乎变成一片空白。从太元十八年（393）到隆安三年（399），在这长达七年的时间内，陶渊明的事迹也非常模糊。事实上，这段时间除了自辞祭酒、躬耕自资之外，他也创作了不少诗文。这些作品也通常被系年于归田以后，很不利于了解陶渊明归田以前的经历和思想。通过一系列的考证，本书将陶渊明所有的诗文系年进行重编，并由此简单概述其早年之作的思想特征，以便进一步研究。

一、再论陶渊明享年说

史书记载陶渊明享年六十三岁，后人提出异议，大体有七十六岁、五十九岁、五十六岁、五十二岁、五十一岁五种说法，以此而争议纷纭，殊难取舍。但各种说法所列举的证据还是比较有限的，不妨把这些证据综合梳理一遍，分成十个小点，兼以梳辨，以便进一步展开论述。通过分析，可以看出六十三岁说还是最合理的。

（一）关于陶渊明早年丧父的问题。

作于义熙三年的《祭程氏妹文》云："慈妣早世，时尚孺婴。我年二六，尔才九龄。爰从靡识，抚髫相成……昔在江陵，重罹天罚。兄弟索居，乖隔楚越。伊我与尔，百哀是切。"其中的"慈妣"，李公焕以为指陶渊明的庶母、程氏妹的生母，而梁启超《陶渊明年谱》则认为是"慈考"之误。"昔在江陵"一段，李公焕以为指隆安五年冬母亲孟氏卒①，王质《栗里谱》认为指隆安五年丧父②。其实此事尚可以进一步分析。

"靡识"指童孺之状。嵇康《幽愤诗》："嗟余薄祜，少遭不造。哀茕靡识，越在襁褓。"《陈书·新安王伯固传》："童孺靡识。""爰从靡识，抚髫相成"两句紧接在"慈妣早世，时尚孺婴。我年二六，尔才九龄"之后，很明确地指出陶渊明在十二岁、程氏妹在九岁之时已经成为孤儿。如果只是"慈妣"去世，父亲尚在，就用不着强调"爰从靡识，抚髫相成"这种孤苦之状了。这一点，对理解《祭从弟敬远文》的"相及龆龀，并罹偏咎"颇有帮助。

其一，《陶征士诔》曰："母老子幼，就养勤匮。远惟田生致亲之议，追悟毛子捧檄之怀。"从行文的语气及所用的典故来看，这个老母应当是嫡母，去世于陶渊明成年并生子之后，因此明显有别于在陶渊明孩提时代早逝的"慈妣"，也可知"慈妣"不是嫡母而是庶母，童年时的"偏咎"也不是指嫡母去世。

其二，《命子》的"于皇仁考"是对已故父亲的称呼，如孙绰《表哀诗》："咨生不辰，仁考凤徂。"（《艺文类聚》卷二十）可知陶渊明初得长子之前，父亲已经去世，父亲在他孩提时代去世的情况当然可以包括在内，而"偏咎"也可以指父亲去世。

其三，假如陶渊明与敬远同在龆龀之时丧庶母，尚未成为孤儿，就不需要特别强调"并罹偏咎"了。假如陶渊明在龆龀

---

① 均见温洪隆注释，齐益寿校阅《陶渊明集新译》卷七，（台湾）三民书局 2002 年版，第 403 页。

② （宋）王质等撰，许逸民校辑：《陶渊明年谱》卷七，中华书局 1986 年版，第 3 页。

之时丧庶母，敬远在龆龀之时丧父，两者对情感和家庭的打击不可同日而语，称为"并罹偏咎"就有些不伦不类。而嫡母去世于成年之后，与"相及龆龀，并罹偏咎"无关。以此而言，"偏咎"不是指庶母，只能指父亲去世。

其四，因陶渊明及程氏妹在"慈妣早世"之后即成为孤儿，可知父亲去世或早于或不迟于"慈妣"的去世。也就是说，在陶渊明十二岁那年，父亲、庶母均已去世。

按"龆龀"一词意指童幼，自汉至唐都颇常见。《帝王世纪》："龆龀有圣德，年十五而佐颛顼。"[1]《东观汉记》卷十三："龆龀励志，白首不衰。"（《太平御览》卷三百八十九）《世说》："融二子，皆龆龀。"（《三国志》裴松之注）均反映"龆龀"是童孺的笼统指称，并无特指某一年岁之意。因此，"相及龆龀，并罹偏咎"指两人均有童孺丧亲之痛，不能反映陶渊明 12 岁时敬远七岁。[2]

清代陶澍等人指出，颜延之《陶徵士诔》"母老子幼"中的"母"，《庚子岁五月中从都还阻风于规林二首》的"一欣侍温颜""凯风负我心""久游恋所生"，均指自己的亲生母亲。[3]由此可知其亲生母亲孟氏去世于庚子岁之后，而"昔在江陵，重罹天罚"一段与孟氏的去世无关。孟氏去世之时，兄妹俩早已各自成家，既不可能住在一起，又自有家人陪伴，慨叹"兄弟索居"甚无道理。若孟氏在江陵去世，妹妹家在武昌，也不能

<hr>

① （清）马骕纂，刘晓东等点校：《绎史》卷八，齐鲁书社 2001 年版，第 75 页。

② （宋）王质等撰，许逸民校辑：《陶渊明年谱》，中华书局 1986 年版，第 213 页。

③ 邓安生：《陶渊明年谱》，天津古籍出版社 1991 年版，第 66 页。

称"乖隔楚越",因江陵、武昌同为楚地也。因此,"重罹天罚"当指其父之死,时渊明居柴桑（属于越地）,尚在龆龀之年,而妹妹居江陵（属于楚地）,年龄更小,两人孤苦而乖隔,故而悲怆无限,有"感惟崩号,兴言泣血"之语。根据"慈妣早世"即成为孤儿的情况来看,父亲很可能与"慈妣"一同去世。诗人之所以隐约其词,不肯明言其事（《命子》诗也不肯明言父亲的事迹）,反映父亲与"慈妣"有可能因故同时死于非命。

总之,"慈妣"与父亲均丧于陶渊明十二岁之前。《辛丑岁七月中赴假还江陵》:"闲居三十载,遂与尘事冥。"以辛丑岁三十多岁推算,陶渊明的十二岁在 382 年以前。《戊申岁六月中遇火》:"总发抱孤介,奄出四十年。"以戊申岁四十多岁推算,陶渊明的十二岁在 379 年以前。综合起来,慈妣、父亲的去世均早于 379 年或 382 年。又据《祭从弟敬远文》,敬远生于 381 年,382 年不过二岁,379 年还没有出生,所谓陶渊明十二岁之时敬远七岁的说法显然是错误的。

（二）关于"弱年薄宦"及其时间段。

《宋书·隐逸传》说陶渊明"弱年薄宦",即二十岁初次出仕。《始作镇军参军经曲阿作》:"弱龄寄事外,委怀在琴书。被褐欣自得,屡空常晏如。时来苟冥会,宛辔憩通衢。投策命晨装,暂与园田疏。"正是形容初仕景象,与"弱年薄宦"吻合,表明"弱年薄宦"乃是事实。《饮酒》曰:"畴昔苦长饥,投耒去学仕。将养不得节,冻馁固缠己。是时向立年,志意多所耻。遂尽介然分,拂衣归田里。""投耒去学仕"形容初仕景象,又与"弱龄"之时"暂与园田疏"以及"弱年薄宦"吻合。因此,"是时向立年""拂衣归田里"乃是一件事,表明他在"向立年"归田,结束初仕,这显然不是多次出仕之后的彭泽归田。

出任彭泽令属于"屡仕"，不是"初仕"或"学仕"；在彭泽令任上时间很短，也没有"冻馁固缠己"这种饥寒交迫的情况。因此，认为彭泽归田在"向立年"，因而推论其享年五十一岁的说法是靠不住的。

陶渊明从弱年初仕到"向立年"归田，前后恰好十年。《杂诗》："荏苒经十载，暂为人所羁。"说的应该就是这段经历。诗中的"驱役无停息，轩裳逝东崖"是仕途中目睹的景象，而"岁月有常御，我来淹已弥"则指出了这段仕途的连续性。可知"荏苒经十载"是一段连续性的仕途经历，不是断断续续的出仕。又《归园田居》："误落尘网中，一去三十年。"也可以成为"向立年"归田的佐证。梁启超《陶渊明年谱》："旧谱多以此诗为乙巳彭泽弃官归后作，然彼年出山至解组，前后不过一岁，篇中'久去山泽游'云云，皆久客新归语，情景不合也。"[1]弱冠初仕，向立年归田，自然是"久客新居"；"为人所羁"长达十年，也足以称为"久在樊笼里"。

有人以为这个"十载"截止于乙巳岁彭泽辞官，指的是此前的仕途经历。[2]这一观点明显是站不脚的。《庚子岁五月中，从都还，阻风于规林二首》曰："久游恋所生，如何淹在兹。"似乎与"驱役无停息"一致；然而"自古叹行役，我今始知之"两句，却足以表明此次出仕在外并未太久。又《辛丑岁七月，赴假还江陵，夜行涂口》："闲居三十载，遂与尘事冥。诗书敦宿好，林园无世情。如何舍此去，遥遥至南荆！"这段话不能

① 梁启超：《陶渊明》，《万有文库》第一集，商务印书馆1929年版，第49页。
② 邓安生：《陶渊明年谱》，天津古籍出版社1991年版，第75页。

表明他在三十多岁以前从未出仕，但却足以表明他在庚子、辛丑岁出仕之前有过一段很长的"闲居"生活。而从庚子岁到乙巳岁，前后不过六年，不能称为"荏苒经十载"。即便在这六年之中，他也曾"长吟掩柴门，聊为陇亩民"（《癸卯岁始春怀古田舍》），一度脱离了"为人所羁"的仕途生活。笔者以为，"荏苒经十载"从太元九年始作镇军参军开始，至太元十八年归田结束，期间诗人均在北方征战或戍边，诗文中涉及北方的情事，大体与此有关。[①]

《癸卯岁始春怀古田舍二首》云："在昔闻南亩，当年竟未践。"或据此以为陶渊明躬耕始于癸卯岁，与"向立年"归田不合[②]；但陶渊明的田地有多处，如"南野""西畴""东林隈""下潠田""西庐"之类；而"寒竹被荒蹊，地为罕人远"说明"南亩"距离他长期居住的地方较远。"向立年"归田之初，因久客在外，家中缺乏劳力，田地大半荒芜，他只是着力经营附近的田地，无暇顾及较远的"南亩"，这也是可以理解的。

据《庚子岁五月中，从都还，阻风于规林二首》以及《辛丑岁七月中，赴假还江陵，夜行涂口》的"闲居三十载"，可知庚子、辛丑年出仕之时，诗人已经三十多岁，这显然有别于"向立年"归田之前的"初仕"。又据《乙巳岁三月为建威参军使都经钱溪》，可知诗人在庚子到乙巳这六年之间均断断续续在仕途中奔走。结束初仕已到"向立年"，加上"向立年"归田之后所度过的一段时光（据义熙元年长子的年龄推算，至少也

---

① 吴国富：《陶渊明北方从军再考》，《九江学院学报》，2018年第2期。
② 北京大学中文系编：《古典文学研究资料汇编·陶渊明卷》上编，中华书局1961年版，第335页。

有五年），再加上从庚子到乙巳这六年的奔走，足以看出诗人在义熙元年乙巳岁至少已经四十岁，丁卯年去世之时至少已经六十二岁。这一点，足以表明享年五十一、五十二、五十六、五十九岁各说之非。

（三）关于"始室"及初生子的时间。

义熙元年（405）为彭泽令之时，陶渊明自称"幼稚盈室"，而萧统《陶渊明传》称其长子"自给为难"。杨勇《陶渊明年谱汇订》认为长子陶俨此时最少亦当十四五岁，如此年龄，方知"善遇人子"，粗理"薪水之劳"。[①] 这一推断颇有道理。在十二岁之前，长子肯定是"不能自给"的。又自汉至唐，十五岁的男子在不少情况下被视作成年男子，可以婚娶，必须分配田亩，独自劳作，并服兵役。《晋书·荀羡传》："年十五，将尚寻阳公主，羡不欲连婚帝室，仍远遁去。"《文献通考》卷二记载北齐武成帝高湛河清三年（564）诏令："自春及秋，男子十五以上，皆布田亩。"以此而论，义熙元年陶渊明的长子如果超过十五岁，就不能说他"自给为难"了。总之，将义熙元年陶渊明长子的年龄定在十二至十五岁，基本符合事实。

《怨诗楚调示庞主簿邓治中》："结发念善事，俛俛六九年。"逯钦立认为"六九年"指五十四岁，此诗乃五十四岁时所作，"结发"指十五岁[②]，如此这两句所叙就等于从十五岁一下子跳到了五十四岁，而下文又回到"弱冠"时期，叙述如此紊乱，何以成诗！因此，这首诗中的"六九年"不是指年龄，而是"百六阳九之年"的简称，表示"多灾多难"之意，与"世

---

① 龚斌：《陶渊明传论》，华东师范大学出版社 2001 年版，第 257 页。

② 逯钦立校注：《陶渊明集》卷二，中华书局 1979 年版，第 50 页。

阻"同义。《晋书·苟晞传》："皇晋遭百六之数，当危难之机。"卢谌《尚书武强侯卢府君诔》："天不子晋，厄运时臻。阳九之会，虽圣莫振。"又"结发"通常用于泛指，不能特指十五岁。清代袁枚《随园诗话》："按《李广传》：'广自结发与匈奴战。'苏武诗：'结发为夫妻。'泛称自幼束发之意，非指称结两人之发也。"[1]陶渊明《感士不遇赋》："广结发以从政，不愧赏于万邑。"也没有以"结发"特指十五岁的意思。又《饮酒》云："少年罕人事，游好在六经。"《始作镇军参军经曲阿作》云："弱龄寄事外，委怀在琴书。"一曰"罕人事"，一曰"寄事外"，可见诗人并未认为自己在"少年"时或"弱龄"之前有什么"僶俛"的表现，为此将"结发念善事，僶俛六九年"理解为"从十五岁开始一直僶俛了五十四年"或"从十五岁开始一直僶俛到五十四岁"都是靠不住的，更不能以此判断他的享年。总结起来，"僶俛六九年"与"弱冠逢世阻"指向同一件事，即"弱年初仕"之意。诗中所说的"僶俛"，也应该就是"从政"的意思。

《怨诗楚调示庞主簿邓治中》又曰："弱冠逢世阻，始室丧其偏。炎火屡焚如，螟蜮恣中田。风雨纵横至，收敛不盈廛。"注家均以《礼记·内则》的"三十有室，始理男事"解释"始室"，说陶渊明三十岁才结婚。但这种解释并不妥当，因为历史上并无"三十始室"的惯例。按《晋书·阮修传》："修居贫，年四十余未有室，王敦等敛钱为婚。"《宋书·后妃传》："年近将冠，皆已有室，荆钗布裙，足得成礼。"陶渊明所说的"始室"即"始有室"之意，表示"开始成家生子"，而"始室丧其

---

① 唐婷：《随园诗话译注》卷十五，上海三联书店 2015 年版，第 347 页。

偏"则表示初成家即丧妻之意，并未明言成家及生子的年龄。但此诗却表明诗人"始室"之时处于躬耕的状态，故而有"螟蜮恣中田"之类的描述。这一点足以反映"始室"之时并不在仕途。《饮酒》云："畴昔苦长饥，投耒去学仕。将养不得节，冻馁固缠己。是时向立年，志意多所耻。遂尽介然分，拂衣归田里。"此诗表明诗人"学仕"直到"向立年"才"拂衣归田里"。如果在"向立年"之前成家生子，则势必尚在"初仕"阶段。然而"螟蜮恣中田"却反映"始室"之时并不在仕途，因此也就否定了"向立年"之前成家生子的可能性，形成了"始室"的年龄上限。

在不依托任何一种享年说的情况下，仍然可以推测陶渊明生育长子的年龄。由《戊申岁六月中遇火》的"奄出四十年"可知，义熙四年戊申岁（408）年诗人应当小于四十五岁。如果超出四十五岁，根据陶诗中"向立年""行行向不惑"等习惯性表述，就应该表达为"接近知天命之年"。因此，义熙元年诗人就应当小于四十二岁。当年长子在十二至十五岁之间，诗人"始室"并生育长子的年龄就应当在二十八至三十一岁之间。又由"向立年"才"拂衣归田"且"始室"时在家躬耕的情况，可知生育长子的年龄只能在二十九至三十一岁之间。换言之，其生育长子的时间就在太元十六年辛卯岁（391）至太元十九年甲午岁（394）这几年。如此到了义熙元年，其长子才会处于十二至十五岁之间。隆安四年庚子岁（400）到义熙元年乙巳岁，诗人在仕途中奔走了六年；以此推算，他在"向立年"归田之后到庚子岁再度出仕，在家躬耕的时光大致在六到九年之间，而不愿担任江州祭酒、江州主簿均发生在这段时间。

《命子》曰："三千之罪，无后为急。我诚念哉，呱闻尔泣。"此诗为初生长子所作，可以无疑；若是生次子或其他儿子，则早已"有后"，用不着感慨"无后为急"了。此诗又表明初生长子时陶渊明年龄已经不小："顾惭华鬓，负影只立。"两晋之时，二十岁以前娶妻者虽然不少，但通常以"成人"之后娶妻为宜。《晋书·范宁传》："礼，十九为长殇，以其未成人也。"《晋书·庾衮传》："及翁卒，衮哀其早孤，痛其成人而未娶，乃抚柩长号，哀感行路，闻者莫不垂涕。"《北堂书钞》卷八十四："二十成人者也。"若是小于二十五岁生子，则正当生育之年，就用不着感慨"无后为急"及"顾惭华鬓"了。因此，二十九至三十一岁生子的推论结果，与《命子》诗所叙的情状、心态均十分吻合。

上面的推论，又颇能证明陶渊明享年五十六岁或五十九岁两说之非。如果享年五十六岁，则义熙元年为三十三岁；当年长子为十二至十五岁，那么诗人就是在十九至二十二岁之间生育长子的。如果陶渊明享年五十九岁，则义熙元年为三十六岁，当年长子为十二至十五岁，那么诗人就是在二十二至二十五岁之间生育长子的。这两种结论，均与"向立年"之前尚在仕途、而"始室"之时致力于躬耕的情况构成矛盾，故而不能成立。

（四）关于辛丑岁"闲居三十载"的自述。

《辛丑岁七月赴假还江陵夜行涂口》："闲居三十载，遂与尘事冥。"表明辛丑岁（401）诗人三十多岁，按六十三岁说，此年三十七岁；"三十载"乃是从"七岁就学"开始算起。《饮酒》云："少年罕人事，游好在六经。""罕人事"即"闲居"之意，而"少年""游好在六经"自然应当从就学之年算起。辛丑岁"闲居三十载"的叙述，也与戊申岁（408）的"奄出四十年"

相互呼应。又颜延之《陶征士诔》说："母老子幼，就养勤匮。远惟田生致亲之议，追悟毛子捧檄之怀。"说的就是辛丑年前后的情况。此年陶渊明家中有五个孩子，以三十岁生子而论，长子才八岁，五子才一岁，而母亲已经衰老，所以他不得不奔走仕途以"代耕"，但心里又很不乐意，充满了无奈之情："商歌非吾事，依依在耦耕。"在这种心境下，他说自己"闲居三十载"，不愿提及"弱年薄宦"之事，乃是合情合理的，不能据此否定"向立年"之前"投耒去学仕"的经历。

《游斜川》诗的"辛丑"一作"辛酉"，"开岁倏五十"一作"开岁倏五日"，为此就产生了辛丑年五十岁及辛酉年（421）五十岁的两种说法。然而诗序的"辛丑正月五日"与诗歌的"开岁倏五日"是对应的，足以互释，表明作"开岁倏五十"的可能性较小，也显示此诗没有描述自己的年龄。

辛丑年五十岁的说法面临着很多问题。假如辛丑年五十岁，那么同年《辛丑岁七月，赴假还江陵，夜行涂口》所说的"闲居三十载"是什么意思？按照七十六岁说，"闲居三十载"要从二十岁算起，写作此诗的时候已经五十岁。[1] 然而到了戊申岁，陶渊明又有"奄出四十年"的自叙。辛丑岁已经五十岁，过了七年之后却成了四十多岁，这也太离谱了。辛酉年五十岁的说法也不可信，因为陶渊明在戊申岁的时候已经"奄出四十年"，到了辛酉年，就已经超过了五十三岁。

（五）"行行向不惑"应指癸卯岁的年龄。

《饮酒》云："少年罕人事，游好在六经。行行向不惑，淹留遂无成。竟抱固穷节，饥寒饱所更。""淹留遂无成"语出宋

---

① 袁行霈：《陶渊明集笺注》附录二，中华书局 2003 年版，第 855 页。

玉《九辩》："时亹亹而过中兮，蹇淹留而无成。""向不惑"即三十九岁，按照六十三岁推算，时值元兴二年癸卯岁（403）。同年所作的《癸卯岁始春怀古田舍二首》曰："屡空既有人，春兴岂自免。""先师有遗训，忧道不忧贫。瞻望邈难逮，转欲志长勤。"又《癸卯岁十二月中作与从弟敬远》曰："寝迹衡门下，邈与世相绝……高操非所攀，谬得固穷节。平津苟不由，栖迟讵为拙。"皆与"少年罕人事"一首所叙的情况吻合。又《祭从弟敬远文》："余尝学仕，缠绵人事，流浪无成。惧负素志，敛策归来。""敛策归来"应指彭泽辞官，而"流浪无成"指此前的状况，也与癸卯岁的自叙吻合。总结起来，癸卯年在家躬耕，家境贫困，想"固穷"却不得不考虑衣食无着的问题，想闲居却又有"流浪无成""淹留""栖迟"这类感叹，这对两年之后迫于"幼稚盈室，瓶无储粟"而出任彭泽令的心态作了很好的铺垫说明。

（六）戊申岁"奄出四十年"的自述。

《戊申岁六月中遇火》云："总发抱孤介，奄出四十年。"注家解释："奄，大也。"因此，"奄出四十年"不是刚刚四十出头，而是四十好几了。依据六十三岁说，戊申年四十四岁，这是完全合理的。此时上距彭泽辞官不过三年，家贫子幼的境况并未好转，故而感慨说："仰想东户时，余粮宿中田。鼓腹无所思，朝起暮归眠。既已不遇兹，且遂灌我园。"

"奄出四十年"，除曾集本作"奄出门十年"之外，其他版本均无异文。按曾集本的异文不足为据。因全诗叙述居家遇火景象，岂能称为"出门十年"？

"戊申"在各种版本中均无异文，惟清代陶澍《靖节先生年谱考异》引《江州志》云："先生始居上京山，星子西七里。戊午六月火，迁柴桑山。"按《江州志》始见于宋代，现存《永乐大典》残卷之中，尚有宋理宗时子澄所纂的《江州志》，内容不少。陶澍所见文字，或即来源于《永乐大典》。古直据此认为"戊申"当为"戊午"之误。又《饮酒》曰："是时向立年，志意多所耻。遂尽介然分，拂衣归田里。"古直认为是指彭泽归田，"投耒为甲辰岁，时年二十九，归田为乙巳岁，时年三十。"[①]据此推算，义熙十四年戊午（418）四十三岁，与"奄出四十年"吻合。然而《辛丑岁七月，赴假还江陵，夜行涂口》曰："闲居三十载，遂与尘事冥。"辛丑年已经三十多岁，到义熙元年却仍只有三十岁，这是说不通的。既然辛丑年三十多岁，到了义熙十四年戊午，就已经超过四十七岁，用"奄出四十年"来表述也是不妥的。总之，"戊申"作"戊午"是不可信的。

（七）"年过五十"与五子年龄。

《与子俨等疏》曰："吾年过五十……疾患以来，渐就衰损，亲旧不遗，每以药石见救；自恐大分将有限也。"《示周续之祖企谢景夷三郎》："负疴颓檐下，终日无一欣。药石有时闲，念我意中人。"萧统《陶渊明传》曰："后刺史檀韶苦请续之出州，与学士祖企、谢景夷三人共在城北讲礼，加以雠校。所住公廨，近于马队。是故渊明示其诗云：'周生述孔业，祖谢响然臻。马队非讲肆，校书亦已勤。'"据《资治通鉴·晋纪三十九》，义熙十二年（416）檀韶为江州刺史，据中流。又《宋书·檀韶传》："（义熙）十二年，迁督江州豫州之西阳新蔡二郡诸军事、江州刺史。"以此可知，《与子俨等疏》作于义熙十二年丙辰岁。按

---

① 古直笺，李剑锋评：《重定陶渊明诗笺》卷三、附录一，山东大学出版社 2016 年版，第 105、222 页。

六十三岁说，陶渊明是年五十二岁，正符合《与子俨等疏》的"吾年过五十"之说，而《示周续之祖企谢景夷三郎》所叙的重病缠身之状，又与《与子俨等疏》吻合。

义熙十二年，陶渊明作《丙辰岁八月中于下潠田舍获》云："贫居依稼穑，戮力东林隈。""曰余作此来，三四星火颓。"反映他当年八月尚在收获庄稼，没有患病。因此，他的大病应当发作于当年的秋冬季节。

《责子》诗云："白发被两鬓，肌肤不复实。虽有五男儿，总不好纸笔。阿舒已二八，懒惰故无匹。阿宣行志学，而不爱文术。雍端年十三，不识六与七。通子垂九龄，但觅梨与栗。天运苟如此，且进杯中物。"写这首诗的时候，他的五个儿子中长子十六岁，次子十四岁，孪生的三子、四子十三岁，五子九岁，因此明确可知五个儿子的年龄间隔。

按照二十九至三十一岁生子的推论，义熙十二年诗人"年过五十"，长子在二十三岁左右，次子在二十一岁左右，三子、四子在二十岁左右，五子在十六岁左右，均可以胜任"柴水之劳"了；但三子、四子刚到"二十成人"之年，五子还更小一些，称为"稚小"也是合理的。在当时"幼稚"并称是指"少年儿童"，单称"稚"则指少年，如《宋书·文帝纪》："役召之品，遂及稚弱。"《晋书·礼志》："夫少妇稚，则不可许以改娶更适矣。"

按享年五十二岁说，义熙元年诗人三十一岁，当年长子约十三岁；因此生育长子之时诗人才十九岁。为此到了"年过五十"之时，五个儿子分别为三十三、三十一、三十、三十、二十六岁或更年长一些，在这种情况下还将他们称为"稚小"，岂非用词不当？

据享年七十六岁说，陶渊明应当生于永和八年（352），到义熙元年已经五十四岁。若当年长子十三岁，则其余四子在六至十一岁之间。《与子俨等疏》说自己"年过五十"之时，诸子"稚小家贫，每役柴水之劳，何时可免"。"年过五十"是五十出头，多半还没到五十四岁。此时所说的诸子，当比义熙元年的诸子更年幼一些。然而"年过五十"之时已经"每役柴水之劳"的五个儿子，到了五十四岁之时，却倒退成了"自给为难""幼稚盈室"的童稚状况，这是无论如何也说不通的。因此，《与子俨等疏》表明享年七十六岁说是不合理的。

（八）论"年在中身"相对于"寿考"而言。

颜延之《陶征士诔》的"年在中身"，应当源于《尚书·无逸》："文王受命惟中身，厥享国五十年。"郑玄注："中身谓中年。"孔安国传："文王九十七而终。中身即位，时年四十七。"可知"中身"意同于"中年"。此语成为学者论述陶渊明享年不足六十岁的主要证据之一，因此必须予以讨论。

颜延之说陶渊明去世之时"年在中身"，是指他未获长寿的意思。这与陶渊明对长寿的关注点一致。孟嘉卒年五十一，《晋故征西大将军长史孟府君传》说："仁者必寿，岂斯言之谬乎！"从弟敬远去世之时"年甫过立"，《祭从弟敬远文》说："曰仁者寿，窃独信之。如何斯言，徒能见欺。"《陶征士诔》曰："纠缠斡流，冥漠报施。孰云与仁，实疑明智。谓天盖高，胡愆斯义？履信曷凭，思顺何置？年在中身，疢维痁疾，视死如归，临凶若吉。药剂弗尝，祷祀非恤。傃幽告终，怀和长毕。"拽了这么一大段文字，无非也就是惋惜"仁者不寿"之意。

自汉至唐，"夭折""中年去世""以寿终"是经常用于叙述享年的三个概念。邓安生说，按照郑玄"中身谓中年"的解释，"中身"当介于寿夭之间。①然而这三个概念并无特别固定而明确的分界线。如《三国志·魏书·郭嘉传》记载郭嘉卒年三十八，曹操叹惜说："中年夭折，命也夫！"体现了"中年"和"夭折"有交叉重合之处。又如裴松之注《三国志·蜀书·先主传》引刘备遗诏曰："人五十不称夭。"表明五十岁仍可以称为"中年"，但此时去世已不能算是"夭折"了。《庄子·盗跖》："人上寿百岁，中寿八十，下寿六十。"《晋书·周访传》："二君皆位至方岳，功名略同，但陶得上寿，周当下寿，优劣更由年耳。"按陶侃七十六岁卒，周访六十一岁卒，可知六十岁就算"下寿"，这与《庄子》所说吻合。然而《旧唐书·薛元超传》记载中书令薛元超卒于唐高宗弘道元年（683），年六十二，杨炯《祭汾阴公文》却曰："曾未遐寿，中年殒卒。"又认为六十二岁去世都不能算是"以寿终"。

按照《庄子》的说法，六十岁去世就算"寿终"，然而《论衡·正说》却说："上寿九十，中寿八十，下寿七十。"以七十岁为"下寿"。《养生经》则曰："人生上寿一百二十年，中寿百年，下寿八十年。"②又以八十岁为"下寿"。总结起来，"下寿"是称为"寿考"的最低年龄，没达到这个年龄，就只能称为"中年"了。但这个最低年龄却徘徊于六十至八十岁之间，跨度很大。按照人们的习惯看法，六十岁算"寿考"比较勉强，认可度不高；七十岁算"寿考"，基本上都能接受；八十岁为"寿考"，那就是众人公认、毫无异议的了。如《左传·昭公三年》：

---

① 邓安生：《陶渊明年谱》，天津古籍出版社1991年版，第50页。
② （梁）萧统：《文选》卷五十三，嵇康：《养生论》注，上海古籍出版社1986年版，第2287页。

"公聚朽蠹，而三老冻馁。"西晋杜预注："三老，谓上寿、中寿、下寿，皆八十已上。"汉晋史书中多有"以寿终"的记载，可知确切年龄者多在八十岁以上，如《后汉书》卷三十九记载汝南薛包"年八十余，以寿终"，蔡顺之母"年九十，以寿终"，卷八十三记载法真"年八十九，中平元年以寿终"等。因此，即便陶渊明去世之时有六十多岁，也只能称为"年在中身"，以表示惋惜；若称为"年及寿考"，又如何表达"仁者不寿"的痛悼之情？而且相比那些享年八十多岁的老人，称之为"寿考"，岂不是有些调侃的意思？

陶渊明《自祭文》曰："从老得终，奚所复恋。"据《宋本陶渊明集》，"从"一作"以"。① 按嵇康《养生论》："从白得老，从老得终。"颜延之《赭白马赋》："服养知仁，从老得卒。""从老得终"与"以老得终"的意思相同，皆为"因老而死"的意思，表示在丁卯年去世，已经属于"老死"，也就可以满足，不用羡慕"寿涉百龄"了。这种"老死"，自然与特定年龄有关，不同于"老夫有所爱""老至更长饥"所泛指的"老"。按《晋书·食货志》："男女年十六已上至六十为正丁，十五已下至十三、六十一已上至六十五为次丁，十二已下六十六已上为老小，不事。"足见"从老得终"的陶渊明至少在六十岁以上，否则连"次丁"都不算，更不能称为"老"了。庶民六十岁都不能算老，士大夫就更是如此。当时有七十岁告老的惯例，如《晋书·刘毅传》："年七十，告老。"《晋书·华谭传》："年向七十，志力日衰，素餐无劳，实宜辞退。"华谭未至七十

_____

① （晋）陶潜：《宋本陶渊明集》卷八，国家图书馆出版社 2018 年版，第 158 页。

岁而告老，没有获得批准。据此看来，自称"从老得终"的陶渊明，至少也有六十多岁，近似于华谭的"年向七十"，否则就难免有戏谑的味道了；而颜延之为之作诔，即便陶渊明享年六十多岁，也只能按照官场"告老"的年龄称为"年在中身"而不能称为"年在耆老"，否则就有"你已经活够了"这种讽刺之意了。

（九）长子在义熙十四年之前已经成家。

《东林十八高贤传》记载："张野，字莱民，居浔阳柴桑，与渊明有婚姻契。……义熙十四年，与家人别，入室端坐而逝，春秋六十九。"与陶渊明"有婚姻契"的张野去世于义熙十四年，可知在此之前陶渊明至少有一个儿子已经成家。"契"相当于"知交"的意思，《晋书·山涛传》："与嵇康、吕安善，后遇阮籍，便为竹林之交，著忘言之契。""有婚姻契"是指成为知心朋友之后又结为儿女亲家，假如张野在生前与陶渊明并无交情，去世之后两家子女才结为夫妇，就不能说张野与陶渊明"有婚姻契"了。又王弘于义熙末年或元熙中出任江州刺史，渴望结交陶渊明，而陶渊明则让两个儿子抬着篮舆送他去东林寺，可知当年至少有两个儿子已经成年，否则其体力不足以抬着陶渊明走很长的一段路。按照六十三岁说及二十九至三十一岁生子的推断，义熙十四年陶渊明五十四岁，长子二十五岁左右，次子二十三岁左右，均已成年，足以胜任"篮舆"之劳。因张野于义熙十四年去世，而与陶渊明"有婚姻契"尚更早一些，故而娶张野女儿为妻的应该是长子陶俨。

（十）论晚年"抱疾多年""不复为文"。

四言诗《答庞参军》序曰："庞为卫军参军，从江陵使上都，过浔阳见赠。"卫军或以为指江州刺史王弘，永初三年入

朝，进号卫将军①；杨勇《陶渊明集校笺》则指出，宋初为荆州
刺史带卫将军者，仅谢晦一人。据《宋书·文帝纪》，元嘉元年
八月，抚军荆州刺史谢晦进爵卫将军。②按五言诗《答庞参军》
序曰："吾抱疾多年，不复为文；本既不丰，复老病继之。"在
五十二岁以前，诗人经常致力于躬耕，并无"抱疾多年"之类
的叙述，又经常撰写诗文，可知"抱疾多年"而至于"不复为
文"，乃是五十二岁大病以后的情状，自应作于宋初。"抱疾多
年"反映大病之后还活了"多年"，并非大病之后不久就去世
了，而"不复为文"足以说明晚年诗文甚少的原因。这些都足
以驳斥享年五十一岁或五十二岁说。大病之后"抱疾多年"，又
反映诗人并无彻底痊愈的迹象，拖了十多年再去世，已经算是
调理有方；而在旧疾未痊愈、"复老病继之"的情况下，想活到
七十六岁，希望是非常渺茫的。

从诗歌反映的情况来看，诗人晚年"抱疾多年"属实，并
非虚词。《和刘柴桑》云："良辰入奇怀，挈杖还西庐。荒涂无
归人，时时见废墟。"此诗应当作于义熙四年遇火而移居南村之
后，反映当时颇能健步，足以远行。《庚戌岁九月中于西田获早
稻》云："晨出肆微勤，日入负耒还。"义熙六年（410），陶渊
明深入山中劳作，日出而作，日入而息，一去就是一天，也不
存在步行的障碍。《丙辰岁八月中于下潠田舍获》曰："贫居依
稼穑，戮力东林隈。"可见义熙十二年八月之时，陶渊明体力尚
可，足以胜任躬耕。然而是年秋冬之际大病之后，情况却急转

① 古直笺，李剑锋评：《重定陶渊明诗笺》卷一，山东大学出版社 2016
年版，第 17 页。
② （晋）陶潜著，杨勇校笺：《陶渊明集校笺》卷一，上海古籍出版社
2007 年版，第 21 页。

直下。一则他已经无法再从事农耕，从大病之年直到去世，没有创作一首可以确认的农事诗。二则他得了严重的脚疾，以致不能远行。义熙十四年前后，江州刺史王弘所见的情状是："渊明有脚疾，使一门生二儿舁篮舆。"（萧统《陶渊明传》）单纯的脚疾是可以行走的，但他需要用篮舆抬着，就反映他除了脚疾之外，身体也很虚弱，以致不能远行。而脚疾的发作，也应当在他大病之后。作于萧统《陶渊明传》又曰："躬耕自资，遂抱羸疾。江州刺史檀道济往候之，偃卧瘠馁有日矣。"檀道济任江州刺史，时在元嘉三年，他所见的陶渊明，更是早已卧床不起、行将就木了。当然，诗人大病之后"不复为文"，也不尽然。例如《赠羊长史》应当作于义熙十三年刘裕破长安之后，而《读史述九章》有"天人革命"之语，当作于永初元年[①]；上面所述的《答庞参军》，也应当作于宋初。但相比大病之前，所作诗歌为数极少，则是事实。以往将许多诗文都系于义熙十二年之后，殊不足信。

总之，陶渊明弱冠初仕，结束初仕已到"向立年"；而"始室丧其偏"之时的农耕景象以及《命子》的叙述又反映其初婚、初生子均在"向立年"归田之后。"向立年"之后才成婚生子，反映义熙元年他不会小于四十岁，否则长子就不可能达到十二岁的年龄而粗理"薪水之劳"了。但戊申岁的"奄出四十年"又反映义熙元年出任彭泽令之时他不会超过四十二岁。这个年龄区间，足以否定丁卯年去世之时只有五十一、五十二、五十六、五十九岁之说，也足以否定丁卯年去世之时达到七十六岁的说法。通过上述梳理，所有与诗人年龄有关的信息，

---

① 龚斌：《陶渊明传论》，华东师范大学出版社 2001 年版，第 284 页。

或可以支持六十三岁说，或足以否定其他各说，表明史书的记载还是相当可靠的。

二、重订系年与早期作品的梳理

重订作品系年的基础，是信从史传的年龄记载。如果根据其他的说法，刻意更改陶渊明的享年，就会发生一连串的问题，导致其作品考证无从进行。通过前面的论述，最为可信的享年依然是史书的记载，因此，本书重编作品系年，就根据史传，将其生年定于兴宁三年，卒年定于元嘉四年，享年六十三岁。

（一）兴宁三年（365）至太元八年（383），一至十九岁。

因家道中落，父亲去世甚早，陶渊明少儿时生活贫困，很早就承担了农活。《自祭文》："自余为人，逢运之贫。箪瓢屡罄，绤绤冬陈。含欢谷汲，行歌负薪。翳翳柴门，事我宵晨。"又因祖上颇有背景，家中似有不少藏书，他很早就开始读书了。《饮酒》云："少年罕人事，游好在六经。"据本书考证，《赠长沙公族祖》应作于淝水之战以后不久，其中有"经过浔阳，临别赠此"及"遥遥三湘，滔滔九江"之语，可知到弱冠之时，陶渊明已在浔阳居住甚久。

（二）太元九年（384），二十岁。

是年初仕，即史传所载的"弱年薄宦"。出仕前夕，作有《赠长沙公族祖》，以求援引。据本书考证，长沙公族祖应为陶弘。依照父系，陶侃为陶渊明的高祖；依照母系，陶侃为陶渊明的外曾祖。随后作有《荣木》，表现了初仕之志。出仕之初，作有《始作镇军参军经曲阿作》，诗中"弱龄寄事外"与"暂与园田疏"语意相连，明确指向弱年从军之事。"镇军"指镇军将军、会稽内史王荟。

（三）太元十年（385）至太元十二年（387），二十一至二十三岁。

太元十年，陶渊明转入朱序军中，西上镇守洛阳，随即奉命至凉州，协助张大豫、王穆反秦。太元十一年、十二年，随军转战于幽州、青州，南下镇守淮阴。据本书考证，西上凉州之时，经过商山以及位于凤翔的三良墓，又经过河关县（今甘肃永靖）到达张掖，途中作有《咏三良》，后来有"晨去越河关"及"张掖至幽州"等回忆之辞。东征途中，作有《杂诗》中的"遥遥从羁役"一首；经过易水，作有《咏荆轲》；经过盘山，后来有"当往至无终"的回忆之辞。南下青州之时，经过临淄附近的北乡侯国，作有《杂诗》中的"我行未云远"一首；又经过二疏故里，作有《咏二疏》。镇守淮阴之后，作有《乞食》。

（四）太元十三年（388）至太元十八年（393），二十四至二十九岁。

据本书考证，陶渊明于太元十三年初随军离开淮阴，第二次进驻洛阳，在此镇守六年，期间作有《停云》《时运》《闲情赋》以及《杂诗》中的"闲居执荡志"一首，他陆续编撰的《搜神后记》也在此时成书。

在归田以后的诗作中，陶渊明也经常回忆起这段从军经历，如《拟古》中的"辞家凤严驾""迢迢百尺楼""东方有一士""苍苍谷中树""少时壮且厉"五首，《杂诗》中的"忆我少壮时"一首，《饮酒》中的"在昔曾远游""畴昔苦长饥"两首等。在思想艺术上，这些回忆之作与陶渊明从军期间所作差异很大，但所描述的经历则高度一致。

太元十八年春，陶渊明从军归来，作《劝农》及《归园田

居五首》，反映了初事农耕的状况，与彭泽辞官后的农耕情状差
异很大。不久之后，江州刺史王凝之征召他为江州祭酒，旋即
解任而归。又召为主簿，不肯就任。因从军十年、劳而无功而
感愤时事，遂作《感士不遇赋》；又作《五柳先生传》，表达无
意出仕之情。这两篇文章与陶渊明从军经历及自辞祭酒之事密
切相关，且没有反映家小的情况，应该作于成家之前。

（五）太元十九年（394）至太元二十年（395），三十至
三十一岁。

太元十九年，陶渊明结婚成家。次年生子，作《命子》。按
《怨诗楚调示庞主簿邓治中》说："弱冠逢世阻，始室丧其偏。"
一般以"三十始室"解之。以三十岁成家，三十一岁得子而论，
《命子》诗应当作于太元二十年。据《归去来兮辞》及史传，陶
渊明四十一岁任彭泽令，当时"幼稚盈室"，长子粗识文字，初
涉农事，但尚"自给为难"，应当处于少年阶段（十至十五岁）。
若三十一岁得子，参照《责子》的年龄排序，则任彭泽令时长
子十一岁，次子九岁，孪生的三子、四子八岁，五子四岁，与
史传及《归去来兮辞》描述的情况吻合。

（六）太元二十一年（396），三十二岁。

长子出生之后，妻子旋即去世。长子出生于太元二十年，
"始室丧其偏"一事应该发生在太元二十一年。因天灾人祸踵
至，往日悲愤难平，遂作《怨诗楚调示庞主簿邓治中》。诗中的
"六九年"指"百六阳九"，并非指五十四岁。

（七）隆安元年（397），三十三岁。

太元二十一年九月，晋孝武帝暴毙，晋安帝继位。此时朝
中大臣分成两派，势同水火，乃至以兵戈相向。这一乱局引起
了陶渊明的高度关注，遂于隆安元年作《述酒》以反思东晋历

史，追溯祸乱之源。

（八）隆安三年（399），三十五岁。

隆安元年，王恭起兵讨伐奸佞，逼迫司马道子处死王国宝。之后司马元显率兵征讨王恭。隆安二年九月，王恭兵败被杀。据本书考证，《读山海经》中的"巨猾肆威暴"即指司马道子父子，"祖江遂独死"即指王恭之死。隆安三年孟夏，仍在居家躬耕的诗人作《读〈山海经〉》，表达了对乱局的极度不满。《和胡西曹示顾贼曹》有"感物愿及时"之语，与《读〈山海经〉》的"徒设在昔心，良辰讵可待"一致，均表现了较为强烈的用世之心，也应作于隆安三年，为隆安四年的出仕埋下了伏笔。

（九）隆安四年（400），三十六岁。

陶渊明居家躬耕，前后八年，是年再次出仕，在京城为官。五月中，告假还家，作《庚子岁五月中，从都还，阻风二首》。据"一欣侍温颜"之语，告假应当是因为母亲病重，否则出仕未久，母子别离短暂，不会有如此欣喜的表现。

（十）隆安五年（401），三十七岁。

从隆安四年五月至隆安五年七月，陶渊明皆居于家中。隆安五年正月，作《游斜川》。七月销假赴江陵，作《辛丑岁七月，赴假还江陵，夜行涂口》。

《游斜川》序中"辛丑"一作"辛酉"。"辛酉"为永初二年，陶诗中稍能确认为此年所作的唯有《于王抚军座送客》一首，但该诗表现的心情与《游斜川》毫不相似。又诗中"吾生行归休"应指归田。魏晋时期，"休"常指"燕息休养"，极少指"生命终结"，如《晋书·武帝纪》："岂以一身之休息，忘百姓之艰邪？"诗人从太元十八年回乡之后，一直从事农耕，隆安四年方才出仕，十分接近于致仕归田的状态，故而称为

"行归休"。若为永初二年，则归田已十几年，就不能称为"行归休"了。

（十一）元兴二年（403），三十九岁。

是年居家，作《癸卯岁始春怀古田舍二首》《癸卯十二月中作与从弟敬远》；又《和郭主簿二首》《晋故征西大将军长史孟府君传》亦作于当年。《饮酒》"少年罕人事"一首，有"行行向不惑"之语，亦作于当年。

《和郭主簿二首》有"弱子戏我侧，学语未成音"之语，可知此时有一个儿子还在学说话阶段，处于一两岁之时，相较之下，应指幼子为宜。[1] 如前所述，陶渊明的长子出生于太元二十年；又根据《责子》的排序，长子九岁时幼子两岁，时值元兴二年。故将《和郭主簿二首》系于元兴二年。

是年母亲去世，作《晋故征西大将军长史孟府君传》，有云："渊明先亲，君之第四女也。凯风寒泉之思，实钟厥心。"

（十二）元兴三年（404），四十岁。

是年居家，作《连雨独饮》，有"偃偃四十年"之语。上年十二月桓玄篡位，是年二月刘裕等人举义旗反攻，桓玄一败涂地。此诗反映诗人心里很不宁静，即与时局有关。

（十三）义熙元年（405），四十一岁。

义熙元年三月再度出仕，作《乙巳岁三月使都经钱溪》。至京城，作《还旧居》及《悲从弟仲德》。《悲从弟仲德》有"衔哀过旧宅"之语，应与《还旧居》作于同时。[2] 此旧居应为隆安

---

[1] 参见王瑶编《陶渊明集》，《王瑶全集》第一册，河北教育出版社2000年版，第392页。

[2] 参见王瑶编《陶渊明集》，《王瑶全集》第一册，河北教育出版社2000年版，第431页。

四年出仕京城时所居之处，至此使都重过，前后恰好六年。

（十四）义熙二年（406），四十二岁。

彭泽归田以后，作《归去来兮辞》，又作《饮酒二十首》。从太元十八年北方归来算起，过十二年为义熙元年，此即"亭亭复一纪"之意。诗中有"而无车马喧""寂寂无行迹"之语，反映所居偏僻，来往人少，与南村显然不同。

（十五）义熙三年（407），四十三岁。

作《祭程氏妹文》，有"维晋义熙三年五月甲辰"之语。

（十六）义熙四年（408），四十四岁。

遭火灾，作《戊申岁六月中遇火》。之后移居南村，作《移居二首》。

（十七）义熙五年（409），四十五岁。

作《己酉岁九月九日》。

（十八）义熙六年（410），四十六岁。

作《庚戌岁九月中于西田获早稻》。又作《责子》，有云："阿舒已二八，懒惰故无匹。"阿舒即长子，出生于太元二十年，是年十六岁。

《酬丁柴桑》《和刘柴桑》《酬刘柴桑》均应作于义熙五年或六年。《扇上画赞》亦应为刘遗民或莲社中人所作。《蜡日》《诸人共游周家墓柏下》《联句》颇见唱和之意，也应作于移居南村之后的两三年之内。

（十九）义熙七年（411），四十七岁。

作《祭从弟敬远文》，有"岁在辛亥，月惟中秋"之语。

（二十）义熙八年（412），四十八岁。

作《与殷晋安别》。义熙七年刘裕任太尉，殷晋安任太尉参军在此之后，此诗当作于义熙八年。①

（二十一）义熙九年（413），四十九岁。

作《五月旦作和戴主簿》，有"星纪奄将中"之语。《晋书·天文志》："自南斗十二度至须女七度为星纪，于辰在丑。"又有"曲肱岂伤冲"之语，意指自放于仕途之外，应当指癸丑年。又作《形影神三首》，应针对义熙九年立石的《佛影铭》而作。②

是年年成不好，严重歉收，或因大旱而至。据《晋书·五行志》，义熙九年"秋冬不雨"。诗人于秋日开始断酒，初冬开始断粮，所作《九日闲居》《有会而作》《咏贫士七首》《岁暮和张常侍》均反映了这一状况。《九日闲居》有"尘爵耻虚罍"之语。重阳为秋收季节，此时尚且无酒，反映当年年成极差。按《己酉岁九月九日》，有"浊酒且自陶"之语，可知义熙五年重阳有酒；《庚戌岁九月中于西田获早稻》有"岁功聊可观"之语，可知义熙六年收成不错。义熙七年、义熙八年，也未见有饥荒的描述。又《杂诗》有"奈何五十年"及"寒馁常糟糠"之语，反映五十岁刚刚经历过饥荒，故知饥荒就发生在义熙九年，《九日闲居》为当年所作。旧说此诗因王弘送酒而作，非是。《有会而作》有"颇为老农，而值年灾"之语，又有"朝夕所资，烟火裁通。旬日已来，始念饥乏"之语，同样是对当年饥荒境况的描述。《咏贫士七首》亦作于遭灾之年，有"倾壶绝余沥""年饥感仁妻"之语，又不得不以"固穷"自勉。又《岁暮和张常侍》云："民生鲜长在，矧伊愁苦缠。屡阙清酤至，无以乐当

① 参见王瑶编《陶渊明集》，《王瑶全集》第一册，河北教育出版社2000年版，第412页。
② 参见王瑶编《陶渊明集》，《王瑶全集》第一册，河北教育出版社2000年版，第412、414页。

年。”与上述所云的饥荒情状一致。张常侍指张野，当时尚在。

（二十二）义熙十年（414），五十岁。

作《杂诗八首》《拟古九首》《桃花源记并诗》。

《杂诗八首》有“奈何五十年”之语，又有“寒馁常糟糠”之语，可知前此刚刚经历过一次大饥荒。《拟古九首》与周续之颇有关系。“多谢诸少年，相知不忠厚。”“我心固匪石，君情定何如。”“伊怀难具道，为君作此诗。”“不见相知人，惟见古时丘。”诸如此类，都寓含对挚友的规劝与谴责之意，与《桃花源诗》的“愿言蹑清风，高举寻吾契”类似，与《示周续之祖企谢景夷三郎》的“愿言诲诸子，从我颍水滨”酷似，应当都是针对周续之的。又《示周续之祖企谢景夷三郎》写到自己病重的情况，而《拟古九首》不见病重之态，可见作于大病之前。综上所述，《拟古九首》《桃花源记并诗》与《杂诗八首》均应作于义熙十年。

（二十三）义熙十二年（416），五十二岁。

是年大病，作《示周续之祖企谢景夷三郎》《与子俨等疏》。当年有《丙辰岁八月中于下潠田舍获》，表明八月尚在参加劳作，故而大病是秋冬之际发作的。

《示周续之祖企谢景夷三郎》云：“负疴颓檐下，终日无一欣。药石有时闲，念我意中人。”说明病情很重。《与子俨等疏》云：“吾年过五十……疾患以来，渐就衰损，亲旧不遗，每以药石见救；自恐大分将有限也。”与诗歌所叙一致，可知两者作于同一年，即刚过五十岁之年。

（二十四）义熙十三年（417），五十三岁。

作《赠羊长史并序》。义熙十三年刘裕破长安，羊长史为此“衔使秦川”。作《止酒》。应当是大病之后，身体虚弱，家人劝其止酒，故而戏作是诗。

（二十五）元熙二年（420），五十六岁。

作《读史述九章》，其中"天人革命"应暗指改朝换代。

（二十六）永初二年（421），五十七岁。

作《于王抚军座送客》，此时王弘为抚军将军。

（二十七）景平元年（423），五十八岁。

作《答庞参军》四言及五言。此时王弘为卫将军，庞为卫军参军。①

（二十八）元嘉四年（427），六十三岁。

作《自祭文》，有"岁惟丁卯"之语。又作《拟挽歌辞三首》。其中"早终"相对于"寿终"而言，以六十三岁尚不能称为"寿考"也。

三、早期之作与家族传统

根据重新编订的作品系年，可以清晰地看出陶渊明一生思想及诗歌艺术的变化轨迹。

（一）第一个时期从太元九年（384）开始，延续到隆安三年（399）。这一时期陶渊明按照传统观点去看待社会，按照传统准则去追求"立功"，设定自己的人生理想，很少表现自己的独特面目。就题材而论，咏史怀古之作甚多，"掉书袋"的意味很浓；就艺术而论，四言诗颇有模仿《诗经》的痕迹，五言诗颇有模仿西晋文人诗的痕迹，赋体也很有模仿两汉小赋的色彩，即便是《五柳先生传》，也是改写史传而成的一篇文章。其中一空依傍、气息天然的《归园田居》，乃是这一时期最有价

---

① 见王瑶编《陶渊明集》，《王瑶全集》第一册，河北教育出版社2000年版，第457页。

值的作品。

（二）第二个时期从隆安四年（400）再度出仕开始，延续到义熙三年（407）归田之初。这一时期他反复质疑传统的"立功"思想，追求个性化的人生之路，最终以彭泽辞官的形式表现了与传统仕宦目标的彻底决裂，并在《饮酒》等作品中否定了传统的仕宦思想。基于这种思想，他不再醉心于咏史怀古，模拟传统诗歌，而是特别关注以诗"写心"，以赋抒情，为此就有了《归去来兮辞》及《饮酒》等名作。

（三）第三个时期起始于义熙四年（408）移居南村之后，延续到义熙十一年（415）大病之时。这一时期，他与官员、隐士、僧人等各类人物交往密切，产生了激烈的思想冲突，从而呈现了充满人文色彩的人生价值观，形成了桃花源这种独特的社会理想，成为诗人挣脱传统理想、传统观念，呈现独特面目的最重要时期。这时期他在艺术上也成熟了，以五言诗表达自己的思想情怀，堪称圆融自然、挥洒自如。

（四）第四个时期从义熙十二年（416）大病初愈之后开始，直到去世。这一时期他的创作已近于尾声，作品数量很少。代表性作品是临终前的《自祭文》和《拟挽歌辞》，两者从更深更广的层面对生命作了反思。值得注意的是，这一时期处于晋宋易代之际，诗人却很少有涉及时局的诗文，因此传统的"忠晋愤宋"说实际上是很难成立的。在以往的阐述中，《述酒》《读〈山海经〉》等作品被用作"忠晋愤宋"说的核心材料，事实上它们都是隆安四年以前的作品，与刘裕毫无关系。

进一步考察陶侃对陶渊明的影响，更有利于辨析陶渊明的早期作品。从上述编年中第一个时期的作品来看，陶渊明在三十五岁以前接受了先祖陶侃的深刻影响，在思想上、行为上均充满了传统的色彩。而从隆安四年开始，这种传统色彩开始迅速淡化，到了彭泽辞官之后，他反传统的色彩就变得很鲜明了。

陶侃一生，以"匡君"著称，亦以"辅君"为荣。《晋书·陶侃传》论曰："布泽怀边，则严城静柝；释位匡主，则沦鼎再宁。"赞曰："任隆三事，功宣一匡。"都堪称公允之论。陶侃因"匡君"而恩遇有加，位极人臣，自己亦深以为荣。咸和七年六月，他在病重之际上表逊位，有云："臣少长孤寒，始愿有限。过蒙圣朝历世殊恩、陛下睿鉴，宠灵弥泰。""年垂八十，位极人臣。""国恩殊特，赐封长沙。""仰恋天恩，悲酸感结。"表中反复称道君王所赐的恩宠，可见他颇以辅君为荣。

陶侃一生，以军功著称，亦以军功自负。如《晋书·陶侃传》云："出佐南夏，辅翼刘征南，前遇张昌，后属陈敏，侃以偏旅，独当大寇，无征不克，群丑破灭。"又云："侃以忠臣之节，义无退顾，被坚执锐，身当戎行，将士奋击，莫不用命。"临终之前上表，依然提到了往日的军事方略："欲为陛下西平李雄，北吞石季龙，是以遣毌丘奥于巴东，授桓宣于襄阳。"可见他至死都以武功为念。

陶侃一生，又以勤勉王事著称。《晋书·陶侃传》记载陶侃在广州时，"朝运百甓于斋外，暮运于斋内"。人问其故，答曰："吾方致力中原，过尔优逸，恐不堪事。"又记载他经常说："大禹圣者，乃惜寸阴，至于众人，当惜分阴，岂可逸游荒醉，生无益于时，死无闻于后，是自弃也。"他见诸参佐军将有以清谈博戏废事者，辄命取其酒器及博戏之具而投之于江，甚至加以鞭扑，曰："樗蒲者，牧猪奴戏耳！《老》《庄》浮华，非先王之法言，不可行也。君子当正其衣冠，摄其威仪，何有乱头养望自谓宏达邪！"

陶侃一生以忠孝自居，以礼制自持，与那些不忠不孝的奸猾之徒形成了鲜明对比。《晋书·陶侃传》记载庐江太守张夔召陶侃为督邮，领枞阳令。夔妻有疾，陶侃冒风雪迎医于数百里之外，曰："资于事父以事君。小君，犹母也，安有父母之疾而不尽心乎！"又曾指斥叛贼杜弢的部将王贡曰："杜弢为益州吏，盗用库钱，父死不奔丧。卿本佳人，何为随之也？天下宁有白头贼乎！"可见他很讲究"孝道"，并将"忠孝"结合在一起，用于事君事上。正因为此，陶侃对越位反叛之人极度厌恶，铲除叛贼也毫不心慈手软。《晋书·陶侃传》记载他致书给王导说："郭默杀方州，即用为方州；害宰相，便为宰相乎？"讥笑王导"是乃遵养时贼也"。相形之下，他自己则特别注重守礼，反对越礼行为。《晋书·陶侃传》说他"恭而近礼，爱好人伦"，尚书梅陶则说他"神明鉴似魏武，忠顺勤劳似孔明"。苏峻之乱，平南将军温峤邀陶侃一同入朝，陶侃答曰："吾疆场外将，不敢越局。"此语虽事出有因，但也能反映他不越本分的一贯风格。史传记载他晚年"怀止足之分，不与朝权"，甚至还不愿接受朝廷给他的优待，因"拜大将军，剑履上殿，入朝不趋，赞拜不名"而上表固让，曰："若臣杖国威灵，枭雄斩勒，则又何以加！"认为恩宠太过，不可接受。相比那些为一己之私而不知所及的共鲧之流，陶侃这种表现是很令人敬佩的，而陶渊明也在《命子》诗中特意拈出"功遂辞归，临宠不忒"一节予以赞美。

以上所述的各个方面，也成为陶侃评判人物的标准。苏峻之役，庾亮因轻进失利，庾亮的司马殷融推卸责任说："将军为此，非融等所裁。"庾亮的部将王章却勇于担当责任，曰："章自为之，将军不知也。"陶侃曰："昔殷融为君子，王章为小人；今王章为君子，殷融为小人。"可见陶侃惯以"君子""小人"论人。在他看来，君子应当致力于辅君，以忠孝守礼而"立德"，以勤勉尚武而"立功"，以"立功"而取得爵禄为荣。小人则反之，或恣意妄为而祸乱国家，或败坏朝政而有负君王，或打压仁人志士而自毁长城，或崇尚玄谈、博戏而不理政事，或贪图私利而不走正途，与"君子"所为迥然有别。

陶侃的上述思想，在青年时代的陶渊明身上有鲜明的体现。他在《命子》诗中列举了历代先祖的事迹，颇以历代先祖的"辅君"为荣。在夏朝，有御龙氏勤劳王事；在商朝，有豕韦氏辅佐君王；在西周，有陶叔担任司徒；在西汉，有陶舍追随刘邦，因开国之功而受封；又有陶青，在汉景帝时担任丞相；在两晋，有长沙公陶侃勋德盖世，显赫无比。这些都令他羡慕有加，赞叹不已。因此，"辅君"也成为陶渊明青年时代的理想，正如《咏三良》云："服勤尽岁月，常恐功愈微。忠情谬获露，遂为君所私。出则陪文舆，入必侍丹帷。"

陶渊明也特别渴望以武力匡扶君王。对外而言，以武力铲除割据政权，一统天下；对内而言，以武力平定叛乱，放逐共、鲧之徒。对于个人来说，又可以借此立功，获得尊贵的爵位。他在《命子》诗中夸耀先祖的武功云："抚剑夙迈，显兹武功。""天子畴我，专征南国。"在《荣木》诗中表现自己的壮志云："脂我名车，策我名骥，千里虽遥，孰敢不至？"又《咏荆轲》云："君子死知己，提剑出燕京。……心知去不归，且有后世名。"《读山海经》云："精卫衔微木，将以填沧海。刑天舞干戚，猛志故常在。"均体现了以武立功之志。陶渊明也乐意与陶侃一样勤勉王事，或以"结发念善事，僶俛六九年"形容自己的行为（《怨诗楚调示庞主簿邓治中》），或以"成名尤不勤""偃息常所亲"指斥君王及权臣（《述酒》），对以酒乱政、偃息荒政、清谈误国等现象表现了极度的不满。

陶渊明的"君子""小人"之论，也与陶侃一致。十年从军，使他深刻感受到"小人"之恶。他们荒淫无度，沉湎酒色，"安乐不为君"（《述酒》），在国家出现大好形势的情况下却荒政堕政，上误君王，下误苍生；更有甚者，他们还恣意妄为，挑起内乱，堪称"巨猾肆威暴"（《读〈山海经〉》），成为动摇国家根本的共鲧之徒，与勤勉王事、致力"辅君"、功勋赫赫的陶侃等名贤形成鲜明的对比。这些"小人"不仅自己误国、祸国，还"胡害胜其乃急"（《感士不遇赋》），肆意猜忌功臣，摧残仁人志士，无所不用其极，致使他们"屈雄志于戚竖"，抱恨终生。

综上所述，陶侃对青年时代的陶渊明影响很大。李剑锋教授指出："陶渊明的儒家用世思想，明显地带有以陶侃为代表的祖先的宗族情结。"[1] 陶渊明的母亲孟氏为名士孟嘉之女，又是陶侃的外孙女，她应该是传承陶侃思想并对陶渊明产生影响的主要人物。《晋故征西大将军长史孟府君传》曰："娶大司马长沙桓公陶侃第十女。"又说："渊明先亲，君之第四女。"而陶渊明又特别重视孝道，《感士不遇赋》："发忠孝于君亲，生信义于乡闾。"颜延之《陶征士诔》说："母老子幼，就养勤匮。"有鉴于此，陶渊明身上体现的家族理想以及陶侃之风，多半缘于母亲的教导。

---

① 李剑锋：《陶渊明及其诗文渊源研究》，山东大学出版社 2005 年版，第 209 页。

在家族的影响和母亲的教导之下，陶渊明毅然走上了北方从军之路。这十年令他付出了所有的心魂，然而最终却以严重挫败而告终。"立功""立德"这些光鲜夺目的字眼，在无情的现实中被击得粉碎。在现实当中，苍生所望，志士所求，常常与君臣的作为充满了矛盾。有了这一惨痛的经历，他那些维系在朝廷身上的心魂也就开始渐渐逃逸，在思想方面与母亲也开始渐渐疏远。就作品而论，除了《晋故征西大将军长史孟府君传》这篇有可能是奉命而作的传记文字外，他在诗歌中仅有一次提到母亲，即《庚子岁五月中，从都还，阻风于规林二首》："一欣侍温颜，再喜见友于。"其中"温颜"应该就是指母亲。母亲作为陶侃的外孙女，早年守寡，必定经常会用陶家的历史来教导儿子，但《杂诗》却云："昔闻长者言，掩耳每不喜。"渊明父亲早逝，他能经常听到的"长者言"，多半是指母亲的话，但陶渊明却说"掩耳每不喜"。就出仕而论，陶渊明在隆庆四年以后屡次出仕，与母亲的压力也有很大的关系，往往表现得很勉强。《庚子岁五月中，从都还，阻风于规林二首》云："久游恋所生，如何淹在兹。"《辛丑岁七月，赴假还江陵，夜行涂口》云："投冠旋旧墟，不为好爵萦。"都表明陶渊明隆庆四年、隆庆五年的出仕颇带有一些无可奈何的心情。根据考证，陶渊明的母亲于隆庆五年去世，此前两年估计已经病魔缠身，因此陶渊明在这两年出仕，很可能就与母亲在病榻上的反复念叨有关。在母亲去世，服丧期满之后，他仅在义熙元年（405）出来做了两次或三次官，是年三月任建威参军，见《乙巳岁三月为建威参军使都经钱溪》，不久就离职。也可能稍后再次做"镇军参军"，详情不得而知。至于《始作镇军参军经曲阿作》，属于早年仕履，与义熙元年的仕履无关。同年八月份又任彭泽令，十一月就"敛裳宵逝"，毅然归田，从此不再为官。总而言之，陶渊明之所以在"躬耕自资"八年以后再度出仕，多半是迫于孝道，这与早年迫切渴望出仕以"立功"的心态完全不同。母亲去世之后，他就放下了出仕的思想包袱，毅然追求自己的生活去了，这也成为陶渊明彻底呈现自我的开端。

在二十九岁以后，陶渊明偶尔也提到了往日的从军生涯，但基本上都持否定态度。如《辛丑岁七月，赴假还江陵，夜行涂口》："闲居三十载，遂与尘事冥。"等于把三十岁以前的仕履一笔勾销，包括担任江州祭酒之事。彭泽归田以后，陶渊明更是在不断地否定往日的自我，甚至对十年从军所怀有的理想也作了全盘否定。《饮酒》："在昔曾远游，直至东海隅。道路迥且长，风波阻中涂。此行谁使然？似为饥所驱。倾身营一饱，少许便有余。恐此非名计，息驾归闲居。"说自己北方从军"似为饥所驱"，显然是过激之论。《杂诗》云："忆我少壮时，无乐自欣豫。猛志逸四海，骞翮思远翥。"这才是比较公允的说法。到五十岁前后，他甚至还把自己的从军经历作了改头换面的描述，如《拟古》说"辞家夙严驾，当往至无终"，说自己此行不是从军行役，而是去寻访节义之士，最后又强调一句："不学狂驰子，直在百年中。"把晚年的思想嫁接在早年的经历上，这在《拟古九首》中有很鲜明的体现。青年之时，陶渊明以"辅君"为荣，后来却充满了"无君"的思想。《桃花源记》："问今是何世，乃不知有汉，无论魏晋。"年轻时，他说"先师遗训，余岂云坠"（《荣木》），非常服膺孔子；到后来，他却对孔子予以嘲讽。《饮酒》："羲农去我久，举世少复真。汲汲鲁中叟，弥缝使其淳。凤鸟虽不至，礼乐暂得新。"年轻时，他崇尚武功、征战，后来却完全否定它们的意义。《拟古》："山河满目中，平原独茫茫。

古时功名士，慷慨争此场。一旦百岁后，相与还北邙。……荣华诚足贵，亦复可怜伤！"当然，对于往昔的否定，其意在于挣脱传统的思维模式，凸显自己的人文价值以及社会思想，并不意味着传统思想毫无价值。事实上，陶渊明在"否定之否定"的过程中，消化吸收了传统的各种养分，把它变成了自己的思想元素。

　　总之，北方从军十年的经历使陶渊明深刻认识到门阀政治的本质，不再对当权者抱有幻想，也抛弃了对家族荣华的追求。此后他不断反思这段经历，感到封建政治对苍生的贡献其实仅在于抵御外敌入侵和消弭内部战乱，保护人们正常而自在的生活。有了这种理想，也就足以辨析"忠愤说"之迷雾。对于晚年的陶渊明而言，"忠"与其说是忠于国、忠于君，倒更不如说忠于百姓，忠于对生命的关怀。这也很能理解《桃花源记》为什么要强调"无君"以及"秋熟靡王税"，强调"黄发垂髫并怡然自乐"这种充满人文关怀的社会理想。

后 记

在庐山脚下住了二十多年，觉得有两种东西"易知而难解"。一是庐山云雾，日日相见，貌似很熟悉了；然而陶渊明说："云无心以出岫，鸟倦飞而知还。"杜甫说："天上浮云如白衣，斯须改变如苍狗。"有此两说，庐山云雾到底以"无心"见长，还是以"改变"见长，便不得而知。二是陶渊明的诗文，看起来也不怎么难懂，理解起来却很复杂。如《归去来兮辞》说："已乎矣，寓形宇内复几时，曷不委心任去留，胡为遑遑欲何之？"其中的"委心"，大约是"随心"的意思，然而人生所求甚多，"随心"的结果多半是终日惶惶、劳碌不已，如此又有什么快乐？思量再三，估计只有"无心"才能"委心"了。

研陶二十多年，多半是"寄心"，借陶公为自己找点生存理由。著《陶渊明寻阳觅踪》，为陶公"找回"庐山下的几处田宅，貌似可以缓解自己多年局促一室的烦恼了；著《论陶渊明的中和》，为陶公的"小酒安心"找点说辞，貌似可以掩饰自己心长手短的毛病了；著《陶渊明与道家文化》，为陶公在尘嚣里找点超脱，貌似也可以让自己在白日里梦游一番了；著《陶渊明的映像》，感觉陶公在历史上飞花散叶，光彩纷呈，貌似自己也可以附骥尾而激动一番了。行将老迈，格局已定，诸多需求，可以不再挂怀。稻粱已经限量，可以无心于"发表"；聒噪惹人厌烦，可以无心于"蛙鸣"；于是研究陶渊明又可以当作"委心"之举了。"大家"离我甚远，何必跟风；"中古"离我很近，自可痴迷。陶公归田之后，日日宅居，偶尔也有"北方从军"之怀想。世人多不信之，我独信以为真，如此便可以随着陶公抚剑独行，神游万里，足以为老怀增色。陶公曰："但恨多谬误，君当恕醉人。"宋人曰："寸心未逐莺花老，一笑能留天地春。"能得同道中人莞尔一笑，谬误何妨，醉又何妨。

  是为记。

吴国富于九江学院

2022 年 6 月 8 日